GÜTERSLOHER
VERLAGSHAUS

Friedrich Schweitzer

Lebensgeschichte und Religion

Religiöse Entwicklung und Erziehung im Kindes- und Jugendalter

Gütersloher Verlagshaus

Bibliografische Information der Deutschen Nationalbibliothek

Die Deutsche Nationalbibliothek verzeichnet diese Publikation
in der Deutschen Nationalbibliografie; detaillierte bibliografische
Daten sind im Internet über https://portal.dnb.de abrufbar.

Entdecken Sie mehr auf
www.gtvh.de

8. Auflage, 2016
Copyright © 1987 Gütersloher Verlagshaus, Gütersloh,
in der Verlagsgruppe Random House GmbH,
Neumarkter Str. 28, 81673 München

Umschlaggestaltung: Init GmbH, Bielefeld
Umschlagfoto: Peter Wirtz, Dormagen
Druck und Einband: Books on Demand GmbH, Norderstedt
Printed in Germany
ISBN 978-3-579-02260-4

www.gtvh.de

Für Marianne

Inhalt

Vorwort zur vierten Auflage

Wenn dieses Buch nun in der *vierten, erweiterten Auflage* erscheinen kann, so bestätigt dies wohl vor allem die zugrunde liegende These: Immer mehr ist die Lebensgeschichte zum Ort religiösen Fragens und religiöser Selbstvergewisserung geworden. An den lebensgeschichtlichen Erfahrungen wird geprüft, was tragfähig ist und worauf man sich verlassen kann. Damit wird die Lebensgeschichte zum Bezugspunkt religiöser Gewißheit, aber auch zum Ausgangspunkt religiöser Zweifel.

Zugleich wird die Lebensgeschichte auch selbst zum Gegenstand des Fragens und des Nachdenkens über die eigene Person: Ist die eigene Lebensgeschichte gelungen? Mußte sie so verlaufen, wie sie verlaufen ist? Und was hätte anders sein können, was anders sein sollen? - Die Vielzahl autobiographischer Berichte und Romane, die in den letzten Jahren erschienen sind, legt von solchen Fragen ein beredtes Zeugnis ab. Das Nachdenken richtet sich dabei auch auf die Erziehung, die man erfahren hat: Wird diese Erziehung den Maßstäben eines gelungenen Lebens gerecht? War sie eine Lebenszeit, an die man gerne zurückdenkt, oder war sie das Schicksal, an dem man noch immer zu tragen hat?

Der klagende und anklagende Ton, auf den heute das Nachdenken über die eigene Lebensgeschichte und Erziehung häufig gestimmt ist, entspricht einer Zeit, in der Erziehung vielen als ein unsicheres Unternehmen erscheint und in der manche sogar fordern, besser überhaupt nicht mehr zu erziehen, als den Kindern nur Schaden zuzufügen. Eine Anti-Pädagogik, eine Nicht-Erziehung, erscheint dann als der einzige Ausweg.

Die wissenschaftliche Forschung über den menschlichen Lebenslauf und die Entwicklungen, die ihn ausmachen, sind wohl selbst als ein Ausdruck dieser Unsicherheit mit der Lebensgeschichte zu werten. Sie führen die Fragen, die im Alltag aufbrechen, auf einer wissenschaftlichen Ebene weiter. Dennoch kann diese Forschung auch zur Klärung dieser Fragen - nach dem Verständnis der eigenen Lebensgeschichte, nach der Erziehung und Entwicklung - beitragen. Kann sie uns auch

9

Wege zeigen, auf denen die Erziehung der lebensgeschichtlichen Erfahrung und Entwicklung besser gerecht zu werden vermag?

Im vorliegenden Zusammenhang geht es mir nicht um die Lebensgeschichte als ganze. Betrachtet wird nur ein Ausschnitt: die religiöse Entwicklung im Kindes- und Jugendalter als der Zeit, die für die Erziehung entscheidend ist. Die Entwicklung der Erwachsenen kommt nur am Rande in den Blick. Dies jedoch nicht, weil die Erwachsenen (d.h. die Erzieher!) weniger wichtig wären, sondern weil die Vielfalt der Untersuchungsergebnisse und Theorien über die religiöse Entwicklung im Kindes- und Jugendalter schon vom Umfang her eine eigene Darstellung erfordert (vgl. jetzt Lück/Schweitzer 1999). Der Einbezug auch des Erwachsenenalters hätte den vorliegenden Rahmen bei weitem gesprengt.

Wenn ich im folgenden die religiöse Entwicklung im Kindes- und Jugendalter darzustellen suche, so kommt es mir entscheidend darauf an, den Leser nicht nur mit *einer* der heute verfügbaren Theorien vertraut zu machen. An einer solchen Festlegung auf nur *eine* Deutung und auf nur *eine* Sicht leiden die meisten der bisher vorliegenden Darstellungen. Versucht werden soll statt dessen, von den lebensgeschichtlichen Erfahrungen, wie sie in autobiographischen Berichten zu finden sind, auszugehen und zu einer *mehrperspektivischen* Deutung der religiösen Entwicklung zu gelangen. Erst ein solcher Zugang, der die Erkenntnisse mehrerer Theorien miteinander verbindet und unterschiedliche Blickwinkel zu nutzen versucht, kann der lebensgeschichtlichen Erfahrung in ihrem Reichtum der Aspekte und Beziehungen auch nur annähernd gerecht werden.

Dennoch können natürlich nicht alle Deutungen oder Theorien der religiösen Entwicklung hier vorgestellt werden. Mancher Leser wird vielleicht den Ansatz C. G. Jungs vermissen - und das nicht ohne Recht. Aber obwohl dieser Ansatz manches zum Verständnis der religiösen Entwicklung beitragen könnte, läßt er sich - schon aufgrund seiner eigentümlichen Begrifflichkeit - nicht ohne weiteres mit den Theorien verbinden, die heute in der Religionspädagogik diskutiert werden. So kann ich den Leser hier nur auf die Schriften von Jung selbst oder auf die Darstellungen aus der Jung-Schule verweisen.

Zugunsten der Lesbarkeit des Textes, der vor allem als Einführung gedacht ist und sich nicht nur an Fachleute wendet, wurden die Anmerkungen und Literaturverweise im Umfang stark beschränkt. Die Angaben im laufenden Text verweisen auf das Literaturverzeichnis am Ende des Buches. Mit Hilfe der kommentierten Literaturangaben, die jeweils am Ende der einzelnen Kapitel zusammengestellt sind, kann dieses Verzeichnis das weiterführende Studium der religiösen Entwicklung und ihrer Deutungen anleiten.

In nicht erwartetem Maße hat das vorliegende Buch Eingang gefunden in die Aus- und Fortbildung nicht nur für den schulischen und kirchlichen Religionsunterricht, sondern auch für Kindergarten, Kindergottesdienst, Jugendarbeit und Erwachsenenbildung. In diesem Sinne hat es sich als Buch für die Praxis bewährt. Darüber hinaus ergaben sich auf wissenschaftlicher Ebene Anknüpfungspunkte in der Religionsdidaktik, daneben aber auch in der Biographieforschung und in der Entwicklungspsychologie. Theorie und Praxis übergreifend sind vor allem drei Gründe deutlich geworden, die für einen religionspädagogischen Ansatz bei der Lebensgeschichte sprechen: Erstens kann heute eine durch Elternhaus oder durch andere nicht ausdrücklich kirchliche Erziehungsträger gewährleistete Bekanntschaft mit christlichen Inhalten kaum vorausgesetzt werden. Religiöse Erziehung und Religionsunterricht müssen deshalb immer mehr nach der Lebenswelt und Lebensgeschichte von Kindern und Jugendlichen fragen, um von dort her einen Weg zu diesen Inhalten erst zu finden. Zweitens liegt in unserer kulturellen und gesellschaftlichen Situation insgesamt ein Gefälle der Individualisierung, die auch vor der Religion nicht haltmacht. Die sich lebensgeschichtlich ausprägende individuelle Religion erfährt dadurch eine weitere Aufwertung. Damit verbunden ist schließlich drittens bei den Erwachsenen der Wunsch zu beobachten, sich auch der eigenen religiösen Lebenslinie bewußt zu werden und sie in ihrer jeweiligen Gestalt kritisch und selbstkritisch zu bedenken. Alle diese Gründe können unschwer als Ausdruck der spezifisch modernen Situation von Religion verstanden werden. Sie verweisen auf epochale Zusammenhänge. Mit einem kurzlebigen Modethema haben wir es offenbar nicht zu tun.

Der Zeitpunkt, zu dem das Buch geschrieben wurde, hat sich insofern als günstig erwiesen, als die bis heute bestimmenden Theorien der religiösen Entwicklung damals bereits ausgebildet waren und in entsprechender Form dargestellt werden konnten. Ein neuer Forschungsansatz ist seither nicht vorgelegt worden. Dennoch hat die neuere und neueste Diskussion weitere Fragen und Erkenntnisse mit sich gebracht, die für das Verständnis der religiösen Entwicklung wichtig sind. Ich freue mich daher, daß der Verlag zu einer überarbeiteten erweiterten Neuauflage bereit war. Neu hinzugekommen ist ein Kapitel über religiöse Sozialisation und Entwicklung von Mädchen und Frauen sowie ein Abschnitt zu geschlechtsspezifischen Aspekten bei der Entwicklung des Gottesbildes. Daneben sind an zahlreichen Stellen größere und kleinere Überarbeitungen vorgenommen worden und konnte vor allem die wichtigste neuere Literatur eingearbeitet werden. Auch inzwischen vorliegende deutsche Übersetzungen sind jetzt berücksichtigt. So ist dies zwar kein ganz neues Buch geworden, doch darf es in der vorliegenden Form wohl wieder als eine auch aktuelle Einführung in Fragen von Lebensgeschichte und Religion, von religiöser Entwicklung, Sozialisation und Erziehung bezeichnet werden.

Tübingen, im Herbst 1998   F.S.

1

Erfahrung und Erinnerung - Autobiographische Zugänge

»Wie halt Kinder an Gott glauben«

»Früher als Kind, oder besser gesagt bis zu meinem 13. Lebensjahr glaubte ich noch an Gott wie halt Kinder an Gott glauben. Je älter ich wurde und je mehr ich darüber nachdachte verschwand mehr und mehr dieser Glaube. Wahrscheinlich machte ich einen Fehler. Ich wägte das Für und Wider ganz genau ab und zwar realistisch. Da gab es Wunder die nicht zu erklären waren, wiederum gab es Widersprüchliches gegen die Kirche. Wie ich schon gesagt habe, dieses Thema ist nicht realistisch zu bearbeiten. An Gott zu glauben muß von innen her miteinander abgemacht werden. Sie [die Religion] ist ein guter Rückhalt, ein Nichtaufgeben, ein Glauben an das Bessere, für Menschen denen es schlecht geht, und die dann Gott ansprechen. Wenn jemand in Gefahr ist, Hilfe braucht, jemandem helfen will und nicht kann, er bittet Gott darum. Viele hätten schon den Mut verloren wenn es ihn nicht gäbe.

Komisch ist, daß, obwohl viele Menschen Gott um etwas gebeten haben es aber doch nicht geklappt hat, und doch wenn es wieder Schwierigkeiten gibt, wieder sich Gott anvertrauen wenn sie in einer sehr schwierigen Lage sind. Zum Schluß noch bemerkt.

Wenn die Menschen in einer schwierigen Lage sind, Gott um Hilfe bitten, und sie durch irgendeine Weise Hilfe bekommen, egal welcher Art werden sich die wenigsten bei Gott auch mal bedanken.

Das ist halt der Egoist Mensch« (aus *Schuster* 1984, S. 55).

Mit diesem Text antwortet ein etwa 20jähriger Elektromaschinenbauer auf das Stichwort »Religion«.[1] Offenbar kommt ihm bei diesem Stichwort zuerst sein Kinderglaube in den Sinn - der Glaube, den er nunmehr verloren hat. Über dem »Nachdenken«, in das er mit seinem

---

[1] Bei den von R. Schuster herausgegebenen Texten handelt es sich um Äußerungen von Berufsschülern, denen Satzanfänge oder einzelne Stichworte vorgegeben wurden.

»13. Lebensjahr« geriet (was mag sich dahinter verbergen?), »verschwand« dieser Glaube. In dieser Formulierung schwingt ein Bedauern mit, das sich dann weiter konkretisiert: Wie er sagt, hat er den »Fehler« gemacht, »realistisch« abzuwägen, und dabei stieß er auf Unerklärliches, auf »Wunder« und »Widersprüchliches gegen die Kirche«. Daran zerbrach sein Kinderglaube.

Es ist nicht ganz deutlich, ob der nun folgende Abschnitt, in dem er gleichsam den Sinn der Religion zu beschreiben sucht, einen neuen Zugang zum Glauben auch für ihn selbst bedeutet oder ob es nur die Beschreibung einer theoretischen Möglichkeit ist, die er für andere sieht. Ein Ersatz für seinen Kinderglauben scheint ihm daraus jedenfalls nicht zu erwachsen, sonst würde er kaum so ausdrücklich von dem »Fehler« sprechen, der diesen Glauben zum Verschwinden brachte.

Worin besteht nun der Sinn der Religion für diesen jungen Mann? Offenbar in einem sehr konkreten Nutzen, den die Gläubigen daraus für sich ziehen: »Rückhalt«, »Zuversicht«, »Hilfe« - den »Mut«, nicht aufzugeben. Der Glaube bietet demnach vor allem eine psychologische Stütze für den Menschen, insbesondere wenn es ihm »schlecht geht«.

Allerdings ist auch diese Sicht für den Autor des Textes nicht ganz stimmig. Das zeigt die erste Nachbemerkung, in der er über das Ausbleiben der Hilfe nachdenkt - wenn »es aber doch nicht geklappt hat«. Hilfe bekommen hieße also, daß etwas »klappt«, daß Gott sozusagen den Lauf der Dinge in die Hand nimmt und für die Erfüllung der Wünsche sorgt. Aber hier kommt der Autor in Schwierigkeiten: Warum, so fragt er sich jetzt, beten Menschen auch dann noch, wenn sie die Erfahrung ausbleibender Hilfe bereits gemacht haben? Müßten sie nicht, wenn doch der Sinn der Religion gerade in einer solchen »Hilfe« besteht, den Glauben dann verlieren?

Auch von der anderen Seite her scheint ihm das Verhältnis zwischen dem um Hilfe bittenden Menschen und dem helfenden Gott gestört zu sein: Auch wenn sie die »Hilfe bekommen«, würden sich nur »die wenigsten bei Gott auch mal bedanken«. Diese Beobachtung ist zunächst kritisch gemeint: »der Egoist Mensch«. Sie verweist zugleich aber auf ein inhaltliches Problem, das sich dem Autor selbst stellt bei seinem Versuch, den Glauben zu begreifen: Denn es fragt sich für ihn nicht nur, wie dieser Glaube das Ausbleiben der Hilfe verkraftet, sondern eben auch, warum der Glaube weiter besteht, nachdem ein bestimmtes Ziel schon erreicht ist.

Insgesamt wirkt der Text eigenartig gebrochen: Da ist die Distanz zu dem Glauben der Kindheit. Dieser – aus »realistischem« Denken und Fragen geborenen – Distanz steht die Forderung gegenüber: »An Gott zu glauben muß von innen her ... abgemacht werden.« Und doch scheint die »realistische« Kritik nicht mehr zu verstummen, wie seine fragenden Gedanken über das Ausbleiben göttlicher Hilfe belegen.

Der junge Mann, der hier spricht, befindet sich in einer Übergangssituation: Mit dem Kinderglauben hat er gebrochen, aber den Glauben im ganzen will er nicht preisgeben. Er sucht neue Wege – »von innen her« –, weiß aber noch nicht, wie er sie auch »realistisch« gehen kann.

Auffällig ist der abstrakte Stil, dessen er sich bedient: Von konkreten Personen ist ebensowenig die Rede wie von bestimmten Ereignissen oder Erfahrungen. Diesem Stil der Abstraktion und distanzierten Reflexion entspricht auch sein – philosophisch-psychologischer – Versuch, den Sinn des Glaubens so zu finden, daß er eine rationale Beziehung zwischen Gott und Mensch konstruiert. – So könnte man, ein wenig spekulativ, vermuten, daß es für diesen Autor gilt, die Spannung zwischen dem eher gefühlsmäßigen Zugang »von innen her« und seiner abstrakten Reflexion zu überwinden. Jedenfalls dürfte in dieser Spannung der Ausgangspunkt liegen, von dem seine weitere religiöse Entwicklung abhängig ist.

»Das Hostien-Männlein«

»Ich war nämlich bereits zur Kommunion gegangen und lauerte auf die Segnungen der Eucharistie. Sie hatten sich bei mir nicht eingestellt. Ich bezweifelte stark, daß das kleine Männlein in seinen Lumpen und mit seinem zerfransten Bart in meinem Herzen herumspazierte. Gleichzeitig hatte ich Angst um ihn, wenn er über die steile Rutschbahn meiner Speiseröhre von meinem Mund in mein Herz rutschen mußte. Im Katechismus stand zu lesen, daß der Herr auch im kleinsten Teilchen der Hostie enthalten war. Da wir uns gerade mitten im Krieg befanden und man an allem sparen mußte, teilte der Priester die Hostie in vier Stücke. Logisch, daß, je kleiner das Stück, desto kleiner die darin enthaltene Person war. Um so größer war die Gefahr, daß sie in meinem komplizierten Organismus verlorenging.

Die Vorgänge in meinem Körper interessierten mich sehr. Als Kind hatte meine Mutter mich gewarnt: ›Wenn du einen Kirschkern verschluckst, wächst dir ein Kirschbaum aus dem Bauch.‹ Daraus folgte: verschluckte ich einen Traubenkern, wuchs mir ein Rebstock aus dem Bauch; einen Aprikosenkern, ein Aprikosenbaum usw. Darum aß ich Früchte nur mit allergrößter Vorsicht. Wenn ich aus Versehen einen Kern mitgeschluckt hatte, konnte ich nicht einschlafen. Ich spürte schon den Baum in mir wachsen und war von Minute zu Minute darauf gefaßt, daß fruchtbeladene Äste mir aus Nase, Mund und Ohren quollen. Ich spürte, wie sich meine Finger in Wurzeln verwandelten, und mußte mich übergeben« (*Marie Cardinal* 1979, S. 61f.).

Auf den ersten Blick fällt hier die - merkwürdig anmutende - Vorstellung des in der Hostie enthaltenen »kleinen Männleins« auf. Der Katechismus wird ganz wörtlich aufgefaßt - in der Hostie sitzt eine »Person«, die sich das Kind desto kleiner vorstellt, je öfter die Hostie - wegen der im Krieg angezeigten Sparsamkeit - geteilt wird. Daneben die Angst um das kleine Männlein, das den gefährlichen Weg - vom Mund durch die Speiseröhre ins Herz - bestehen muß. Dieses kleine Männlein, das bei der Eucharistie in den Menschen hineingeht, soll »Einzug in unser Herz« halten und dort »Glück . . ., Güte, Weisheit und Frieden« schenken.

Aber wo bleiben diese »Segnungen«? - »Sie hatten sich bei mir nicht eingestellt.« Auch die Verheißung wird ganz wörtlich verstanden, die »Segnungen« werden als klar erkennbare Wirkungen erwartet.

Neben das kleine Männlein in der Hostie tritt als paralleles Bild das des verschluckten Kirschkerns, aus dem im Körper ein Baum wächst. Dieses Bild macht dem Kind angst - Angst davor, daß der Körper verwachse, zuwachse, daß aus den Öffnungen des Körpers Äste quellen.

Die kindliche Eucharistievorstellung steht also nicht allein. Sie hat Parallelen im alltäglichen Bereich des kindlichen Denkens; vielleicht kann sie sogar als typisch für dieses Denken im ganzen gelten.

Neben und gleichsam hinter der kindlichen Stimme, die hier zu uns spricht, ist allerdings noch mehr zu hören - etwas, was man vielleicht als Orchestrierung oder (musikalisches) Arrangement bezeichnen könnte: Hier spricht auch die erwachsene Autorin Marie Cardinal, die uns nicht nur *berichtet,* sondern die auch *interpretiert* und die sich dabei gleichsam als ein nun von diesem Kind, das sie einmal war, unterschiedenes Ich einträgt und zu erkennen gibt. Es sind die kleinen For-

16

mulierungen, die wichtig werden: »Logisch, daß je kleiner das Stück, desto kleiner die darin enthaltene Person . . .« Logisch also - aber in wessen Augen? Sicher hat das Kind, das alles ganz wörtlich versteht, sein Denken nicht als »logisch« bezeichnet. Aber »logisch« ist der berichtete Schluß auf die Kleinheit des Männleins ja auch nicht für den Erwachsenen. »Logisch« ist dies nur im Rahmen der kindlichen Vorstellung - eben wenn ein Erwachsener darüber nachdenkt, dabei den inneren Zusammenhang der Vorstellungen erkennt und diesen dann als logischen Zusammenhang bezeichnet oder gar verteidigt.

Hier finden wir also die Erwachsene, die über sich selbst als Kind nachdenkt, Erfahrungen neu aufnimmt und interpretiert. Sie ist es auch, die für uns die Parallele des Kirschkerns ausfindig macht und uns so einen Schlüssel für die sonst vielleicht unverständliche Vorstellung vom Hostien-Männlein anbietet. Ein Nachvollziehen, neu Aneignen, sich - und anderen verständlich machen, werden hier sichtbar - vielleicht aber auch eine Distanz, denn wie beim Kirschkern die Mutter so ist es bei der Hostie der Katechismus, auf den die Vorstellung zurückgeführt wird: Beide sprechen zum Kind und sprechen doch am Kind vorbei, weil sie seine Verstehensmöglichkeiten verfehlen. Das ist deutlicher beim verschluckten Kirschkern, dessen Folgen angst machen, wird aber durch die Parallele zum Hostien-Männlein auch hier nahegelegt.

Der »Groschen-Gott« der Schwester Lioba

»Der liebe Gott sieht alles, sagte Schwester Lioba im Kindergarten. Er sieht alles, er hört alles, er weiß alles.

Der liebe Gott sitzt im Himmel auf einer weißen Wolke. Er hat einen langen Bart. Er hat Augen, die durchdringen die Wände, die können unter Bettdecken sehen, in Nischen, in Keller. Die machen vor nichts halt. Die sehen Tag und Nacht. Die werden nie müde. Das sind keine Augen, das sind Blitze. Die sehen und sehen und sehen.

Der liebe Gott, sagte Schwester Lioba im Kindergarten, kommt zuerst, dann kommt der Papst, dann der Kardinal, dann der Bischof, der Herr Pfarrer als nächster, dann die Schwester Oberin, dann Vater und Mutter, dann kommt ganz lange nichts. Und ganz zum Schluß kommst du, sagte Schwester Lioba im Kindergarten.

17

Das wußte ich genau: Wer böse ist, tut dem lieben Gott weh. Wer böse ist, macht, daß das Blut vom lieben Heiland wieder fließt. *Deine Gnad und Jesu Blut machen allen Schaden gut.*«

»Ein gutes Kind ißt seinen Teller leer. Ein gutes Kind macht sich nicht schmutzig. Ein gutes Kind nascht nicht. Ein gutes Kind lügt nicht. Ein gutes Kind hebt nicht seinen Rock hoch und zeigt nicht seine Unterhose. Jeden Abend mußte ich zugeben, daß ich ein böses Kind gewesen war. *Deine Gnad und Jesu Blut machen allen Schaden gut,* betete ich mit meiner Mutter vor dem Einschlafen.

In der Fastenzeit stand ein großer Pappkasten im Kindergarten. Er stand neben dem Negerkind, das nickte, wenn man einen Groschen in den Schlitz warf. Negerkinder – Heidenkinder – arme Kinder waren das, sagte Schwester Lioba. Die waren nackt und schwarz und kannten den lieben Heiland nicht.

Der Kasten, der neben dem Negerkind stand, war für Süßigkeiten bestimmt. Für ovale, bonbonbunte Ostereier mit Schaumfüllung, für Schokolade und Lakritzstangen. Die kaufte ich an der Bude, dort, wo es auch die Wundertüten gab. Für zwanzig Pfennig. Morgens, auf dem Weg zum Kindergarten, für zwanzig Pfennig ein Wunder . . .

In der Fastenzeit durfte ich keine Wundertüten kaufen. Da gab es kein Kribbeln, da kaufte ich bonbonbunte Ostereier mit Schaumfüllung für den Kasten im Kindergarten, damit auch die Waisenkinder aus dem Kinderheim zum guten Hirten am Ostertag bunte Nester finden konnten . . .

Ich wollte, daß der liebe Gott mich am liebsten hätte. Nur mich sollte er liebhaben. Es ist böse, sagte Schwester Lioba, wenn man immer alles für sich haben will. Man muß auch etwas abgeben können, dann freut sich der liebe Gott.

Ich stellte mir vor, so viel Geld zu haben, daß ich alle bonbonbunten Ostereier der Welt kaufen könnte. Die hätte ich in den Kasten neben dem Negerkind geworfen, dann hätte der liebe Gott mich doch am liebsten haben müssen« (*Jutta Richter* 1985, S. 8-10).

Ausschnitte aus einem Bericht, in dem die Autorin Jutta Richter von ihren Erfahrungen mit religiöser Erziehung erzählt - anläßlich ihres Austritts aus der katholischen Kirche. Jutta Richter nennt diesen Bericht den »Versuch einer Befreiung« (so der Untertitel des Buches). Diesem Verständnis entsprechen die anklagenden Töne - gegen die Kindergärtnerin, die dem Kind einen strengen, allwissenden und stets strafenden Gott vermittelt - einen Gott, der im literarisch verdichteten Bild ganz oben steht, während sich das Kind ganz unten auf der hierarchischen Stufenleiter menschlicher und himmlischer Ordnungen findet.

Es ist ein Gott der Moral, den Jutta Richter hier beschreibt, ein Gott, der die Gebote und Verbote der Eltern stützt und überhöht und der das Kind mit Schuldgefühlen überhäuft: »daß ich ein böses Kind gewesen war«.

Für dieses Gottesverständnis steht in der Erinnerung das »Negerkind, das nickte«. Auch hier hängt Gottes Liebe ganz vom Tun des Kindes ab: Gottes Liebe als Belohnung. So liegt es nur nahe, daß sich das Kind »so viel Geld« wünscht, daß es am meisten kaufen und spenden kann, damit Gott es »am liebsten« hat.

Den bedrohlichen, moralisierenden und strafenden Gott - häufig mit besonderer Betonung des sexuellen Bereichs - kann man in vielen Autobiographien finden. »Der liebe Gott sieht alles« heißt eine ganze Sammlung von Erfahrungsberichten über religiöse Erziehung (*Scherf* 1984). Das bekannteste Beispiel freilich dürfte noch immer Tilmann Mosers »Gottesvergiftung« sein. In seinen - als »Gebete vor Morgengrauen« bezeichneten - Niederschriften heißt es:

»Aber weißt du, was das Schlimmste ist, was sie mir über dich erzählt haben? Es ist die tückisch ausgestreute Überzeugung, daß du alles hörst und alles siehst und auch die geheimen Gedanken erkennen kannst« (S. 13).

Moser führt sein Gottesverständnis bis auf die früheste Kindheit zurück: »Du warst das permanente Zusatzangebot im Lächeln der Eltern« (S. 30).

Da Mosers Text weithin bekannt ist und bereits mehrfach interpretiert wurde, möchte ich auf seinen Bericht - wie auch auf den zum Teil ähnlich gelagerten Text »Mars« von Fritz Zorn - hier nicht weiter eingehen. Wichtig ist mir nur die durchgängige Erfahrung des strafenden bzw. belohnenden Gottes, den Moser bis in die früheste Zeit zurückerinnert. Denn interessanterweise fällt der Bericht von Jutta Richter in diesem Punkt ganz anders aus:

»Ich erinnere mich, daß es zwei Götter gab: den lieben Gott meiner Mutter und den lieben Gott von Schwester Lioba, der auch der von Vikar Wittkamp war. Der liebe Gott Schwester Liobas war der Vater des nickenden Negerkindes aus Gips. Für einen Groschen zehnmal nicken. Der liebe Gott Schwester Liobas war stets darauf bedacht, alles zu sehen, alles zu wissen und alles zu bestrafen. Der liebe Gott Schwester Liobas hatte ewiges Leben und war mächtig und böse.

Der liebe Gott meiner Mutter war der Vater des Schutzengels. Der liebe Gott meiner Mutter war ein freundlicher alter Herr, dem die Himmelsschlüssel aus der Hand gefallen waren und jetzt als Blumen am Sielbach wuchsen. Der liebe Gott meiner Mutter war im Sommer ein leidenschaftlicher Gärtner, und ab September arbeitete er aushilfsweise in der himmlischen Bäckerei, zusammen mit den kleinen pausbackigen Engeln, deren Schicht mit dem Abendrot begann. Meine Mutter kannte alle Sorten der Plätzchen, die dort für Weihnachten gebacken wurden, und konnte sie mir aufzählen. Der liebe Gott meiner Mutter wäre niemals auf den Gedanken gekommen, hinter Kindern herzuspionieren, er machte lieber beide Augen zu und schickte den Schutzengel an die rechte Seite meines Bettes, wo er die ganze Nacht Wache hielt. Ich konnte seinen Engelsatem spüren. Der liebe Gott meiner Mutter hatte nur einen Fehler: Er starb, als ich fünf wurde und Schwester Lioba sagte: Seinen einzigen Sohn opferte Gott für die Sünden der Menschen, auch für deine Sünden, und mich dabei ansah« (S. 17f.).

Ganz im Gegensatz zu Tilmann Mosers Erfahrungen schildert Jutta Richter hier einen zweiten, früheren Gott, den sie vor allem mit ihrer Mutter verbindet - den »Vater des Schutzengels«. Zwar stehen auch bei ihr - wie bei Tilmann Moser - alle diese Gottesbilder in einem engen Verhältnis zu bestimmten Personen: den Eltern, der Mutter und Schwester Lioba. Der mütterliche Gott ist bei Jutta Richter aber nachsichtig und gnädig, spielt mit dem Kind - und »machte lieber beide Augen zu«. Erst der Gott der Schwester Lioba verlangt einen Groschen, damit er »nickt«. Von sich aus ist er »stets darauf bedacht, alles zu wissen und alles zu bestrafen«.

Dennoch scheint Jutta Richter auch später noch einen anderen Zugang zur Religion gefunden zu haben. Ihre Erinnerungen an die Spiele der Kindheit jedenfalls sprechen nicht von einem strafenden Gott:

»Ich erinnere mich, daß ich einen Maialtar baute. Ich borgte das Marienbild aus dem Elternschlafzimmer. Ich nahm den Hocker aus der Küche, das Kupferkreuz mit dem passenden Weihwasserschälchen, von Tante Else zur Erstkommunion, und eine weiße Tischdecke. Ich dekorierte den ganzen Nachmittag, während es draußen regnete. Ich durfte sogar Kerzen auf meinen Maialtar stellen, obwohl es sonst verboten war, Feuer in meinem Zimmer zu machen. Abends kniete ich vor meinen Altar und versuchte alle Strophen des Liedes *Meerstern, ich dich grüße* zu singen. Ein anderes Spiel spielte ich im Winter, wenn es sehr kalt war und einzelne Schneeflocken langsam vorbeischwebten. Ich spielte am Fluß, dessen Uferrand gefroren war. Ich riß dort Schilfbüschel aus dem Eis und stopfte sie zwischen zwei ganz eng nebeneinanderstehende Weiden, das sollte meine Hütte werden, und meine Hütte war der Stall zu Bethlehem, und ich war Josef der Zimmermann und hatte dafür zu sorgen, daß Maria und das Kind nicht froren, in der Hütte saß nämlich Maria und versuchte mit meinen Streichhölzern trockenes Stroh und Äste anzuzünden, während sie hin und wieder das Kind beruhigen mußte, das vor Hunger schrie. In den anderen Bäumen saßen die Engel und flüsterten Halleluja, bis das Kind eingeschlafen war« (S. 30f.).

Auch in Jutta Richters Bericht finden wir das Thema religiöser Entwicklung wieder in mehrfacher Weise - in den kindlichen Vorstellungen, in den unterschiedlich geprägten Phasen der frühen und späten Kindheit, die für Jutta Richter eng mit dem jeweiligen Gottesbild verknüpft sind; schließlich als Gegenstand der Überlegungen Jutta Richters heute, anläßlich ihres Kirchenaustritts, den sie als »Befreiung« deutet.

Jutta Richter fühlt sich von der Kirche unverstanden, in ihren Vorstellungen unterdrückt und eingeengt. Gegen den ihr von der kirchlichen Erziehung nahegebrachten Gott, der sich bezahlen läßt, bevor er gibt, klagt sie den mütterlichen Gott ihrer Kindheit ein. Dieses gnädigen Gottes sieht sie sich durch die kirchliche Erziehung beraubt.

Ist diese Sicht stimmig? Wird sie der lebensgeschichtlichen Erfahrung und Entwicklung gerecht? - Eine vorläufige Antwort ergibt sich vielleicht aus der Frage, ob denn die Gottesvorstellungen der Kindheit ohne Schwester Liobas Eingreifen sich hätten erhalten können? - Eine Antwort ist sicher nicht einfach. Man wird aber doch sagen können, daß sich die kindlichen Vorstellungen (»Schutzengel« usw.) auch so an neuen Erfahrungen hätten brechen müssen - aber eben in anderer Weise. Es ist nicht einsichtig, daß kindliche Geborgenheitserfahrungen und -bilder nur durch Schuldgefühle abgelöst werden können.

Gott als Spielkamerad des Kindes und als begriffliche Konstruktion des Jugendlichen

Die bisherigen Texte waren auf mehr oder weniger punktuelle Ausschnitte beschränkt und ergeben kein Gesamtbild einer Entwicklung. Zudem handelt es sich um Texte, die aus ungefähr derselben Zeit stammen - aus den 70er und 80er Jahren unseres Jahrhunderts. Es könnte deshalb sein, daß die Ähnlichkeit der äußeren Umstände - und sei es nur zur Zeit des Schreibens - auch die Erinnerung bestimmen. Als nächstes möchte ich deshalb eine Lebensgeschichte aufnehmen, die uns ein stärker zusammenhängendes Bild einer Entwicklung im Kindes- und Jugendalter verschafft und die uns zugleich um zwei Jahrhunderte zurückversetzt.

In seinem »psychologischen Roman« (so der Untertitel) beschreibt *Karl Philipp Moritz* Kindheit und Jugend der fiktiven Gestalt Anton Reiser.[2] Über die frühe Kindheit wird allerdings nur wenig berichtet. Beschrieben wird das Elternhaus und dann vor allem der pietistisch beeinflußte Vater, der mit seiner Frau wegen seiner Religiosität in ständiger Spannung lebt. Vor dieser »häuslichen Zwietracht« kann Anton nur »hin zu seinem Buche« fliehen: »So ward er schon früh aus der natürlichen Kinderwelt in eine unnatürliche idealische Welt verdrängt« (S. 19). Etwa in diese Zeit fallen auch die Erfahrungen mit den vom Vater empfohlenen Übungen »zum inneren Gebet«, bei denen sich Anton »von der Sinnlichkeit abzuziehen« hatte:

»Anton kam bald so weit, daß er glaubte, von den Sinnen ziemlich abgezogen zu sein, und nun fing er an, sich wirklich mit Gott zu unterreden, mit dem er bald auf einem ziemlich vertraulichen Fuß umging. Den ganzen Tag über, bei seinen einsamen Spaziergängen, bei seinen Arbeiten und sogar bei seinem Spiele, sprach er mit Gott, zwar immer mit einer Art von Liebe und Zutrauen, aber doch so, wie man ungefähr mit einem seinesgleichen spricht, mit dem man eben nicht viel Umstände macht...

Freilich ging es nicht so ab, daß es nicht zuweilen einige Unzufriedenheit sollte gesetzt haben, wenn etwa ein unschuldiges Spielwerk oder sonst ein Wunsch vereitelt ward. Dann hieß es oft: ›Aber mir auch diese Kleinigkeit nicht einmal zu gewähren!‹ oder: ›Das hättest du doch wohl können geschehen lassen, wenn's irgend möglich gewesen wäre!‹ Und so nahm es sich denn Anton nicht übel, zuweilen ein wenig mit Gott nach seiner Art böse zu tun« (S. 24f.).

---

[2] Aus Gründen der leichteren Lesbarkeit wurden die im folgenden wiedergegebenen Textausschnitte sprachlich und orthographisch vereinfacht und um Auslassungen, die nicht immer gekennzeichnet sind, gekürzt. - Weiterführende Literatur zu A. Reiser ist zum Beispiel bei R. Minder (1974) zu finden.

22

In diese Zeit fällt auch das Schiebkarrenspiel, bei dem Anton das »Jesulein« spazierenfährt:

»Hinter dem Hause war ein großer Baumgarten: hier fand er zufälligerweise einen Schiebkarren und machte sich das Vergnügen, damit im ganzen Garten herumzuschieben.

Um dies nun aber zu rechtfertigen, weil er anfing, es für Sünde zu halten, bildete er sich eine ganz sonderbare Grille. Er hatte nämlich viel von dem Jesulein gelesen, daß es allenthalben sei und man beständig und an allen Orten mit ihm umgehen könne.

Und da er nun mit Gott selber schon so vertraut umging, warum nicht noch vielmehr mit diesem seinem Sohne, dem er zutraute, daß er sich nicht weigern werde, mit ihm zu spielen, und also auch nichts dawider haben werde, wenn er ihn ein wenig auf dem Schiebkarren herumfahren wollte.

Nun schätzte er es sich aber doch für ein sehr großes Glück, eine so hohe Person auf dem Schiebkarren herumfahren zu können und ihr dadurch ein Vergnügen zu machen; und da diese Person nun ein Geschöpf seiner Einbildungskraft war, so machte er auch mit ihr, was er wollte, und ließ sie oft kürzer, oft länger an dem Fahren Gefallen finden, sagte auch wohl zuweilen mit der größten Ehrerbietigkeit, wenn er vom Fahren müde war: ›So gern ich wollte, ist es mir doch jetzt unmöglich, dich noch länger zu fahren.‹

So sah er dies am Ende für eine Art von Gottesdienst an und hielt es nun für keine Sünde mehr, wenn er sich auch halbe Tage mit dem Schiebkarren beschäftigte« (S. 26).

Zunächst wird hier die Gottesbeziehung Antons beschrieben – als eine Beziehung mit »einem seinesgleichen«. In dieser Beziehung herrscht also eine gewisse Gleichrangigkeit vor und eine Form wechselseitigen Austausches: Gott erfüllt oder vereitelt Wünsche, und im Falle des Vereitelns ist Anton ihm deshalb »böse«.

In ähnlicher Weise wird Jesus als Spielkamerad vorgestellt. Dieser Vorstellung liegt, wie schon bei Marie Cardinal, eine ganz wörtlich genommene Lehre über das »Jesulein« zugrunde – »daß es allenthalben sei und man beständig und an allen Orten mit ihm umgehen« oder eben spielen könne.

Die Phantasie des Kindes baut sich hier gleichsam eine Szenerie des religiösen »Dienstes«, die dem Kind zugleich eine Rechtfertigung für sein sonst »für Sünde« gehaltenes Spiel gewährt. Die Phantasie verhilft so zu einer gewissen Befreiung gegenüber der engen theologischen und pädagogischen Sicht, die Antons Erziehung bestimmt.

Das wörtliche Verstehen zeigt auch ein anderer Abschnitt, in dem von Antons frühen Vorstellungen berichtet wird:

»Seine Mutter pflegte von einem Sterbenden zu sagen, daß ihm der Tod schon auf der Zunge sitze; dies nahm Anton ebenfalls im eigentlichen Verstande, und als der Mann seiner Base starb, stand er neben dem Bette und sah ihm sehr scharf in den Mund, um den Tod auf der Zunge desselben, etwa wie eine kleine schwarze Gestalt, zu entdecken« (S. 35).

Wenig später ist dann von der »Seligkeit der Einschränkung« die Rede, die solche Vorstellungen dem Kind gewähren. Sie bewahren es demnach vor der Härte des Todes, die es noch nicht zu ertragen vermag. Die kindliche Vorstellung, das Verhältnis zum Tod als einer »kleinen schwarzen Gestalt«, bildet so gesehen wiederum einen Schutz und gewährt Geborgenheit. Sie bedeutet nicht Unvollkommenheit und Unreife, sondern ein alters- und entwicklungsangemessenes Verstehen. Das Verlassen dieser Kinderwelt der Phantasie, das »Fliehen« der »Einschränkung«, bedeutet dann den Verlust dieser Geborgenheit. Das zeigen auch die nächsten zwei Textausschnitte, in denen es um die Gottesvorstellung des etwa 10jährigen Anton geht:

»Wenn oft der Himmel umwölkt und der Horizont kleiner war, fühlte er eine Art von Bangigkeit, daß die ganze Welt wiederum mit ebenso einer Decke umschlossen sei wie die Stube, worin er wohnte, und wenn er dann mit seinen Gedanken über diese gewölbte Decke hinausging, so kam ihm diese Welt an sich viel zu klein vor, und es deuchte ihm, als müsse sie wiederum in einer anderen eingeschlossen sein, und das immer so fort.

Ebenso ging es ihm mit seiner Vorstellung von Gott, wenn er sich denselben als das höchste Wesen denken wollte . . .

Über den Himmel dachte er sich Gott, aber jeder, auch der höchste Gott, den sich seine Gedanken schufen, war ihm zu klein und mußte immer wieder noch einen höhern über sich haben, gegen den er ganz verschwand, und das so ins Unendliche fort . . .

Weil nämlich seine Träume größtenteils sehr lebhaft waren und beinahe an die Wirklichkeit zu grenzen schienen, so fiel es ihm ein, daß er auch wohl am hellen Tage träumen und die Leute um ihn her, nebst allem, was er sah, Geschöpfe seiner Einbildungskraft sein könnten.

Dies war ihm ein erschrecklicher Gedanke, und er fürchtete sich vor sich selber, sooft er ihm einfiel« (S. 37f.).

Gott und die Welt werden hier fraglich - fraglich einem gleichsam sich selbst immer wieder überschreitenden Denken - »und das so ins Unendliche fort«. Auch »der höchste Gott« wird »zu klein« - ein höherer läßt sich immer noch (und immer wieder!) denken. Traum und Wirklichkeit schieben sich ineinander - vielleicht ist alles und sind alle Menschen nur »Geschöpfe seiner Einbildungskraft«.

Dieser, wie man sagen könnte, metaphysische Schwindel ist für Moritz das Zeichen der verlorenen Geborgenheit. Es ist ein »erschrecklicher Gedanke«, aber nur das? - Wie sich im weiteren zeigt, beginnt hier auch die Fähigkeit des Hinterfragens und Zweifelns - die Fähigkeit, eine Autorität und deren negatives, Anton verwerfendes Urteil in Frage zu stellen und sich von Ängsten zu befreien (S. 65).

Das frühe Jugendalter bringt für Anton dann die erste, sehr kurze Schulzeit, im wesentlichen aber ein Lehrverhältnis bei einem Hutmacher, unter dem er sehr leidet. Trost bietet ihm nur das Hören von Predigten des Pastors P., den er über alle Maßen verehrt und geradezu idealisiert (S. 70). So fiebert Anton seiner Konfirmation - und vor allem: dem ersten Abendmahl - förmlich entgegen:

»Den Sonntag nach der Konfirmation ging nun Reiser zuerst zum Abendmahl und suchte nun aufs gewissenhafteste die Lehren in Ausübung zu bringen, welche er sich darüber aufgeschrieben und auswendig gelernt hatte, als die vorhergehende Prüfung nach dem Buß- und Sündenspiegel und dann das Hinzutreten zum Altar *mit einem freudigen Zittern*. - Er suchte sich auf alle Weise in eine solche Art von freudigem Zittern zu versetzen: es wollte ihm aber nicht gelingen, und er machte sich selbst die bittersten Vorwürfe darüber, daß sein Herz so verhärtet war. Endlich fing er vor Kälte an zu zittern, und dies beruhigte ihn einigermaßen.

Allein die himmlische Empfindung und das selige Gefühl, das ihm nun diese Seelenspeise gewähren sollte, all das empfand er nicht . . .« (S. 134f.).

Das erste Abendmahl, obwohl »aufs gewissenhafteste« vorbereitet, wird für Anton zur Enttäuschung: Das »freudige Zittern« bleibt aus und ebenso das »selige Gefühl«, das ihm versprochen war und das er sich selbst versprach. Fast könnte man meinen, Anton hier wieder als Kind zu hören: Symbolische Sprache wird ganz wörtlich genommen, wird zu einer direkt und erfahrbar einzulösenden Erwartung umgemünzt.

»Dabei blieb er aber doch immer mit sich selbst unzufrieden: denn zu der Gottseligkeit und Frömmigkeit rechnete er vorzüglich die Aufmerksamkeit auf jeden seiner Schritte und Tritte, auf jedes Lächeln und auf jede Miene, auf jedes Wort, das er sprach, und auf jeden Gedanken, den er dachte. - Diese Aufmerksamkeit mußte nun natürlicherweise sehr oft unterbrochen werden und konnte nicht wohl über eine Stunde in einem fortdauern - sobald nun Reiser seine Zerstreuung merkte, ward er unzufrieden mit sich selbst und hielt es am Ende beinahe für unmöglich, ein ordentlich gottseliges und frommes Leben zu führen« (S. 135).

Antons Enttäuschung über das erste Abendmahl geht einher mit einer allgemeinen Unzufriedenheit mit sich selbst - daß es ihm nicht gelingt, die der »Frömmigkeit« entsprechende ständige »Aufmerksamkeit auf jeden seiner Schritte und Tritte« zu erreichen und durchzuhalten. Auch gegenüber sich selbst hegt Anton ähnlich unerfüllbare Erwartungen wie im Blick auf die Wirkungen des Abendmahls. Frommsein heißt für ihn, immer auf sich selbst merken, »keinen Augenblick lang vergessen, daß man fromm sein wolle« (S. 48).

Man mag in dieser Auffassung zunächst nur den Einfluß pietistischer Theologie und Frömmigkeitslehre sehen, und im Blick auf den historischen Zusammenhang trifft diese Einschätzung auch zu. Darüber hinaus läßt sich aber doch auch ein bestimmtes Verständnis des Menschen und seiner bewußten und unbewußten Persönlichkeit aus diesem Text entnehmen. Es ist nicht mehr das phantastische Verständnis, wie wir es beim »Hostien-Männlein« gefunden haben; dennoch ist es ein stark vereinfachtes Bild der menschlichen Psyche, von dem Anton ausgeht. Die Persönlichkeit im ganzen wird als lenkbar, als wissensmäßig kontrollierbar vorgestellt - immer und in jedem Augenblick. Für innere Konflikte, für die Undurchsichtigkeit des Menschen gerade auch für sich selbst, ist in dieser Vorstellung kein Raum. Für Anton gibt es nur Eindeutigkeit - oder sollte es wenigstens nur Eindeutigkeit geben, denn weder bei sich selbst noch in seiner religiösen Praxis kann er sie wirklich finden. Sich selbst erfährt er als widersprüchlich, zweideutig, ähnlich wie das Abendmahl, das ohne eindeutige Wirkung bleibt.

Hier wird bei Anton ein innerer Widerspruch deutlich, ein Konflikt, der Entwicklungen auslöst und in dem sich Entwicklungen spiegeln, ein Konflikt aber auch, den Anton noch nicht zu lösen vermag: Weder kann er seinem Denken und seinen Erwartungen gerecht werden noch kann er sich auf seine Erfahrungen wirklich einlassen, solange sie ihm nur als Enttäuschung der eigenen Erwartungen vorkommen.

Antons Jugendzeit ist in ihrem weiteren Verlauf stärker von der Schule geprägt, die er nun besucht. Zu leiden hat er freilich nicht nur unter strengen Lehrern, sondern vielmehr noch unter den bedrückenden Verhältnissen, die er als wenig geliebter Kostgänger an verschiedenen Freitischen erfährt. In diese Zeit fällt die Wiederbegegnung mit einem Greis, dessen tiefe Religiosität Anton schon früher beeindruckt hatte. Diese Begegnung hinterläßt bei ihm auch jetzt wieder einen starken Eindruck:

»Mit gerührtem Herzen ging Reiser nach Hause und nahm sich vor, sich ganz wieder zu Gott zu wenden - er erinnerte sich mit Wehmut des Zustandes, worin er sich als ein Knabe befunden hatte, da er mit Gott Unterredung hielt und immer voll hoher Erwartung war, was nun für große Dinge in ihm vorgehen würden. - In diesen Erinnerungen lag eine unbeschreibliche Süßigkeit . . .« (S. 160).

Dieser Abschnitt enthält im Vergleich zu den Erinnerungen, die Anton sonst aus seiner Jugendzeit berichtet, ein gleichsam gegenläufiges Gefälle. Nicht ein Fortschreiten weg von der Religion der Kindheit, sondern eine Rückkehr zu den Erfahrungen des Kindes finden wir hier. »Wehmut« und »Süßigkeit« sind dabei die Empfindungen, als Ausdruck zugleich des Verlusts - im Sinne einer nicht mehr zu überbrükkenden Distanz - und der Wiedergewinnung einer in der Erinnerung noch immer wirksamen Erfahrung.

Zwar gelingt das Wiederanknüpfen Anton letztlich nicht (S. 161), es kommt nicht zu einer wirklichen Erneuerung dieser Erfahrungen. Aber es ist doch deutlich, wie sich hier für Anton die Linien der Entwicklung verschlingen - im Rückwärts und Vorwärts eines Suchprozesses, der sich keiner geradlinigen Vorstellung fügt.

Daß sich die Rückkehr zum Kinderglauben auf die Dauer nicht durchhalten läßt, zeigt dann sehr deutlich Antons Versuch mit einem Tagebuch:

»Nun war es sonderbar; wenn er im Anfang etwas niederschreiben wollte, so kamen ihm immer die Worte in die Feder: *Was ist mein Dasein, was mein Leben?*

Seine *dunkle* Vorstellung vom Leben und Dasein, das wie ein Abgrund vor ihm lag, drängte sich immer zuerst in seiner Seele empor - er fühlte sich gedrungen, erst diesen wichtigsten Punkt seiner Zweifel und Besorgnisse zu berichtigen, ehe er irgend etwas anderes zum Gegenstande seines Denkens machte ...

Er wollte erst mit sich selbst gleichsam in Richtigkeit sein, ehe er zu etwas anderem schritte.

Nun fing er an, den Begriff des *Individuums* zu verfolgen, der ihm schon seit einigen Jahren, da er zuerst etwas von Logik gehört hatte, vorzüglich wichtig geworden war - und da er nun endlich auf den höchsten Grad des Bestimmtseins von allen Seiten und des *Vollkommen-sich-selbst-gleich-Seins* stieß, so war es ihm nach einigem Nachdenken, *als ob er sich selbst entschwunden wäre - und sich erst in der Reihe seiner Erinnerungen an das Vergangene wieder suchen müßte.* Er fühlte, daß sich das Dasein nur an der Kette dieser ununterbrochenen Erinnerungen festhielt.

Die wahre Existenz schien ihm nur auf das eigentliche *Individuum* begrenzt zu sein - und außer einem *ewig unveränderlichen, alles mit einem Blick umfassenden Wesen* konnte er sich kein wahres Individuum denken.

Am Ende seiner Untersuchungen dünkte ihm sein eigenes Dasein eine *bloße Täuschung,* eine *abstrakte Idee.*

Durch diese Begriffe von seiner eigenen Eingeschränktheit veredelten sich seine Begriffe von der Gottheit - er fing an, nun in diesem großen Begriffe sein eigenes Dasein zu fühlen, das ihm ohnedem unter den Händen zu verschwinden, ohne Zweck, abgerissen und zerstückt zu sein schien« (S. 238-240).

Hier gewinnt offenbar wieder das abstrakte Denken die Oberhand. Kennzeichnend ist nun aber, daß sich dieses Denken zuallererst auf ihn selbst richtet: »Was ist mein Dasein, was mein Leben?« Es ist nun nicht mehr die umgebende Welt und auch nicht Gott, die ihm hier zum Problem werden. Er selbst, als ganzer, wird sich, gemessen am »Begriff des Individuums«, fraglich. Von hier aus, von seiner eigenen - in der Manier des Philosophen erfahrenen - Fraglichkeit, stößt er auf die »Gottheit«, um »in diesem großen Begriffe sein eigenes Dasein zu fühlen«.

Die Entwicklungslinie des abstrakten Denkens hat bei Anton weitergeführt von der Welt, auf die sich dieses Denken zuerst gerichtet hatte, nun zu ihm selbst in seiner eigenen Fragwürdigkeit. Auf diesem Weg führt ihn dasselbe Denken, das ihm Gott hatte fragwürdig werden lassen - »auch der höchste Gott . . . war ihm zu klein« (S. 38) - nun zurück zu Gott. Allerdings nicht zu dem Gott seiner Kindheit, sondern zum »Begriff von der Gottheit«, wie es in auffälligem Kontrast zu dem »Fühlen« heißt, das sein Verhältnis zu diesem Begriff und dann zu sich selbst kennzeichnet. Offenbar gestaltet sich Antons Verhältnis zu Gott nun als begrifflich-abstrakte Beziehung, an die er freilich auch seine Gefühle hängt.

In dieser Spannung zwischen begrifflicher Konstruktion und gefühlter Beziehung könnte man - ähnlich wie bei dem eingangs zitierten jungen Elektromaschinenbauer - eine Spannung vermuten, die für Anton die religiöse Entwicklung noch nicht zur Ruhe kommen läßt. Tatsächlich erreicht Anton aber nicht eine neue Versöhnung von Begriff und Gefühl. Statt dessen nimmt seine Entwicklung eine Wendung ins Ästhetische. Gott und Welt will er nun poetisch fassen: »Seine Einbildungskraft arbeitete beständig, die großen Begriffe von *Welt, Gott, Leben, Dasein* usw., die er mit seinem Verstande zu umfassen gesucht hatte, nun auch in poetische Bilder zu kleiden . . .« (S. 265).

Die weitere religiöse Entwicklung Antons bleibt jedoch weithin im Dunkel - im Schatten der unglücklichen Faszination durch die Welt des Theaters, die den Fortgang von Antons Leben nun mehr und mehr bestimmt. Der Autor Karl Philipp Moritz legt uns dadurch eine Deutung nahe, der gemäß sich Antons Religion, als Ausdruck von »Phantasie« und »Einbildungskraft«, fortsetzt in einem nun nicht mehr religiösen Bereich - dem Theater als einer neuen Welt der Phantasie. Diese Deutung zeigt sich schon an einem Kommentar, den der Autor unmittelbar vor der Beschreibung des ersten Abendmahls einstreut: »So bestanden von seiner Kindheit auf seine eigentlichen Vergnügungen größtenteils in der Einbildungskraft, und er wurde dadurch einigermaßen für den Mangel der wirklichen Jugendfreuden, die andere in vollem Maße genießen, schadlos gehalten« (S. 134).

Nachdem wir so der religiösen Entwicklung Anton Reisers gefolgt sind, ist noch eine Nachbemerkung erforderlich. Zur Interpretation habe ich nur Passagen gewählt, in denen Religion selbst thematisch wird - in denen also ausdrücklich die religiöse Entwicklung im Zentrum steht. Dabei erschließt sich die religiöse Entwicklung als eine Entwicklung vor allem der Vorstellung und der Reflexion bzw. der Gefühle, die sich mit diesen Vorstellungen verbinden. Hinter dieser Entwicklung steht aber ein ganzes Netz unthematischer Bezüge, in die diese Entwicklung gleichsam eingebettet ist. Dieses Netz besteht nicht aus Vorstellungen, sondern aus Personen: zuerst den Eltern, dann dem Pfarrer und den Lehrern, dem Handwerksmeister, bei dem er in die Lehre geht, den Freunden, schließlich dem Greis, dessen Frömmigkeit Anton tief beeindruckt. Sie alle spielen in Antons religiöser Entwicklung eine wichtige Rolle. Der Vielfalt dieser Einflüsse nachzugehen würde freilich ein eigenes Buch erfordern – eine Art Psychoanalyse dieses Romans, wie sie *John Bisanz* (1970) versucht hat. Eine solche Analyse muß versuchen, hinter die vom Autor selbst aufgewiesenen Bezüge zurück zu kommen – etwa auf den Vater und auf seine prägende Bedeutung für Antons religiöse Entwicklung.

Eine zweite Nachbemerkung betrifft den historischen Hintergrund. Einmal geht es um die geschichtlich bedingte Lage, in der Anton lebt – die bedrückende Armut des Feudalismus und die Angewiesenheit auf die Gnade der Herren, aber auch den Einfluß pietistischer Frömmigkeit, die vor allem für Antons Kindheit bestimmend war. Zum anderen wird der historische Einfluß faßbar in der Absicht des Schreibens selbst: Rechenschaft zu geben nicht nur für eine einzelne Tat, sondern für ein ganzes Leben. Solche Lebensläufe zu schreiben war ein Unternehmen, auf das sich im Bereich pietistischer Frömmigkeit mit ihrer Betonung der persönlichen und lebensgestaltenden Kraft des christlichen Glaubens im 18. Jahrhundert zahlreiche Menschen einließen. Bei Karl Philipp Moritz weitet sich freilich der aufgeklärte Blick zum Psychologischen und Ästhetischen – von der Rechenschaftsgabe zu Beobachtung und Erklärung, nicht zuletzt in pädagogischer Absicht.

Religiöse Entwicklung erweist sich also zunächst als eine individuelle Entwicklung von Vorstellung und Gefühl, im weiteren aber als ein personal vermittelter und deshalb immer auch sozialer Prozeß, der sich in einer geschichtlich konkreten Situation vollzieht. Dieser individuelle, soziale und geschichtliche Entwicklungsprozeß ist dann noch einmal zu unterscheiden von seiner Beschreibung und vor allem seiner Deutung, die ihrerseits von einer bestimmten geschichtlichen Lage abhängt sowie in der Absicht, von der sie getrieben wird.

Was aber bedeutet ein solches Deuten und Beschreiben - in religiöser, psychologischer oder pädagogischer Absicht - für die autobiographische Darstellung der religiösen Entwicklung? Können wir einem Autor, der in einer bestimmten Absicht schreibt, noch als Berichterstatter trauen? Gibt er uns, anders gefragt, ein getreues Bild seiner Erfahrungen im Kindes- und Jugendalter, oder sind es nur Bilder, die der Autor - nach seinen eigenen Vorstellungen als Erwachsener - für uns gestaltet?

An dieser Stelle möchte ich einhalten und fragen, was wir bisher beobachtet haben. Welche Entwicklung spiegelt sich in den Texten? Und was berechtigt dazu, diese Texte unter dem Thema »religiöse Entwicklung« zu versammeln? Was ist, den bisher betrachteten Texten zufolge, unter »religiöser Entwicklung« zu verstehen?

Im weitesten Sinne kann man davon sprechen, daß die Texte auf einen engen Zusammenhang zwischen *Lebensgeschichte* und *Religion* verweisen. Zumindest für die Autoren, deren Berichte hier herangezogen wurden, gibt es deutliche Zusammenhänge zwischen ihrer Kindheit und Jugend einerseits und bestimmten religiösen Erfahrungen andererseits. Und ebenso deutlich sind die Veränderungen, die solche Erfahrungen von der Kindheit zum Jugendalter durchlaufen.

Am leichtesten zu sehen ist das bei Vorstellungen, die uns als Erwachsene befremden oder uns sogar ein wenig belustigen wie etwa das »Hostien-Männlein«. Hier verläuft eine erkennbare Linie von konkreten Bildern hin zu abstrakteren Formen des Verstehens. Es sind aber nicht nur das Denken und die Vorstellung, die sich im Zuge der Lebensgeschichte wandeln. Gefühle sind ähnlichen Veränderungen unterworfen: Das Verhältnis zu dem Gott, der »alles sieht« (Jutta Richter, Tilman Moser), das Verhältnis zu Gott »als einem seinesgleichen« und das zu dem »Begriff der Gottheit« (Anton Reiser) unterscheiden sich nicht nur als Vorstellungen, sie sind offenbar auch mit unterschiedlichen Gefühlen verbunden: mit Angst vor Strafe, mit Dankbarkeit oder Bösesein, mit der bewußten Erfahrung des eigenen Daseins.

Ein entsprechender Wandel zeigt sich auch bei den personalen Beziehungen, die für die religiöse Entwicklung bedeutsam sind: Die personalen Bezüge beginnen bei den Eltern, setzen sich fort über Kindergartenschwester, Lehrer und Pfarrer hin zu anderen Erwachsenen, denen Kinder und Jugendliche begegnen. Wie die Formulierungen Jutta Richters zeigen – der »Gott meiner Mutter«, der »Gott von Schwester Lioba« –, spielen diese Beziehungen für die religiöse Entwicklung eine entscheidende Rolle.

Bemerkenswert ist schließlich auch die Tatsache, daß zum Teil die Autoren selbst auf diesen lebensgeschichtlichen Wandel ihrer Religiosität reflektieren. Die Veränderungen sind keineswegs nur gleichsam von außen, für einen geschulten Beobachter oder wissenschaftlichen Interpreten zu erkennen. Wie schon die eingangs zitierte Äußerung des jungen Elektromaschinenbauers deutlich macht, stellen solche Reflexionen eine Erfahrung zumindest des Jugendalters dar, wenn sich der Blick zurückwendet: »Früher als Kind . . .«

Ohne die Begriffe »Religion« und »Entwicklung« hier schon genauer zu klären, können wir unter »religiöser Entwicklung« demnach die lebensgeschichtliche Veränderung von Erfahrungen, Vorstellungen, Gefühlen usw. sowie von personalen Beziehungen verstehen, soweit sie damit verbunden sind, was jeweils als religiös verstanden wird. Die Frage nach dem Religionsverständnis lasse ich bei dieser Umschreibung bewußt noch offen. Mit der Betonung des *jeweiligen* Verständnisses von Religion möchte ich daran erinnern, daß wir es bei autobiographischen Berichten bereits mit einer Deutung durch den Autor zu tun haben und daß diese Deutung auch ein Religionsverständnis einschließt. Diesem Verständnis habe ich mich – bei der Auswahl der zitierten Passagen – weithin angeschlossen. Daß daneben auch ein weniger subjektives, nicht nur vom einzelnen vertretenes Religionsverständnis wichtig ist, wird sich in späteren Kapiteln zeigen.

Lassen sich nun die Erfahrungen, die in den Texten berichtet werden, in eine biographische Ordnung bringen? Ergibt sich aus ihnen schon eine erste Übersicht zur religiösen Entwicklung? – Sehr deutlich ist wohl die Unterscheidung zwischen Kindheit und Jugendalter: Plastisch und eindringlich beschrieben wird beispielsweise das konkretwörtliche Verstehen von symbolischen Aussagen und Lehrstücken im Kindesalter. Dazu kommen die Phantasien, die positiv (beschützend) oder negativ (bestrafend) sein können. Gleichsam den Horizont nach hinten, zum Kleinkindalter hin, bilden dabei die Eltern, bei denen die religiöse Entwicklung ihren Anfang nimmt.

Das Jugendalter dagegen bringt ein »realistisches«, selbständiges Fragen und Hinterfragen mit sich, das einerseits zu Zweifel und Distanzierung führt, andererseits aber auch neue Zugänge zur Religion eröffnen kann. Solche Zugänge gestalten sich, den Texten zufolge, philosophisch-reflektierend (»Begriff der Gottheit«), aber auch gefühlsmäßig (»von innen her«).

Es wäre verfrüht, aus dieser Übersicht bereits eine Deutung der religiösen Entwicklung abzuleiten. Deutlich ist aber, daß die Autoren selbst bei ihren Berichten von Deutungen ausgehen, die ihren Berichten eine spezifische Färbung geben. Diese Deutungen lassen sich zugespitzt etwa so formulieren:

»Kinderglaube ist unrealistisch!«
»Erwachsene sprechen bei ihrer religiösen Unterweisung am Kind vorbei!«
»Mit ihrer Religion berauben Erwachsene die Kinder um ihre eigene (viel schönere) Religion!«
»Erwachsene vermitteln dem Kind die Angst vor einem strafenden Gott!«
»Religiöse Phantasien schützen das Kind vor dem Zwang der Erwachsenen und vor einer noch unerträglichen Härte des Lebens!«
»Das Gottvertrauen des Kindes und seine Nähe zu Gott sind eine bleibende Erfahrung!«
»Das Jugendalter bringt religiöse Zweifel!«
»Das Jugendalter ermöglicht eine neue und persönliche Aneignung der von anderen übernommenen Religion!«

Mit diesen Deutungen stoßen wir erneut auf das Problem der Glaubwürdigkeit und Verläßlichkeit autobiographischer Darstellungen. Wenn die Autoren jeweils eine bestimmte Sicht der religiösen Entwicklung vertreten, ist es dann nicht auch sehr wahrscheinlich, daß sich ihre Erinnerung - und mehr noch ihre Darstellung - dieser Sicht anpaßt? Muß man nicht davon ausgehen, daß der Rückblick selektiv, ja sogar verzerrt und manchmal überzogen ist?

Für die pädagogische Autobiographieforschung hat *Theodor Schulze* die Unterscheidung von »fünf Prozeßstufen und Materialschichten« vorgeschlagen:

1. »die Schicht der objektiven Gegebenheiten und Tatsachen«
2. »die Schicht der subjektiven Erfahrungen und ihrer Organisation«
3. »die Schicht der späteren Erinnerungen«
4. »die Schicht der nachträglichen sprachlichen Darstellung«
5. die »Schicht von kommentierenden Reflexionen und übergreifenden Deutungsversuchen« (im Original kursiv).

Diese Schichten sind als solche für den Leser oder Interpreten nicht immer erkennbar, sondern gehen fließend ineinander über. Das entspricht dem Charakter autobiographischer Darstellung, die nicht historisch berichten, sondern einen Lebensentwurf darstellen und rechtfertigen will. Eine solche Darstellung steht dem eigenen Leben nicht distanziert und objektiv gegenüber. Sie ist Teil dieses Lebens und soll seiner Bewältigung dienen.

Allein auf der Grundlage autobiographischer Texte läßt sich deshalb kein verläßliches Bild der religiösen Entwicklung gewinnen. Über den sich selbst deutenden Einzelfall der autobiographischen Darstellung hinaus sind andere, methodisch kontrolliertere Zugänge erforderlich, wie sie etwa in der sozialwissenschaftlichen Forschung ausgebildet wurden. Die eigene Erinnerung bedarf der Stütze der Beobachtung, Befragung und Interpretation durch andere.

Umgekehrt ist aber festzuhalten, daß gerade autobiographische Darstellungen einen Reichtum an Erfahrungen und Deutungen bereitstellen, wie sie die wissenschaftliche Beschreibung der religiösen Entwicklung nicht bieten kann. Autobiographische Berichte spielen deshalb auch im folgenden, wenn es um die erfahrungswissenschaftlichen Ansätze geht, eine Rolle als Ergänzung und Korrektiv von Ergebnissen, die sonst leicht den Lebenszusammenhang in seiner Vielfalt und Verzweigtheit verfehlen.

Weiterführende Hinweise

Der Schülertext zu Beginn des Kapitels wurde der reichhaltigen Sammlung von R. Schuster (*Was sie glauben. Texte von Jugendlichen*. Stuttgart 1984) entnommen. Diese Sammlung enthält zahlreiche Äußerungen von Berufsschülern besonders zur Gottesfrage. Eine Auswertung findet sich bei K. E. Nipkow (*Erwachsenwerden ohne Gott? Gotteserfahrung im Lebenslauf.* München 1987). Die übrigen Texte stammen aus den autobiographischen Romanen und Berichten von M. Cardinal (*Schattenmund. Roman einer Analyse.* Reinbek 1979), J. Richter (*Himmel, Hölle, Fegefeuer. Versuch einer Befreiung.* Reinbek 1985) und K. Ph. Moritz (*Anton Reiser.* Berlin/Weimar 1981), die auch als ganze die Lektüre lohnen. Bei den erwähnten Berichten von T. Moser (*Gottesvergiftung.* Frankfurt a.M. 1976; vgl. dazu Böhm 1977) und F. Zorn (*Mars.* München [8]1977) handelt es sich um kritische Auseinandersetzungen mit der eigenen Erziehung, besonders der Erziehung im Elternhaus. Diese Berichte sind als Beispiele für eine verfehlte religiöse Erziehung wichtig.

Über Fragen der Interpretation autobiographischer Texte, besonders unter pädagogischen Aspekten, geben die von D. Baacke und Th. Schulze herausgegebenen Bände Auskunft (*Aus Geschichten lernen. Zur Einübung pädagogischen Verstehens.* München 1979; *Pädagogische Biographieforschung. Orientierungen, Probleme, Beispiele.* Weinheim/Basel 1985). Als Einführung zu empfehlen ist der Beitrag von Th. Schulze:»Autobiographie und Lebensgeschichte« (in: Baacke/Schulze 1979), als zusammenfassenden Überblick s. das von H.-H. Krüger und W. Marotzki hg. Handbuch »Erziehungswissenschaftliche Biographieforschung« (Opladen 1995).

In der Theologie hat J. Matthes (1975) in einer vielbeachteten Darstellung die Unterschiede zwischen Lebenszyklus und Lebensgeschichte herausgearbeitet. Zur theologischen und auf Religion bezogenen (Auto-)Biographieforschung vgl. auch Grözinger/Luther (1987), Sparn (1990) und Wohlrab-Sahr (1995). Weitere Literatur bes. zur Lebensgeschichte von Mädchen und Frauen s. Kap. 6.

2

Ursprüngliche Einsicht oder kindliche Mythe?

Die autobiographischen Texte, auf die ich im ersten Kapitel eingegangen bin, stellen vor eine Reihe von Fragen, die nun weiter zu klären sind. Die erste – und am weitesten reichende – Frage ist die, ob es überhaupt eine Religion des Kindes- und Jugendalters gibt? Diese Frage zielt auf die Unterschiede zwischen der Religion von Kindern und Jugendlichen auf der einen und der der Erwachsenen auf der anderen Seite: Sind diese Unterschiede so, daß man von einer Religion unterschiedlicher Lebensalter sprechen kann?

Die zweite Frage ergibt sich aus den Überlegungen zur Vollständigkeit und Glaubwürdigkeit autobiographischer Aufzeichnungen, die aus der späteren Erinnerung und aus einer bestimmten Absicht heraus entstanden sind: Wie können wir etwas Verläßliches über die religiöse Entwicklung erfahren? Welche Methoden der Untersuchung und Interpretation bieten sich an, wenn man die Religion des Kindes oder des Jugendlichen erfassen und verstehen will?

Eine weitere Frage bezieht sich auf das Verhältnis zwischen religiöser Entwicklung und christlichem Glauben: Ist die in den autobiographischen Texten beschriebene Entwicklung eine Entwicklung *des* Glaubens, so daß man von einer lebensgeschichtlichen Veränderung oder sogar einer Lebensgeschichte des Glaubens sprechen kann? Oder ist es vielmehr eine Entwicklung hin *zum* Glauben, der dann gleichsam das Ziel und Ergebnis dieser Entwicklung darstellen würde? – Vorstellbar ist freilich auch das Gegenteil – daß die religiöse Entwicklung im Gegensatz zum Glauben steht, etwa in dem Sinne, daß die religiöse Entwicklung gerade verfehlt, worauf es für den Glauben ankommt.

Von der Antwort auf diese Fragen hängt dann die Bedeutung der religiösen Entwicklung für die Erziehung ab. Soweit sich diese Erziehung christlich versteht, muß es ihr darauf ankommen, religiöse Entwicklung und christlichen Glauben in ein fruchtbares Verhältnis zueinander zu bringen. Aber wie könnte ein solches Verhältnis aussehen, und welche Aufgaben ergeben sich daraus für die Religionspädagogik?

Die autobiographischen Texte machen darüber hinaus deutlich, daß religiöse Entwicklung nicht nur ein religionspädagogisches, sondern zugleich ein allgemeinpädagogisches Problem darstellt. Wenn die Erziehung und Entwicklung des Kindes und des Jugendlichen von der religiösen Entwicklung und Erziehung insgesamt negativ beeinflußt werden, wie dies bei Jutta Richter, Tilmann Moser oder Fritz Zorn der Fall war, dann geht es zwar in zentraler Weise um die religionspädagogische Frage nach der angemessenen religiösen Entwicklung und Erziehung; offenbar steht hier aber auch die gesamte Entwicklung des Kindes und des Jugendlichen auf dem Spiel. Insofern ist die religiöse Entwicklung nicht nur unter religionspädagogischen oder christlichen Aspekten bedeutsam, sondern auch in einem allgemeinpädagogischen Sinne.

Gibt es eine Religion des Kindes- und Jugendalters?

Die Frage, ob es eine Religion des Kindes- und Jugendalters gibt, hat eine doppelte Ausrichtung. Einmal ist danach gefragt, ob sich die Religion des Kindes und des Jugendlichen von der der Erwachsenen unterscheidet. Ist Religion nicht gleichsam etwas Beständiges, das sich gerade nicht mit dem Menschen verändert - ein fester Bezugspunkt für eine Orientierung also, die die verschiedenen Lebensalter und Lebenslagen übergreift? - Zum anderen wurde und wird immer wieder gefragt, ob Kinder und Jugendliche überhaupt religiös sein *können* - ob, anders gesagt, Religion nur etwas für Erwachsene ist. Diese Frage setzt für ihre Beantwortung ein bestimmtes Verständnis von Religion voraus, ein Kriterium gleichsam, von dem sich sagen läßt, ob Kinder und Jugendliche es erfüllen. Ich möchte diese Frage deshalb als Frage nach dem Religionsbegriff aufnehmen.

Von einer Religion des Kindes- und Jugendalters zu sprechen ist sicher dann nicht sinnvoll, wenn man unter Religion nur eine bestimmte Lehre oder ein bestimmtes Verhalten wie den sonntäglichen Kirchgang versteht. Religion ist so gesehen eine objektive Größe, und man könnte höchstens fragen, wieweit Kinder und Jugendliche diese Lehre bereits kennen und wieweit sie sich an der kirchlichen Praxis beteiligen. Die Religion des Kindes- und Jugendalters wäre dann nur in einem quantitativen Sinne zu verstehen: Erwachsene kennen und wissen mehr, Kinder und Jugendliche entsprechend weniger.

Dieses quantitative Verständnis, für das Kinder und Jugendliche einfach weniger kennen und wissen, ist bis heute noch weit verbreitet. Überall dort, wo sich die religiöse Erziehung der Kinder darauf beschränkt, ihnen nach und nach die Erwachsenenreligion zu »geben«, wird - ausgesprochen oder unausgesprochen - von einem solchen Verständnis ausgegangen. Aber ist ein solches Verständnis wirklich tragfähig?

Sobald man Religion nicht mehr nur in dem beschriebenen äußerlichen Sinne versteht, sondern nach dem persönlichen Verhältnis zu religiösen Lehren und zur kirchlichen Praxis fragt, ändert sich das Bild. Zwar ist festzuhalten, daß Kinder und Jugendliche nicht von selbst, gleichsam aufgrund ihrer natürlichen Entwicklung zu einer bestimmten Religion gelangen - auch das persönliche Verhältnis zur religiösen Überlieferung kommt nicht ohne Einfluß der Erwachsenen zustande, sondern in einer, wie *M. Langeveld* es in einer klassisch gewordenen Formulierung genannt hat, »bedingten Entwicklung«. Aber es ist doch auch nicht so, daß der Einfluß der Erwachsenen allein ausschlaggebend wäre. Kinder und Jugendliche begnügen sich nicht mit einer bloßen Übernahme vorgegebener Inhalte oder Lebensformen. Vielmehr eignen sie sich das ihnen von den Erwachsenen Mitgeteilte oder Vorgelebte aktiv an und versuchen, es auf ihre Weise - und in diesem Sinne durchaus selbständig - zu verstehen.

Diese Sicht, daß nicht von einer bloßen Übernahme des Überlieferten auszugehen ist, sondern von einem aktiven Prozeß der Auseinandersetzung, der Aneignung und Ablehnung bzw. bei Jugendlichen auch der kritischen Distanzierung, hat sich heute in den psychologischen und soziologischen Theorien der Sozialisation weithin durchgesetzt. Schon in den 20er Jahren unseres Jahrhunderts hat Jean Piaget (1926/1980) zu zeigen versucht, daß sich das Denken von Kindern nicht nur quantitativ, sondern qualitativ von dem der Erwachsenen unterscheidet: Kinder denken anders, nicht bloß schlechter oder einfacher als Erwachsene. Ihr Denken ist nicht weniger logisch, sondern logisch in einem anderen - nämlich kindlichen - Sinne.

Für die Religionspädagogik bzw. Religionspsychologie war es dann vor allem *Hildegard Hetzer,* die auf »selbständige Bemühungen kleiner Kinder, Gott zu begreifen« - so der Titel ihres wichtigen Aufsatzes von 1971 -, aufmerksam gemacht hat. Als eindrückliches Beispiel, das zugleich an die im ersten Kapitel wiedergegebenen Berichte von K. Ph. Moritz, M. Cardinal und J. Richter erinnert, schildert und interpretiert Hetzer den »Versuch einer Dreijährigen, die Allgegenwart Gottes zu begreifen«:

Bei einer Autofahrt sagt die dreijährige Betty, ohne daß ein Anlaß dafür deutlich gewesen wäre: »›Wußtest du schon, daß Mutter den Kopf von Gott in sich hat?‹ Die Begleiterin schenkt dieser Äußerung keine Beachtung. Erst als Betty nach einer Weile sagt: ›Hast du nicht gehört, was ich gesagt habe: Die Mutter hat den Kopf von Gott‹, sieht sie sich genötigt, auf Bettys Mitteilung einzugehen. Sie stellt, völlig unwissend, worum es sich denn handeln könnte, auf gut Glück eine Frage: ›Und was hat dein Vater?‹ Sie erfährt, daß er ›ein Bein‹ habe, und fährt fort, nach jedem der 5 Geschwister von Betty und nach ihr selbst zu fragen. Nachdem Kopf, Arme und Beine verteilt sind, werden die letzten beiden Angehörigen nur mehr ›mit einem Stück‹ Bein bedacht. Nach erfolgter Mitteilung lehnt Betty sich zurück und singt wieder.

Diese Vorstellung der Zerstückelung des Leibes Gottes zugunsten der eigenen Familie entspricht durchaus der konkretistischen und egozentrischen Vorstellung des kleinen Kindes. Betty versucht nämlich, das Problem der Allgegenwart Gottes auf eine ihr verständliche Weise zu lösen. Auf die Auseinandersetzung mit diesem Problem wurde sie offenbar durch eine Unterhaltung mit der Mutter gestoßen. Betty hatte einige Tage vorher gehört, daß Gott überall sei. Sie hatte die Mutter mit einer Reihe von Fragen bedrängt, wie die, ob Gott auch im Zimmer sei, auch in der Mutter und auch in ihr selbst, und von der Mutter immer wieder die Antwort ›ja‹ erhalten. Ihr Wissen darum, daß auch das kürzlich geborene Schwesterchen in der Mutter gewachsen sei, ist in die Vorstellung von Gottes Allgegenwart mit eingegangen« (1971, S. 142f.).

Eine ähnliche Geschichte berichtet der Dichter *Gottfried Keller* im »Grünen Heinrich«. Diese Geschichte zeigt, daß schon im 19. Jahrhundert, d.h. lange vor der Psychologie Piagets und unabhängig von deren Einfluß, die kindliche Auffassung religiöser Lehren beobachtet wurde:

»So gereichte es mir eine Zeitlang zu nicht geringer Qual, daß ich eine krankhafte Versuchung empfand, Gott derbe Spottnamen, selbst Schimpfworte anzuhängen, wie ich sie etwa auf der Straße gehört hatte. Mit einer Art behaglicher und mutwillig zutraulicher Stimmung begann immer diese Versuchung, bis ich nach langem Kampfe nicht mehr widerstehen konnte und im vollen Bewußtsein der Blasphemie eines jener Worte hastig ausstieß, mit der unmittelbaren Versicherung, daß es nicht gelten solle, und mit der Bitte um Verzeihung; dann konnte ich nicht umhin, es noch einmal zu wiederholen, wie auch die reuevolle Genugtuung, und so fort, bis die seltsame Aufregung vorüber war. Vorzüglich vor dem Einschlafen pflegte mich diese Erscheinung zu quälen, obgleich sie nachher keine Unruhe oder Uneinigkeit in mir zurückließ. Ich habe später gedacht, daß es wohl ein unbewußtes Experiment mit der Allgegenwart Gottes gewesen sei, welche ebenfalls anfing, mich zu beschäftigen, und daß damals das dunkle Gefühl in mir lebendig geworden sei: Vor Gott könne keine Minute unseres inneren Lebens verborgen und wirklich strafbar sein, sofern er das lebendige Wesen für uns sei, für das wir ihn halten« (S. 38).

Aus Äußerungen dieser Art, für die ich in späteren Kapiteln noch weitere Beispiele anführen werde, ist deutlich zu erschließen, daß Kinder und Jugendliche religiöse Überlieferungen in ihrer eigenen Art und Weise auffassen oder, wie Piaget sagen würde, diese Überlieferungen an ihre Verstehensmöglichkeiten »assimilieren«.

Allerdings wäre es mehr als voreilig, wenn man Äußerungen der zitierten Art schon mit der kindlichen Religion im ganzen gleichsetzen wollte. So schreibt auch Hetzer eher vorsichtig: »Auch wenn wir bei den Kindern über ihre Fragen nach Gott u.a. Kenntnis erhalten, bleibt ihr religiöses Erleben für uns im Dunkel. Ihr Verhalten läßt mitunter auf eine starke gefühlsmäßige Beteiligung schließen. Doch wissen wir nicht, was sie bewegt« (S. 147).

Ob es allerdings angemessen ist, mit Hetzer von einem »religiösen Erleben« unabhängig von den geäußerten Vorstellungen zu sprechen, ist fraglich. Näher läge es, von einem mit diesen Vorstellungen zusammenhängenden »Erleben« auszugehen, denn psychologisch gesehen ist es eher unwahrscheinlich, daß Vorstellung und Erleben nicht miteinander verbunden sein sollen.

Während sich also die lebensgeschichtliche Veränderlichkeit von Religiosität durchaus belegen läßt, ist damit die Frage nach einer möglichen Kontinuität noch keineswegs beantwortet. Jenseits der variablen Aspekte könnte es auch eine Art Konstanz des religiösen Erlebens geben, die die Lebensgeschichte übergreift.

Auch für eine solche Auffassung lassen sich Belege anführen. Besonders der englische Religionspsychologe *Edward Robinson* (1983) hat zu zeigen versucht, daß es in der Kindheit für viele Menschen eine Art »ursprünglicher Vision« *(original vision)* oder Erfahrung gibt. Robinson bezeichnet dies als eine »ganzheitliche« und »unmittelbare«, dem Wissen vorausliegende Form der »Einsicht«. Ich möchte zwei der zahlreichen Beispiele, die Robinson berichtet, in freier Übersetzung[3] wiedergeben:

»Ich denke, daß ich von Kindheit an stets das Gefühl hatte, daß die wahre Wirklichkeit nicht in der Welt zu finden ist, wie sie die durchschnittliche Person sieht. Von innen her scheint eine ständige Kraft am Werk zu sein, die ihren Weg an die Oberfläche des Bewußtseins zu finden sucht. Der Verstand versucht andauernd ein Symbol zu schaffen, das weit genug ist, diese Kraft zu umfassen, aber dieser Versuch scheitert immer wieder. Es gibt Augenblicke der reinen Freude mit einem erhöhten Bewußtsein der eigenen Umgebung, als ob eine große Wahrheit mitgeteilt worden wäre . . . Manchmal fühlt es sich so an, daß das physische Gehirn nicht groß genug ist, dies zum Durchbruch kommen zu lassen.«
»Als kleines Kind war eines meiner Lieblingsfeste der Sonntag Trinitatis. Er schien mir ruhig und schön, und da er etwa in der Mitte des Sommers kam, war er für mich mit grünen Bäumen und blühenden Blumen verbunden. Er war ›geheimnisvoll‹ und richtig, etwas viel Größeres als die Worte, die man in der Kirche darüber machte und die sich für ein kleines Kind unsinnig anhörten. Aber die Trinität, das war kein Unsinn, sie war heilig, heilig, heilig, wie wir im Kirchenlied sangen, und auch ein sehr kleines Kind konnte in eine Art ›Einssein‹ mit allen hellen und schönen Dingen einbezogen sein und dieses Etwas, das so großartig und lieblich war, verehren, so daß es überhaupt nichts ausmachte, daß dies auch nicht verstanden wurde. Es *war* eben« (S. 27f.).

Wir dürfen aber auch bei solchen Beispielen die von Th. Schulze formulierten Anfragen an autobiographische Texte nicht vergessen. Es fällt auf, wie sehr die aus der Kindheit erinnerte und berichtete Erfahrung auf Begriffe gebracht wird (»Wirklichkeit«, »Bewußtsein«, »Symbol« usw.), die dem Kind nicht zu Gebote stehen. Schon daran läßt sich ablesen, daß wir es nicht einfach mit einem Bericht, sondern wiederum

---

[3] Soweit im Literaturverzeichnis nicht eine Übersetzung aufgeführt wird, handelt es sich auch im folgenden stets um meine eigenen Übersetzungen.

mit einer rückblickenden Interpretation zu tun haben. So gesehen sind die von Robinson angeführten Beispiele auch ein Beleg für die Veränderung oder Entwicklung solcher Erfahrungen. Trotz seines Plädoyers für die Kontinuität religiöser Erfahrung von der Kindheit bis zum Erwachsenenalter spricht Robinson dann auch von einem »Wachsen«, das sich im Verlauf der Lebensgeschichte vollziehe. - Demnach empfiehlt es sich, einerseits von der lebensgeschichtlichen Veränderlichkeit von Religiosität und insbesondere der religiösen Vorstellungen auszugehen, andererseits aber die Möglichkeit einer die Lebensgeschichte übergreifenden Kontinuität nicht auszuschließen.

Die Frage, ob es eine Religion bzw. Religiosität[4] des Kindes- und Jugendalters gibt, muß also zumindest insofern positiv beantwortet werden, als es einen spezifisch kindlichen Umgang mit religiöser Überlieferung gibt. Ich habe mich dabei vor allem auf das Kind und auf seine Religiosität konzentriert, weil hier die Unterschiede zum Erwachsenen sehr deutlich sind. Inwiefern man auch von einer Religiosität der Jugendlichen sprechen kann, wird noch genauer zu erörtern sein. Zunächst ist zu fragen, ob angesichts der festgestellten Unterschiede zwischen der Religion des Kindes auf der einen und der der Erwachsenen auf der anderen Seite beispielsweise das kindliche Reden von Gott überhaupt im selben Sinne als »religiös« bezeichnet werden kann wie das des Erwachsenen. Liegen die Vorstellungen von Kindern und Erwachsenen in dieser Hinsicht nicht so weit auseinander, daß man sie nicht mit demselben Begriff fassen kann und darf? Zugespitzt ist dies die Frage, ob Kinder und Jugendliche überhaupt religiös sein *können*?

Mit einem entschiedenen *Nein* hat *Jean-Jacques Rousseau* in seinem 1762 erschienenen »Emile« auf diese Frage geantwortet. Für Rousseau sind dabei besonders zwei Argumente bestimmend: Erstens verfehlen die immer konkreten, körperhaften Gottesvorstellungen der Kinder das »unbegreifliche, alles umfassende Wesen«, das »unsichtbar und ungreifbar« ist und »sich unseren Sinnen« entzieht. Zweitens verstehen Kinder noch nicht den Unterschied zwischen Endlichem und Unendlichem: »Für das Kind ist alles unendlich. Sie können nichts begren-

---

[4] Zum Teil wird der Begriff »Religiosität« als subjektive Seite von »Religion« verstanden. Ich werde im folgenden beide Begriffe als weitgehend austauschbar verwenden.

zen, ... weil ihr Verstand zu kurz ist.« Aus diesen Gründen kann von einer echten Religiosität des Kindes - und auch des Jugendlichen vor dem 15. Lebensjahr - für Rousseau keine Rede sein: »Wenn ein Kind an Gott glaubt, so glaubt es nicht an Gott, sondern an Peter und Jakob, die ihm sagen, es gäbe etwas, das man Gott nennt« (S. 267f.).

Rousseaus Auffassung ist instruktiv, weil sie die Kriterien sehr deutlich macht, an denen die Religion von Kindern und Jugendlichen gemessen wird. Es ist die philosophische Vorstellung Gottes als eines »unbegreiflichen«, »unsichtbaren« und sinnlich »ungreifbaren« Wesens. Die »körperliche« Auffassung ist demgegenüber eine »Lästerung«. Hinter dieser Einschätzung steht eine theologische Position, die sich nicht nur mit der kindlichen Religiosität, sondern auch mit christlichen Gottesvorstellungen schlecht verträgt. Denn wie Rousseau selbst sagt, sind auch Begriffe wie »Geist, Dreieinigkeit, Personen« nicht mit dem philosophischen Gottesverständnis vereinbar. Auch diese Begriffe tendieren für Rousseau zum Anthropomorphismus, d.h. zu einer Übertragung menschlicher Eigenschaften auf Gott.

Auch theologische Kriterien können jedoch zu einer Ablehnung kindlicher Religiosität führen. Das zeigt beispielhaft die von *Sören Kierkegaard* vertretene Auffassung: Demnach verfehlt das Kind gerade das spezifisch Christliche - es mißversteht die Menschwerdung Gottes als eine gleichsam selbstverständliche Tatsache. Das »Paradoxe« dieser Menschwerdung - das »Ärgernis«, wie Kierkegaard es nennt - sei für das Kind noch nicht als solches erfahrbar, weil es die qualitative Differenz zwischen Gott und Mensch nicht erfaßt:

»Das wird seinen Grund darin haben, daß so einer keine entwickelte Vorstellung von Gott hat, sondern eine kindliche oder kindische Einbildung von etwas Außerordentlichem, etwas unendlich hoch Erhabenem, Heiligem und Reinem, die Vorstellung von einem, der so viel größer ist als alle Könige usw., ohne daß darin eben die Qualität: Gott läge« (S. 86).

Die Diskussion über die Fähigkeit des Kindes zur Religiosität wird nicht nur philosophisch und theologisch, sondern auch religionspsychologisch geführt. Hier kann man, stark vereinfachend, zwei Positionen unterscheiden, die für das 20. Jahrhundert bestimmend waren: eine mehr auf die *Emotionen* konzentrierte Religionspsychologie, die ein religiöses Erleben auch in der Kindheit für möglich hält bzw. gerade im Vertrauen der frühesten Kindheit den Ursprung der Religiosität sehen will, und eine mehr an *kognitiven Fähigkeiten* orientierte Religionspsychologie, die den »vor-religiösen« Charakter kindlicher Vorstellungen betont. Als Vertreter der ersten Richtung ist aus der älteren Diskussion beispielsweise A. Miehle (1928) zu nennen, aus der neueren Zeit dann besonders H.-J. Fraas (1973; 1983); für die zweite Richtung O. Kupky (1924), F. Oser / P. Gmünder (1984) und zum Teil J. Fowler (1981a).

Auch hinter den philosophischen und religionspsychologischen Einschätzungen der Religion des Kindes steht letztlich die Frage nach dem angemessenen Gottesverständnis, d.h. eine im Kern theologische Frage. Die Auffassung, daß das Kind nicht wirklich religiös sein könne, verdankt sich einer theologischen Norm, der Kinder nicht gerecht werden. Ich werde noch genauer zu zeigen versuchen, warum diese Norm - jedenfalls aus einer christlich-theologischen, aber auch aus einer pädagogischen Perspektive - so nicht zu halten ist. Im vorliegenden Zusammenhang kommt es mir jedoch nur darauf an, ob die angeführten Einwände, die sich gegen die Rede von der Religion des Kindes richten, dazu führen müssen, auf einen die Lebensalter übergreifenden Religionsbegriff zu verzichten.

Zunächst fällt auf, daß selbst Rousseau oder Kierkegaard, die das Kind nicht als wirklich religiös ansehen, von einer bestimmten Deutung des Verhältnisses zwischen Kind und Religion ausgehen. Sie beschreiben dieses Verhältnis im wesentlichen als mangelndes Unterscheidungsvermögen zwischen Endlichem und Unendlichem bzw. Menschlichem und Göttlichem. Während nun Rousseau und Kierkegaard diese Beschreibung benützen, um sie von Religion im eigentlichen Sinne abzuheben, stellen sie doch mit dem Vergleich auch einen Zusammenhang zwischen der Religion des Kindes und der des Erwachsenen her. Dieser Zusammenhang entsteht etwa durch den Bezug auf Gott, der den - unterschiedlichen - Auffassungen von Kindern und Erwachsenen gemeinsam ist. Ein solcher Vergleich ist nur möglich, wenn ein gemeinsamer Bezugspunkt vorhanden ist, und insofern setzt hier auch die Ablehnung kindlicher Religiosität noch einen begrifflichen Zusammenhang voraus.

Einen gemeinsamen Bezugspunkt für den die Lebensalter übergreifenden Vergleich auch explizit zu schaffen ist auch das erste Ziel eines Religionsbegriffs, der sowohl die Religion von Kindern wie die der Erwachsenen umfaßt. Ein solcher Religionsbegriff kann nicht bedeuten, daß man die Unterschiede leugnet. Vielmehr muß er dazu dienen, Unterschiedliches so zusammenzubringen, daß ein Vergleich möglich wird und daß die Unterschiede wirklich deutlich werden.

Allerdings reicht ein Religionsbegriff, der durch bestimmte Inhalte – wie den Bezug auf Gott – definiert wird, nicht aus, um die gesamte Bandbreite religiöser Phänomene zu erfassen. Wenn ein Kind zum Beispiel aufwächst, ohne daß ihm der Begriff »Gott« in seiner religiösen Bedeutung begegnet, kann dieses Kind nach Auffassung der Religionspsychologie dennoch religiös sein. Nur heftet sich diese Religiosität dann nicht an Gott, sondern an eine andere, nicht als Gott bezeichnete Größe.

Die Notwendigkeit eines weiten Religionsbegriffs, der nicht nur für die traditonell als religiös verstandenen Inhalte offen ist, kann man sich gut am Beispiel der Religionssoziologie klar machen. In der religionssoziologischen Diskussion werden Sinn und Grenzen eines solchen weiten Religionsbegriffs besonders deutlich. Um nicht nur Verhaltensweisen wie den Kirchenbesuch untersuchen zu können, hat vor allem *Th. Luckmann* (1963) eine Erweiterung des Religionsbegriffes vorgeschlagen: Im Anschluß an E. Durkheim versteht er Religion »funktional« als den symbolisch vermittelten Transzendenzbezug des Menschen. »Transzendenz« ist dabei im weitesten Sinne des Überschreitens unmittelbar gegebener Erfahrungen gemeint. Insofern ist für Luckmann auch schon die Herausbildung eines Selbst, das die biologische Natur überschreitet, ein religiöser Prozeß. – Als »funktional« kann dieser Begriff bezeichnet werden, weil er nicht durch Inhalte (im Sinne eines sogenannten »substantiellen« Religionsbegriffes) bestimmt ist, sondern eben durch die »Funktion« des Transzendierens.

Der Vorteil eines solchen Religionsbegriffes liegt in der Öffnung der sozialwissenschaftlichen Fragestellung für eine nicht mehr an traditionelle oder überhaupt an kirchliche Inhalte gebundene Religiosität. Der Nachteil dagegen wird deutlich, wenn man sich klar macht, daß nach Luckmanns Definition alles »genuin Menschliche« – im Unterschied zur biologischen Natur – religiös ist. Luckmanns Religionsbegriff ist so weit, daß er für eine Abgrenzung von anderen Aspekten der menschlichen Entwicklung nicht mehr geeignet ist. Wie *P. Berger* (1973) ausführt, entsteht dann das Problem, daß Ungleiches zunächst gleichgesetzt wird, man es dann aber doch wieder unterscheiden muß:

»Schließlich gibt es sehr verschiedene Formen der Selbst-Transzendierung mit den dazugehörigen symbolischen Sinnwelten, auch wenn die anthropologische Herkunft identisch ist. Meiner Meinung nach ist z.B. wenig damit gewonnen, wenn man die moderne Naturwissenschaft eine Form von Religion nennt. Tut man das nämlich, so muß man auch definieren, in welcher Weise Naturwissenschaft *verschieden* von dem ist, was alle anderen Leute Religion nennen, einschließlich der *Religionswissenschaftler* – die ihrerseits Definitionsprobleme haben« (S. 167f.).

Ähnlich ist die Sachlage bei der religiösen Entwicklung. Auch hier ist ein weiter Religionsbegriff erforderlich, wie ihn z.B. *H.-J. Fraas* – im Anschluß an P. Tillich – vorschlägt: Religion als »Urbindung des Menschen an ein für ihn Letztes, Höchstes« (Fraas 1973, S. 63). Andererseits sind Begrenzungen dieses weiteren durch einen engeren Religionsbegriff unerläßlich, um sich nicht in Unbestimmtheit zu verlieren.

Der weitere Religionsbegriff birgt die Gefahr einer unangemessenen Ausweitung und Überdehnung – der engere Religionsbegriff die einer zu starken Begrenzung und Verengung. Auf einer allgemeinen Ebene, die noch nicht von einer speziellen wissenschaftlichen Disziplin oder Fragestellung bestimmt ist, kann man sich deshalb nicht einfach für den einen oder den anderen Begriff entscheiden, sondern muß beide – unter Beachtung ihrer Vor- und Nachteile – aufnehmen und mit ihnen arbeiten.

Für unsere Ausgangsfragestellung nach der Religiosität des Kindes ergibt sich daraus, daß wir sie im Sinne des weiteren Religionsbegriffs mit der Religion des Erwachsenen zusammen sehen, dabei aber die vom engeren Religionsbegriff her aufbrechende Frage nach dem qualitativen Unterschied zwischen der Religion von Kindern und Erwachsenen nicht aus dem Blick verlieren.

Zugänge zur religiösen Entwicklung

Lange Zeit war das Wissen, über das Theologen, Philosophen und Pädagogen im Blick auf die religiöse Entwicklung verfügten, nur wenig systematisch. Was man wußte oder zu wissen meinte, beruhte weithin auf zufälligen Beobachtungen oder auf Erinnerungen an die eigene

Kindheit und Jugend. Eine methodisch stärker kontrollierte, empirische Untersuchung der religiösen Entwicklung gibt es erst etwa seit Beginn des 20. Jahrhunderts. Das Aufkommen einer empirisch orientierten Entwicklungspsychologie bildete für eine solche Untersuchung der religiösen Entwicklung eine wichtige Voraussetzung.

Seit dieser Zeit gibt es allerdings nicht nur die Möglichkeit, zu empirisch abgesicherten Erkenntnissen über die religiöse Entwicklung zu gelangen, sondern auch einen bis heute nicht beigelegten Streit um die richtige Untersuchungsmethode. Dieser Methodenstreit ist nicht auf die Untersuchung der religiösen Entwicklung begrenzt, sondern durchzieht die Sozialwissenschaften im ganzen; er ist aber gerade auch für die Frage nach der religiösen Entwicklung von besonderer Bedeutung. Im folgenden möchte ich deshalb auf die unterschiedlichen Zugangsweisen eingehen und sie anhand von Beispielen diskutieren. Damit soll zugleich eine wichtige Voraussetzung für die in späteren Kapiteln dargestellten Theorien der religiösen Entwicklung geschaffen werden: Empirische Untersuchungsmethoden sind, wie im folgenden deutlich werden soll, keineswegs neutrale Instrumente der Erkenntnis. Vielmehr folgt das methodische Vorgehen stets einem bestimmten Vorverständnis. Insofern bietet die Frage nach den unterschiedlichen Zugangsweisen zur religiösen Entwicklung eine gute Möglichkeit, sich den Theorien der religiösen Entwicklung zu nähern.

Die prinzipielle Schwierigkeit, etwas Verläßliches über die religiöse Entwicklung zu erfahren, besteht darin, daß man die Kinder selbst nicht einfach nach ihrer Religiosität fragen kann. Kinder sind nur sehr begrenzt dazu in der Lage, über ihre Religiosität Auskunft zu geben. Weder verfügen sie über die sprachlichen Mittel, die dazu notwendig wären, noch reflektieren sie über sich selbst so, daß sie - auf entsprechende Fragen hin - ihre Religiosität beschreiben könnten. Aber auch der Beobachtung von außen erschließt sich die Religiosität des Kindes nur sehr andeutungsweise. Beobachten läßt sich nur das Verhalten. Was dieses Verhalten aber jeweils bedeutet, was das Kind dabei denkt oder fühlt, bleibt oft verborgen, solange uns eben das Kind selbst darüber keine Auskunft gibt.

Bei Jugendlichen sind die sprachlichen Möglichkeiten größer, und auch ihre Selbstreflexion ist stärker ausgebildet. Deshalb kann man sie über ihre Religiosität befragen. Die erste größere Untersuchung dieser Art wurde kurz vor der Jahrhundertwende von E. D. Starbuck in den USA durchgeführt (dt. 1909). In dieser damals auch in Deutschland stark beachteten Studie wurden Jugendliche (und Erwachsene) mit Hilfe eines schriftlichen Fragebogens über Bekehrungserfahrungen und religiöses Wachstum befragt. *Abb. 1* faßt einen Teil der Ergebnisse zusammen. Wie diese Kurve deutlich macht, erbrachte die Befragung von Starbuck vor allem einen Hinweis auf die Bedeutung des Jugendalters als einer Zeit intensiver religiöser Entwicklung.

Solche Befragungen werden auch heute noch durchgeführt, allerdings weniger im Blick auf die religiöse Entwicklung als zum Zwecke

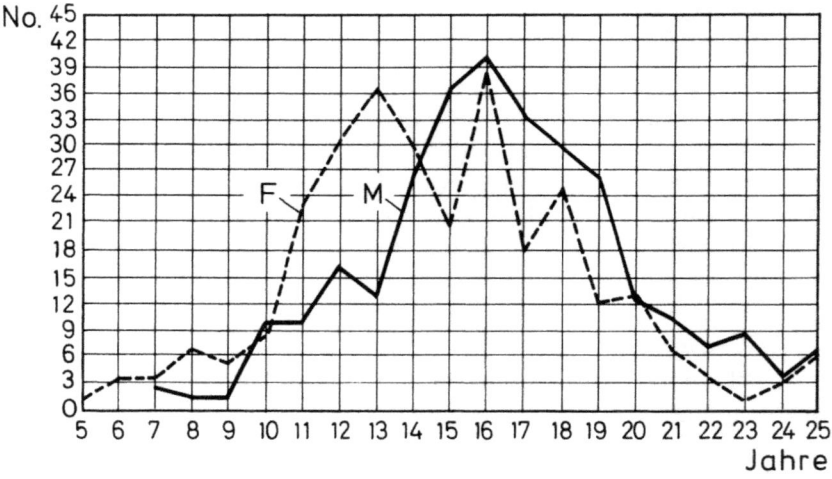

Kurven, welche die Bekehrungshäufigkeit in
verschiedenen Jahren zeigen

M = Männer, F = Frauen

Abb. 1: aus Starbuck (1909, S. 30): »Die Strecke nach rechts in der Figur veranschaulicht das Zunehmen im Alter, die Strecke nach oben stellt die Bekehrungszahl dar, welche in jedem Jahre eintritt«. - »Die Zahl der in der Figur dargestellten Fälle beträgt 254 des weiblichen und 235 des männlichen Geschlechts« (S. 30f.)

einer soziologischen Analyse von Einstellungen zu Religion und Kirche. Als ein Beispiel aus neuerer Zeit ist etwa die von A. Feige (1982) vorgelegte Studie über »Erfahrungen mit Kirche« zu nennen. Um die Vorgehensweise solcher Befragungen zu verdeutlichen, möchte ich ein Beispiel aus dieser Untersuchung herausgreifen.

In der Studie wurde Jugendlichen zwischen 16 und 22 Jahren u.a. folgende Frage vorgelegt: »Wovon ist Ihrer Meinung nach Ihr persönlicher Lebensverlauf und Lebenserfolg im wesentlichen abhängig?« Als Antwortmöglichkeit waren vorgegeben: »von mir selbst, vom Zufall, vom Verhalten anderer Menschen, von göttlicher Fügung, von der Gesellschaftsordnung, vom Schicksal« (S. 401). Die stärkste Zustimmung fand mit über 83% die Antwort »von mir selbst«; am deutlichsten abgelehnt wurde mit mehr als 64% die Vorgabe »göttliche Fügung« (S. 71).

Sicher ist dieses Ergebnis als solches von erheblichem Interesse. Wie Feige zu Recht feststellt, wirft es weitreichende Fragen im Blick auf die Vermittelbarkeit kirchlicher Lehren auf. Was aber die Frage nach der religiösen Entwicklung angeht, trägt dieses Ergebnis nicht allzu weit. Zum einen müßte man genauer wissen, was Jugendliche eigentlich ablehnen, wenn sie sich gegen eine »göttliche Fügung« wenden. Zum anderen wäre zu prüfen, ob es sich dabei um eine spezifisch jugendliche Einstellung handelt (die also bei Kindern und Erwachsenen deutlich weniger ausgeprägt ist) oder um eine in der heutigen Gesellschaft ganz allgemein verbreitete Auffassung. In der untersuchten Altersgruppe (17 bis 22 Jahre) jedenfalls ließen sich keine altersbezogenen Unterschiede feststellen (S. 73).

Die Bedeutung solcher Befragungen auch für die Erforschung der religiösen Entwicklung kann ein anderes Beispiel verdeutlichen, das sich in den »Shell-Studien« (Fuchs 1985, Eiben 1992) findet. In dieser Studie wurden nicht nur Jugendliche, sondern auch Erwachsene befragt. Deshalb ist hier ein Vergleich zwischen diesen Altersgruppen möglich. Beispielsweise bei der Frage: »*Glauben Sie an ein Weiterleben nach dem Tod?*« zeigt sich dann nicht nur, daß »mehr Jugendliche (49%) als Erwachsene (41%)« an ein solches Weiterleben glauben (*Fuchs* 1985, S. 286), sondern - neben einem Einfluß des Bildungsniveaus - auch ein deutlicher Stadt-Land-Unterschied. Demnach scheint sich besonders das Leben in größeren Städten schlecht mit einem solchen Glauben zu vertragen.

Dieser Unterschied zwischen Stadt und Land macht erneut deutlich, daß religiöse Entwicklung nicht nur als ein individueller, sondern auch als ein sozialer Prozeß zu verstehen ist. Die Umwelt in ihrer historischen Wandelbarkeit muß bei der Untersuchung der religiösen Entwicklung mit einbezogen werden. Dazu eignen sich besonders standardisierte Befragungen, weil mit ihrer Hilfe eine große Zahl von Personen in unterschiedlichen Lebenslagen erfaßt werden kann. Auf diese Weise können dann Vergleiche zwischen unterschiedlichen Lebenslagen, Konfessionen, Altersgruppen usw. angestellt werden.

Befragungen, die sich eines festliegenden Fragebogens bedienen, sind aber stets in der Gefahr, die für die Befragten selbst wichtigen Aspekte zu verfehlen oder durch die Art der Fragestellung die Antwort in eine bestimmte Richtung zu lenken. So mag etwa bei der oben erwähnten Formulierung »göttliche Fügung« in der Untersuchung von Feige schon das Wort »Fügung« auf Jugendliche, die nach einer selbständigen und unabhängigen Lebensgestaltung streben, abstoßend gewirkt haben. Die Ablehnung in den Antworten ließe sich jedenfalls auch so verstehen. Aber erfahren wir dann etwas Verläßliches über ihr Verständnis der Bedeutung Gottes für ihr Handeln - oder nur über ihre Ablehnung einer bestimmten Formulierung?

Jugendliche äußern sich aber auch selbst. Sie schreiben Tagebücher, Gedichte, Aufsätze usw., die Einblick in ihre religiöse Entwicklung geben können. Wie besonders die religionspsychologische Forschung der 20er Jahre zeigt, eignen sich vor allem Tagebuchaufzeichnungen für die Untersuchung der religiösen Entwicklung. Mit Hilfe der damals systematisch gesammelten Tagebücher konnten etwa Ch. Bühler (1921/ 1975), O. Kupky (1924) und F. Frisch / H. Hetzer (1928) die in Befragungen - wie der von Starbuck - gewonnene Hypothese, daß das Jugendalter eine Zeit intensiver religiöser Entwicklung darstellt, weiter belegt und inhaltlich vertieft werden. - In der Folgezeit wurde diese Möglichkeit, die von Jugendlichen selbst erzeugten Materialien im Blick auf die religiöse Entwicklung auszuwerten, leider nur selten weiter verfolgt. Daß hier jedoch nach wie vor wichtige Einsichten zu gewinnen wären, belegt die - eher zufällig entstandene - Sammlung religiöser Selbstdarstellungen, die auf den »Jugend-Aufruf« des Jugendwerks der Deutschen Shell hin eingingen (vgl. Sziegaud-Roos 1985).

Allerdings können auch Jugendliche nicht in jeder Hinsicht über ihre Religiosität Auskunft geben. Neben den bereits erwähnten Grenzen der sprachlichen Fähigkeit und der Selbstreflexion ist zu bedenken, daß die Situation, in der man sich befindet, für einen selbst immer nur zum Teil durchsichtig ist. Umgekehrt wird im Rückblick zwar manches verschwommener und manches bekommt einen neuen Sinn, aber manches wird dabei auch klarer. Der Weg über die spätere Erinnerung von Erwachsenen stellt daher ebenfalls einen wichtigen Zugang zur religiösen Entwicklung dar.

Eine Möglichkeit, die im ersten Kapitel bereits vorgestellt und auch ein Stück weit praktiziert wurde, ist hier die Auswertung autobiographischer Materialien. Diese Methode, die ebenfalls besonders in den 20er Jahren für die religionspsychologische Forschung - etwa bei G. Bohne (1922) - eine wichtige Rolle spielte, empfiehlt sich vor allem durch ihre Offenheit für subjektive Erfahrungen und Deutungen, die einer stärker standardisierten Zugangsweise wie der Befragung leicht verschlossen bleiben. Zudem gibt diese Methode dem, der von seinem Leben oder vom Leben eines anderen berichtet, die Möglichkeit, die vielfältigen Aspekte, Erlebnisse und Beziehungen einer individuellen Biographie unverkürzt zum Tragen zu bringen. In dieser Subjektivität und Individualität liegt jedoch auch die Schwäche der autobiographischen Methode. Denn ob die Sicht, die ein Autor von sich selbst hat und die er - etwa in romanhafter Form - anderen präsentiert, eine reale Entwicklung oder eher ein fiktives Bild darstellt, bleibt immer offen.

Manche der Schwierigkeiten, die sich bei der Erschließung der religiösen Entwicklung aus autobiographischen Materialien stellen, lassen sich mit Hilfe einer weiteren Methode lösen, die den autobiographischen Prozeß des Erinnerns neu aktiviert und die hinter die subjektive Sicht des Autobiographen zurückfragt. Gemeint ist die psychoanalytische Rekonstruktion einer Lebensgeschichte als Fallgeschichte. Die Lebensgeschichte, so wie sie von einem Analysanden zunächst gesehen und dargestellt wird, bildet hier nur den Ausgangspunkt für das »Erinnern, Wiederholen und Durcharbeiten« (S. Freud), das dann den tatsächlichen Lebenszusammenhang zum Vorschein bringt. Denn vor

51

der psychoanalytischen Behandlung ist dieser Zusammenhang im Dunkel - teilweise vergessen, teilweise verdrängt. Erst die psychoanalytische Behandlung lüftet den Schleier des Vergessens und Verdrängens und führt so zu einer verläßlicheren Darstellung lebensgeschichtlicher Entwicklungen.

Von einer »Fallgeschichte« ist bei dieser Rekonstruktion deshalb zu sprechen, weil die Deutung der Lebensgeschichte nicht wie bei einer Autobiographie in der offenen Vielfalt individueller Ereignisse und Bezüge verbleibt, sondern im Rahmen einer theoriegeleiteten Betrachtungsweise geschieht. Die psychoanalytische Theorie, der die Deutung folgt, geht von der lebensgeschichtlichen Bestimmtheit des Menschen aus: Hinter den Eigenschaften von Jugendlichen und Erwachsenen stehen demnach immer auch - gleichsam prägende - Erfahrungen der Kindheit. Trotz ihrer weiterreichenden Wirkung sind solche Erfahrungen später aber häufig nicht bewußt, sondern sind vergessen oder sogar verdrängt. Einer psychoanalytischen Grundannahme zufolge bleibt die den Menschen bestimmende Macht von Erfahrungen solange ungebrochen, bis diese Erfahrungen wieder bewußtseinsfähig und damit - in ihren späteren Auswirkungen - veränderbar werden. Dem Ziel der erneuten Auseinandersetzung mit lebensbestimmenden, aber verdrängten Erfahrungen dient die psychoanalytische Behandlung mit dem »Erinnern, Wiederholen und Durcharbeiten«.

Im Rahmen dieser therapeutischen Rekonstruktion und Auseinandersetzung mit der Lebensgeschichte kommen dann auch religiöse Erfahrungen der Kindheit und des Jugendalters in den Blick. Anders als bei autobiographischen Darstellungen ist dabei die Erinnerung weniger subjektiv, insofern sie sich der gemeinsamen Arbeit von Analysand und Therapeut verdankt. Gerade für die sonst schwer zugänglichen Erfahrungen der Kindheit bildet die Psychoanalyse deshalb einen unersetzlichen Zugang - allerdings mit zwei wesentlichen Einschränkungen, auf die schon hier verwiesen werden soll:

Erstens führt die Orientierung an der psychoanalytischen Theorie zu einer Konzentration auf bestimmte Aspekte der menschlichen Entwicklung. Die Psychoanalyse erschließt diese Entwicklung vor allem unter dem Aspekt der Triebe und der »Triebschicksale«. Im Mittelpunkt stehen deshalb bestimmte Konflikte und bestimmte Lebensphasen, denen unter dem Aspekt der Triebentwicklung entscheidende Bedeutung zugemessen wird. Für S. Freud, den Begründer der Psychoanalyse, war das vor allem die ödipale Phase und der Konflikt mit dem Vater, den er auch als die entscheidende Quelle der religiösen Entwicklung ansah.

Zweitens stand für die Psychoanalyse als einer Theorie, die der therapeutischen Praxis entstammt, die Pathologie und damit die verfehlte (religiöse) Entwicklung im Vordergrund. Zwar hat sich der psychoanalytische Blickwinkel inzwischen auch auf die »gesunde Persönlichkeit« (so Erikson 1974) ausgeweitet, aber die primäre Erfahrungsgrundlage der Psychoanalyse bilden doch nach wie vor die Patienten bzw. Klienten, die sich in psychoanalytische Behandlung begeben.

Angesichts dieser Einschränkungen kommt es auch für die religiöse Entwicklung in der Kindheit auf andere Zugänge neben der Psychoanalyse an. Zwar gibt es für die frühe Kindheit kaum eine Alternative zur späteren Erinnerung, die freilich gerade für diese Zeit - wenn überhaupt vorhanden - äußerst unscharf und lückenhaft ist. Für die mittlere und späte Kindheit jedoch bietet das von J. Piaget entwickelte Vorgehen - das sogenannte »klinische Interview« - eine weitere Zugangsmöglichkeit. Im Unterschied zu standardisierten Befragungen wird beim klinischen Interview versucht, den spontanen Fragen des Kindes nachzugehen. Da ein bloßes Warten auf entsprechende Fragen des Kindes aber sehr langwierig wäre und häufig auch ohne Ergebnis bliebe, sollen die spontanen Fragen des Kindes durch den Psychologen angeregt und herausgefordert werden. Für Piaget heißt das, daß der Psychologe das Kind »sich selbst lenken läßt, indem er lenkt«. Diese Formulierung läßt erkennen, daß sich das Verhältnis zwischen dem Lenken des Erwachsenen und dem des Kindes sehr schwierig gestaltet, zumal es ja von diesem Verhältnis abhängt, ob die Antworten des Kindes nur die suggestiven Fragen des Psychologen widerspiegeln.

Betrachten wir ein Beispiel aus Piagets Untersuchung zum »Weltbild des Kindes« (S. 209):

»Roy (6 Jahre): ›Wie hat die Sonne angefangen? - *Das war, als das Leben angefangen hat.* - Ist die Sonne immer dagewesen? - *Nein.* - Wie hat sie angefangen? - *Weil sie wußte, daß das Leben begonnen hatte.* - Wie ist das geschehen? - *Mit*

Feuer. - Wie denn? *- Weil es Feuer dort oben hatte. -* Woher kam dieses Feuer? *-*
Vom Himmel. - Wie ist es im Himmel entstanden? *- Weil es ein Zündholz hatte,*
das sich entzündet hat. - Woher kam es? *- Der liebe Gott hatte es hingeworfen.‹*
Etwas später: ›Was ist das Leben? *- Das ist, wenn man lebendig ist. -* Wer hat gemacht, daß das Leben angefangen hat? *- Das waren wir, als man gelebt hat.‹*«

Die Antworten des kleinen Roy sind insgesamt für die religiöse Entwicklung von Bedeutung. Sie verraten etwas von den Vorstellungen,
die sich Kinder über den Ursprung der Welt machen. Aber wie steht es
etwa mit der Äußerung über Gott, der das Sonnen-Zündholz »hingeworfen« hat? Haben wir es hier wirklich mit einer Überzeugung des
Kindes zu tun oder bloß mit einer rasch dahingesagten Antwort - einem »Fabulieren«, wie Piaget solche Antworten nennt? - Eine sichere
Einschätzung kann auf der Grundlage nur dieser einen Aussage nicht
getroffen werden. Man müßte weiterfragen und hören, wie sich Roy
den »lieben Gott« vorstellt. Deutlich ist aber die methodologische
Schwierigkeit, die sich auch bei klinischen Interviews stellt: die Entscheidung nämlich, wann eine Antwort des Kindes tatsächlich als ech-
ter Ausdruck seiner Religiosität zu werten ist und wann nicht.

Im übrigen ist auch beim klinischen Interview auf den theoretischen
Blickwinkel hinzuweisen, aus dem heraus solche Interviews geführt
werden: Es ist der Blickwinkel der kognitiven Psychologie, die sich,
wenn auch im weitesten Sinne, auf Vorgänge des Denkens und Vorstel-
lens konzentriert. Ähnlich wie bei psychoanalytischen Zugängen stoßen wir auch hier auf eine theoriebezogene Einschränkung der Untersuchung und Deutung der religiösen Entwicklung.

Befragungen, psychoanalytische Fallgeschichten und klinische Interviews haben gemeinsam, daß sie die religiöse Entwicklung immer
schon unter einer bestimmten Fragerichtung betrachten. Sei es, daß
nach bestimmten Inhalten gefragt wird, oder sei es, daß sich das wissenschaftliche Fragen selbst auf bestimmte Entwicklungsaspekte konzentriert - der Blick ist in beiden Fällen, wenn auch in unterschiedlicher Weise, beschränkt durch ein Vorverständnis von Religion und
von menschlicher Entwicklung. Es ist deshalb bei keiner dieser Untersuchungsmethoden gewährleistet, daß die Religiosität des Kindes oder
Jugendlichen in ihrem ganzen Umfang gesehen und erfaßt werden
kann.

In neuerer Zeit ist versucht worden, mit Hilfe sog. offener Interviews zu arbeiten, bei denen die Befragten sich möglichst selbständig über ihre Lebensgeschichte äußern können, ohne durch Interviewfragen gegängelt zu werden (qualitative im Unterschied zur quantitativen Befragung). Die Auswertung erfolgt dann als sorgfältige Interpretation der subjektiven Äußerungen, die möglichst wenig durch vorgegebene Interpretationsinteressen verfälscht werden sollen. In diesem Zusammenhang gehört auch die von U. Oevermann entwickelte sog. Objektive Hermeneutik als Verfahren der qualitativen, nicht von bestimmten Entwicklungstheorien gesteuerten Interviewauswertung (Überblick bei Schöll 1992, Klein 1994). - Es ist zu begrüßen, wenn solche Möglichkeiten zumindest einen Platz neben den herkömmlichen quantitativen Verfahren behaupten. Die genannten Grenzen aller Zugänge zu den Erfahrungen und Denkweisen von Kindern können sie aber ebenfalls nicht aufheben.

Diese Einschätzung soll den Leser keineswegs entmutigen. Wie sich in den folgenden Kapiteln zeigen wird, sind die mit den genannten Methoden gewonnenen Ergebnisse durchaus interessant und für die religiöse Erziehung äußerst bedeutsam. Die begrenzte Reichweite jeder einzelnen Untersuchungsmethode sollte aber von vornherein als Hinweis auf die Ergänzungsbedürftigkeit der darauf beruhenden Ergebnisse gewertet werden. Selbst wenn man die unterschiedlichen Methoden zusammennimmt, erhält man noch kein Ganzes. Die Chance jedoch, zu einem weniger beschränkten Verständnis der religiösen Entwicklung zu gelangen, ist bei einem auf mehrere Untersuchungsmethoden gestützten und insofern *mehrperspektivischen* Zugang wesentlich größer.

Die Überzeugung, daß angesichts der theoretischen und methodischen Grenzen jeder wissenschaftlichen Disziplin ein *mehrperspektivischer Zugang* zu suchen ist, der mehrere Disziplinen miteinander verbindet, liegt auch der vorliegenden Darstellung im ganzen zugrunde. Es wurde bewußt darauf verzichtet, eine bestimmte Forschungsrichtung als Leitlinie oder Grundorientierung zu verwenden, wie das in anderen Darstellungen häufig geschieht. Statt dessen sollen mehrere theoretische und methodische Zugänge zur religiösen Entwicklung in ihren Stärken und Schwächen vorgestellt und soll nach Möglichkeiten ihrer Verbindung gefragt werden. Im Mittelpunkt des Interesses stehen heute vor allem psychoanalytische und kognitiv-strukturelle Theorien der religiösen Entwicklung. Im folgenden werde ich beide

Ansätze darstellen. Daneben versuche ich, auch andere Theorien und Untersuchungsergebnisse zu berücksichtigen. Ein vollständiger Überblick über die Forschungslage im ganzen würde jedoch den Rahmen einer einführenden Darstellung sprengen.

Im Sinne eines solchen mehrperspektivischen Zugangs zur religiösen Entwicklung möchte ich abschließend noch auf drei Zugänge hinweisen, die sich die Religionspsychologie bisher noch zu wenig zunutze gemacht hat. Bei diesen Vorgehensweisen handelt es sich um den Versuch, die religiöse Entwicklung - im Sinne einer Phänomenologie - nicht so sehr mit den Augen des Erwachsenen, sondern mit denen des Kindes zu sehen.

Erstens denke ich dabei an die Sammlung von Alltagsbeobachtungen religiöser Äußerungen, d.h. von Beobachtungen, wie sie Eltern und Erzieher mehr oder weniger beiläufig machen. Eine solche Sammlung hat gegenüber zielgerichteten Untersuchungsmethoden den entscheidenden Vorteil, daß sie die Kinder spontan zu Wort kommen läßt und daß sie die Religiosität der Kinder nicht in einer begrenzten Untersuchungssituation, sondern im Alltagsleben erfaßt. Die Anfänge zu einer solchen Sammlung, die früher einmal gemacht wurden (z.B. Roloff 1921), sind bis heute leider nicht weitergeführt worden.

Eine zweite Möglichkeit stellt die Auswertung von Kinderzeichnungen bzw. der ästhetischen Produktion Jugendlicher dar (vgl. Brocher 1985, Sziegaud-Roos 1985). Auch hier gilt, daß das bildlich bzw. poetisch Ausgedrückte oft mehr über die Religiosität von Kindern und Jugendlichen verrät, als man auf andere Weise erfahren könnte. Das zeigt zum Beispiel die von einem Jugendlichen gezeichnete Bildergeschichte *(Abb. 2),* in der es offenbar um die Glaubwürdigkeit der Kirche sowie um den wahren Sinn christlichen Handelns geht.

Die dritte Vorgehensweise schließlich, auf die ich hier hinweisen möchte, wird beispielsweise durch die autobiographischen Berichte von K. Ph. Moritz und J. Richter nahegelegt. Beide berichten davon,

---

Abb. 2 (Seite 57): aus: Jugendliche und Erwachsene '85. Bd. 4: Jugend in Selbstbildern. Hg. vom Jugendwerk der Dt. Shell. Opladen 1985, S. 153. - Der Zeichner ist 18 Jahre alt.

daß ihre Religiosität eine spielerische Komponente hatte: Anton Reiser fährt das »Jesulein« im Schubkarren spazieren - Jutta Richter spielt mit dem »Maialtar« und dem »Stall zu Bethlehem«. Offenbar stellt der spielerische Umgang für das Kind auch eine Form der Aneignung religiöser Inhalte dar. Die Untersuchung des Spielverhaltens unter religiösen Aspekten könnte deshalb ein lohnendes Unterfangen sein.

Der als Vater der anti-autoritären Erziehung bekannt gewordene englische Pädagoge A. S. Neill berichtet einmal (1969, S. 229) folgende Szene, mit der ich das Kapitel beschließen möchte:

»Bei einer unserer abendlichen Schauspielimprovisationen setzte ich mich auf einen Stuhl und sagte: ›Ich bin der Heilige Petrus am Himmelstor. Ihr seid Leute, die Einlaß begehren. Es geht los.‹
Sie brachten allerlei Gründe vor, um eingelassen zu werden. Ein Mädchen kam sogar aus der entgegengesetzten Richtung und bat, hinausgelassen zu werden! Aber als Star des Abends erwies sich ein vierzehnjähriger Junge, der, die Hände in den Taschen, pfeifend an mir vorüberging.
›He!‹ rief ich. ›Du kannst hier nicht hinein!‹
Er drehte sich um und sah mich an. ›Oh‹, sagte er. ›Du bist neu hier, nicht wahr?‹
›Was meinst du damit?‹ fragte ich.
›Du weißt also nicht, wer ich bin?‹
›Wer bist du denn?‹ fragte ich.
›Gott‹, sagte er und ging pfeifend in den Himmel.«

Weiterführende Hinweise[*]

Zur Frage nach der Religion des Kindes- und Jugendalters vgl. die klassische Arbeit M. J. Langevelds (*Das Kind und der Glaube. Einige Vorfragen zu einer Religions-Pädagogik*. Braunschweig u.a. 1959), die noch immer sehr lesenswert ist. Neuere Darstellungen finden sich bei H.-J. Fraas (*Religiöse Erziehung und Sozialisation im Kindesalter*. Göttingen 1973) und B. Grom (*Religionspädagogische Psychologie des Kleinkind-, Schul- und Jugendalters*. Düsseldorf/Göttingen 1981) sowie bei F. Schweitzer *(Die Suche nach eigenem Glauben. Einführung in die Religionspädagogik des Jugendalters,* Gütersloh 1996).

Zum funktionalen Religionsbegriff s. J. W. Fowler (*Stages of Faith*. San Francisco 1981, bes. S. 3ff.) und F. Oser / P. Gmünder (*Der Mensch - Stufen seiner religiösen Entwicklung*. Zürich/Köln 1984); kritische Stellungnahmen dazu enthalten die im Literaturverzeichnis aufgeführten Beiträge von Döbert (1984), McDargh (1983) und Müller (1989).

Zur Geschichte der Entwicklungspsychologie gibt L. Montada (*Themen, Traditionen, Trends*. In: R. Oerter / L. Montada, Hg.: *Entwicklungspsychologie*. München u.a. 1982, S. 3-90) einen knappen Überblick. Zur Untersuchung der religiösen Entwicklung finden sich wichtige Hinweise in dem oben genannten Band von H.-J. Fraas (bes. S. 68ff.) sowie in dem reichhaltigen Überblick von Hyde (1990).

Eine Einführung in die Psychoanalyse gibt Ch. Brenner (*Grundzüge der Psychoanalyse*. Frankfurt a.M. [8]1972). Zur psychoanalytischen Deutung von Fallgeschichten vgl. G. Bittner (*Zur psychoanalytischen Dimension biographischer Erzählungen*. In: D. Baacke / Th. Schulze, Hg.: *Aus Geschichten lernen*. München 1979, S. 120-128). Die theoretischen Hintergründe hat besonders J. Habermas (*Erkenntnis und Interesse*. Frankfurt a.M. 1973, S. 300ff.) herausgearbeitet.

Eine Darstellung der »klinischen Methode« im Sinne der kognitiv-strukturellen Psychologie findet sich bei J. Piaget (*Das Weltbild des Kindes*. Frankfurt a.M. u.a. 1980, S. 14ff.).

Unterschiedliche Zugänge zu »Religion in der Lebensgeschichte« (einschl. der o.g. objektiven Hermeneutik) sind in dem vom Comenius-Institut (1993) hg. gleichnamigen Buch beschrieben.

---

[*] Vollständige Angaben zu der im folgenden mit Kurztitel genannten Literatur finden sich im Literaturverzeichnis am Ende des Buches.

3

Grundvertrauen, Gewissensbildung und Sinnfrage

Die psychoanalytische Deutung der religiösen Entwicklung findet heute zunehmend Beachtung. Allerdings geht dieser Einfluß weniger von der klassischen Form der Psychoanalyse aus, wie sie von Sigmund Freud, dem Begründer der Psychoanalyse, entwickelt und vertreten wurde. Wirksam wurde die Psychoanalyse vielmehr in der veränderten und erweiterten Form, die ihr vor allem der amerikanische Psychoanalytiker Erik H. Erikson in den 50er und 60er Jahren gegeben hat. Mit den Begriffen »Grundvertrauen«[5] und »Identität« hat Erikson das psychologische und (religions)pädagogische Denken nachhaltig beeinflußt. Seine Sicht der religiösen Entwicklung soll deshalb auch im Mittelpunkt des vorliegenden Kapitels stehen. Um Eriksons Standpunkt jedoch genauer einschätzen zu können, muß man wenigstens die Grundzüge der Freudschen Psychoanalyse kennen. Auch Erikson versteht sich nämlich vor allem in der Nachfolge Freuds und sieht in seiner Theorie eine Weiterführung und Aktualisierung der Freudschen Auffassungen.

In den letzten Jahren hat sich die psychoanalytische Diskussion dann, über Erikson hinaus, besonders mit der frühen Kindheit und mit dem Problem des Narzißmus befaßt. Auch von hier ergeben sich wichtige Impulse für das Verständnis der religiösen Entwicklung. Ein Modell der lebenslangen religiösen Entwicklung zeichnet sich ab.

Die Bedeutung, die der psychoanalytischen Sicht für das Verständnis der religiösen Entwicklung zukommt, ist heute kaum mehr umstritten. Genauer zu fragen ist aber nach den Grenzen der psychoanalytischen Sicht: Wo reicht sie hin, und wo bedarf sie der Ergänzung? - Mit dieser Frage ist nicht nur das Verhältnis zwischen der theologischen und der psychologischen Sicht des Menschen angesprochen, sondern

---

[5] Der englische Begriff »basic trust«, den Erikson verwendet, wird häufig als »Urvertrauen« wiedergegeben. Ich ziehe den neutraleren Begriff »Grundvertrauen« vor.

auch - und in diesem Kapitel vor allem - die Frage nach den Grenzen der Psychoanalyse als einer psychologischen Theorie. Denn wie schon bei der Diskussion über die Methoden zur Untersuchung der religiösen Entwicklung deutlich wurde, gibt es neben der Psychoanalyse andere, mit dieser konkurrierende psychologische Theorien.

Sigmund Freud: Religion als Sehnsucht nach dem Vater

»Allein die psychoanalytische Erforschung des einzelnen Menschen lehrt mit einer ganz besonderen Nachdrücklichkeit, daß für jeden der Gott nach dem Vater gebildet ist, daß sein persönliches Verhältnis zu Gott von seinem Verhältnis zum leiblichen Vater abhängt, mit ihm schwankt und sich verwandelt und daß Gott im Grunde nichts anderes ist als ein erhöhter Vater« (Freud 1912/13, S. 430f.)[6]. Gott »nichts anderes . . . als ein erhöhter Vater« - mit diesem Spitzensatz weist Freud in seiner Schrift über »Totem und Tabu« andere Theorien der religiösen Entwicklung entschieden zurück. Dabei geht es Freud um zweierlei: Einmal läßt sich für ihn Religion zurückverfolgen auf den - meist drohenden und strafenden, jedenfalls aber übermächtigen - Vater der Kindheit. Zum anderen bleibt Religion in Freuds Sicht eine kindliche und das heißt unreife Seite des Menschen: Auch im Erwachsenenalter ist die kindliche »Vatersehnsucht« bestimmend. In der Religion verfehlt der Mensch demnach die volle Ausbildung seiner Vernunft und Selbständigkeit. Religion und Erwachsenwerden im vollen Sinne schließen sich gegenseitig aus. Religion ist und bleibt das Erbe einer unbewältigten Kindheit - ein infantiler Zug.

So gesehen gehören Freuds Theorien eigentlich nicht in ein Buch über religiöse Entwicklung. Zwar hat Freud den lebensgeschichtlichen Ursprung von Religion in der Vaterbeziehung des Kindes untersucht und beschrieben, nicht aber eine religiöse Entwicklung im Sinne der lebensgeschichtlichen Veränderung von Religiosität. Freuds Argumen-

---

[6] Ich zitiere die Schriften S. Freuds nach der von A. Mitscherlich u.a. besorgten Studienausgabe. Zur leichteren Orientierung nenne ich jedoch das ursprüngliche Erscheinungsjahr. Die genannte Jahreszahl bezieht sich also auf die Originalausgabe, die Seitenzahl auf die Studienausgabe.

te wenden sich statt dessen religionskritisch gegen die – für ihn patho-
logische – religiös verlängerte kindliche Abhängigkeit. Eine reife Religion des Erwachsenen kennt und anerkennt Freud nicht. – Wenn ich
hier dennoch auf Freud eingehe, so vor allem deshalb, weil Freuds
Theorien – trotz seiner religionskritischen Haltung – die Möglichkeit
einer weitgreifenden lebensgeschichtlichen Betrachtung der religiösen Entwicklung enthalten. Diese Möglichkeit kommt erst bei den Psy-
choanalytikern der heutigen Zeit zum Tragen, ist aber bei Freud selbst
schon angelegt. Daß sie bei Freud selbst nicht zum Zuge kam, dafür waren wohl vor allem persönlich-biographische und zeitgeschichtlich-
kulturelle Gründe verantwortlich, auf die ich hier nicht näher eingehen kann. Von der Anerkennung nicht-pathologischer, reifer Formen
von Religiosität wurde Freud aber auch von seinem Wirklichkeits- und
Wissenschaftsverständnis abgehalten, denn in diesem Verständnis
gab es für objektiv nicht feststellbare und kausal nicht erklärbare Zusammenhänge keinen Raum.

Ein Abriß der Freudschen Psychoanalyse oder auch nur ein Überblick kann hier nicht gegeben werden. Die Psychoanalyse, wie sie von
Freud entwickelt wurde, ist ein komplexes Gefüge von Theorien, an
dem er sein Leben lang gearbeitet und das er auch immer wieder verändert hat. Den Motor dieser Veränderung bildete die therapeutische
Praxis, aus der sich neue Anstöße für die Theoriebildung ergaben. Für
eine angemessene Auseinandersetzung mit der Psychoanalyse als ganzer stellen diese Veränderungen in der Theorieentwicklung einen in-
formativen und deshalb unverzichtbaren Aspekt für das Verständnis
dar. Im vorliegenden Zusammenhang geht es mir jedoch nur um diejenigen psychoanalytischen Begriffe, Annahmen und Theorien, die für
ein einführendes Verständnis von Freuds Sicht der religiösen Entwicklung erforderlich sind.[7] Dabei handelt es sich vor allem um die Unterscheidung zwischen Bewußtem und Unbewußtem, die Trieblehre, das
Problem der Verdrängung, die Phasenlehre sowie die Bildung psychischer Strukturen.

---

[7] Für ein genaueres Verständnis der Freudschen Religionspsychologie, als es hier geboten werden kann, sind natürlich auch andere Aspekte der Psychoanalyse wichtig.
Es ist nur sehr bedingt möglich, wie ich es hier versuche, einen Teil der Psychoanalyse
aus dem Ganzen herauszulösen.

Im berühmten Kapitel VII seiner »Traumdeutung« (1900), der bahnbrechenden, ersten großen psychoanalytischen Arbeit, bringt Freud die theoretischen Ergebnisse seiner Untersuchung von Träumen in eine systematische Form. Die zentrale Unterscheidung, die er dort trifft, ist die zwischen *Bewußtem* und *Unbewußtem*. Diese Unterscheidung ist uns heute so geläufig, daß wir sie nicht mehr erstaunlich oder gar fragwürdig finden. Die Vorstellung unbewußter Einflüsse ist weithin zu einem Teil der kulturellen Selbstverständlichkeiten geworden. Damals, um die Jahrhundertwende, war der Gedanke, daß ein Unbewußtes das Handeln der Menschen (mit)bestimme, befremdlich oder sogar anstößig. Seine Sicht des Unbewußten hat Freud deshalb viel Kritik und Ablehnung eingetragen.

Die heutigen Vorstellungen vom Unbewußten decken sich allerdings nur zum Teil mit Freuds Auffassung. Was Freud mit dem Unbewußten verband, sagt er, in unübertroffener Dichte, in der Einleitung zu seiner Schrift »Das Unbewußte« (1915):

»Wir haben aus der Psychoanalyse erfahren, das Wesen des Prozesses der Verdrängung bestehe nicht darin, eine den Trieb repräsentierende Vorstellung aufzuheben, zu vernichten, sondern sie vom Bewußtwerden abzuhalten. Wir sagen dann, sie befinde sich im Zustande des ›Unbewußten‹, und haben gute Beweise dafür vorzubringen, daß sie auch unbewußt Wirkungen äußern kann, auch solche, die endlich das Bewußtsein erreichen. Alles Verdrängte muß unbewußt bleiben, aber wir wollen gleich eingangs feststellen, daß das Verdrängte nicht alles Unbewußte deckt. Das Unbewußte hat den weiteren Umfang; das Verdrängte ist ein Teil des Unbewußten« (S. 125).

Freud geht davon aus, daß zahlreiche Verhaltensweisen sich aufgrund bewußter Prozesse nicht erklären lassen: Handlungen, die keiner erkennbaren Absicht entspringen; Zwänge, die sich Menschen auferlegen, obwohl sie selbst darunter leiden; schließlich die zum geflügelten Wort gewordenen »Freudschen« Versprecher, in denen sich das Unbewußte äußert. - Solche scheinbar unmotivierten Handlungen und Verhaltensweisen fand Freud nicht nur - in pathologischer Form - bei seinen Patienten, sondern auch im Alltagsleben. Sie zu erklären und ihnen Sinn abzugewinnen, darum ging es Freud, als er das Unbewußte als eine psychologische Größe einführte: »Alle diese bewußten Akte blieben zusammenhanglos und unverständlich, wenn wir den Anspruch festhalten wollen, daß wir auch alles durchs Bewußtsein erfahren müssen, was an seelischen Akten in uns vorgeht, und ordnen sich in einen aufzeigbaren Zusammenhang ein, wenn wir die erschlossenen unbewußten Akte interpolieren. Gewinn an Sinn und Zusammenhang ist aber ein vollberechtigtes Motiv, das uns über die unmittelbare Erfahrung hinaus führen darf« (Freud 1915, S. 126).

Schon bei der Deutung von Träumen hatte Freud erfahren, daß unbewußte Motive sich nicht ohne weiteres bewußt machen lassen. Offenbar gibt es Hindernisse, die sich dem Bewußtwerden bestimmter Vorstellungen oder Wünsche in den Weg stellen. Freud bezeichnet solche Hindernisse als »Widerstände« und den Vorgang, durch den etwas im Unbewußten festgehalten wird, als »Verdrängung«. Das Unbewußte ist demnach zwar vom Bewußten getrennt, kann aber Wirkungen erzeugen, die sich auch auf das Bewußtsein erstrecken. Von entscheidender Bedeutung ist für Freud der unbewußte Charakter verdrängter Vorstellungen, d.h. von triebbestimmten Wünschen, die das Bewußtsein - in offener Form - nicht erreichen, es aber - versteckt - gleichwohl und um so mehr bestimmen.

Der beschriebene Zusammenhang von Bewußtem und Unbewußtem, Verdrängung, Widerstand und bestimmendem Einfluß auf das Verhalten ist für Freud als solcher ständig wirksam, d.h. er ist ganz allgemein im psychischen Leben der Menschen zu finden. Seine spezifische Bedeutung wird jedoch klarer, wenn man ihn mit den Entwicklungsphasen und mit der Ausbildung psychischer Strukturen verbindet. Zunächst zu Freuds Phasenlehre.

Die Entwicklungsphasen, von denen Freud spricht, die »orale«, »anale« und »phallische« Phase sowie die »Latenzperiode« und die Pubertät sind als Phasen der Triebentwicklung zu verstehen. In den Trieben nämlich sieht Freud die grundlegende Schicht der menschlichen Persönlichkeit. Die Frage, um welche Triebe es sich dabei handelt, hat Freud zu verschiedenen Zeiten unterschiedlich beantwortet: Während er die Triebe zunächst in den Sexualtrieb und den Selbsterhaltungstrieb unterteilte, gab er diese Unterscheidung später zugunsten des Sexualtriebs (Libido) als des einzigen Triebes auf. Schließlich stellte er dem Sexualtrieb aber mit dem Aggressionstrieb wieder einen zweiten Trieb zur Seite.

Auf die Entwicklungsphasen stößt Freud in seinen Studien über die sexuelle Entwicklung des Kindes (1905). Seine Behauptung, daß der Geschlechtstrieb schon in der Kindheit wirksam sei, ist vielfach bestritten worden. Häufig wurde dabei aber nicht beachtet, daß Freuds Begriff der Sexualität viel weiter ist und mehr umfaßt als das, was man zumeist unter Sexualität versteht. Das wird gerade an der Phasenlehre deutlich, die sich an den jeweils vorherrschenden Formen der vom Kind angestrebten Befriedigung orientiert, d.h. eben nicht oder jedenfalls nicht nur an genitaler Befriedigung.

Charakterisieren lassen sich diese Phasen so: Die *orale* Phase ist durch ihren Bezug auf den Mund und auf die Nahrungsaufnahme gekennzeichnet. Allgemein gesprochen geht es um das Vorherrschen der »Einverleibung des Objekts«, die Freud als »Sexualziel« bezeichnet. - In der *analen* Phase, die etwa das zweite und dritte Lebensjahr umfaßt, geht es um die Ausscheidung durch den Anus (After), um das Zurückhalten und Ausstoßen von Exkrementen als Formen der Bemächtigung. In der *phallischen* Phase richten sich die sexuellen Strebungen dann erstmals auf eine einzelne Person als zentrales Objekt: auf die Mutter oder den Vater. Auch das Genital spielt dabei eine Rolle, nicht aber eine genitale Beziehung zwischen zwei Personen. (Erst an diesem Punkt also kommt Freuds Verständnis dem außerhalb der Psychoanalyse verbreiteten Verständnis von Sexualität nahe!) Die etwa mit dem sechsten Lebensjahr eintretende *Latenzperiode* wird vom Zurücktreten sexueller Strebungen eingeleitet und reicht ihrerseits bis zum Beginn der *Pubertät*.

Die Triebentwicklung ist nicht die einzige Perspektive, unter der Freud die Entwicklung des Kindes beschreibt. Eine zweite, mit der ersten verbundene Perspektive betrifft die Ausbildung der psychischen Strukturen Es, Ich und Über-Ich (Freud 1923). - Das *Es* steht als die naturgegebene Grundlage am Anfang der Entwicklung. Sein Inhalt sind Triebe und Bedürfnisse, noch ohne Vermittlung mit der äußeren Welt. Aus Erfahrungen mit der - physischen und sozialen - Realität erwächst dann allmählich das *Ich* als eine Vermittlungsinstanz, die - mit »Vernunft und Besonnenheit« - wirklichkeitsgerechte Wege der Bedürfnisbefriedigung sucht. Oder, wie Freud sich ausdrückt: Das Es folgt dem »Lustprinzip«, das Ich dem »Realitätsprinzip«. Freud vergleicht das Ich mit einem »Reiter, der die überlegene Kraft des Pferdes zügeln soll«.

Wesentlich komplexer gestaltet sich der Aufbau der dritten und letzten Struktur - des *Über-Ich,* das für die verinnerlichten Gebote und Verbote im Sinne der Moral steht. Die Ausbildung dieser Struktur fällt zeitlich in die phallische Phase und ist - für den Jungen, auf den sich Freud weithin konzentriert[8] - eng mit dem *Ödipuskonflikt* verbunden.

Das Objekt, auf das sich die sexuellen Wünsche des Jungen in der phallischen Phase richten, ist die Mutter. Wie etwa an dem in diesem Alter häufig geäußerten Wunsch, die Mutter zu heiraten, abzulesen ist, will »der kleine Mann die Mutter für sich allein haben« (Freud 1917, S. 327). Daraus entspringe dann der Wunsch, den Vater zu beseitigen und ihn bei der Mutter zu ersetzen, was wiederum die Angst vor der Vergeltung von seiten des Vaters nach sich ziehe. Der Sohn gerät in eine zwiespältige oder, wie Freud es nennt, ambivalente Lage: Er will, um der Mutter willen, sein wie der Vater. Zugleich darf er, angesichts der drohenden Vergeltung des übermächtigen Vaters, nicht wie der Vater sein. Die Lösung dieses ödipalen Ambivalenzkonflikts sieht Freud darin, daß der Sohn den Anspruch auf die Mutter, der ihn mit dem Vater konkurrieren läßt, aufgibt, und zwar indem er die äußere Drohung nach innen verlagert oder, wie Freud sagt, »internalisiert«. Das väterliche Gebot wird vom Sohn - als *Über-Ich* bzw. *Ichideal* - in das Ich hineingenommen. Freud schreibt:

»Die Verdrängung des Ödipuskomplexes ist offenbar keine leichte Aufgabe gewesen. Da die Eltern, besonders der Vater, als das Hindernis gegen die Verwirklichung der Ödipuswünsche erkannt werden, stärkte sich das infantile Ich für diese Verdrängungsleistung, indem es dies selbe Hindernis in sich aufrichtete. Es lieh sich gewissermaßen die Kraft dazu vom Vater aus, und diese Anleihe ist ein außerordentlich folgenschwerer Akt. Das Über-Ich wird den Charakter des Vaters bewahren, und je stärker der Ödipuskomplex war, je beschleunigter (unter dem Einfluß von Autorität, Religionslehre, Unterricht, Lektüre) seine Verdrängung erfolgte, desto strenger wird später das Über-Ich als Gewissen, vielleicht als unbewußtes Schuldgefühl über das Ich herrschen« (1923, S. 302).

---

[8] Die Konzentration auf die Psychologie des Mannes wird Freud heute besonders von der feministischen Psychologie vorgeworfen; vgl. u.a. Gilligan 1984.

Daraus darf nicht geschlossen werden, daß die Strenge des Über-Ich direkt von der Strenge des Vaters (oder auch der Mutter) abhängt. Wie Freud ausdrücklich betont, sind hier nicht einzelne Verbote, Gebote oder Strafen entscheidend. Verinnerlicht werde vielmehr das selbst unbewußte Über-Ich der Eltern und damit auch Normen, die ihr Verhalten bewußt oder unbewußt bestimmen (Freud 1933, S. 505).

Festzuhalten ist aber, daß Freud in den Schuldgefühlen, die von einem strengen Über-Ich ausgelöst werden, die Ursache neurotischer Erkrankungen sieht. In Freuds Sicht ist der ödipale Konflikt der wesentliche Punkt, an dem sich die Entwicklung als ganze entscheidet. Findet dieser Konflikt keine angemessene Lösung, so belastet, ja prägt er das gesamte weitere Leben. Damit ist nicht gesagt, daß Freud die Bedeutung von Erfahrungen vor und nach der ödipalen Zeit gar nicht beachtet. Aber in der Aufmerksamkeit, die Freud diesen Erfahrungen geschenkt hat, stehen sie weit hinter dem ödipalen Konflikt zurück.

Mit der Beschreibung des ödipalen Konflikts und seiner Auflösung durch die Internalisierung väterlicher Gebote und Verbote in Form des Über-Ich erreichen wir auch den entscheidenden Punkt für Freuds Verständnis Gottes als »erhöhter Vater«. Im Über-Ich bzw. Ichideal sieht Freud »den Keim, aus dem sich alle Religionen gebildet haben«. Daraus erklärt sich die von Freud schon früh konstatierte Parallele zwischen Religion und Neurose (1907): Beide erwachsen aus dem - für das Über-Ich kennzeichnenden - »Schuldgefühl« bzw. der »Gewissensangst«. Freud schließt daraus:

»Auch der Religionsbildung scheint die Unterdrückung, der *Verzicht* auf gewisse Triebregungen zugrunde zu liegen; es sind aber nicht wie bei der Neurose ausschließlich sexuelle Komponenten, sondern eigensüchtige, sozialschädliche Triebe, denen übrigens ein sexueller Beitrag meist nicht versagt ist« (1907, S. 19f.).
»Nach diesen Übereinstimmungen und Analogien könnte man sich getrauen, die Zwangsneurose als pathologisches Gegenstück zur Religionsbildung aufzufassen, die Neurose als eine individuelle Religiosität, die Religion als eine universelle Zwangsneurose zu bezeichnen« (S. 21).

Hier ist schon deutlich, daß Freud Religion als eine kindliche Fixierung ansieht, deren pathologischer Charakter aus den Parallelen zur Neurose ersichtlich ist. Zwar sieht Freud in dem Triebverzicht, den die Religion verlangt, auch »eine der Grundlagen der menschlichen Kulturentwicklung«, aber eben, wie dann die späteren Schriften zeigen, eine unzureichende, weil der Kindheit verhaftete Grundlage.

Diese - negative - Einschätzung von Religion wird klarer, wenn man Freuds Schrift über die »Zukunft einer Illusion« (1927) heranzieht, die neben der über das »Unbehagen in der Kultur« (1930) und den mehr kulturgeschichtlich ausgerichteten Abhandlungen über »Totem und Tabu« (1912/13) und dem »Mann Moses« (1939) Freuds wichtigste Äußerungen über Religion enthält. Grundlegend für Freuds Argumentation ist der Gedanke, daß die Kulturleistungen des Menschen ein hohes Maß an Verzicht auf unmittelbare Triebbefriedigung voraussetzen. Dieser Verzicht muß erzwungen werden: »Um es kurz zu fassen, es sind zwei weitverbreitete Eigenschaften der Menschen, die es verschulden, daß die kulturellen Einrichtungen nur durch ein gewisses Maß von Zwang gehalten werden können, nämlich, daß sie spontan nicht arbeitslustig sind und daß Argumente nichts gegen ihre Leidenschaften vermögen« (Freud 1927, S. 141f.). Freud geht davon aus, daß die Natur des Menschen kulturfeindlich ist und »daß bei allen Menschen destruktive, also antisoziale und antikulturelle Tendenzen vorhanden sind«. Solche Neigungen müssen der Kultur geopfert werden. Umgekehrt ist es notwendig, die Menschen mit diesem Opfer »zu versöhnen und dafür zu entschädigen«.

Darüber hinaus unterliegt auch der kultivierte Mensch noch der Erfahrung der Hilflosigkeit angesichts von Natur und Schicksal, die das Selbstwertgefühl des Menschen elementar bedrohen. In dieser Bedrängnis durch anonyme Mächte suche der Mensch Zuflucht bei der Vorstellung, die Natur besitze menschlichen Charakter. Allerdings »macht der Mensch die Naturkräfte nicht einfach zu Menschen, mit denen er wie mit seinesgleichen verkehren kann, das würde auch dem überwältigenden Eindruck nicht gerecht werden, den er von ihnen hat, sondern er gibt ihnen Vatercharakter, macht sie zu Göttern« (S. 151).

Ihre Rolle als Grundlage menschlicher Kultur spielt die Religion demnach als »Illusion«. Für Freud bedeutet dies, daß religiöse Vorstellungen sich nicht aus Erfahrung oder Denken ableiten, sondern aus den Wünschen der Menschen. Damit will Freud Religion keineswegs als Irrtum hinstellen. »Illusionär« heißt weder einfach wahr noch falsch, sondern an der Wirklichkeit nicht zu prüfen und insofern »unbeweisbar« und »unwiderlegbar«. Eben deshalb hält Freud die religiösen Vorstellungen für eine nur unzureichende Grundlage der Kultur. Diese Vorstellungen geraten mehr und mehr in Konkurrenz mit den Naturwissenschaften und verlieren so ihre Überzeugungskraft.

Statt einer religiösen fordert Freud deshalb eine »rein rationelle Begründung der Kulturvorschriften« (S. 175) - gleichsam eine Ablösung der Religion durch Wissenschaft. Freud erkennt zwar den illusionären Charakter dieser Forderung, meint aber, daß seine Illusionen wenigstens anhand von Erfahrungen korrigierbar wären. Das letzte Wort soll aber doch die Wissenschaft behalten. Fast trotzig beschließt Freud seine Abhandlung über die »Zukunft einer Illusion« mit den Sätzen: »Nein, unsere Wissenschaft ist keine Illusion. Eine Illusion aber wäre es zu glauben, daß wir anderswoher bekommen könnten, was sie uns nicht geben kann« (S. 189).

Damit sind die Grundlinien von Freuds Religionsverständnis deutlich: Aus der Vatersehnsucht des hilflosen Kindes heraus entsteht - im Zuge der ödipalen Entwicklung - die Vorstellung eines väterlichen Gottes, der Schutz und Trost bietet, zugleich aber auch bedrohlich ist und den Menschen mit Schuldgefühlen belastet. Religion wird auf einen lebensgeschichtlichen Ursprung zurückverfolgt - darin liegt Freuds Beitrag zum Verständnis der religiösen Entwicklung. Eine lebensgeschichtliche Entwicklung der Religiosität jedoch kommt in dieser Sicht nicht vor. Auch die Religion des Erwachsenen trägt kindliche Züge: »die Abwehr der kindlichen Hilflosigkeit verleiht der Reaktion auf die Hilflosigkeit, die der Erwachsene anerkennen muß, eben der Religionsbildung, ihre charakteristischen Züge« (S. 158). Die kindliche Religion gibt also der des Erwachsenen die Form. Für die religiöse Entwicklung gilt deshalb bei Freud in besonderem Maße die Formel, auf die H. Hemminger die Vorstellung einer lebensbestimmenden Macht kindlicher Erfahrungen gebracht hat: »Kindheit als Schicksal«.

Die *theologische* Auseinandersetzung mit Freuds Religionsverständnis hat erst Ende der 60er Jahre wirklich begonnen. Zwar gingen von der Psychoanalyse schon früher wichtige Impulse vor allem auf die

Seelsorge und zum Teil auch auf die Religionspädagogik aus, aber die Rezeption begnügte sich mit der psychoanalytischen Behandlungsmethode, ohne sich auf die viel weiterreichenden religionsphilosophischen und -psychologischen Deutungen Freuds einzulassen. Für eine theologische Würdigung der Freudschen Religionskritik ist von entscheidender Bedeutung, daß Freud sich bei seinen religionspsychologischen Analysen darauf beschränkt, »was der gemeine Mann unter seiner Religion versteht«. Mit den Auffassungen der Theologie hat sich Freud dabei nicht auseinandergesetzt. Aufgrund dieser Einschränkung ist es nicht ausgeschlossen, daß Freuds kritische Sicht von Religion und die theologische Deutung der Religion zumindest ein Stück weit parallel gehen.

Daß es solche Parallelen zwischen dem psychoanalytischen und dem theologischen Religionsverständnis tatsächlich gibt, haben *J. Scharfenberg* (1968) und *J. Moltmann* (1972) dann auch ausdrücklich zu zeigen versucht. Für Scharfenberg sind es vor allem zwei Aspekte der Freudschen Religionskritik, die eine Konvergenz von Psychoanalyse und Theologie belegen: der Protest gegen »den Tabu-Gehorsam« und gegen »das infantile Wunschdenken«. Dieser Protest und der Versuch, die - lebensgeschichtlich oder durch andere Faktoren bedingte - Unfreiheit zu überwinden, sind der Theologie keineswegs fremd, sondern sind vielmehr auch deren eigenes Anliegen. Scharfenberg schreibt: »Freud war sich selbst wohl nicht im klaren, daß er mit dem Unterschied zwischen ungeschichtlichem Wiederholungszwang und geschichtsstiftendem Freiwerden von der Vergangenheit für die Zukunft eines der, wenn nicht gar *das* entscheidende Kennzeichen der jüdisch-christlichen Überlieferung biblischen Denkens bezeichnet hatte« (S. 178).

Theologisch geht es um »Entsprechungen« zur christlichen Freiheitserfahrung, die auch im psychischen Bereich zur Geltung kommen soll. Deshalb kann und muß sich die Theologie auf den Dialog mit der psychoanalytischen Religionskritik einlassen. Umgekehrt konfrontiert die Theologie die Psychoanalyse mit der Frage, ob die Kritik an »Illusionen« nicht zu Resignation führen muß. Menschliche Wünsche sind nicht nur Ausdruck von Hilflosigkeit oder einer rückwärts orientierten Lebenshaltung; solche Wünsche richten sich auch nach vorn und sind, wie Moltmann im Anschluß an E. Bloch formuliert, »auf das Neue bezogen« (Moltmann 1972, S. 288).

Den Weg für eine solche theologische Würdigung von Freuds Religionsverständnis hat in vieler Hinsicht *P. Ricoeur* mit seiner Studie: »Die Interpretation. Ein Versuch über Freud« (1965; dt. 1969) bereitet. Wie Ricoeur in dieser Studie herausarbeitet, ist in Freuds Deutung der religiösen Entwicklung – über die von Freud selbst formulierte Religionskritik hinaus – die Perspektive einer religiösen Reifung oder, wie Ricoeur sagt, »Progression« gleichsam angelegt. Diese Perspektive wird dann in E. H. Eriksons Revision der Psychoanalyse deutlich sichtbar.

Im vorliegenden Zusammenhang ist mir vor allem die Deutung der religiösen Entwicklung wichtig, die der theologischen Würdigung der psychoanalytischen Religionskritik zugrundeliegt: Demnach ist die religiöse Entwicklung theologisch unter dem Aspekt der *Entsprechung* zu christlichen Grunderfahrungen wie Befreiung aufzunehmen. Dieser Versuch, die Freudsche Religionskritik als theologische Kritik weiterzuführen, ist auch für die religiöse Entwicklung und Erziehung bedeutsam. Die im ersten Kapitel aufgenommenen Berichte von J. Richter und T. Moser zeigen sehr deutlich, daß ein als strafender Vater vorgestellter und erfahrener Gott – ein Gott, der »alles sieht« – auch heute noch vermittelt wird. In diesem Falle bedeutet religiöse Entwicklung tatsächlich, wie Freud es beschreibt, eine Festlegung auf kindliche Schuldgefühle, die meist moralischen Ursprungs sind. Dagegen wendet sich jedoch nicht nur der Psychoanalytiker Freud, sondern auch die Theologie, die vom christlichen Verständnis Gottes als Liebe her eine solche Festlegung ablehnen muß.

Erik H. Erikson: Vom Grundvertrauen zur Identität

»Grundvertrauen« und besonders »Identität« sind Begriffe unseres alltäglichen Denkens und Sprechens über (religions)pädagogische Fragen geworden. Fast macht es uns schon mehr Mühe, auf diese Begriffe zu verzichten, als sie zu gebrauchen. Es ist bei diesen Begriffen jedoch nicht so wie bei manchen anderen sozialwissenschaftlichen Begriffen, daß sie zunächst zur Alltagssprache gehörten, ehe sie von der Wissen-

71

schaft aufgenommen und neu definiert wurden, um dann wieder auf den Alltag zurückzuwirken. Es handelt sich vielmehr um sozialwissenschaftliche Prägungen, die als solche in die Alltagssprache eingedrungen sind. Am einflußreichsten war dabei der amerikanische Psychoanalytiker E. H. Erikson, der den Begriff des »Grundvertrauens« in seinem heutigen Sinne geprägt hat und auf den der Identitätsbegriff zumindest in der Hauptsache zurückgeht.

Erikson ist einer der führenden Psychoanalytiker der Nachkriegszeit. Als Schüler von S. Freuds Tochter, Anna Freud, steht er gleichsam für die dritte Generation seit Begründung der Psychoanalyse. Diese zeitliche Distanz spiegelt sich in den Veränderungen, die Erikson, einer veränderten Zeitlage und Lebenssituation entsprechend, an der psychoanalytischen Theorie vorgenommen hat. Ob man Erikson noch der Freud-Schule zurechnen kann, ist eine offene Frage. Der bestimmende Einfluß der Freudschen Psychoanalyse bleibt bei Erikson zwar stets sichtbar, aber ebenso deutlich sind auch die weitreichenden Unterschiede, die Eriksons psychosoziale Ich-Psychologie von der Freudschen Psychologie des Unbewußten trennen.

Eriksons *Entwicklungsverständnis* läßt sich nicht auf einen einfachen Nenner bringen. Ähnlich wie Freud hat sich Erikson über mehrere Jahrzehnte hinweg - und in einer literarisch-lebendigen Form, die sich in der gerafften Wiedergabe nicht zeigen kann - zu Fragen der menschlichen Entwicklung geäußert und dabei immer wieder neue Aspekte herausgearbeitet. Im Unterschied zu Freud gibt es bei Erikson jedoch ein bleibendes Zentrum der Theoriebildung - das Thema des »Lebenszyklus«, das sich schon in der 1950 veröffentlichten Untersuchung über »Kindheit und Gesellschaft« (dt. zitiert als Erikson 1971) abzeichnet und das bis in die späten Schriften hinein eine beherrschende Stellung einnimmt.

Von einem »Zyklus« des Lebens spricht Erikson allerdings nicht, wie man vom Wort her vermuten könnte, im Sinne einer kreisförmigen Wiederholung oder einer Rückkehr des Endes zum Anfang. Gemeint ist vielmehr, daß das menschliche Leben nach Abrundung und Geschlossenheit strebt und daß es in einem generationenübergreifenden Zusammenhang steht (Erikson 1968a). Die Perspektive des Lebenszyklus bedeutet für Erikson darüber hinaus, daß allen Entwicklungsprozessen eine bestimmte Stellung im Rahmen der Lebensgeschichte zukommt und daß sie an einem bestimmten Punkt des Lebens auftreten oder wenigstens auftreten sollten, wenn die Entwicklung nicht gestört ist.

Eng verbunden mit dem Begriff des Lebenszyklus ist für Erikson das Prinzip des »epigenetischen Wachstums«. Dieses Prinzip stammt aus der Biologie und wird dort auf die embryonale Entwicklung angewandt. In Eriksons Sicht gilt dieses Prinzip jedoch für die gesamte Entwicklung: »Dieses Prinzip läßt sich dahin verallgemeinern, daß alles, was wächst, einen *Grundplan* hat, dem die einzelnen *Teile* folgen, wobei jeder Teil eine Zeit des Übergewichts durchmacht, bis alle Teile zu einem *funktionierenden Ganzen* herangewachsen sind« (Erikson 1974, S. 57).

Demnach gibt es einen »Grundplan«, auf den die einzelnen Wachstumsprozesse bezogen sind, und es gibt zu bestimmten Zeiten jeweils einen vorherrschenden Wachstumsprozeß, der »durch die Bereitschaft des menschlichen Organismus vorherbestimmt« ist. Wachstum hängt in dieser Sicht also von der »*richtigen Entwicklung zur rechten Zeit*« ab (S. 58f.). Darin ist auch der von Erikson betonte krisenhafte Charakter der menschlichen Entwicklung begründet: Es gibt im Leben »Wendepunkte«, nicht im Sinne von Katastrophen, sondern als Zeiten, zu denen sich eine bestimmte Entwicklung entscheidet bzw. zu denen bestimmte »Entwicklungsaufgaben« (R. Havighurst) gelöst werden müssen.

Erikson kennzeichnet diese Entwicklungskrisen jeweils durch zwei »Pole«, in deren Spannungsfeld sich die Entwicklung vollzieht. Acht solche Krisen oder Entwicklungsstufen machen für Erikson den Lebenszyklus zwischen früher Kindheit und hohem Alter aus - acht »Lebensalter«, wie Erikson auch sagt, die aufeinander aufbauen, sich miteinander verschränken und die zusammen eine Art Gewebe bilden, wie es Erikson mit seinem berühmten Entwicklungsschema *(Abb. 3)* einzufangen sucht.

Die - von links unten nach rechts oben - aufsteigende Linie, die von den stark umrandeten Feldern gebildet wird, stellt die Hauptlinie des Lebenszyklus dar, wie er sich aus den acht Lebensaltern oder Entwicklungsstufen aufbaut. Das Aufsteigen dieser Linie bedeutet für Erikson jedoch nicht, daß das ganze Leben als Fortschritt im Sinne einer Hö-

		1	2	3	4	5	6	7	8
Hohes Alter	VIII								Integrität gegen Verzweiflung und Ekel
Erwachsenenalter	VII							Generativität gegen Stagnation	
Frühes Erwachsenenalter	VI						Intimität gegen Isolierung		
Adoleszenz	V					Identität gegen Identitätskonfusion			
Schulalter	IV				Werksinn gegen Minderwertigkeitsgefühl				
Spielalter	III			Initiative gegen Schuldgefühl					
Frühe Kindheit	II		Autonomie gegen Scham und Zweifel						
Säuglingsalter	I	Grundvertrauen gegen Grundmißtrauen							

Abb. 3: modifiziert aus Erikson 1988, S. 72f.

herentwicklung des Menschen zu deuten wäre. Gemeint ist vielmehr, daß die angemessene Bewältigung der Krise einer Entwicklungsstufe die notwendige, aber nicht hinreichende Voraussetzung für die erfolgreiche Bewältigung der nächsten Krise bildet. Daß es sich nicht um eine hinreichende Voraussetzung handelt, sondern daß das Leben immer neue und andersartige Herausforderungen mit sich bringt, soll die Bewegung von links nach rechts andeuten.

Auch die in Abb. 3 nicht ausgefüllten Felder sind für Erikson wichtig: Sie zeigen an, daß frühere Lebenskrisen später noch wirksam sind. (So wäre z.B. in das Feld V,1 einzutragen, wie das Problem des - zunächst kindlichen - Vertrauens im Jugendalter in veränderter Form wieder auftritt usw.) Umgekehrt verweisen die leeren Felder darauf, wie spätere Krisen durch frühere Erfahrungen vorbereitet werden. (In das Feld I,6 etwa gehören das kindliche Zusammensein mit anderen Menschen sowie das Alleinsein des Kindes, als Grundlage und Voraussetzung von Liebesbeziehungen im Erwachsenenalter.) Aus der horizontalen und vertikalen Verschränkung der einzelnen Krisen ergibt sich das Gewebe des Lebenszyklus.

An der schematischen Darstellung der Entwicklungsstufen läßt sich ablesen, daß Erikson die Entwicklung des Menschen als einen lebenslangen Prozeß ansieht. Wie für Freud ist die Kindheit zwar auch für Erikson von hervorragender Bedeutung im Blick auf die spätere Entwicklung - das zeigt schon das epigenetische Prinzip, demgemäß die spätere Entwicklung die frühere voraussetzt und auf ihr aufbaut; aber die Kindheit ist doch nicht mehr in dem Sinne »Schicksal«, wie das bei Freud und seiner Konzentration auf die ödipale Zeit der Fall war. Für Erikson gibt es eine Mehrzahl entscheidender Wendepunkte, und jeder dieser Wendepunkte ist für das ganze Leben bedeutsam. Deshalb wehrt er eine nur auf die in der Kindheit liegenden Ursprünge konzentrierte Betrachtungsweise ab.

Kommen wir nun zur inhaltlichen Beschreibung der Krisen. Dabei ist, entgegen vieler Mißverständnisse, von Anfang an mitzudenken, daß die Begriffspaare, mit denen die einzelnen Krisen gekennzeichnet sind, als Pole und nicht als Alternativen zu verstehen sind. Ziel ist ein dynamisches Gleichgewicht, eine Balance zwischen den Polen, nicht die Verwirklichung der »positiven« Seite als eines Ideals. »Was das

Kind in einem gegebenen Stadium erreicht, ist ein bestimmtes *Verhält-nis* zwischen dem Positiven und dem Negativen, das, wenn das Gleichgewicht mehr auf der positiven Seite liegt, ihm helfen wird, späteren Krisen mit einer Hinneigung zu den Quellen der Vitalität zu begegnen. Die Vorstellung hingegen, daß in jedem gegebenen Stadium etwas Gutes errungen wird, das allen neuen Konflikten im Inneren und allen Veränderungen im Äußeren gegenüber unantastbar ist, stellt eine Projektion jener Erfolgs- und Besitzideologie, die unsere privaten und öffentlichen Tagträume so gefährlich erfüllt, auf die kindliche Entwicklung dar« (Erikson 1981, S. 108 Anm. 8).

Grundvertrauen gegen Grundmißtrauen: Von der frühesten Kindheit an muß sich zwischen Mutter und Kind ein Zusammenspiel entwickeln, das die Versorgung des Kindes sichert. Im Zentrum steht dabei die Versorgung mit Nahrung, aber ebenso wichtig sind die Nähe und Zuwendung, die das Kind erfährt. All dies muß dem kleinen Kind gegeben werden - seine eigenen Möglichkeiten sind noch beschränkt.[9] Daß es ihm gegeben wird, darin zeigt sich die Vertrauenswürdigkeit der Mutter bzw. der Umwelt im ganzen, und darauf richtet sich das Grundvertrauen des Kindes. - Ein Grundmißtrauen dagegen herrscht vor, wenn das Zusammenspiel zwischen Mutter und Kind mißlingt und das Kind seine Umwelt nicht als verläßlich erfahren kann.

Die Balance zwischen Vertrauen und Mißtrauen ist nach Erikson besonders zu der Zeit einer schwierigen Bewährungsprobe ausgesetzt, wenn sich die Mutter - nach der Geburt und der ersten Versorgung des Kindes, die ihre volle Konzentration auf das Kind erfordert - wieder stärker anderen Aufgaben und Interessen zuwendet. Das Vertrauen muß dann so stark sein, daß die teilweise Abwendung der Mutter das Mißtrauen nicht überwiegen läßt.

Autonomie gegen Scham und Zweifel: Für diese Stufe[10] ist die wachsende Selbständigkeit des Kindes entscheidend. Es kann sich nun

---

[9] Zu Recht hat allerdings die neuere Forschung (z.B. Schaffer 1982) auch den *aktiven Anteil* des Kindes selbst betont.

[10] Ich spreche von »Stufen« der Entwicklung und nicht, wie die meisten Übersetzungen, von »Phasen« oder »Stadien«, da Erikson im englischen Original meist den Begriff »stage« (Stufe) verwendet.

krabbelnd oder auch schon aufrecht gehend frei bewegen; es kann etwas festhalten, aber auch wieder loslassen; es kann Dinge seinem Willen unterwerfen. Aber es geht nicht nur um die Beherrschung der Dinge, sondern auch um die des eigenen Körpers. Erikson verweist hier besonders auf die Konflikte, die durch eine zu strenge »Sauberkeitserziehung« entstehen: Die Reaktion der Eltern kann die - beschämenden - Niederlagen, die das Kind mit sich selbst erfährt, so steigern, daß Scham und Zweifel letztlich überwiegen. »Aus einer Empfindung der *Selbstbeherrschung ohne Verlust des Selbstgefühls* entsteht ein dauerndes Gefühl von Autonomie und Stolz; aus einer Empfindung muskulären und analen Unvermögens, aus dem Verlust der Selbstkontrolle und dem übermäßigen Eingreifen der Eltern entsteht ein dauerndes Gefühl von Zweifel und Scham« (Erikson 1974, S. 78f.).

Initiative gegen Schuldgefühl: Kennzeichnend für diese Stufe ist ein neues und gefestigtes Ich-Bewußtsein. Das Kind muß nun »herausfinden, was für eine Art von Person es werden will« (S. 87). Antwortmöglichkeiten liegen zunächst in der Identifikation mit den Eltern (so werden wie der Vater oder die Mutter), später auch mit anderen Erwachsenen (Feuerwehrmännern, Polizisten, Gärtnern, Lehrern usw.). In dieser Zeit der Suche nach Identifikationen fällt nach Erikson dann auch der ödipale Konflikt, wie er von S. Freud beschrieben wurde: Die Rivalität mit dem Vater oder der Mutter sowie das Schuldgefühl, das sich daraus ergibt. Das Gewissen bzw. das Über-Ich, das sich ebenfalls in dieser Zeit bildet, ist für Erikson (wie für Freud) eng mit den ödipalen Schuldgefühlen verbunden, geht aber darüber hinaus: Das Gewissen bedeute auch eine »große Errungenschaft«, weil Verantwortlichkeit nun nicht mehr - wie bei der zweiten Entwicklungsstufe - vom beschämenden Blick anderer, sondern von einem selbst abhängt. Das Kind beginnt, »sich automatisch für bloße Gedanken und für Taten schuldig zu fühlen, die niemand gesehen hat. Dies ist der Grundstein für die Moralität im individuellen Sinne« (S. 94). Allerdings weist Erikson nachdrücklich darauf hin, daß diese Selbstkontrolle und Selbstbeschuldigung auch eine erhebliche Gefahr für die gesunde Entwicklung darstellen kann.

Werksinn gegen Minderwertigkeitsgefühl: Als »Werksinn« bezeichnet Erikson das Gefühl, »auch nützlich zu sein, etwas machen zu können und es sogar gut und vollkommen zu machen« (S. 102). Dieses Gefühl gewinne etwa zu Beginn des Grundschulalters an Bedeutung. Ob sich ein solches Gefühl einstellen kann oder statt dessen das Minderwertigkeitsgefühl, das hänge vor allem von den Möglichkeiten ab, die die Umwelt für das Tun des Kindes bietet. Das Angebot muß über das rein Spielerische hinausgehen, darf aber nicht nur Arbeit im Sinne der Erwachsenentätigkeit sein. Es muß das Kind ernsthaft fordern, darf es aber nicht ständig scheitern lassen. - Insgesamt ist diese Stufe bei Erikson am wenigsten plastisch beschrieben. Zwar geht Erikson mit der Beschreibung des Werksinns über die von Freud für diese Zeit beschriebene »Latenz« der Triebe hinaus, aber es ist doch deutlich, daß die psychoanalytische Theorie über das Grundschulalter erheblich weniger zu sagen weiß als über die frühe Kindheit.

Identität gegen Identitätskonfusion: Dieser Stufe hat Erikson bei weitem die größte Aufmerksamkeit geschenkt. Sie hat zwei seiner Bücher den Titel gegeben: »Identität und Lebenszyklus« (Orig. 1959) und »Identität - Jugend und Krise« (Orig. 1968; im dt. Titel fehlt der Begriff »Identität«). Eine klare Definition von »Identität« jedoch hat Erikson nie gegeben. Am deutlichsten ist vielleicht noch der folgende Definitionsversuch, der in Lehrbüchern häufig zitiert wird: »Der Begriff ›Identität‹ drückt also insofern eine wechselseitige Beziehung aus, als er sowohl ein dauerndes inneres Sich-Selbst-Gleichsein wie ein dauerndes Teilhaben an bestimmten gruppenspezifischen Charakterzügen umfaßt« (Erikson 1974, S. 124).

Mit dieser Formulierung bringt Erikson zum Ausdruck, daß »Identität« für ihn sowohl einen *inneren* (psychischen) wie einen *äußeren* (sozialen) Aspekt einschließt. Das wird noch deutlicher an der Unterscheidung zwischen »persönlicher Identität« und »Ich-Identität«: »Das bewußte Gefühl, eine *persönliche Identität* zu besitzen, beruht auf zwei gleichzeitigen Beobachtungen: der unmittelbaren Wahrnehmung der eigenen Gleichheit und Kontinuität in der Zeit, und der damit verbundenen Wahrnehmung, daß auch andere diese Gleichheit und Kontinuität erkennen. Was wir hier Ich-Identität nennen wollen, meint also mehr als die bloße Tatsache des Existierens, vermittelt durch persönliche Identität; es ist die Ich-Qualität dieser Existenz« (S. 18). Die »Ich-Identität« stellt demnach eine Integrationsleistung des Ich dar (vgl. S. 141).

Wichtig ist nun, diese Integrationsleistung nicht nur - wie es leider allzu häufig geschieht - als Antwort auf die Frage: »Wer bin ich?« zu verstehen. Ein solches Identitätsverständnis geht an den unbewußten Aspekten vorbei, die an der Identitätsbildung stets beteiligt sind (Erikson 1968b).

Für die Identitätsbildung kommt es nach Erikson auf eine Neubewertung und Umformung der in der Kindheit vollzogenen Identifikationen an: Die in der Adoleszenz entstehende Identität sei allen früheren Identifikationen (mit Eltern, Lehrern usw.) übergeordnet. Sie schließe diese Identifikationen ein, verändere sie aber und mache daraus ein neues zusammenhängendes Ganzes. So gesehen schließt die Identitätsbildung die kindliche Entwicklung ab und eröffnet zugleich den Weg ins Erwachsenenalter. Insofern läßt sich mit *P. Homans* (1978) sagen, daß »Identität« für Erikson den »Dreh- und Angelpunkt« der Entwicklung bildet - daß die Identitätsbildung bei Erikson also eine ähnlich beherrschende Stellung einnimmt wie bei Freud die Sexualität und der ödipale Konflikt.

Als weiterer Aspekt der Identitätsbildung ist auf die, wie Erikson sagt, »Ideologie« hinzuweisen. Erikson verwendet diesen Begriff nicht im abwertenden Sinne. Gemeint ist die Sinnstiftung, die für den Jugendlichen von einem - »ideologischen« - Weltbild abhänge. Es geht um eine Verknüpfung von Tatsachen und Ideen, so daß daraus ein Weltbild entsteht, das dem Jugendlichen einen zugleich individuellen wie gesellschaftlichen Sinn verbürgt (Erikson 1975, S. 23).

Der Ideologiebegriff ist auch von zentraler Bedeutung für Eriksons Verständnis von Religion. Deshalb werde ich erst im Zusammenhang mit Eriksons Religionsverständnis genauer auf die Bedeutung von Ideologie eingehen und möchte hier statt dessen noch etwas über die drei letzten Stufen sagen, die zum Erwachsenenalter gehören und deshalb im vorliegenden Zusammenhang nicht mehr ausführlich darzustellen sind. Ich beschränke mich jeweils auf den positiven Pol - der negative ist Abb. 3 zu entnehmen.

Ein »einigermaßen sicheres Gefühl der Identität« ist für Erikson Voraussetzung für eine »wirkliche *Intimität* mit dem anderen Geschlecht« (Erikson 1974, S. 114, Herv. von mir). Nur so könne es zu einer echten Gemeinschaft kommen, bei der es nicht nur darum geht, sich selbst zu finden. - Eine solche Intimität bildet dann die Grundlage der *»Generativität«,* die Erikson als das »Interesse an der Erzeugung und Erziehung der nächsten Generation« versteht. Später hat Erikson dann neben der Elternschaft auch »andere Formen altruistischer Interessen und schöpferischer Tätigkeiten« zur Generativität gezählt (1981, S. 141). - *»Integrität«* schließlich ist für Erikson schwer zu definieren. Seinen Umschreibungen zufolge ist es »die Bereitschaft, seinen einen und einmaligen Lebenszyklus zu akzeptieren und ebenso die Menschen, die für ihn bedeutsam geworden sind, als etwas, das sein mußte und das zwangsläufig keinen Ersatz zuließ« (S. 143).

Die Beschreibung der Entwicklungsstufen kann nun anhand von *Abb. 4* fortgesetzt und vertieft werden. - Den Entwicklungsstufen, wie sie von den positiven und negativen Polen bezeichnet werden, entsprechen als Ziel bzw. Ertrag sogenannte »Grundkräfte« oder (wie Erikson es zunächst nannte) »Tugenden«. Deren krankhaftes Gegenstück bilden die »grundlegenden Antipathien« (vgl. Spalten D und E).

Eriksons Entwicklungsverständnis ist also zweidimensional: Entwicklung geschieht in der bleibenden Spannung zwischen Grundvertrauen gegen Grundmißtrauen, Autonomie gegen Scham und Zweifel usw. *(erste Dimension).* Sie gelingt oder scheitert mit dem Ergebnis, daß Grundkräfte ausgebildet oder grundlegende Antipathien erworben werden *(zweite Dimension).*

Aus der Beschreibung der Entwicklungsstufen ist schon deutlich geworden, daß Erikson die von Freud beschriebenen Phasen der sexuellen Entwicklung (vgl. Spalte A) in einen umfassenderen Zusammenhang einordnet. Diesen Zusammenhang nennt Erikson »psychosozial«, weil es ihm auf die grundlegende Verbundenheit der psychischen Entwicklung mit sozialen Kontexten ankommt. Die psychosozialen Krisen (Spalte B), wie Erikson die beschriebenen Stufen auch nennt, sind deshalb sowohl *psychisch* (durch Reifungs- und Wachstumsvorgänge) wie *sozial* (durch interpersonale und gesellschaftliche Beziehungen) bestimmt. Die sozialen Kontexte, in denen sich die Entwick-

Stufen	A Psychosexuelle Stufen und Modalitäten	B Psychosoziale Krisen	C Radius signifikanter Beziehungen	D Grundkräfte	E grundlegende Antipathien (Pathologie)	F korrespondierende Prinzipien soz. Ordnung	G Bindende Ritualisierungen	H Ritualismus
I Säuglingsalter	oral	Grundvertrauen gegen Grundmißtrauen	mütterliche Person	Hoffnung	Rückzug	Kosmische Ordnung	Numinos	Idolismus
II Frühe Kindheit	anal	Autonomie gegen Scham und Zweifel	elterliche Personen	Wille	Zwanghaftigkeit	»Recht und Ordnung«	Richterlich	Legalismus
III Spielalter	infantil-genital	Initiative gegen Schuldgefühl	grundlegende Familie	Zielgerichtetheit	Hemmung	Ideale Leitbilder	Dramatisch	Moralismus
IV Schulalter	»Latenz«	Werksinn gegen Minderwertigkeitsgefühl	»Nachbarschaft«, Schule	Kompetenz	Trägheit	Technologische Ordnung	Formal (Technisch)	Formalismus
V Adoleszenz	Pubertät	Identität gegen Identitätskonfusion	Gleichaltrigengruppen u. andere Gruppen; Modelle der Führung	Treue	Ablehnung	Ideologisches Weltbild	Ideologisch	Totalitarismus
VI Frühes Erwachsenenalter	Genitalität	Intimität gegen Isolierung	Freunde, sexuelle Partner, Rivalen, Mitarbeiter	Liebe	Exklusivität	Formen der Zusammenarbeit und der Rivalität	Verbindend	Elitedenken
VII Erwachsenenalter	Fortpflanzung	Generativität gegen Stagnation	Arbeitsteilung und Leben im gemeinsamen Haushalt	Fürsorge	Zurückweisung	Zeitströmungen der Erziehung und Tradition	Generationenübergreifend	Autoritarismus
VIII Hohes Alter	Verallgemeinerung der sinnlichen Modalitäten	Integrität gegen Verzweiflung	»Die Menschheit« »Meine Art«	Weisheit	Verachtung	Weisheit	Philosophisch	Dogmatismus

Abb. 4: nach Erikson 1988, S. 36f. (leicht vereinfacht)

lung vollzieht, lassen sich für Erikson als ein sich erweiternder »Radius signifikanter Beziehungen« verstehen (Spalte C). Auf den sozialen Charakter der Entwicklung verweisen auch die »Prinzipien der sozialen Ordnung« (Spalte F), die Erikson ebenfalls den Entwicklungsstufen zuordnet.

Jede Entwicklungsstufe steht demnach in enger Verbindung zu einer gesellschaftlichen Institution. Der menschliche Lebenszyklus und die gesellschaftlichen Institutionen seien zusammen entstanden: Jede Generation verbinde ihre Bedürfnisse und Ideen aufs neue mit diesen Institutionen und erhalte umgekehrt von diesen Institutionen eine grundlegende Bestätigung für ihr Leben.

Die Brücke zwischen der individuellen Entwicklung und den gesellschaftlichen Institutionen bildet für Erikson die »Ritualisierung«, wie er im Anschluß an die biologische Verhaltensforschung den Aufbau eingespielter Verhaltensformen nennt. Die Ritualisierungen stellen für den Menschen eine wichtige Möglichkeit dar, Orientierung und Sicherheit im Verhalten zu gewinnen. Dennoch sieht Erikson auch die Gefahr solcher Ritualisierungen, die er vor allem in einer zwanghaften Verfestigung und in einer Verengung der darin enthaltenen Orientierung des Verhaltens sieht. Den anzustrebenden Ritualisierungen stellt Erikson deshalb in seinem Entwicklungsschema die zu meidenden Ritualismen gegenüber (Spalten G und H).

Nach diesem Überblick über Eriksons Entwicklungstheorie können wir nun auf sein Verständnis der *religiösen Entwicklung* eingehen, das er in den Rahmen dieser Entwicklungstheorie stellt.

Eine Religionspsychologie hat Erikson nicht geschrieben. Seine Sicht der religiösen Entwicklung erarbeitet und beschreibt er vielmehr im Zusammenhang einzelner Biographien. Einer religionspsychologischen Studie kommt Erikson in seinem Buch »Der junge Mann Luther« (Orig. 1958) zwar nahe, aber auch bei diesem Buch handelt es sich letztlich eher um eine Studie über das Jugendalter am Beispiel einer Biographie - der Biographie Martin Luthers. - Verstreut über Eriksons Bücher finden sich jedoch fast alle Elemente, die für das Religionsverständnis der heutigen Psychoanalyse bestimmend sind: die Verbindung von religiöser Entwicklung und Kleinkindalter; die Aufnahme des Jugendalters; die Vorstellung einer das ganze Leben übergreifenden (religiösen) Entwicklung; schließlich ein - im Vergleich zu Freud - offeneres Wirklichkeitsverständnis.

Gerade bei der Frage nach der religiösen Entwicklung zeigt sich nämlich, wie Erikson über die klassische Psychoanalyse hinausgeht - nicht um deren Erkenntnisse preiszugeben, sondern um sie zu erweitern und zu vertiefen. In seinen autobiographischen Bemerkungen zur »Identitätskrise« schreibt er: »Die Psychoanalyse hatte den Durchbruch zu vielem geschafft, das in allen bisherigen Modellvorstellungen vom Menschen völlig vernachlässigt oder verleugnet worden war; sie hatte nach *innen* geblickt, um die Innenwelt des Menschen, besonders das Unbewußte, dem systematischen Studium zugänglich zu machen; sie hatte *rückwärts* nach den ontogenetischen Ursprüngen der Psyche und ihren Störungen gesucht; und sie war nach *unten* zu jenen Triebregungen vorgedrungen, die der Mensch damit überwunden zu haben glaubte, daß er die Kindheit des Individuums - die Primitivität des menschlichen Ursprungs - und der Evolution verdrängte und leugnete«. Und er fährt fort: »Doch Eroberer verlieren sich leicht in der Entdeckung des Neuen . . . Offen blieb nämlich die Frage - das spürte ich undeutlich -, ob nicht einem Menschenbild, das primär aus der Beobachtung und Rekonstruktion im klinischen Labor hervorgegangen war, jene Komponente fehlte, die in der Komplexität der gesamten menschlichen Existenz nach *außen*, von der Selbstbezogenheit zur Gegenseitigkeit von Liebe und Gemeinschaft; nach *vorne*, von der versklavenden Vergangenheit zur utopischen Antizipation neuer Möglichkeiten; und nach *oben*, vom Unbewußten zu den Rätseln des Bewußtseins, einen Weg wies« (Erikson 1977, S. 39). Diese Offenheit »nach außen«, »nach vorne« und »nach oben« ermöglicht Erikson auch eine nicht mehr nur religionskritische Haltung gegenüber Fragen von, wie er sagt, Glaube und Hoffnung.

Im Blick auf Eriksons Entwicklungsschema sind es dann vor allem zwei Stufen - *Grundvertrauen* und *Identität* -, auf deren Verbindung zur Religiosität er immer wieder zurückkommt. Darüber hinaus bedeutsam für die religiöse Entwicklung sind nach Erikson noch die Stimme des *Gewissens,* deren religiöse Bedeutung er zwar einschränkt, an der er aber doch auch festhalten will, sowie die Frage der *Integrität,* die gerade beim religiösen Menschen schon früh aufbreche.

Im Anschluß an seine Luther-Studie nennt Erikson (1975) drei »Sehnsüchte« oder »Bilder«, die für ihn den »Hauptgegenstand der Religion« ausmachen:

»Eine dieser Sehnsüchte ist das einfache, inbrünstige Verlangen, mit wohltuenden Substanzen versorgt zu werden - eins zu sein mit einem mütterlichen Urgrund. Dieses Ziel wird durch das gütig und bejahend zugeneigte Gesicht der Barmherzigkeit symbolisiert, die dem Gläubigen die Gewißheit gibt, daß alle, die an ihre Brust zurückkehren, bedingungslos angenommen werden . . .

Ziel seiner zweiten Sehnsucht ist die väterliche Stimme des lenkenden Gewissens, die dem einfachen Paradies der Kindheit ein Ende setzt und tatkräftiges Handeln gutheißt und bestätigt. Aber sie weist ihn auch auf die Unabwendbarkeit schuldhafter Verstrickung hin und droht mit dem Wetterleuchten des Zorns. Den drohenden Ton dieser Stimme - wenn notwendig, durch teilweise Unterwerfung und mancherlei Sel stbeschneidung - zu wandeln, ist das zweite drängende Verlangen, das religiösem Bemühen zugrundeliegt. Die Gottheit muß um jeden Preis dazu gebracht werden, kundzutun, daß sie in ihrer Gnade Schuld und Strafe um der Erlösung willen selbst geplant habe.

Schließlich zeigt der Spiegel das reine Selbst, den ungeborenen Kern der Schöpfung, in dem Gott ›ein lauter Nichts‹ ist . . . Die östliche Mystik kennzeichnet Gott vielfach auf diese Weise. Dieses reine Selbst ist das Selbst, das nicht mehr an dem Konflikt zwischen Recht und Unrecht krankt, das keiner Fürsorge und keines Wegweisers zu Vernunft und Wirklichkeit mehr bedarf« (S. 291f.).

Diese Systematisierung, der zufolge die religiöse Entwicklung von der mütterlichen Sorge, dem väterlichen Gebot und der Suche nach dem Selbst bestimmt ist, darf nicht darüber hinwegtäuschen, daß sich Eriksons Religionsverständnis nicht in ein einfaches Schema pressen läßt. Vielmehr stößt er im Zuge seiner Arbeit auf religiöse Fragen in immer neuer Weise und ohne sich auf die einmal versuchte Systematisierung festzulegen.

Die Quelle von Glaube und Hoffnung sieht Erikson jedoch durchweg im Grundvertrauen. Die Religion biete den Grundkonflikten eine soziale Form mit Hilfe von »Urbildern« und »Ritualen« und schütze vor den Ängsten, die mit diesen Konflikten verbunden sind: Die Religion greife die »ersten und tiefsten Konflikte im Leben« auf und mache die undeutlichen Erinnerungsbilder aus der Kindheit zu »kollektiven Urbildern übermenschlicher Beschützer«. Dem Grundmißtrauen gebe sie mit dem »definierten Bösen« eine faßbare Gestalt. Schließlich biete sie, durch ihre Rituale, »eine periodische kollektive Wiederherstellung des Vertrauens«.

Damit ist nicht gemeint, daß »Religion als solche kindisch« wäre. Erikson geht es vielmehr um ein lebensgeschichtliches »Fortwähren«, um eine bleibende Bedeutung kindlicher Erfahrung auch im Erwachsenenalter. »Das Vertrauen wird also zur Fähigkeit zu *glauben* – ein vitales Bedürfnis, für das der Mensch irgendeine institutionelle Bestätigung finden muß. Es scheint, daß die Religion die älteste und die dauerhafteste Institution ist, um der rituellen Wiederherstellung eines Vertrauensgefühls in der Form des Glaubens zu dienen« (Erikson 1981, S. 107).

Für bedeutsam hält Erikson dabei die Beziehung zwischen Kind und Mutter, die »auf dem *gegenseitigen Erkennen* durch Gesicht und Namen beruht« (Erikson 1978, S. 71). Die Begegnung »von Angesicht zu Angesicht« knüpfe an diese kindliche Erfahrung mit dem Gesicht der Mutter an und führe sie weiter. Daraus erklärt sich für Erikson die besondere Bedeutsamkeit von Religion im Unterschied zu ideologischen Systemen: »Unter allen ideologischen Systemen stellt jedoch allein die Religion jenes früheste Gefühl wieder her, einem zugewandt zu sein, der Fürsorge und Vorsorge trifft. In der jüdisch-christlichen Tradition zeigt kein Gebet dies deutlicher als ›der Herr lasse sein Angesicht leuchten über dir und sei dir gnädig. Der Herr hebe sein Antlitz über dich und gebe dir Frieden‹. Keine Andachtshaltung verkörpert dieses Erleben stärker als das in der Hoffnung, erkannt zu werden, emporgewandte Gesicht« (Erikson 1975, S. 130).

Insofern gründe Religion auf der Erinnerung an ein verlorenes Paradies der Kindheit. Diese »Sehnsucht nach einem verlorenen Paradies« gehört nach Erikson jedoch zur normalen Entwicklung und erklärt sich aus der Notwendigkeit, die zunächst sehr weitgehende Einheit des Kindes mit der Mutter später aufzuheben.

Dem Ursprung in der frühen Kindheit stellt Erikson die Idee der Reifung gegenüber: Was als kindliches Grundvertrauen beginnt, »reift zu einer Kombination von Glaube und Realismus« (Erikson 1954, S. 164). Demnach gibt es auch für die Religion die Möglichkeit einer »Reintegration« auf höheren Entwicklungsstufen.

Den nächsten Schritt der Reifung bildet nach dem Grundvertrauen die ödipale Problematik, deren religiöse Bedeutung Erikson (1975) vor allem anhand der Beziehung Martin Luthers zu seinem Vater, Hans Luther, herausarbeitet. Der »Schritt von dem strafenden Vater zum rächenden Gott« scheint ihm hier auf der Hand zu liegen. Gerade deshalb - weil dieser »Schritt« so nahe liegt - weist Erikson dort aber auch auf andere frühkindliche Entwicklungen hin. Er will damit zeigen, daß eine Beschränkung auf die Vaterproblematik für eine psychologische Deutung der religiösen Entwicklung nicht hinreichen kann. Allerdings sind Eriksons Äußerungen in diesem Punkt nicht immer eindeutig: Neben der entwicklungsbezogenen Deutung von Religion finden sich auch Formulierungen, die eher der Position Freuds entsprechen und die der Religion eine Ausbeutung der »menschlichen Neigung zum Schuldgefühl« vorwerfen (Erikson 1954, S. 167).

Das psychoanalytische Verständnis des ödipalen Zusammenhangs von Schuldgefühl, Gewissen, Über-Ich und Gottesvorstellung wurde bereits beschrieben. Da Erikson sich in diesem Punkt weitgehend Freuds Auffassungen anschließt, will ich hier auf diesen Zusammenhang nicht mehr genauer eingehen. Wichtiger für Eriksons eigenes Religionsverständnis ist die Entwicklung im Jugendalter, die er mit den Begriffen »Identität«, »Ideologie« und »Treue« beschreibt.

Die Identitätsbildung setzt nach Erikson für ihr Gelingen ein orientierendes, sinnstiftendes Bezugssystem oder Weltbild voraus, das er, mit einem etwas unglücklichen Begriff, als »Ideologie« bezeichnet. Diese Bezeichnung soll auf den vereinfachenden Charakter solcher Weltbilder hinweisen, den Erikson besonders in der Adoleszenz für unvermeidlich ansieht. Die Ideologie des Jugendlichen stehe in der Spannung zwischen »Ganzheit« und »Totalität«: In beiden Fällen gehe es um ein abgerundetes Weltbild. »Ganzheit« bedeute »eine gesunde, organische, fortschreitende Wechselseitigkeit zwischen vielfältigen Funktionen und Teilen innerhalb eines Ganzen, dessen Begrenzungen offen und fließend sind«. Dagegen liegt die Betonung bei der »Totalität« auf einer scharfen Grenzziehung: »angesichts einer bestimmten, willkürlichen Grenzziehung darf nichts, was hereingehört, draußen gelassen werden, nichts was draußen sein soll, kann innen geduldet werden« (Erikson 1981, S. 80).

Eng verbunden mit der Ideologie ist für Erikson das in der Adoleszenz zu entwickelnde Vermögen der »Treue« (fidelity), mit der – wie der englische Begriff zeigt – etwa ein Auf-etwas-Vertrauen oder Einer-Überzeugung-Anhängen gemeint ist. Für Erikson bedeutet das die Fähigkeit, Loyalitäten trotz der unvermeidlichen Widersprüchlichkeit von Wertsystemen aufrecht zu erhalten.

In Eriksons Sicht ist der Jugendliche ideologiebedürftig. Er sucht nach Orientierung und Sinn. Insofern spielt Religion als eine, wie Erikson sagt, Ideologie eine bedeutsame Rolle in der Adoleszenz. Allerdings kann man nicht sagen, daß die adoleszente Entwicklung für Erikson von Religion abhängt. Zwar vermag nur die Religion an das frühe Gefühl der Zuwendung eines anderen anzuknüpfen, aber als sinnstiftende Ideologien können auch technologische Visionen und andere Weltanschauungen dienen.

Die Identitätssuche und mit ihr die Ideologie des Jugendlichen sind für Erikson im wesentlichen selbst-zentriert, d.h. sie zielen auf die Sicherung des eigenen Selbst und seiner Stellung in der Welt. Erst die weitere Entwicklung – im Normalfall erst das hohe Alter – bringe eine Distanz zu sich selbst, die Erikson als »Selbsttranszendenz« bezeichnet (1981, S. 138). Mit dieser Distanz werde ein Weg »jenseits der Identität« eröffnet, den zu gehen Erikson angesichts der Endlichkeit des menschlichen Lebens für erforderlich hält.

In Eriksons Entwicklungsschema (Abb. 3) ist die Konfrontation mit der eigenen Endlichkeit besonders mit der letzten Stufe - »Integrität« - verbunden. Beim religiösen Menschen aber (oder, wie Erikson sagt, beim »Homo religiosus«) ist die Integritätskrise »chronisch« - sie »begleitet ihn sein ganzes Leben hindurch«. Das »Problem individueller Identität« falle dann »mit dem der existenziellen Identität zusammen« (1975, S. 288), was wohl so zu verstehen ist, daß beim religiösen Menschen die adoleszente Identitätsbildung bereits stark von der Frage nach dem Sinn des Lebens angesichts der Endlichkeit dieses Lebens bestimmt wird.

Wie ist Eriksons Abrücken von Freuds religionskritischer Haltung zu erklären? - In einem allgemeinen Sinne steht hinter Eriksons Religionsverständnis die psychoanalytische Ich-Psychologie, die stärker die Kräfte, Fähigkeiten und Entwicklungsprozesse des Ich in den Vordergrund rückt und in diesem Ich nicht mehr nur den hilflosen Reiter auf einem unbezähmbaren Es der Triebe sieht. Aber dieser Wandel der psychoanalytischen Orientierung macht Eriksons Offenheit auch für die religiöse Entwicklung noch nicht verständlich. Besonders zwei Aspekte scheinen mir dafür entscheidend: sein Verständnis von Wirklichkeit und sein, auch die Ich-Psychologie überschreitender, Begriff eines phänomenalen Ichs, dem besonders deutsche Interpreten bislang nicht die notwendige Beachtung geschenkt haben.

Für Erikson umfaßt das Wort »Wirklichkeit« zwei Aspekte, die beide betont werden müssen. Zur Wirklichkeit gehöre das Faktische als Realität im Sinne naturwissenschaftlicher Erkenntnis, aber immer auch das, was Erikson als »Aktualität« bezeichnet: »Die *Realität* . . . ist die Welt der Erfahrung der Erscheinung, wahrgenommen mit einem Minimum an Entstellung und einem Maximum an der Art der Beweisführung, auf die man sich in einem gegebenen Zustand der Technik und Kultur geeinigt hat; Aktualität hingegen ist die Welt der Partizipation, geteilt mit anderen Teilnehmenden, mit einem Minimum an defensivem Manövrieren und einem Maximum an wechselseitiger Aktivierung« (Erikson 1966b, S. 150).

Nach Erikson finden sich beide Aspekte bereits in Freuds Wirklichkeitsverständnis. Aber es ist doch deutlich, daß Eriksons Betonung des sozialen Charakters von Wirklichkeit über Freuds Auffassung von Wissenschaft und Wirklichkeit hinausgeht. Für Erikson sind die Möglichkeiten der Wissenschaft begrenzt. Die wissenschaftliche »Suche nach *verifizierbaren Fakten*« muß durch die »Suche nach einer kosmologischen Ordnung«, »nach einem *umfassenderen Realitätsgefühl*« ergänzt werden (Erikson 1978, S. 49).

Zu einem solchen Wirklichkeitsverständnis, so könnte man zusammenfassend formulieren, gehört von vornherein eine »ideologische« bzw. religiöse Deutung, in der sich die Menschen verbinden und verbunden wissen. Entwicklung kann dann nicht mehr wie bei Freud bedeuten, Religion durch wissenschaftliche Erkenntnis von Wirklichkeit abzulösen. Vielmehr geht es Erikson um eine Entwicklung des Welt- und Wirklichkeitsverständnisses zugunsten eines höheren Maßes an Humanität als wechselseitiger Anerkennung und Toleranz.

Die zweite Voraussetzung von Eriksons Offenheit für religiöse Entwicklungsprozesse liegt in seinem Verständnis des menschlichen Ich. In der Freudschen Psychoanalyse wird das Ich als eine psychologische Struktur neben Es und Über-Ich verstanden. Seine Aufgabe besteht in der Vermittlung zwischen Wunsch und Außenwelt; sein Wirken ist als solches nicht bewußt, sondern äußert sich im - mehr oder weniger - realitätsgerechten Handeln. Gemeint ist also nicht das Ich- bzw. Selbstbewußtsein, das der Mensch besitzt, sondern eine theoretische Größe, die Freud aus dem Handeln erschließt. Man könnte deshalb auch von einer funktionalen oder operativen Größe sprechen.

Auch in Eriksons Theorie kommt dem Ich im Freudschen Sinne entscheidende Bedeutung zu. Dieses Ich vollbringt die synthetischen Leistungen, die zur Aufrechterhaltung besonders der Ich-Identität erforderlich sind. Wie in der englischsprachigen Psychoanalyse allgemein üblich bezeichnet Erikson dieses Ich als »ego«. Über dieses »ego« hinaus hält Erikson jedoch einen zweiten Begriff für erforderlich, mit dem er den Rahmen der psychoanalytischen Theorie durchbricht: Erikson stellt dem operativen »ego« ein »Ich« (englisch »I«) gegenüber, das *ganz bewußt* ist.

Eine Psychologie des Ich (ego) allein werde den Fragen nicht gerecht, »die man bisher der Dichtung oder der Metaphysik überließ«. Erikson stellt deshalb die Forderung auf: »Man sollte wirklich entschieden sein und sagen, daß das ›Ich‹ voll bewußt ist, und daß wir nur insofern wirklich bewußt sind, als wir ›ich‹ sagen können und es auch meinen . . . Das Ego hingegen ist unbewußt. Wir werden seiner Wirkung gewahr aber niemals seiner selbst« (1981, S. 227).

Dieses Ich (I) besitzt für Erikson letztlich religiöse Qualität: Denn dieses »Ich« bedeute das Gefühl, »der Mittelpunkt der Bewußtheit in einem Universum von Erfahrung« zu sein. Dieses Gefühl oder diese »Glorie«, wie Erikson es nennt, widerstrebe jeder Quantifizierung. Es bedeute, »daß ich lebendig bin, daß ich *Leben* bin«.

Hier zeigt sich, daß Eriksons Psychologie zum Religiösen hin offen ist. Denn in seiner Beschreibung des Ich (I) fährt er fort: »Der Gegenspieler des ›Ichs‹ kann daher, genau gesagt, nur die Gottheit sein, die einem Sterblichen diese Glorie verliehen hat und die selbst mit einer ewigen Numinosität begabt ist, die von allen ›Ichs‹ bestätigt wird, die diese Gabe dankbar anerkennen« (S. 229f.). Die Selbsttranszendenz, die

Erikson »jenseits der Identität« ansiedelt, stellt sich so gesehen als eine bewußte Transzendenz des Ich (I) gegenüber dem Ego dar (Erikson 1977, S. 111).

Von hier aus wird auch die hervorragende Bedeutung der Adoleszenz in Eriksons Sicht der religiösen Entwicklung verständlich. Denn - so Erikson - ist es »nicht gerade die Erfahrung der Adoleszenz, in der das ›ich‹ (I; F.S.) sich selbst erstmals wirklich als existentielles Phänomen wahrnehmen kann?«

Erikson faßt seine - über Freud hinausgehende - Auffassung von Religion so zusammen: »Hinter alledem könnte sich wohl noch eine andere - eine existentielle - Identitätskrise verbergen. Im Gefolge der Aufklärung bot die Psychoanalyse eine rationale Erklärung für den Glauben an einen Gott (und für das Bedürfnis zu glauben). Sie behauptet, daß die Vorstellung von Gott ›in Wirklichkeit‹ das infantile Vaterbild reflektiere, wie es tatsächlich in unverkennbaren kulturellen Variationen der Fall ist. Und doch könnte es gute existentielle und evolutionäre Gründe dafür geben, wenn die ontogenetischen Eltern mit einer übermäßigen Ehrfurcht bedacht werden, die später im gemeinsamen Glauben an Gottesvorstellungen und halb-göttliche Führer aufgehen kann. Denn eine Gemeinschaft von ›ichs‹ (I; F.S.) kann vielleicht nur in dem Maß an eine gemeinsame Heils- und Schicksalserwartung glauben, wie alle ein Überich (Super-I; F.S.) anerkennen, an dem alle einzelnen ›ichs‹ (I; F.S.) partizipieren: ein Sein, das ist« (S. 111).

Auch von Eriksons Verständnis der religiösen Entwicklung her lassen sich die im ersten Kapitel berichteten autobiographischen Erfahrungen erschließen. Sehr deutlich etwa zeigt J. Richters frühe Gottesvorstellung die paradiesischen Züge, von denen Erikson spricht: »Der liebe Gott meiner Mutter war der Vater des Schutzengels . . .« Der »Groschen-Gott« hingegen entspricht der ödipalen Phase mit ihren Schuldgefühlen: Er fordert, belohnt und bestraft moralisch. Die adoleszente Suche nach Orientierung schließlich finden wir sehr deutlich bei Anton Reiser, wenn er über sich selbst, Gott und die Welt nachzudenken beginnt. Die Züge des mit sich selbst und der Welt experimentierenden Jugendlichen zeichnen sich bei Anton Reiser schon ab. Aber auch die Gedanken des jungen Elektromaschinenbauers, der von seinen Zweifeln am Kinderglauben berichtet, lassen eine solche Suche erkennen. Weniger deutlich sind allerdings die »ideologischen« Züge, von denen Erikson spricht. Vielleicht kann die folgende Äußerung, die von einem Berufsschüler aus dem Metall-Bereich stammt, verdeutlichen, was Erikson mit dem »ideologischen« Bescheidwissen meint. Denn diesem Schüler scheint alles klar und einfach zu sein:

»Gott gibt es nur in den Vorstellungen von Leuten, die ohne Glauben nicht so gut leben können. Sie brauchen etwas, an das sie sich klammern können. Ich persönlich brauche keinen Gott, um mir mein Leben schön zu machen.
Hinzu kommt noch, daß ich an nichts glaube, was ich nicht selbst gesehen habe. Als realistischer Mensch kann ich keinen Glauben annehmen, der so aussieht wie der Glaube an Gott. Jeder hat ein Recht auf Glauben, aber nicht die Pflicht. Wer einen Glauben braucht (seelisch), und nicht mehr davon loskommt, weil er davon abhängig ist, gehört sofort in die Klapsmühle« (Schuster 1984, S. 95).

Frühkindliche Wurzeln der religiösen Entwicklung

Neue Impulse erhielt die psychoanalytische Religionspsychologie in den 70er Jahren durch die Erforschung des *Narzißmus* sowie aus einem neuen Verständnis von *Symbolen*. Auf die Rolle der Symbole in der religiösen Entwicklung gehe ich in einem eigenen Kapitel ein (Kapitel 6). Im folgenden beschränke ich mich deshalb auf die Frage des Narzißmus.

Während den narzißtischen Aspekten in der menschlichen Entwicklung bis etwa Mitte der 60er Jahre eher wenig Aufmerksamkeit geschenkt worden war, brachten zunächst die bahnbrechenden Arbeiten von *Heinz Kohut* die Diskussion über den Narzißmus neu in Gang. In dieser Diskussion ging es vor allem darum, den Narzißmus als eine wesentliche Komponente psychischer Entwicklung und Gesundheit ernstzunehmen. In einem zweiten Schritt wurden die Narzißmus-Theorien dann bedeutsam für die These, daß es in modernen westlichen Gesellschaften eine veränderte Form des Aufwachsens und dementsprechend auch eine veränderte Form der psychischen Entwicklung gebe. Man sprach vom »neuen Sozialisationstyp«, der nicht mehr vorwiegend durch die ödipale Problematik von Gewissen und Schuldgefühl geprägt sei, sondern von einem Näheverlangen und von Verschmelzungswünschen, deren Wurzeln bis in die frühe und allerfrüheste Kindheit zurückreichen.

Die These vom neuen Sozialisationstyp ist inzwischen vielfach auf Widerspruch gestoßen und soll hier nicht weiter erörtert werden. Die Narzißmus-Debatte hat jedoch für die Religionspsychologie und für das Verständnis der religiösen Entwicklung eine Reihe von Einsichten erbracht, deren bleibende Bedeutung heute kaum mehr bestritten wird. In erster Linie kann die Narzißmus-Debatte als Bestätigung der schon von Erikson vollzogenen Erweiterung des psychoanalytischen Religionsverständnisses auf Entwicklungen der frühen - vorödipalen - Kindheit angesehen werden. Darüber hinaus führten die Narzißmus-Theorien zu wichtigen Präzisierungen im Verständnis der frühkindlichen Entwicklung selbst.

Die psychoanalytischen Narzißmus-Theorien sind allerdings sehr anspruchsvoll und zudem auch innerhalb der Psychoanalyse selbst umstritten. Deshalb kann es hier nur um eine stark vereinfachende Darstellung einiger Grundgedanken gehen sowie um diejenigen Aspekte, die für die religiöse Entwicklung direkt bedeutsam sind.

Der Begriff »Narzißmus« geht auf die klassisch-griechische Sage vom Jüngling Narzissos zurück, der sich in sein eigenes Spiegelbild verliebte. Der Sage nach war Narzissos dann unfähig, andere zu lieben. Im Sinne einer solchen Selbstliebe, die andere ausschließt, wurde der Narzißmus zunächst auch in der Psychoanalyse verstanden: Beim Narzißmus richte sich die Libido auf das eigene Ich bzw. Selbst und sei deshalb nicht mehr für andere oder für anderes verfügbar. Psychoanalytisch gesprochen bedeutet das eine Besetzung des Ich statt der Objekte. Das Ich verfalle dann dem eigenen Größenwahn. Für die gesunde Entwicklung mußte es deshalb darauf ankommen, die Konzentration auf das Selbst zugunsten einer Zuwendung zu den Objekten zu überwinden.

Gegen diese Sicht wenden sich die neuen Narzißmus-Theorien. Insbesondere H. Kohut sieht in der Entgegensetzung von Selbst- und Objekt-Liebe eine kulturell bedingte, einseitig altruistische Auffassung. Eine solche Auffassung stehe der angemessenen Würdigung einer gesunden Selbstliebe bzw. eines gesunden Narzißmus im Wege. Für Kohut ist das Ziel, den Narzißmus zu überwinden, schon im Ansatz verfehlt. Ihm geht es statt dessen um eine »Umformung« oder »Gestaltung« des Narzißmus, d.h. um ein Fortbestehen des Narzißmus in gewandelter Gestalt.

Dieses Ziel wird klarer, wenn man Kohuts Verständnis der kindlichen Entwicklung betrachtet. Demnach gibt es am Anfang der Entwicklung noch kein in sich geschlossenes Selbst, sondern nur verschiedene Körpergefühle, die nicht zu einer Einheit verbunden werden. Mit der Herausbildung eines Selbst werde dann das narzißtische Stadium erreicht. Die im Versorgtwerden erlebte Vollkommenheit bestimme dabei die frühesten Erfahrungen mit dem eigenen Selbst.

Die paradiesische Erwartung vollkommenen Versorgtseins werde aber zwangsläufig enttäuscht: Die Bedürfnisse des Kindes werden nicht sogleich erfüllt; Aufschub muß erduldet und Enttäuschungen müssen ertragen werden. Auf diese Situation der Enttäuschung reagiere das Kind nun aber nicht einfach mit Ernüchterung, sondern mit dem Aufbau von Phantasien, die Kohut als »neue Systeme der Vollkommenheit« bezeichnet.

Die Phantasien, mit denen das Kind auf die Enttäuschung seiner Vollkommenheitserwartungen reagiert, gehen nach Kohut in zwei Richtungen: zum einen auf das eigene Selbst des Kindes, das dadurch zum narzißtischen Selbst bzw. zum Größen-Selbst wird, zum anderen auf die Eltern in Form eines idealisierten Elternbildes (Elternimago) bzw. eines allmächtigen Objekts. Sowohl das Kind selbst wie auch die Eltern werden demnach idealisiert und werden als bewunderungswürdig und allmächtig erlebt und vorgestellt.

Die Aufgabe der weiteren Entwicklung und Erziehung sieht Kohut in der »Zähmung« dieser gleichsam überschießenden Idealisierungen: Aus dem Größen-Selbst sollen ich-gerechte Erwartungen und Ziele werden, während sich aus dem allmächtigen Objekt die Ideale des Menschen entwickeln. Die Idealisierungen sollen also nicht einfach aufgegeben werden. Entscheidend ist, daß diese Idealisierungen auf ein realistischeres Maß reduziert werden. Sonst bleibe das Selbstbild unrealistisch - mit der Folge einer stark ausgeprägten Kränkbarkeit -, und es herrschen unrealistische Erwartungen an andere und unerreichbare Ziele vor. Eine angemessene Reduktion der Idealisierungen ist für Kohut aber nur als ein allmählicher Prozeß vorstellbar, in dem die nach außen gerichteten Phantasien schrittweise verinnerlicht werden. Den besten Weg dahin stelle eine »stufenweise Versagung bei gleichzeitiger liebender Stützung« dar (Kohut 1975, S. 149).

Gelingt eine solche Reduktion der Idealisierungen, wie sie Kohut als »Zähmung« des Narzißmus beschreibt, dann können die narzißtischen Strebungen allerdings - in der verwandelten Form - zum »Erwerb hochdifferenzierter psychischer Fähigkeiten« beitragen. Kohut verweist auf fünf »Errungenschaften«, für die er einen deutlichen Zusammenhang mit dem Narzißmus sieht: »Es sind 1. die schöpferische Begabung und Arbeit, 2. die Einfühlungskraft, 3. die Fähigkeit, die Begrenztheit des eigenen Lebens ins Auge zu fassen, 4. der Sinn für Humor und 5. die Weisheit« (S. 154).

Ein Zusammenhang mit dem Narzißmus ergibt sich für Kohut bei diesen »Errungenschaften« deshalb, weil es hier jeweils um die Grenzen des Selbst geht. So sei etwa in der Einheit mit der Mutter, die in der kindlichen Erfahrung gleichsam zum Selbst des Kindes gehörte, die Grundlage für die spätere Fähigkeit zur Einfühlung in andere Menschen zu sehen. Gerade die - narzißtische - Ausdehnung des Selbst über die Grenzen der eigenen Person hinweg erweise sich so als wichtige Voraussetzung solcher Fähigkeiten.

Dem Gewinn aus einer gesunden Entwicklung des Narzißmus im Sinne der »Zähmung« und Reduktion der Idealisierungen stehen die Probleme und Schwierigkeiten gegenüber, die aus einer mißlungenen Entwicklung resultieren. Erfolgt die Enttäuschung der Idealisierungen nämlich nicht allmählich und in einer stützenden Atmosphäre, so werden die Größenphantasien, Kohuts Beobachtungen zufolge, nicht auf ein ich-gerechtes Maß eingeschränkt. Statt dessen werden sie abgespalten. Sie bleiben dann in der kindlichen Form erhalten und führen zu der Kränkbarkeit, Selbstüberlastung und Enttäuschungsneigung, die für narzißtische Störungen kennzeichnend sind.

Daß die beschriebenen Entwicklungen eine religiöse Dimension besitzen, wird bereits in der - von ihrem Anliegen her nicht religionspsychologischen - Darstellung Kohuts deutlich. Dabei läßt sich ein positiver Aspekt - als Entwicklungsziel - von einem negativen - als Entwicklungsrisiko - unterscheiden: Das Ziel der Entwicklung bezeichnet »die

Fähigkeit, die Begrenztheit des eigenen Lebens ins Auge zu fassen«. Diese Fähigkeit hängt, ähnlich wie Eriksons Stufe der »Integrität«, mit der Anerkennung der Endlichkeit des menschlichen Lebens zusammen. Eine dieser Endlichkeit angemessene Entwicklung stellt für Kohut der »kosmische Narzißmus« dar. In diesem sieht er eine »Erweiterung des Selbst . . ., in welcher es möglich wird, die Endlichkeit der individuellen Existenz zu bejahen« - nämlich aufgrund der »Teilhabe an einer überindividuellen, zeitlosen Existenz« (S. 162). - Die Öffnung und Erweiterung des Selbst ins Kosmische hinein wird so als Fortsetzung der narzißtischen Entwicklung verstanden. Insofern strebt diese Entwicklung einer religiösen Lösung zu.

Das Risiko der Entwicklung erwähnt Kohut nur am Rande. Es liegt für ihn in einer Gottesbeziehung, in der das idealisierte Bild der Eltern aus der Kindheit unverändert auf Gott übertragen wird. Dem korrespondieren dann übermäßige Abhängigkeitswünsche auf seiten des Menschen, der in der Position des umsorgten Kleinkindes verbleiben will.

Einen Schritt weiter als Kohut geht *F. Meerwein,* der im Problem der Umwandlung und Verinnerlichung narzißtischer Idealisierungen einen neuen Ansatzpunkt für das psychoanalytische Religionsverständnis sieht. Meerwein hält es nämlich für fraglich, ob die Zurücknahme narzißtischer Idealisierungen in Form eines Verinnerlichungsprozesses überhaupt vollständig gelingen kann. Seiner Auffassung nach ist eine solche Verinnerlichung nicht zu erwarten. Ihm erscheint es wahrscheinlicher, daß ein Teil der Idealisierungen bestehen bleibt und, wie er sagt, »einer dritten Instanz« zukommt. Diese Instanz sieht Meerwein in der Gottesvorstellung, die damit zum Träger der anders nicht zu bewältigenden Vollkommenheitswünsche würde. Im Unterschied zu Kohut, der einen ähnlichen Zusammenhang vermutet, ist die Gottesvorstellung für Meerwein jedoch geradezu der Garant einer gelingenden Entwicklung. Sie verhindert, um mit H. E. Richter (1979) zu sprechen, die Ausbildung eines »Gotteskomplexes«, unter dem der sich selbst idealisierende Mensch leidet.

Auf die Bedeutung der frühkindlichen Idealisierungen für die Entwicklung des Gottesbildes gehe ich in Kapitel 7 genauer ein. Zunächst geht es mir noch um die religionspsychologische Bedeutung der Narzißmus-Theorien im ganzen. Im Anschluß an J. Scharfenberg ist dabei vor allem an die psychologische Erschließung von Erfahrungsdimensionen zu denken, die der Trennung von Subjekt und Objekt vorausliegen. Gemeint sind elementare Erfahrungen von »Sicherheit und Wohlbehagen«, wie sie das Kind macht und wie sie später durch (religiöse) Rituale erneuert werden. Solche Erfahrungen, die das geordnete Wissen objektiver Erkenntnis überschreiten, verweisen in den Bereich von Phantasie und Kreativität. Als Erfahrungen der Einheit zwischen Subjekt und Objekt spielen sie in der religiösen Mystik eine zentrale Rolle. Religionspsychologisch gesehen liegen sie der von Freud thematisierten, ödipalen Problematik voraus, weil sie nicht von einer Beziehung zwischen voneinander getrennten Personen ausgehen. Solche Erfahrungen erschließen sich deshalb erst, wenn sich die Religionspsychologie mit den Narzißmus-Theorien für die Entwicklung im frühkindlichen Bereich von Einheitserfahrungen öffnet.

Zusammenfassend läßt sich sagen, daß die Narzißmus-Debatte eine wichtige Bestätigung für die Annahme frühkindlicher Wurzeln der religiösen Entwicklung erbracht hat. Darüber hinaus bewährt sich auch von den Narzißmus-Theorien her die Annahme einer lebensgeschichtlichen Entwicklung der Religiosität, die hier unter dem Aspekt der Idealisierungen in den Blick kommt. Schließlich tragen die Narzißmus-Theorien und ihre religionspsychologischen und theologischen Weiterführungen - mit der Anerkennung der bleibenden Bedeutung von Idealisierungen in Form von Kreativität, Phantasie, Einfühlungskraft usw. - zur Erweiterung des psychoanalytischen Wirklichkeitsverständnisses bei.

Kritische Anfragen

Sowohl in den Arbeiten Eriksons wie auch bei den Narzißmus-Theorien finden wir ein Verständnis religiöser Entwicklung, das über die nur religionskritische Sicht Sigmund Freuds deutlich hinausgeht. In beiden Fällen spielt dabei ein erweitertes Wirklichkeitsverständnis eine entscheidende Rolle: Zu der am Faktischen orientierten Sicht von »Realität« kommt der mit anderen geteilte, welterschließende Sinn der

»Aktualität« (Erikson) und neben die objektivierende und distanzierte Erfassung von Wirklichkeit treten Kreativität und Einfühlung jenseits der Trennung von Subjekt und Objekt. In dieser Sicht ist religiöse Entwicklung nicht mehr beschränkt auf die Kindheit oder auf die im Erwachsenenalter fortwirkenden ungelösten Kindheitskonflikte, sondern ist in die lebenslange Entwicklung des Menschen einbezogen. Sie reicht, wie etwa A.-M. Rizzuto (1979, S. 52) betont, von der frühesten Kindheit bis ins hohe Alter.

Für ein solches Modell der religiösen Entwicklung lassen sich nun weitere Entsprechungen zur theologischen Anthropologie angeben, die die von *Ricoeur, Scharfenberg* und *Moltmann* am Beispiel S. Freuds aufgezeigte Konvergenz im theologischen und psychoanalytischen Freiheitsverständnis weiterführen und ergänzen. Besonders das Grundvertrauen kann mit H. Küng (1978) und W. Pannenberg (1983) als ein implizit religiöses Phänomen verstanden werden. In diesem Vertrauen spiegelt sich das für die theologische Anthropologie zentrale Angelegtsein des Menschen auf Glauben und Vertrauen.

Im Blick auf das von Erikson beschriebene kindliche Grundvertrauen versteht Pannenberg dies so, daß der unbedingte Charakter des Grundvertrauens von Anfang an über die Mutter als konkrete, endliche Person hinausgeht und insofern implizit schon auf Gott verweist, auch wenn diese Verweisung erst später, im Zuge der religiösen Erziehung thematisch und damit explizit werde:

»Das Grundvertrauen richtet sich auf eine Instanz, die *ohne Einschränkung* fähig und bereit ist zur Bergung und Förderung des eigenen Selbstseins. Solche grenzenlose Fähigkeit und Bereitschaft manifestiert sich zwar für den Säugling in der Zuwendung der Mutter, übersteigt aber objektiv immer schon die in jedem Falle in der einen oder anderen Weise vorhandenen Schranken in Fähigkeit und Bereitschaft der Mutter. Daher ist das Grundvertrauen in seiner Unbegrenztheit von vornherein ein religiöses Phänomen. Die Mutter vertritt und repräsentiert für ihr Kind in seiner ersten Lebensphase die sie übersteigende und durch sie dem Kind zugewandte Liebe Gottes. Gott ist der eigentliche Gegenstand des Grundvertrauens schon in seinen Anfängen. Thematisch wird das allerdings erst mit der Ablösung des Grundvertrauens von der exklusiven Mutterbindung im Prozeß der religiösen Erziehung« (Pannenberg 1983, S. 224).

Der religiöse Charakter des Grundvertrauens darf allerdings, darauf machen Pannenberg und Küng zu Recht aufmerksam, nicht so verstanden werden, daß nur religiöse Menschen zu einem solchen Vertrauen fähig wären. Auch bei Atheisten ist Grundvertrauen zu finden. Gemeint ist vielmehr, daß das Grundvertrauen stets über den Horizont der gegebenen Wirklichkeit hinausweist und insofern letztlich nach einer religiösen Antwort verlangt.

Der zweite Anknüpfungspunkt für eine theologische Interpretation – die Identitätsbildung im Jugendalter – ist stärker umstritten. Zwar kann auch hier kaum ein Zweifel daran bestehen, daß der Identitätsbildungsprozeß eine religiöse Dimension besitzt oder wenigstens besitzen kann. Darauf hat Erikson selbst schon hingewiesen. Ob die von Erikson beschriebene Identität aber der theologischen Anthropologie entspricht oder ob sie ihr widerspricht, diese Frage ist Gegenstand theologischer Kontroversen.[11]

Für diese Kontroverse ist noch eine weitere Frage von Bedeutung, die allerdings in der Theologie und Religionspädagogik bisher zu wenig beachtet wurde. Man muß nämlich fragen, ob der Identitätsbegriff, wie ihn Erikson und andere Sozialwissenschaftler vertreten, überhaupt geeignet ist, den Menschen in seiner Entwicklung zu beschreiben.

Gegen die Angemessenheit des Identitätsbegriffs als Ziel der Entwicklung lassen sich eine Reihe sozialwissenschaftlicher Einwände anführen. Im vorliegenden Zusammenhang ist vor allem die Kritik an dem individualistischen Menschenbild zu nennen, das Eriksons Verständnis von Identitätsbildung zugrunde liegt. Wie beschrieben, geht Erikson nämlich davon aus, daß Identität die Voraussetzung von Intimität bilde. Die Selbstfindung soll der engen Bindung an einen ande-

---

[11] Die kontroversen Positionen unterscheiden sich zunächst nur graduell in der Frage, ob die sozialwissenschaftlich beschriebene Suche nach Identität mehr als eine Form des menschlichen Sich-Verfehlens, d.h. theologisch als Sünde (so Schneider-Flume 1985), oder mehr als eine unvollständige, weil nur innerweltliche Form der Selbst-Suche anzusehen ist, die theologisch aufgenommen und weitergeführt werden kann (so z.B. Fraas 1983). Im ersten Fall dominiert die theologische *Kritik* – als evangelische Antwort auf gesetzliche Ichsucht; im zweiten Falle die theologische Vertiefung, die auf den transzendenten Grund der Identität verweist. Vgl. dazu meine Anfragen (Schweitzer 1986b) an H.-J. Fraas (1986a).

ren Menschen vorausgehen. Zugespitzt würde dies bedeuten, daß der Mensch eher durch sich selbst als durch andere zu sich selber kommt. Eine solche Auffassung widerspricht aber nicht nur den - etwa von C. Gilligan (1984) vorgelegten - empirischen Befunden über die Identitätsbildung von Frauen, sondern mehr noch der anthropologischen - und theologischen - Einsicht in die soziale Natur des Menschen.

In eine ähnliche Richtung zielt der Einwand, daß Identität nicht eine Eigenschaft des Menschen, sondern eine Fiktion darstellt. Das »Sich-Selbst-Gleichsein« ist demnach eine Norm, die gar nicht zu erreichen ist - gleichsam eine Illusion, die auf eine soziale Situation zurückzuführen ist, in der Anonymität und Diskontinuität in der persönlichen Erfahrung vorherrschen.

Ich kann hier nur andeuten, worin ich die geschichtlichen Bedingungen der Aktualität des Identitätsproblems sehe. Vielleicht am wichtigsten ist dabei der Prozeß, durch den die gesellschaftlichen Bereiche weiter auseinandertreten und sich schärfer gegeneinander abheben: Arbeit und Freizeit, Privatleben und Berufsrolle, Familie und Schule, Religion und Alltag usw.

Für den einzelnen bedeutet dies, daß es keine mit anderen geteilte Lebenswelt mehr gibt, die als äußerer Garant individueller Kontinuität und Einheit dienen könnte. Statt dessen bewegt sich das Individuum in einer Mehrzahl oder sogar Vielzahl unterschiedlicher und zum Teil widersprüchlicher Lebenswelten und spielt dort ebenso viele und häufig auch ebenso widersprüchliche Rollen: Hier funktionierender Teil eines festliegenden Systems - dort selbstbestimmtes Individuum im Eigenheim, hier angepaßtes und unpersönliches Verhalten - dort persönliche Entfaltung mit Hilfe vielfältiger Konsumangebote.

In der Gegensätzlichkeit solcher Erfahrungen - und darauf kommt es mir an - liegt nicht nur eine Bedrohung für die Identität des einzelnen, sondern zugleich ein Anreiz zu einer aktiven und gezielten Ausgestaltung einer eigenen und unverwechselbaren Identität. Gerade die Verwechselbarkeit und Anonymität, die für moderne Institutionen weithin kennzeichnend sind, führen nämlich zu einem Bedürfnis nach Unverwechselbarkeit wenigstens im privaten Bereich.

So gesehen ist nicht nur die Identitätskrise, sondern auch das bewußte Streben nach Identität problematisch, weil es sich als eine private Anpassungsform an gesellschaftliche Widersprüche erweist.

Identitätsprobleme so auf gesellschaftliche Strukturen zurückzuführen heißt allerdings noch nicht, diese Probleme auch schon zu lösen.

Daß sich solche Probleme aus gesellschaftlichen Strukturen herleiten, kann nicht bedeuten, daß sie deshalb weniger ernstzunehmen wären. Fraglich wird so gesehen nur die von diesen Strukturen gleichsam suggerierte Möglichkeit, als Individuum eine Identität zu finden oder sogar aktiv auszugestalten. Die gesellschaftliche Verankerung von Identitätsproblemen verweist darüber hinaus auf die epochale Bedeutung dieser Probleme, deren Lösung allerdings nicht von einer gezielten Identitätsbildung zu erhoffen ist. Die erfahrenen Probleme sind real - die angestrebte Identität bleibt fiktiv.

Theologisch versucht *H. Luther* dem fiktiven Charakter von Identität gerecht zu werden, indem er Identität »als regulatives Prinzip« und Identität als »konstitutives Ziel der Entwicklung« unterscheidet. Als Ziel verstanden beruhe dieser Begriff »auf einem harmonistischen und idealisierenden Welt- und Menschenbild«. Diese Verkürzung werde »verschleiert, wenn die religiöse Dimension des Glaubens lediglich additiv dazu benutzt wird, das Konzept der einheitlich-ganzen Ich-Identität religiös dadurch zu überhöhen, daß der Glaube als Ermöglichungsgrund oder als letzter, abrundender Abschluß der Ich-Identität genommen wird«. Luthers These ist, »daß die in sich geschlossene und dauerhafte Ich-Identität theologisch nicht als erreichbares Ziel gedacht werden kann - und darf« (S. 322). - Theologisch ist also ein grundlegender Vorbehalt gegen das menschliche Streben nach Vollkommenheit anzumelden, das sich im Identitätsverlangen ausdrückt.

Das Identitätsproblem ist äußerst vielschichtig und kann hier nur gestreift werden. Deutlich geworden ist aber das - sozialwissenschaftliche und theologische - Erfordernis, eine individualistische und idealistische Engführung des Menschenbildes zu vermeiden. In diesem Anliegen stimmen die sozialwissenschaftlichen und theologischen Einwände gegen den Identitätsbegriff überein.

Über Grundvertrauen und Identität hinaus lassen sich auch die übrigen Entwicklungsstufen für das Verständnis religiöser Entwicklung und Erziehung fruchtbar machen. Dabei können zwei Gesichtspunkte unterschieden werden: der Erfahrungs- und Entwicklungsbezug theologischer Aussagen sowie die Ansprechbarkeit für bestimmte theologische Themen auf den einzelnen Entwicklungsstufen.

Einen Erfahrungsbezug theologischer Aussagen kann man dadurch zu erreichen suchen, daß man Parallelen zwischen den Problemstellungen der Entwicklungsstufen und den Fragestellungen der Theologie aufzeigt. Auf diesem Wege gelangen verschiedene Autoren zu einer entwicklungsbezogenen Theologie bzw. zu einer lebensgeschichtlichen Hermeneutik des Glaubens. In dieser Perspektive werden beispielsweise die ödipalen Schuldgefühle mit der theologischen Frage nach der Schuld des Menschen verbunden oder wird der »Werksinn« mit der theologischen Sicht von Leistung und Rechtfertigung verknüpft (s. dazu Abb. 12, S. 188).

Aus solchen Parallelen ergibt sich dann die Vorstellung einer entwicklungsbezogenen Ansprechbarkeit für bestimmte theologische Themen. Die psychoanalytische Entwicklungstheorie verweist in dieser Sicht auf lebensgeschichtliche Themen, die als theologische Fragen aufgefaßt werden können. H.-J. Fraas schreibt: »Dabei ist die abstrakte theologische Anthropologie nach Möglichkeit zu überwinden in Richtung auf den konkreten Menschen, eine konkrete Biographiebegleitung, die die Phasen des Menschen in ihrer entwicklungsbedingten Abfolge bereits als theologische Themen zu begreifen sucht« (Fraas 1983, S. 105). Diese Verbindung lebensgeschichtlicher Fragen mit theologischen Antworten kann mit P. Tillich (1977) als Methode der Korrelation bezeichnet werden.

Dieses korrelative Vorgehen mit Hilfe einer lebensgeschichtlichen Hermeneutik, wie es heute in der Religionspädagogik weithin angestrebt wird, schließt jedoch auch Schwierigkeiten ein, die noch zu wenig gesehen werden. Auf eine Schwierigkeit von grundlegender Bedeutung soll hier schon aufmerksam gemacht werden. Sie ergibt sich aus der lebensgeschichtlich frühen Zuordnung von theologischen Themen, die das Verständnis und die Erfahrung des Kindes bei weitem übersteigen. Das zeigt sich am deutlichsten bei J. Werbick (1983), der den bisher am weitesten ausgeführten Versuch einer entwicklungsbezogenen oder, wie er sagt, »elementaren« Theologie vorgelegt hat. Ausgehend von den Entwicklungsstufen, wie sie Erikson beschreibt, versucht Werbick eine erfahrungsbezogene Darstellung theologischer Fragen. Dieses Vorgehen führt nun aber dazu, daß etwa Themen wie »Schuld«, das »Böse« oder »Rechtfertigung« vor allem im Zusammenhang der frühkindlichen Krise von »Autonomie gegen Scham und

Zweifel« dargestellt werden. – Wie aber soll hier die Verbindung von kindlicher Entwicklung und theologischen Aussagen verstanden werden? Daß etwa die theologische Sicht des »Bösen« keineswegs der Erfahrung und dem Verständnis des Kindes selbst entspricht, ist jedenfalls deutlich. So bleibt nur die Möglichkeit, den von Werbick für die Theologie angestrebten Erfahrungsbezug im späteren Fortgang der Entwicklung zu sehen. Die theologischen Aussagen treffen dann die Erwachsenen, für deren Erfahrungen sich allerdings frühkindliche Wurzeln benennen lassen. Aber auf jeden Fall wäre es dann weniger die Erfahrung des Kindes als die des Erwachsenen, die von Werbick theologisch interpretiert wird.

Die Schwierigkeiten, vor die eine lebensgeschichtlich frühe Verortung theologischer Themen stellt, wird noch deutlicher, wenn man über Werbicks Ansatz hinaus die Frage der pädagogischen Vermittlung solcher Themen an Kinder und Jugendliche mitbedenkt. Denn wie sollen z.B. so vielschichtige Themen wie Leistung und Gerechtigkeit dem Grundschulkind nahegebracht werden, das doch etwa die gesellschaftliche Dimension der Leistungsfrage noch kaum zu sehen vermag?

So scheint sich aus der Verbindung von Entwicklungsstufen und theologischen Themen letztlich eher eine Art psychologisch vertiefter theologischer Anthropologie zu ergeben. Eine solche Anthropologie kann den Erzieher oder die Eltern im theologischen Verständnis dieser Stufen und bei der Suche nach Erziehungszielen anleiten. Eine korrelative Verbindung im Sinne von Frage und Antwort dagegen scheint erst im Jugendalter denkbar, wenn auch die Verstehensmöglichkeiten größer sind.

Demnach liegt die Bedeutung der psychoanalytischen Entwicklungstheorien vor allem in dem Wissen um die kindlichen Konflikte, das sie dem Erzieher bieten können. Einen Zugang zu den unterschiedlichen Verstehensmöglichkeiten der Kinder und Jugendlichen selbst dagegen gewinnen wir mit diesen Theorien noch nicht. Damit stoßen wir auf eine prinzipielle Grenze psychoanalytischer Ansätze: den Aspekt der Entwicklung des Verstehens, der in der Psychoanalyse nur am Rande vorkommt.

Mit diesem Einwand möchte ich mich allerdings nicht der vielfach versuchten Aufteilung des Menschen in Fühlen, Denken und Handeln anschließen. Eine solche Aufteilung ist schon in sich selbst mehr als fragwürdig, weil sie die grundlegende Verflochtenheit von Fühlen, Denken und Handeln übergeht. Aber auch zur Beurteilung einer Entwicklungstheorie taugt diese verbreitete Aufteilung nur sehr bedingt. Gerade am Beispiel der Psychoanalyse wird deutlich, daß es dieser Theorie nicht nur um Gefühle oder Emotionen geht, die sich vom Denken und Handeln ablösen lassen. Schon die klassische Psychoanalyse Sigmund Freuds bezieht sich immer auch auf das Denken und Handeln - so, wie sie von der Triebnatur des Menschen bestimmt und von den Instanzen Ich und Über-Ich reguliert werden. Noch deutlicher ist der Einbezug des Denkens in der Ich-Psychologie Eriksons, in der einem Begriff wie »Ideologie« geradezu zentrale Bedeutung zukommt.

Demnach gibt es bei den verschiedenen Entwicklungstheorien unterschiedliche Schwerpunkte des Interesses, auch wenn sie - wie etwa die Psychoanalyse - den ganzen Menschen einbeziehen wollen. In diesem Sinne kann bei der Psychoanalyse von einer Konzentration auf den Aspekt der Triebe und der personalen Beziehungen gesprochen werden sowie von einer - damit verbundenen - Konzentration auf bestimmte Lebenszeiten. So ist etwa deutlich, daß die Psychoanalyse weit mehr über die frühe Kindheit zu sagen weiß als über das Grundschulalter. Und viel Genaueres erfahren wir von ihr über die interpersonalen Bezüge von Identifikation und Identität als über das Denken und Verstehen von Schulkindern und Jugendlichen.

Daß Entwicklungstheorien bei bestimmten Fragen einen Schwerpunkt setzen und daß wir über andere Fragen dann weniger erfahren, muß nicht als Mangel angesehen werden. Es macht nur deutlich, daß wir von *einer* Theorie nicht Antwort auf *alle* Fragen zu erwarten haben. Deshalb muß auch die religiöse Entwicklung im Lichte mehrerer Theorien betrachtet werden.

Weiterführende Hinweise

Von S. Freuds Schriften sind für sein Religionsverständnis besonders wichtig: »Zwangshandlungen und Religionsübungen« (1907; Studienausgabe Bd. VII); »Die Zukunft einer Illusion« (1927; Studienausgabe Bd. IX); »Das Unbehagen in der Kultur« (1930; Studienausgabe Bd. IX); »Der Mann Moses und die monotheistische Religion: Drei Abhandlungen« (1939; Studienausgabe Bd. IX). Für den Dialog zwischen Psychoanalyse und Theologie war in Deutschland die Interpretation von J. Scharfenberg (*Sigmund Freud und seine Religionskritik als Herausforderung für den christlichen Glauben.* Göttingen 1968) von großer Bedeutung. Stand und Entwicklung dieses Dialogs dokumentiert der von E. Nase und J. Scharfenberg herausgegebene Band »Psychoanalyse und Religion«. (Darmstadt 1977). Zur amerikanischen Diskussion vgl. Homans (1968). Zum Wirklichkeitsverständnis von S. Freud vgl. neben der genannten Schrift von Scharfenberg vor allem die im Literaturverzeichnis aufgeführten Veröffentlichungen von Rizzuto (1979), Meissner (1984) und Ricoeur (1969).

Von E. Eriksons Schriften sind für sein Religionsverständnis besonders wichtig: »Der junge Mann Luther. Eine psychoanalytische und historische Studie« (Frankfurt a.M. 1975); »Kinderspiel und politische Phantasie. Stufen in der Ritualisierung der Realität« (Frankfurt a.M. 1978); »Jugend und Krise. Die Psychodynamik im sozialen Wandel« (Stuttgart 1981). Eine kritische Darstellung der Theorie Eriksons und besonders seines Identitätsverständnisses findet sich in meinem Buch über »Identität und Erziehung« (Weinheim/Basel 1985). Gesamtdarstellungen der Theorie Eriksons geben Coles (1970) und, mit zum Teil ungerechtfertigter Kritik, Roazen (1976). Mit Eriksons Religionsverständnis setzen sich besonders Homans (1978) und Wright (1982) auseinander; vgl. dazu auch G. Schneider-Flume (*Die Identität des Sünders.* Göttingen 1985), die allerdings auf den Unterschied zwischen »I« und »ego« nicht eingeht.

Die neuere Narzißmusdiskussion wurde besonders von den Arbeiten H. Kohuts angestoßen (*Die Zukunft der Psychoanalyse.* Frankfurt a.M. 1975; *Narzißmus.* Frankfurt a.M. 1976; *Die Heilung des Selbst.* Frankfurt a.M. 1979). Als wichtigste Kritiker Kohuts sind Kernberg (1978) und die Mitarbeiter des Psychoanalytischen Seminars Zürich (1981) zu nennen. Eine religionspsychologische Aufnahme der Narzißmusdiskussion versuchen vor allem J. Scharfenberg (*Narzißmus, Identität und Religion.* In: Psyche 27/1973; *Einige Probleme religiöser Sozialisation im Lichte neuerer Entwicklungen der Psychoanalyse.* In: Wege zum Menschen 26/1974), H.-G. Heimbrock (*Phantasie und christlicher Glaube.* München/Mainz 1977) und A.-M. Rizzuto (*The Birth of the Living God.* Chicago/London 1979); vgl. darüber hinaus auch die im Literaturverzeichnis genannten Beiträge von

Preul (1980, bes. S. 215ff.) und Meissner (1984); als neueste Darstellung Meng (1997).

Unter der Bezeichnung »Psychologie der Objektbeziehungen« hat die Narzißmusdiskussion eine allgemeine, auch religionspsychologische Weiterführung gefunden (vgl. Finn/Gartner 1992, Jones 1991).

Die Auffassung, daß es heute einen »Neuen Sozialisationstyp« gebe, haben besonders Th. Ziehe (*Pubertät und Narzißmus.* Frankfurt a.M./Köln 1975) und Ch. Lasch (*Das Zeitalter des Narzißmus.* München 1980) vertreten. Zur Kritik dieser Auffassung s. vor allem die genannte Veröffentlichung des Psychoanalytischen Seminars Zürich (1981) sowie Häsing u.a. (1979).

Hinzuweisen ist auch auf die zusammenfassenden Darstellungen durch H.-J. Fraas (*Die Religiosität des Menschen.* Göttingen 1990) und B. Grom (*Religionspsychologie.* München/Göttingen 1992) sowie auf die Diskussionsbände von Schmitz (1992) und Klosinski (1994).

Meine Anfragen an das sozialwissenschaftliche und pädagogische Identitätsverständnis habe ich in knapper Form dargestellt in meinem Aufsatz »Identität – Ein Leitbegriff der Pädagogik?« (in: Loccumer Protokolle 58/1985). Ich stütze mich dabei u.a. auf die soziologische Sicht von Berger/Berger/Kellner (1975). Aus theologischer Sicht vgl. dazu E. Thaidigsmann (*Identitätsverlangen und Widerspruch.* München/Mainz 1983); dagegen W. Pannenberg (*Anthropologie in theologischer Perspektive.* Göttingen 1983).

Zur Frage einer entwicklungsbezogenen Theologie und einer lebensgeschichtlichen Hermeneutik vgl. besonders J. Scharfenberg (*Menschliche Reifung und christliche Symbole.* In: Concilium 14/1978), H.-J. Fraas (*Glaube und Identität.* Göttingen 1983, bes. S. 105ff.) sowie J. Werbick (*Glaube im Kontext.* Zürich 1983); s. dazu auch die im Literaturverzeichnis genannten Beiträge von Gleason (1975), Pruyser (1976, S. 60ff.) und Biehl (1985).

4

Gott und die Welt verstehen

Im letzten Kapitel habe ich die Entwicklung des Verstehens als eine Grenze psychoanalytischer Deutungen der religiösen Entwicklung bezeichnet. Gemeint kann damit nicht sein, daß das Verstehen der Psychoanalyse selbst fremd wäre. Geradezu im Zentrum der Psychoanalyse steht ja das Verstehen des Menschen auch noch in solchen Bereichen, in denen er sich selbst nicht mehr verstehen kann. Aber auf die Entwicklung der Verstehensmöglichkeiten der Kinder und Jugendlichen, d.h. auf ihre Versuche, Erfahrungen zu verarbeiten und ihnen Sinn abzugewinnen, legt die Psychoanalyse weit weniger Wert als auf die sexuelle und psychosoziale Entwicklung.

Eine umgekehrte Interessenlage finden wir bei *Jean Piaget*, dem Vater der kognitiven oder, wie man genauer sagen sollte, der kognitiv-strukturellen Psychologie.[12] Bei ihm steht die Entwicklung des Verstehens ganz im Vordergrund, während die Triebe und die Beziehungen zu Mutter und Vater oder auch zu anderen Personen und Institutionen nur gestreift werden. Dennoch ist der Intelligenzbegriff Piagets nicht einfach mit dem Denken im Gegensatz zum Fühlen oder Handeln gleichzusetzen. Ähnlich wie bei der Psychoanalyse ist die von Piaget beschriebene Entwicklung für den ganzen Menschen bedeutsam, weil die kognitive mit der affektiven und sozialen Entwicklung eng verbunden ist. Dennoch läßt sich auch für den kognitiv-strukturellen Ansatz eine systematische Grenze benennen: Der eigenständigen Bedeutung sozialer Beziehungen, affektiver Prozesse und lebensgeschichtlicher Ereignisse wird diese Psychologie nicht gerecht.

---

[12] Die Bezeichnung »kognitiv-strukturell« macht die Orientierung an Strukturen des Erkennens deutlich, auf die sich Piaget im Unterschied zu einer am Bewußtsein als solchem orientierten Psychologie bezieht.

Trotz dieser notwendigen Einschränkung, die vor Überschätzungen bewahren soll, darf aber die Reichweite der kognitiven Psychologie auch nicht unterschätzt werden. Es geht in dieser Psychologie nicht um eine abstrakte Intelligenz – wie sie etwa für die erfolgreiche Bewältigung von Intelligenztests erforderlich ist –, sondern um die sich lebensgeschichtlich wandelnden Formen der Verarbeitung von Erfahrung. Vielleicht am deutlichsten wird dieser Unterschied zwischen Piaget und der üblichen Intelligenzpsychologie an einem Beispiel, das er in seiner Autobiographie berichtet: Als jungem Psychologen war Piaget die Aufgabe gestellt, einen Intelligenztest für Pariser Kinder neu zu bearbeiten. Bei der Befragung der Kinder, die, je nach dem, richtige oder falsche Antworten gaben, wurde Piaget allmählich klar, daß die Anzahl richtiger Antworten zwar aussagekräftig war, daß es aber, für ein wirkliches Verständnis der Kinder, viel mehr noch darauf ankommen mußte, warum sie welche Antworten gaben. Um darüber etwas zu erfahren, mußte man jedoch offen sein für die von den Kindern selbst eingeschlagenen Denkwege, d.h. dem Denken der Kinder nachgehen. Genau dies soll die von Piaget entwickelte »klinische Methode« dadurch erreichen, daß sie nicht mit festliegenden Fragen arbeitet, sondern sich auf ein Gespräch mit den Kindern einläßt.

Bei seinen Untersuchungen zum Weltbild des Kindes, aus denen ich bereits das Beispiel des kleinen Roy wiedergegeben habe, geht Piaget auch auf die religiöse Entwicklung ein. Hier wie auch sonst interessiert sich Piaget für die religiöse Entwicklung jedoch nur im Rahmen der allgemeineren Fragestellungen, denen sein Hauptaugenmerk gilt. Erst in den letzten Jahren haben *James Fowler* sowie *Fritz Oser* und *Paul Gmünder* dann die religiöse Entwicklung mit Hilfe von Piagets Methoden genauer untersucht und beschrieben. Um ihre Theorien zu verstehen, muß man jedoch nicht nur den Ansatz von Piaget, sondern auch den von Lawrence Kohlberg, dem heute führenden Vertreter der kognitiven Psychologie, ein Stück weit kennen. Kohlbergs Untersuchungen zur Entwicklung des moralischen Urteils bilden den direkten Hintergrund, vor dem Fowler und Oser/Gmünder eine Beschreibung der religiösen Entwicklung versuchen.

Die Wirklichkeit erschließt sich uns nicht als solche. Wir verfügen nur über unsere Erkenntnis von Wirklichkeit. In diese Erkenntnis ist das Ordnen, Hervorheben, Verknüpfen und Interpretieren, das der Mensch an die Vielfalt seiner Sinneseindrücke heranträgt, immer schon eingeschlossen. Das erkennende Subjekt, so kann man deshalb sagen, ist selbst Teil der erkannten Wirklichkeit: Es steht der Wirklichkeit nicht passiv und rezeptiv gegenüber, sondern ist aktiv an ihrer Erkenntnis beteiligt. Deshalb kann man auch vom konstruktiven Charakter des Erkennens oder, mit Piaget, von einer »Konstruktion von Wirklichkeit«[13] sprechen.

Wenn Wirklichkeit aber diesen konstruktiven Charakter besitzt, dann kann und muß man fragen, ob sie für Kinder, Jugendliche und Erwachsene dasselbe bedeutet oder ob die Entwicklung der Intelligenz und des Erkennens nicht auch eine Veränderung der Konstruktionsprinzipien von Wirklichkeit mit sich bringt. - Daß Raum, Zeit, Größe, Masse usw. tatsächlich einer Entwicklung unterliegen, daß sie sich für Kinder also anders darstellen als für Jugendliche und Erwachsene, konnte Piaget in zahlreichen Untersuchungen nachweisen.[14] Die Art dieser Entwicklung und auch von Piagets Vorgehen läßt sich an seinem berühmten Beispiel mit den Trinkgläsern ablesen:

Zwei Gläser (a und b), das eine etwas höher und mit geringerem Durchmesser als das andere, enthalten dieselbe Menge an Flüssigkeit *(Abb. 5)*. Fragt man nun ein etwa vier- oder fünfjähriges Kind, in welchem Glas mehr Flüssigkeit enthalten sei, zeigt es mit fester Überzeugung auf das höhere Glas mit dem kleineren Durchmesser (a). - Man kann sich dies so erklären, daß für das Kind offenbar allein der höhere Pegel über den Inhalt entscheidet. Es handelt sich nämlich nicht nur um eine optische Täuschung, denn auch wenn man die Flüssigkeit - etwa aus zwei gleich großen Behältern (c und d) - vor den Augen des Kindes eingießt, bleibt das Kind bei seiner Überzeugung: Im höheren Glas (a) sei »mehr«.

---

[13] So der im Deutschen als »Aufbau der Wirklichkeit beim Kinde« (1975) schlecht wiedergegebene Titel eines Buches von Piaget. - Zur Einführung in Piagets Theorie vgl. Pulaski 1978 sowie Furth 1976.
[14] Diese Untersuchungen sind im Rahmen von Piagets »Gesammelten Werken« beim Klett-Verlag in Stuttgart erschienen.

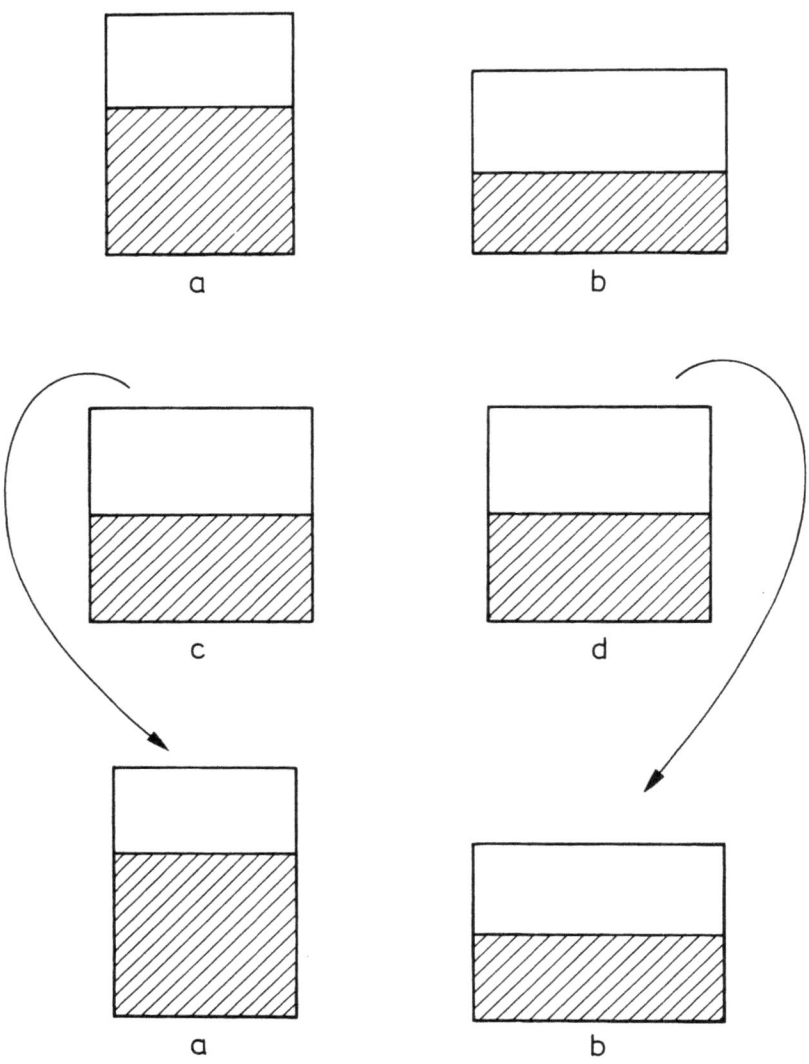

Abb. 5: Gleiches Volumen in unterschiedlichen Behältnissen (vgl. Rauh 1974, S. 217)

Man könnte sagen, daß hier die Anschauung von der Höhe des Flüssigkeitsstandes so beherrscht wird, daß der Durchmesser nicht mehr in Betracht gezogen und deshalb auch nicht mit der Höhe koordiniert wird.

Nach Piagets Beobachtungen, die inzwischen in vielen daran anschließenden Untersuchungen bestätigt wurden, gibt es nun einen Punkt in der Entwicklung, zumeist zwischen dem fünften und siebten Lebensjahr, ab dem solche Fragestellungen für das Kind keine Probleme mehr aufwerfen. Die Flüssigkeitsmenge wird dann als gleich eingeschätzt, unabhängig von der Form des Behältnisses. Wichtig ist aber, daß Kinder auch dann noch der Anschauung bedürfen. Mit einer abstrakt formulierten Textaufgabe kommen sie noch nicht zurecht.

Am Beispiel der Einschätzung des Inhalts unterschiedlicher Gläser läßt sich Piagets Verständnis des Erkennens als eines operativen Prozesses ablesen: Es sind innere Handlungen (Operationen) wie die Koordination von Höhe und Durchmesser, auf denen für ihn das Erkennen beruht. Auch zur Beschreibung der Entwicklung des Erkennens greift Piaget deshalb auf den Aspekt der Operationen zurück: Werden solche Operationen noch nicht vollzogen, d.h. ist das Erkennen noch ganz von einzelnen Gesichtspunkten der Anschauung bestimmt, spricht Piaget vom *präoperationalen* Denken. Sind die operativen Verknüpfungen zwar erreicht, aber in ihrer Anwendung noch auf die konkrete Anschauung angewiesen, handelt es sich um *konkret-operationales* Denken. Das *formal-operationale* Denken schließlich geht über die Anschauung hinaus und bedeutet, daß nun auch abstrakte Probleme bearbeitet werden können.

Mit Altersangaben ist Piaget äußerst zurückhaltend. Für ihn handelt es sich bei dieser Entwicklungsfolge weder um einen reinen Reifungsvorgang noch einfach um ein Lernen, sondern um einen interaktiven Prozeß, der sowohl vom Organismus wie von der Umwelt abhängig ist. Die Entwicklungsstufen werden ohne die Anregung durch die Umwelt nicht erreicht - insofern setzen sie Lernen voraus; sie können aber auch nicht einfach gelernt werden - insofern beruhen sie einerseits auf einem bestimmten allgemeinen Entwicklungsstand des Kindes oder Jugendlichen und andererseits auf der jeweils vorausliegenden Stufe. Grob gesprochen kann man jedoch das präoperationale Denken beim Vorschulkind, das konkret-operationale beim Grundschulkind und das formal-operationale Denken im Jugendalter finden.

- Für das Kleinkindalter spricht Piaget von der praktischen oder »sensomotorischen« Intelligenz, in der er die Grundlage der späteren Entwicklung sieht.

Nach diesem gerafften Überblick über die Entwicklung des Erkennens ist noch auf die religionspsychologische Bedeutung dieser Entwicklung hinzuweisen. Wie die bereits mehrfach zitierte Studie Piagets zum »Weltbild des Kindes« zeigt, besitzen die beschriebenen Entwicklungsstufen auch religiöse Aspekte. Beispielsweise schließen sie bestimmte Vorstellungen darüber ein, wie Sonne, Mond und Sterne, Wälder, Seen und Berge geschaffen wurden.

Den Beleg, daß die von Piaget beschriebenen Entwicklungsstufen sich auch beim Verständnis biblischer Geschichten nachweisen lassen, hat dann vor allem Ronald Goldman (1964) geliefert. Goldman spielte Kindern im Alter von sechs bis fünfzehn Jahren die auf Band gesprochenen Texte von Moses Berufung (2. Mose 3,1-6: »Der brennende Dornbusch«), dem Durchzug durchs Schilfmeer (2. Mose 14) und Jesu Versuchung (Mt 4,1-11) vor und befragte sie nach ihrem Verständnis dieser Geschichten. Dabei zeigte sich, daß sich die Antworten der Kinder gemäß der von Piaget beschriebenen kognitiven Entwicklung interpretieren lassen. Im Blick auf die Teilung des Wassers beim Durchzug durchs Schilfmeer schreibt Goldman: »Die Antworten der Kinder reichen von krudem, unrealistischem Glauben und einer materialistischen Theologie zu einem vernünftigen Akzeptieren (oder freilich Ablehnen) aus stärker ›spirituellen‹ theologischen Gründen, die mit der Bibel als ganzer übereinstimmen« (1964, S. 107).

Was damit gemeint ist, machen folgende Beispiele deutlich (S. 108-111):

»Gott hat es getan. *Was hat er gemacht?* Er hat es gezaubert. *Wie?* Es war ein Wunder, das ist alles. *Wie würdest Du den Zauber erklären?* Gott hat es mit seinem Zauber gemacht . . .« (Kathy, 6 Jahre). - »Es war Gottes Macht. Sie hat dem Meer geboten, sich zu teilen. *Besitzt das Meer Ohren?* Nein, aber alles, worum Gott bittet, tun sie. Es lebt, wie die Menschen. Es macht Lärm« (Donald, 13 Jahre). - »Ich habe gehört, es sei die eintretende Ebbe gewesen. Ich sehe keinen Grund, warum es nicht ein Zufall gewesen sein soll. Es war eine normale Ebbe. Sie hatten halt Glück« (Polly, 13 Jahre).

An diesen Antwortbeispielen, die Goldmans Entwicklungsverständnis illustrieren, werden auch die Schwierigkeiten einer solchen Deutung sichtbar: Denn sind die frühen Äußerungen der jüngeren Kinder wirklich »krude«? Sind sie »krude« im Vergleich zu der Auffassung des älteren Kindes, für das alles auf einen »Zufall« zurückzugehen scheint? Verbirgt sich hinter einer solchen Orientierung am »Zufall« nicht eher ein platter Realismus, für den die einfachste Lösung immer auch die beste ist?

Auf eine rationalistische Symbolkritik als Versuch der Entmythologisierung stoßen wir bei Jugendlichen, aber auch bei vielen Erwachsenen immer wieder. Ich werde dieser Frage deshalb noch genauer nachgehen. Für eine am Erkennen und Verstehen orientierte Sicht der religiösen Entwicklung ist zunächst jedoch ein anderer Zusammenhang wichtiger - die Entwicklung des moralischen Urteils, auf die ich nun eingehen möchte.

Lawrence Kohlberg: Die Entwicklung des moralischen Urteils

Im Zusammenhang seiner Untersuchungen zur Sprache und zum Denken stieß Piaget auch auf die moralische Entwicklung des Kindes, wie er sie in seiner 1932 veröffentlichten Studie »Das moralische Urteil beim Kinde« (1973) beschreibt. Allerdings hat Piaget diesen Aspekt der Intelligenzentwicklung später nicht mehr weiterverfolgt. Erst in den 50er Jahren wurden die Untersuchungen Piagets zur moralischen Entwicklung des Kindes von Lawrence Kohlberg wieder aufgegriffen, der sie dann zunächst auf das Jugend- und schließlich auch auf das Erwachsenenalter ausdehnte.

Unter dem Aspekt des Erkennens und Verstehens kommt es bei der moralischen Entwicklung weniger auf bestimmte Werte und Normen an als darauf, wie Werte und Normen begründet werden. Von entscheidender Bedeutung für Kohlbergs Auffassung ist die Beobachtung, daß dieselbe Norm - etwa das Verbot des Stehlens - unterschiedlich begründet sein kann. So mag ein Jugendlicher nicht stehlen, weil er sonst bestraft wird; ein anderer dagegen achtet das Eigentum, weil er sonst die Ordnung der Gesellschaft in Gefahr sieht.

Schon an diesem einfachen Beispiel ist abzulesen, daß die unterschiedliche Begründung moralischer Normen auch Folgen für das moralische Handeln haben kann. Jedenfalls liegt die Annahme nahe, daß die Angst vor Strafe einen Diebstahl dann nicht mehr verhindert, wenn man dieser Strafe durch die Heimlichkeit des Tuns entgehen kann. Demgegenüber sollte die gesellschaftlich begründete Norm auch dann noch wirksam bleiben.

Den unterschiedlichen Begründungen moralischer Normen ist Kohlberg vor allem mit Hilfe sogenannter Dilemma-Geschichten nachgegangen. Solche Geschichten sollen den Hörer oder Leser mit einem Problem konfrontieren, das insofern nicht zu lösen ist, als jeder Lösungsversuch einen Verstoß gegen moralische Normen einschließt. Gerade dies soll den Hörer oder Leser dazu zwingen, seine Begründungen offenzulegen.

Die berühmteste Dilemma-Geschichte lautet so:

»In Europa drohte eine Frau an einer besonderen Form der Krebserkrankung zu sterben. Es gab nur ein Medikament, von dem die Ärzte noch Hilfe erwarteten. Es war eine Radium-Verbindung, für die der Apotheker zehnmal mehr verlangte als ihn die Herstellung kostete. Heinz, der Ehemann der kranken Frau, versuchte, sich bei allen Bekannten Geld zu leihen, aber er bekam nur die Hälfte der Kosten zusammen. Er sagte dem Apotheker, daß seine Frau zu sterben drohe und bat darum, das Medikament billiger zu verkaufen oder Kredit zu gewähren. Der Apotheker sagte: ›Nein. Ich habe das Medikament entwickelt, und ich will damit Geld verdienen.‹ In seiner Verzweiflung drang Heinz in die Apotheke ein und stahl das Medikament.

Sollte der Ehemann dies tun? Warum?« (Kohlberg 1978, S. 111; im Original teilweise gesperrt).

Die Antworten auf dieses Dilemma können beispielsweise so ausfallen:
- »Er sollte es nicht stehlen. Der Apotheker tut nichts Unrechtes oder Schlechtes, er will nichts anderes, als Profit machen. Das ist doch der Sinn eines Geschäfts, Geld zu verdienen.«
- »Er sollte das Medikament stehlen. Er tat nur etwas, das für einen guten Ehemann ganz natürlich ist. Man kann ihn nicht für etwas tadeln, was er aus Liebe zu seiner Frau tut, eher sollte man ihn tadeln, wenn er seine Frau nicht genug lieben würde, um ihr helfen zu wollen.«
- »Das Gesetz sieht solche Fälle nicht vor. Das Medikament zu rauben ist zwar nicht richtig, doch es ist gerechtfertigt« (S. 117).

113

Kohlberg geht nun davon aus, daß sich solche Antworten nicht nur in ihrer inhaltlichen, positiven oder negativen Ausrichtung (»soll stehlen« - »soll nicht stehlen«) unterscheiden, sondern auch in der Form ihrer Begründung. Aufgrund zahlreicher, auch kulturübergreifender Untersuchungen hält Kohlberg es für möglich, die unterschiedlichen Begründungsformen in drei Niveaus mit je zwei Stufen einzuteilen. Daraus ergeben sich die sechs Stufen der moralischen Entwicklung *(Abb. 6)*, die den Kern der Kohlbergschen Theorie ausmachen.

Der Aufbau dieser Stufenfolge ist am leichtesten von der Frage nach den gesellschaftlichen Normen her nachzuvollziehen: Wenn gesellschaftliche Normen als nicht weiter begründungsbedürftig angesehen, d.h. wenn sie als vorgegeben akzeptiert werden (Stufen 3 und 4), spricht Kohlberg von einer *konventionellen* Moral. Sind dagegen individuelle Motive wie der eigene Vorteil oder die Vermeidung von Strafe leitend (Stufen 1 und 2), handelt es sich um eine *präkonventionelle* Moral, weil der gesellschaftliche Charakter von Normen noch gar nicht in den Blick kommt. - Die *postkonventionelle* Moral dagegen bedeutet für Kohlberg, daß gesellschaftliche Normen als begründungsbedürftig angesehen werden. Sie gelten dann nur, wenn alle Individuen ihnen zustimmen und wenn sie als verallgemeinerbare Prinzipien - etwa im Sinne von Kants kategorischem Imperativ - anzusehen sind (Stufen 5 und 6). Es gibt dann eine der Gesellschaft vorgeordnete Perspektive (»zwar nicht richtig, doch . . . gerechtfertigt«).

Die Stufenfolge ist nicht an Inhalten ausgerichtet, sondern an der Form moralischer Begründungen. Kohlberg spricht von der Struktur moralischer Urteile. Jede Stufe ist demnach durch die ihr zugrundeliegende soziale Perspektive bestimmt sowie durch eine Regel, der gemäß moralische Urteile gefällt werden. - Kehren wir noch einmal zum Beispiel des Stehlens zurück. Colby/Kohlberg (1978, S. 358f.) zitieren folgende Äußerungen als Beispiele für ein *präkonventionelles, konventionelles* und *postkonventionelles* Urteil:

»Warum sollte man keinen Ladendiebstahl begehen?« - »Aus einem Geschäft zu stehlen ist nicht gut. Es ist gegen das Gesetz. Jemand könnte dich sehen und die Polizei holen« (präkonventionell).
»Das ist eine Rechtsfrage. Es gehört zu unseren Regeln, daß wir uns bemü-

| NIVEAU UND STUFE | INHALT DER STUFE | | SOZIALE PERSPEKTIVE DER STUFE |
	WAS RECHTENS IST	GRÜNDE, DAS RECHTE ZU TUN	
NIVEAU I - PRÄKONVENTIONELL Stufe 1 - Heteronome Moralität	Regeln einzuhalten, deren Übertretung mit Strafe bedroht ist; Gehorsam als Selbstwert; Personen oder Sachen keinen physischen Schaden zuzufügen.	Vermeiden von Bestrafung und die überlegene Macht der Autoritäten.	*Egozentrischer Gesichtspunkt:* Der Handelnde berücksichtigt die Interessen anderer nicht oder erkennt nicht, daß sie von den seinen verschieden sind, oder er setzt zwei verschiedene Gesichtspunkte nicht miteinander in Beziehung. Handlungen werden rein nach dem äußeren Erscheinungsbild beurteilt und nicht nach den dahinterstehenden Intentionen. Die eigene und die Perspektive der Autorität werden miteinander verwechselt.
Stufe 2 - Individualismus, Zielbewußtsein und Austausch	Regeln zu befolgen; aber nur dann, wenn es irgend jemandes unmittelbaren Interessen dient, die eigenen Interessen und Bedürfnisse zu befriedigen und andere dasselbe tun zu lassen. Gerecht ist auch, was fair ist, was ein gleichwertiger Austausch, ein Handel oder ein Übereinkommen ist.	Um die eigenen Bedürfnisse und Interessen zu befriedigen, wobei anerkannt wird, daß auch andere Menschen bestimmte Interessen haben.	*Konkret individualistische Perspektive:* Einsicht, daß die verschiedenen individuellen Interessen miteinander im Konflikt liegen, so daß Gerechtigkeit (im konkret-individualistischen Sinne) relativ ist.

115

| NIVEAU UND STUFE | INHALT DER STUFE | | SOZIALE PERSPEKTIVE DER STUFE |
	WAS RECHTENS IST	GRÜNDE, DAS RECHTE ZU TUN	
NIVEAU II – KONVENTIONELL Stufe 3 – Wechselseitige Erwartungen, Beziehungen und interpersonelle Konformität	Den Erwartungen zu entsprechen, die nahestehende Menschen oder Menschen überhaupt an mich als den Träger einer bestimmten Rolle (Sohn, Bruder, Freund usw.) richten. »Gut zu sein« ist wichtig und bedeutet, ehrenwerte Absichten zu haben und sich um andere zu sorgen. Es bedeutet auch, daß man Beziehungen pflegt und Vertrauen, Loyalität, Wertschätzung und Dankbarkeit empfindet.	1. Das Verlangen, in den eigenen Augen und in denen anderer Menschen als »guter Kerl« zu erscheinen, 2. die Zuneigung zu anderen, 3. der Glaube an die goldene Regel, 4. der Wunsch, die Regeln und die Autorität zu erhalten, die ein stereotypes »gutes« Verhalten rechtfertigen.	*Perspektive des Individuums, das in Beziehung zu anderen Individuen steht:* Der Handelnde ist sich gemeinsamer Gefühle, Übereinkünfte und Erwartungen bewußt, die den Vorrang vor individuellen Interessen erhalten. Mittels der »konkreten goldenen Regel« bringt er unterschiedliche Standpunkte miteinander in Beziehung, indem er sich in die Lage des jeweils anderen versetzt. Die verallgemeinerte »System«-Perspektive bleibt noch außer Betracht.
Stufe 4 – Soziales System und Gewissen	Die Pflichten zu erfüllen, die man übernommen hat. Gesetze sind zu befolgen, ausgenommen in jenen extremen Fällen, in denen sie anderen festgelegten sozialen Verpflichtungen widersprechen. Das Recht steht auch im Dienste der Gesellschaft, der Gruppe oder der Institution.	Um das Funktionieren der Institution zu gewährleisten, um einen Zusammenbruch des Systems zu vermeiden, »wenn jeder es täte«, oder um dem Gewissen Genüge zu tun, das an die selbstübernommenen Verpflichtungen mahnt (leicht zu verwechseln mit dem für die Stufe 3 charakteristischen Glauben an Regeln und Autoritäten).	*Macht einen Unterschied zwischen dem gesellschaftlichen Standpunkt und der interpersonalen Übereinkunft bzw. den auf einzelne Individuen gerichteten Motiven:* Übernimmt den Standpunkt des Systems, das Rollen und Regeln festlegt. Betrachtet individuelle Beziehungen als Relationen zwischen Systemteilen.

116

NIVEAU III – POSTKONVENTIONELL ODER PRINZIPIENGELEI- TET Stufe 5 – Die Stufe des sozialen Kon- trakts bzw. der gesellschaft- lichen Nützlichkeit, zugleich die Stufe individueller Rechte	Der Tatsache bewußt, daß unter den Menschen eine Vielzahl von Werten und Meinungen vertreten wird und daß die meisten Werte und Normen gruppenspezifisch sind. Diese »relativen« Regeln sollten in allgemeinen befolgt werden, jedoch im Interesse der Gerechtigkeit und weil sie den sozialen Kontrakt ausmachen. Doch gewisse absolute Werte und Rechte wie *Leben* und *Freiheit*, müssen in jeder Gesellschaft und unabhängig von der Meinung der Mehrheit respektiert werden.	1. Ein Gefühl der Verpflichtung gegenüber dem Gesetz aufgrund der im Gesellschaftsvertrag niedergelegten Vereinbarung, zum Wohle und zum Schutze der Rechte aller Menschen Gesetze zu schaffen und sich an sie zu halten; 2. ein Gefühl der freiwilligen vertraglichen Bindung an Familie, Freundschaft, Vertrauen und Arbeitsverpflichtungen; 3. Interesse daran, daß Rechte und Pflichten gemäß der rationalen Kalkulation eines Gesamtnutzens verteilt werden, nach der Devise: »Der größtmögliche Nutzen für die größtmögliche Zahl«.	*Der Gesellschaft vorgeordnete Perspektive:* Perspektive eines rationalen Individuums, das sich der Existenz von Werten und Rechten bewußt ist, die sozialen Bindungen und Verträgen vorgeordnet sind. Integriert unterschiedliche Perspektiven durch die formalen Mechanismen der Übereinkunft, des Vertrags, der Vorurteilslosigkeit und der angemessenen Veränderung. Zieht sowohl moralische wie legale Gesichtspunkte in Betracht, anerkennt, daß sie gelegentlich in Widerspruch geraten, und ist imstande, sie zu integrieren.
Stufe 6 – Die Stufe der universalen ethischen Prinzipien	Selbstgewählten ethischen Prinzipien zu folgen. Spezielle Gesetze oder gesellschaftliche Übereinkünfte sind im allgemeinen deshalb gültig, weil sie auf diesen Prinzipien beruhen. Wenn Gesetze gegen diese Prinzipien verstoßen, dann handelt man in Übereinstimmung mit dem Prinzipien. Bei den erwähnten Prinzipien handelt es sich um universale Prinzipien der Gerechtigkeit: alle Menschen haben gleiche Rechte, und die Würde des Einzelwesens ist zu achten.	Der Glaube einer rationalen Person an die Gültigkeit universaler moralischer Prinzipien und ein Gefühl persönlicher Verpflichtung ihnen gegenüber.	*Perspektive eines »moralischen Standpunktes«*, von dem sich gesellschaftliche Ordnungen herleiten. Es ist dies die Perspektive eines jeden rationalen Individuums, das das Wesen der Moralität anerkennt bzw. anerkennt, daß jeder Mensch seinen (End-)Zweck in sich selbst trägt und entsprechend behandelt werden muß.

Abb. 6: Stufen des moralischen Urteils, aus Colby/Kohlberg 1978, S. 357 (leicht verändert)

hen, jedermann vor Schaden zu bewahren und das Eigentum zu beschützen, nicht nur ein Geschäft. Unsere Gesellschaft ist darauf angewiesen. Wenn wir diese Gesetze nicht hätten, würden die Leute stehlen, sie brauchten nicht für ihren Lebensunterhalt zu arbeiten und unsere ganze Gesellschaft würde aus den Fugen geraten« (konventionell).

»Man verletzt damit die Rechte einer anderen Person, in diesem Fall das Recht auf Eigentum.« - »Ist dabei das kodifizierte Recht von Belang?« - »Nun, das Gesetz gründet sich meistenteils auf das moralisch Richtige, somit handelt es sich nicht um einen selbständigen Bereich, sondern um eine Betrachtungsweise.« - »Welche Bedeutung hat für Sie die Moralität oder moralische Richtigkeit?« - »Die Rechte anderer Individuen anzuerkennen, vor allem das Recht zu leben, aber auch, sich zu verhalten, wie es ihnen gefällt, solange sie dabei nicht die Rechte von irgend jemand anderem verletzen« (postkonventionell).

Wenn Kohlberg (1974b) von »Stufen« der Entwicklung spricht, so geht es ihm um vier Aspekte, die zusammen sein Verständnis von Entwicklungsstufen ausmachen:

- *qualitative Unterschiedenheit:* Die einer Stufe entsprechenden Urteile unterscheiden sich nicht durch den Inhalt, sondern durch die Form, in der ein Inhalt verstanden wird. Die Unterschiede zwischen den stufenspezifischen Formen des Urteilens bedeuten nicht ein mehr oder weniger großes Wissen; sie gehen vielmehr auf eine jeweils andere Art des Verstehens zurück.
- *strukturierte Ganzheit:* Die Urteile einer Stufe entspringen einer gemeinsamen Form des Urteilens. Jede Stufe bildet eine in sich stimmige Einheit.
- *invariante Sequenz:* Die Reihenfolge der Stufen ist nicht umkehrbar. Der Einfluß kultureller Faktoren kann »die Entwicklung beschleunigen, verlangsamen oder anhalten, nicht aber ihre Reihenfolge verändern«.
- *hierarchische Integration:* Eine höhere Stufe ist immer zugleich differenzierter und integrierter als alle niedrigeren, d.h. es werden mehr Aspekte in das Urteil einbezogen und dennoch verstärkt sich der innere Zusammenhang der Stufen. Deshalb führen höhere Stufen für Kohlberg auch zu »angemesseneren« und »besseren« Urteilen.

Besonders der letzte Aspekt von Kohlbergs Verständnis der Entwicklungsstufen ist vielfach auf Kritik gestoßen. Kann man - so wird immer wieder gefragt – empirisch belegen, daß es eine höchste Stufe der Entwicklung gibt? Setzt die Pluralität philosophischer Auffassungen über die höchsten Normen oder Prinzipien der Ethik nicht auch der empirischen Untersuchung des moralischen Urteils Grenzen? – Diese Einwände sind einerseits berechtigt: Empirische Ergebnisse darüber, welche moralischen Urteile tatsächlich gefällt werden, sagen noch nichts über die ethische Angemessenheit dieser Urteile. Die ethische Angemessenheit moralischer Urteile muß philosophisch erwiesen werden. Der Streit zwischen den unterschiedlichen moralphilosophischen Auffassungen kann deshalb nicht einfach empirisch geschlichtet werden.

Andererseits hat Kohlberg auch selbst den engen Zusammenhang psychologisch-empirischer und philosophisch-hermeneutischer Aspekte bei der Konstruktion einer Stufenhierarchie stets betont. Kohlberg hat die Angemessenheit moralischer Urteile nie als ein bloß empirisches, sondern immer auch als ein philosophisches Problem verstanden. Lange Zeit war er aber der Meinung, daß die philosophischen Streitfragen mit Hilfe der empirischen Forschung entschieden werden könnten: Empirische Untersuchungen sollten seine philosophische Position verifizieren, d.h. als richtig erweisen. Inzwischen hat Kohlberg (1984) seinen Kritikern zugestanden, daß empirische Daten eine solche Verifikation nicht zu leisten vermögen. Sie können nur zeigen, ob eine Moralphilosophie eine empirische Entsprechung besitzt oder nicht. Gerade dies scheint aber für die höchste Stufe in Kohlbergs Entwicklungsschema nicht der Fall zu sein: Sie konnte empirisch nicht nachgewiesen werden und ist als philosophische Konstruktion anzusehen.

Daß die höchste Stufe der moralischen Entwicklung, wie sie von Kohlberg beschrieben wird, den Status einer philosophischen Norm und nicht den eines empirischen Ergebnisses besitzt, macht deutlich, daß auch entwicklungspsychologische Deutungen von philosophischen und theologischen Annahmen abhängig sind. Das sollte aber keineswegs so verstanden werden, daß etwa die entwicklungspsychologischen Ergebnisse Kohlbergs nur dann von Wert sind, wenn man auch seine philosophischen oder theologischen Überzeugungen teilt. Manche seiner Ergebnisse dürften weithin verallgemeinerbar sein. Das gilt vor allem für die Unterscheidung zwischen den präkonventionellen, konventionellen oder postkonventionellen Urteilsformen, für die sich Kohlberg u.a. auch auf die Ergebnisse R. Selmans (1984) zur sozialen Entwicklung beru-

119

fen kann. In dieser Unterscheidung spiegelt sich die allmähliche Übernahme gesellschaftlicher Normen (Übergang vom präkonventionellen zum konventionellen Urteil) sowie die dann auszubildende Fähigkeit, gesellschaftliche Normen in Frage zu stellen, indem man sich auf eine höhere Norm beruft (Übergang zum postkonventionellen Urteil). Die moralische Entwicklung bedeutet hier insofern einen Fortschritt, als die ursprünglich vorgesellschaftliche Perspektive durch eine gesellschaftliche und schließlich durch eine der Gesellschaft vorgeordnete Perspektive abgelöst wird. Diese Entwicklung als Fortschritt zu deuten entspricht der Idee der Mündigkeit, die weithin auf Zustimmung stoßen dürfte. Das Verständnis dieser Mündigkeit und die inhaltliche Beschreibung der postkonventionellen Entwicklung dagegen sind strittig.

Auf die Frage nach dem hierarchischen Charakter der Stufenfolge, dem gemäß höhere Stufen »angemessener« oder »besser« sind als die tieferen, werden wir auch bei Oser/Gmünder und bei Fowler stoßen. Im Blick auf Kohlbergs Theorie der moralischen Entwicklung, die hier nur vorgestellt und nicht in einem umfassenden Sinne beschrieben werden kann, möchte ich abschließend noch auf ein zentrales Problem hinweisen: die Frage danach, was zur moralischen Entwicklung gehört.

Kohlberg hat sich bei seiner Untersuchung der moralischen Entwicklung lange Zeit ganz auf das moralische Urteil konzentriert. Das hat ihm zu Recht Kritik eingetragen. Moralisches *Urteil* und moralisches *Handeln* können so weit auseinanderklaffen, daß eine Untersuchung nur des Urteils allein zur Beschreibung der moralischen Entwicklung nicht hinreicht. – Ungeklärt ist bei Kohlberg sodann, wie das moralische Urteil mit anderen Dimensionen der Entwicklung zusammenhängt: Die moralische Entwicklung vollzieht sich nicht unabhängig von den Erfahrungen, wie sie etwa die Psychoanalyse mit dem Begriff der Ich-Entwicklung zu fassen sucht. Hierher gehören zwischenmenschliche Erfahrungen ebenso wie Erfahrungen mit sich selbst, die zu Fähigkeiten wie Charakter- oder Ich-Stärke führen, aber auch die Erfahrung von Sinn und von Sinnlosigkeit. Solche Erfahrungen sind immer auch für die moralische Entwicklung bedeutsam und sollten deshalb bei der Untersuchung dieser Entwicklung einbezogen werden. Diese Forderung gilt schließlich auch für die Religion, die Kohlberg (1981) nur am Rande berücksichtigt: Religion ist für ihn das Jenseits der Moral, d.h. eine Frage nach Sinn, der es zur Begründung morali-

scher Normen nicht bedarf und die deshalb erst am Ende der moralischen Entwicklung - als Stufe 7 - aufbricht.

Allerdings wird man Kohlbergs Sicht des Verhältnisses von Moral und Religion nur gerecht, wenn man die scharfe Trennung zwischen Kirche und Staat
in den USA mitbedenkt. Diese Trennung bringt es mit sich, daß eine moralische Erziehung in den staatlichen Schulen nur dann überhaupt zulässig ist,
wenn sie als weltanschaulich neutral gelten kann. Vor diesem Hintergrund ist
die von Kohlberg vertretene Unterscheidung zwischen Moral und Religion
immer zunächst als ein Versuch zu würdigen, die moralische Erziehung in der
staatlichen Schule zu stärken und zu legitimieren.

Moralphilosophisch gesehen bildet die Trennung zwischen Moral und
Religion ein Erfordernis, das sich aus der pluralistischen Situation mo-
derner Gesellschaften ergibt: Wenn keine religiöse Tradition mehr für
alle verbindlich ist, sind nur solche moralischen Urteile konsensfähig,
die nicht von einer religiösen Begründung abhängen. Theologisch
bleibt die Trennung zwischen Moral und Religion dennoch unbefriedi-
gend. Religion hat immer auch moralische Konsequenzen, und diese
Konsequenzen sind nicht immer deckungsgleich mit der Moral, auf die
sich eine Gesellschaft im ganzen zu einigen vermag.

Fritz Oser und Paul Gmünder: Stufen des religiösen Urteils

Eng im Anschluß an Kohlbergs Theorie der moralischen Entwicklung
haben Fritz Oser und Paul Gmünder eine Theorie der Entwicklung des
religiösen Urteils ausgearbeitet. Wie bei Kohlberg steht bei Oser/
Gmünder der Stufenbegriff im Mittelpunkt, und auch bei ihrer Untersuchungsmethode folgen Oser/Gmünder dem von Kohlberg eingeschlagenen Weg der klinischen Befragung mit Hilfe von Dilemma-Geschichten.
Das religiöse Urteil und seine Untersuchung: Oser/Gmünder haben
Kindern, Jugendlichen und Erwachsenen verschiedene Dilemma-Geschichten vorgelegt. Als Beispiel gebe ich hier das Paul-Dilemma wieder, an dem auch Oser/Gmünder selbst ihr Vorgehen erläutern:

»Paul, ein junger Arzt, hat soeben sein Staatsexamen mit Erfolg bestanden. Er hat eine Freundin, der er versprochen hat, daß er sie heiraten werde. Vorher darf er als Belohnung eine Reise nach England machen, welche ihm die Eltern bezahlen.

Paul tritt die Reise an. Kaum ist das Flugzeug richtig aufgestiegen, meldet der Flugkapitän, daß ein Motor defekt ist und der andere nicht mehr zuverlässig arbeitet. Die Maschine sackt ab. Alle Sicherheitsvorkehrungen werden sofort getroffen - Sauerstoffmasken, Schwimmwesten usw. werden verteilt. Zuerst haben die Passagiere geschrien, jetzt ist es totenstill. Das Flugzeug rast unendlich schnell zur Erde. Paul geht sein ganzes Leben durch den Kopf. Er weiß, jetzt ist alles zu Ende.

In dieser Situation denkt er an Gott und beginnt zu beten. Er verspricht - falls er gerettet würde -, sein Leben ganz für die Menschen in der Dritten Welt einzusetzen und seine Freundin, die er sehr liebt, sofern sie ihn nicht begleiten will, nicht zu heiraten. Er verspricht, auf ein großes Einkommen und Prestige in unserer Gesellschaft zu verzichten. Das Flugzeug zerschellt auf einem Acker - doch wie durch ein Wunder wird Paul gerettet! Nach seiner Rückkehr wird ihm eine gute Stelle in einer Privatklinik angeboten. Er ist aus 90 Anwärtern aufgrund seiner Fähigkeiten ausgewählt worden. Paul erinnert sich jedoch an sein Versprechen, das er Gott gegeben hat. Er weiß nun nicht, wie er sich entscheiden soll« (Oser/Gmünder 1984, S. 130f.).

Anhand dieser Geschichte wird dann ein Interviewgespräch geführt, in dem es inbesondere um das von Paul gegebene Versprechen geht: »Soll Paul sein Versprechen an Gott halten? Warum oder warum nicht?« Mit Hilfe weiterer Fragen und Nachfragen wird dann das Verständnis von Gott, Mensch und Wirklichkeit erhoben.

Entscheidend sind für Oser/Gmünder dabei nicht die inhaltlichen Antworten oder die positive oder negative Einstellung zu Gott. Auch darauf, ob an Gott geglaubt wird oder nicht, kommt es Oser/Gmünder bei ihrer Untersuchung nicht an. Sie verstehen das religiöse Urteil als eine Tiefenstruktur, die allem Denken und Urteilen über religiöse Fragen zugrundeliegt. Diese Tiefenstruktur finde sich nicht nur bei Christen ebenso wie bei Hindus, Moslems oder Buddhisten, sondern auch bei Atheisten.

Das bedeutet nicht, daß Oser/Gmünder Atheisten eine heimliche Religiosität unterstellen. Beabsichtigt ist vielmehr der Nachweis, daß das Denken in religiösen Fragen von Regeln des Urteilens bestimmt wird, die als gleichbleibende Struktur auch bei Auffassungen zu finden sind, die sich dem Inhalt nach widersprechen.

So gesehen wechseln die inhaltlichen Überzeugungen bei gleichbleibender Struktur. Lebensgeschichtlich betrachtet hingegen ist es jedoch die Struktur, die einer Reihe von Veränderungen unterworfen ist. Ähnlich wie Kohlberg beim moralischen Urteil kommen Oser/Gmünder beim religiösen Urteil zu sechs Stufen, die nacheinander in aufsteigender Reihenfolge durchlaufen werden. Entwicklung des religiösen Urteils bedeutet dann die sich in Stufen vollziehende Veränderung der Urteilsstrukturen.

Das religiöse Urteil verstehen Oser/Gmünder dabei als »Ausdruck jenes Regelsystems einer Person, welches in bestimmten Situationen das Verhältnis des Individuums zum Ultimaten überprüft« (S. 28). Es geht ihnen darum, wie eine Person ihr Verhältnis zu Gott oder, wie Oser/Gmünder verallgemeinernd sagen, zum »Letztgültigen« oder »Ultimaten« auffaßt und bestimmt.

Die Abgrenzung gegenüber der kognitiven und moralischen Entwicklung, wie sie von Piaget und Kohlberg beschrieben wird, bildet für Oser/Gmünder der Bezug des religiösen Urteils auf die »Sinn-Frage«. Diese Frage stelle sich jedem Menschen im Blick auf sein Woher und Wohin. Oser/Gmünder bezeichnen dies mit dem Begriff der »Kontingenzbewältigung«, der zwei Aspekte einschließt: die »Frage nach dem Ganzen« als Einheit und zugleich die Frage nach dem »Grund, der diese Einheit ermöglicht«.

Solche Fragen nach dem »unbedingt Gültigen«, so die zentrale These von Oser/Gmünder, bedürfen einer eigenen Denkstruktur. Sie lassen sich mit Hilfe der von Piaget und Kohlberg beschriebenen Strukturen der kognitiven und moralischen Entwicklung nicht angemessen aufnehmen. Deshalb gehen Oser/Gmünder davon aus, daß es einen »geschlossenen Bereich« gibt, der »spezifisch religiös« ist.

Ob man wie Oser/Gmünder von einem religiösen »Bereich« sprechen kann und soll, ist allerdings fragwürdig. Man läuft dann Gefahr, Religion als eine von der übrigen Wirklichkeit getrennte Größe zu verstehen und so ihre Verflochtenheit mit dem Leben als ganzem zu verfehlen. – Beabsichtigt wird von Oser/Gmünder freilich etwas anderes: Sie wollen festhalten, daß Religion in der lebensgeschichtlichen Entwicklung nicht durch rationale – kognitive oder moralische – Formen des Verstehens abgelöst werden kann: Wenn Religion eine eigene

Form des Weltverstehens bildet, kann sie nicht als kindlich oder vorrational abgetan werden.

Diesem Anliegen entspricht es, wenn Oser/Gmünder religiöse Entwicklung so verstehen, daß höhere Stufen »eine je anders rational durchdrungene Religiosität beinhalten«. Sie vertreten die These, daß es eine Form von Rationalität gibt, die eine Höherentwicklung, nicht aber eine Ablösung von Religion durch Rationalität bedeutet. Statt dessen führe die religiöse Entwicklung zu einer immer angemesseneren Integration von Religion »in eine kommunikative Wirklichkeit«, d.h. eine Wirklichkeit, die von der Kommunikation mit anderen bestimmt ist.

Zur genaueren Bestimmung des religiösen Urteils und seiner Entwicklung bedienen sich Oser/Gmünder sieben Dimensionen, in denen ein »Gleichgewicht« im Sinne Piagets erreicht werden soll, d.h. ein ausgeglichenes Urteil, das sowohl die Autonomie des Menschen wie die Autonomie Gottes bzw. des Ultimaten berücksichtigt:

Heiliges und Profanes
Transzendenz und Immanenz
Freiheit und Abhängigkeit
Hoffnung (Sinn) und Absurdität
Vertrauen und Angst
Dauer (Ewigkeit) und Vergänglichkeit
Unerklärliches (Magisches) und funktional Durchschaubares.

Die Stufen des religiösen Urteils: Die von Oser/Gmünder beschriebene Stufenfolge kann unter verschiedenen Aspekten begriffen werden. Grundlegend ist die Frage, wie die »Autonomie Gottes bzw. des Ultimaten« mit der »Autonomie des Menschen« zusammengedacht werden kann. In dieser Hinsicht bezeichnet die Stufenfolge den Weg von einer Auffassung, die alle Macht und Autorität bei Gott bzw. dem Ultimaten sieht und den Menschen als ein fremdbestimmtes Wesen betrachtet, hin zu einem Verständnis, für das sich göttliche Macht und Autorität gerade in der Freiheit des Menschen ausdrücken. - Die Stufenfolge läßt sich aber auch vom Verhältnis »Transzendenz - Immanenz« her fassen. So gesehen steht am Anfang die unreflektierte Vermischung von Transzendenz und Immanenz, auf die eine radikale Unterscheidung und schließlich eine neue, reflektierte Versöhnung folgen.

Für das Versprechen Pauls bedeutet dies, daß er - dem Urteil der ersten Stufen (Stufe 1 und 2) gemäß - keine echte Wahl hat: Entweder er löst sein Versprechen ein oder er wird bestraft (er wird krank, es passiert ihm ein Unfall usw.). Von Stufe 3 aus gesehen dagegen liegt die Entscheidung ganz bei Paul: Es ist *seine* Entscheidung, denn Gott greift nicht in die Geschichte ein. Die Freiheit des Menschen geht hier auf Kosten der Freiheit Gottes. Die Freiheit des Menschen, sich zu entscheiden, bleibt auch auf den höheren Stufen erhalten. Sie kann aber mit der Freiheit Gottes mehr und mehr verbunden werden. Die Freiheit Gottes wird dann als Grund menschlicher Freiheit verstanden.

Die fünf Stufen, die Oser/Gmünder bisher belegen konnten, sind in Abb. 7 wiedergegeben. Die sechste Stufe ist ein Postulat und kann deshalb nicht in derselben Weise dargestellt werden wie die anderen Stufen. - Auch der Anfang der Entwicklung wird von den Stufen nicht erfaßt: Den von Oser/Gmünder beschriebenen Stufen geht ein Stadium voraus, in dem das Kind »noch nicht zwischen verschiedenen Wirkkräften außerhalb seines Selbst unterscheiden« kann. Oser/Gmünder

---

Stufe 1: Sicht einseitiger Macht und Autorität eines Ultimaten (Deus ex machina)

Stufe 2: Sicht der Beeinflußbarkeit alles Ultimaten durch Riten, Erfüllungen, Gebete usw. Erste Subjektivität (Do ut des)

Stufe 3: Autonomie der Person durch Abtrennung des Ultimaten vom genuin humanen Bereich (Deismus)

Stufe 4: Autonomie der Person durch Annahme apriorischer Voraussetzungen aller menschlichen Möglichkeiten durch Ultimates (Apriorität)

Stufe 5: Sicht einer kommunikativ-religiösen Praxis, in der Ultimates in jedem Handeln Voraussetzung und Sinngebung bildet. Höchste menschliche Autonomie (Kommunikativität)

Abb. 7: Stufen des religiösen Urteils, aus Oser/Gmünder 1984, S. 87f.

bezeichnen dies als eine »vorreligiöse Haltung« und sprechen von der Stufe 0.

Ich möchte nun die einzelnen Stufen anhand von Antwortbeispielen, die ich der Sammlung von Oser/Gmünder entnehme, erläutern. Es handelt sich jeweils um Antworten auf die Frage: »Soll Paul sein Versprechen gegenüber Gott einlösen? Warum oder warum nicht?«

Stufe 1

»Knabe, 10 Jahre: ›Er soll schon gehen. Weil er es versprochen hat. Wenn etwas geschieht, soll man an den lieben Gott denken. Der liebe Gott ist der Liebste, er hilft den Leuten, wenn man ein Versprechen gemacht hat, und dann muß man auch tun, was man versprochen hat‹. *Wieso soll man ein Versprechen halten?* ›Weil man vielleicht sonst doch bestraft wird. Gott tut, daß man im Innern weh hat – Bauchweh oder so etwas‹« (S. 144).

Die Zuordnung zu Stufe 1 erfolgt wegen der Strafe, die als Begründung angeführt wird. Das Handeln Gottes steht ganz im Vordergrund; die Handlungsmöglichkeiten des Menschen sind gering oder werden überhaupt nicht gesehen. Der Mensch kann nur reagieren. Oser/Gmünder schreiben: »Der große Fortschritt von Stufe 0 zu Stufe 1 besteht darin, daß das Kind das Regelverhalten, das es von Eltern und Erziehern gelernt hat, auf dieses noch unbestimmte Ultimate und seine Wirkung überträgt.« Und: »Der Mensch ist heteronomes Vollzugsorgan des Ultimaten (›Gott weiß schon, was er tut‹; ›Er handelt, weil er so handelt‹).« Insofern ist Gott, wie Oser/Gmünder es mit einem Bild aus der Theatersprache ausdrücken, ein »Deus ex machina«, der unvermittelt und ohne Bezug auf das Handeln der Menschen in die Geschichte eingreift.

Stufe 2

»Knabe, 9 Jahre: ›Ja, das muß er, Gott hat ihn auch gerettet. Er hat den Paul vielleicht darum gerettet, weil er immer lieb zu ihm war. Er hat nicht so viel Böses gemacht. Wenn wir nämlich gut zu Gott sind, dann hilft uns vielleicht Gott auch wieder einmal.‹ *Warum hilft uns Gott?* ›Er will damit erreichen, daß wir überleben können. Wenn er uns hilft, dann können wir manchmal auch etwas für ihn tun. Zuerst machen wir etwas, vielleicht hilft er uns dann.‹ *Wie hilft er*

uns? ›Mit seinen Kräften, die er besitzt. Er kann Wunder machen. Aber er macht sie nicht immer. Es kommt ganz darauf an, wie man zu ihm ist‹« (S. 148).

Kennzeichnend ist der Satz: »Wenn wir nämlich gut zu Gott sind, dann hilft uns . . . Gott auch«. In der Beziehung zwischen Gott und Mensch gilt: »Wie Du mir, so ich Dir« (oder, mit Oser/Gmünder, in der lateinischen Form: Do ut des). - Im Unterschied zu Stufe 1 hat das Handeln des Menschen jetzt einen größeren Stellenwert und erhält mehr Beachtung. »Es gibt jetzt Mittel, das über uns stehende Unbedingte (Schicksal, Geister, Gott) zu beeinflussen« (S. 91). Die Beziehung zwischen Gott und Mensch hat zwei Seiten und wird von beiden Seiten her aktiv gestaltet. Es bleibt aber bei einer Art Handelsbeziehung, die auf wechselseitigem Wohlverhalten beruht.

Stufe 3

»*Weibliche Versuchsperson, 34 Jahre:* ›Der Fehler besteht schon darin, daß Paul mit dem lieben Gott einen Handel macht. Das finde ich kindisch in einer solchen Situation. Die Frage ist, was Paul noch von seinem Leben hat, wenn er alles aufgeben muß, das ihm Spaß bereitet. Ich hätte ein schlechtes Gewissen, diesen gut bezahlten Job anzunehmen, weil ich nämlich persönlich doch den Vorsatz gefaßt habe, mein Leben für die armen Menschen einzusetzen. Dies muß ich dann tun, weil es mir ein inneres Bedürfnis ist und weil ich den Entschluß in einem wichtigen Moment meines Lebens gefaßt habe, aber nicht, weil ich es dem lieben Gott versprochen habe‹« (S. 155).

Der »Handel« mit Gott wird jetzt abgelehnt. Statt dessen kommt das eigenständige Handeln des Menschen in den Blick: Der Mensch ist sich selbst verantwortlich und soll deshalb seinen Vorsätzen treu bleiben (»weil ich nämlich persönlich doch den Vorsatz gefaßt habe«). Von Gott ist nur noch am Rande die Rede. Der Einfluß Gottes ist begrenzt. Das macht eine andere Interviewantwort sehr deutlich: »Ich bezweifle nicht, daß es Gott gibt, aber ich bezweifle, daß er einen so großen Einfluß hat auf den Menschen . . .« (S. 154). Wie im Deismus der Aufklärungszeit, nach dem Oser/Gmünder diese Stufe benennen, wird die Geschichte des Menschen als von Gott unabhängig verstanden, oder es wird überhaupt eine atheistische Position eingenommen.

Den empirischen Ergebnissen von Oser/Gmünder zufolge (die allerdings nur bedingt verallgemeinerbar sind) ist Stufe 3 die Stufe, die vom späten Jugendalter bis weit ins Erwachsenenalter hinein am häufigsten auftritt (vgl. *Abb. 8*).

Stufe 4

»*Männliche Versuchsperson, 53 Jahre:* ›Erstens möchte ich sagen, daß er dieses Versprechen nicht aus freier Überzeugung gemacht hat, sondern aus Angst, daß es also ein unfreier Entschluß war. (. . .) Ich meine, ein Leben, das sich total dem Herrgott hingeben will, kann nicht aus einer solchen Notsituation heraus völlig frei sich geben. Ich würde sagen, daß die Freiheit für einen totalen Einsatz für Gott einfach Grundbedingung ist für eine echte religiöse Handlung. Die Voraussetzung für ein solches Versprechen ist, daß er an Gott glaubt, wenn er nicht an Gott glaubt, dann kann man ihn auch nicht verpflichten, etwas zu tun. Das zweite ist, also wenn er an Gott glaubt und in dem Glauben leben will, dann fühlt er sich nicht in dem Sinne verpflichtet, daß er einfach unter einem Zwang ist, sondern daß einfach die Einsicht in seine geschöpfliche und in seine erlöste Natur ihn einfach zu gewissen Handlungen und Haltungen dem Gott gegenüber treibt. Aber nicht, daß er dies machen muß, denn er

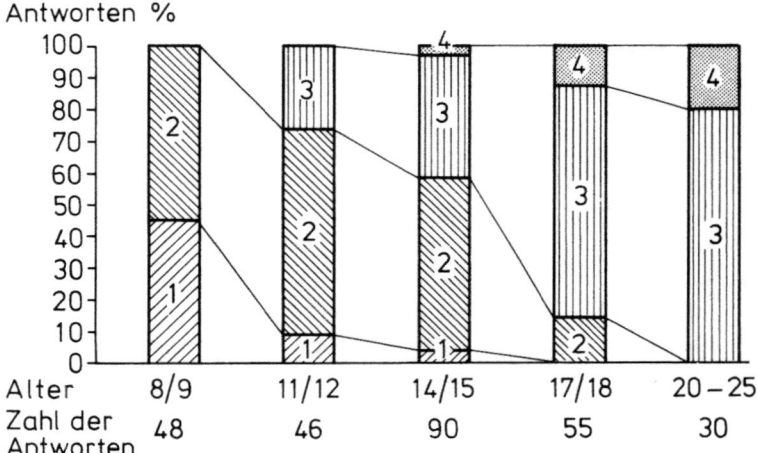

Abb. 8: »Prozentuale Anteile an Stufe 1-, Stufe 2-, Stufe 3-, Stufe 4-Antworten in verschiedenen Altersgruppen (über alle Dilemmata hinweg)«, aus Oser/ Gmünder 1984, S. 193

kann es anders machen, da ist der Mensch frei; nur geht es eben darum, frei heißt nicht, daß er machen kann, was er will, denn der Mensch ist von Natur aus und in seiner Erlösung doch an eine gewisse Linie gebunden. Also in dem Sinne würde ich die Frage mit Ja beantworten; wenn er glaubt, ergeben sich daraus ganz logischerweise gewisse Verpflichtungen, welche aber eher aus einem inneren Bedürfnis und aus Freiheit heraus kommen. Es gilt auch hier wie beim ersten, was Gott nicht frei gegeben hat, das ist nichts wert‹« (S. 161f.).

Wie bei der vorhergehenden Stufe ist hier von der Freiheit des Menschen die Rede. Diese Freiheit wird nun aber nicht mehr so verstanden, daß sie die Trennung zwischen Gott und Welt im Sinne von zwei gegeneinander isolierten Bereichen voraussetzt. Vielmehr wird die Freiheit des Menschen jetzt zur »Grundbedingung . . . für eine echte religiöse Handlung«. Für Oser/Gmünder bedeutet dies eine neue Vermittlung zwischen der Autonomie des Subjekts und dem Unbedingten: Das Unbedingte werde in dem Sinne in das Subjekt verlegt, »daß es Bedingung der Möglichkeit für alles Entscheiden und Handeln wird« (S. 97). Im vorliegenden Interview wird dies an Begriffen wie der »Natur« des Menschen sichtbar, die für den Befragten eine konstitutive Verbundenheit mit Gott enthält.

Den Fortschritt, den Stufe 4 mit sich bringt, sehen Oser/Gmünder in der Fähigkeit, auf sich selbst zu reflektieren. Diese Selbstreflexion bedinge die neue Möglichkeit, das eigene - freie - Selbst mit einem Ultimaten in Verbindung zu bringen.

Ein weiterer Aspekt, den Oser/Gmünder zwar weniger deutlich herausarbeiten, der aber in den Interviewaussagen stark hervortritt, ist die Reflexion auf die beschränkte Zurechenbarkeit Pauls in der Situation des Flugzeugabsturzes. Eine solche Reflexion ist zwar schon auf Stufe 3 zu finden; auf Stufe 4 tritt sie jedoch gehäuft auf. So wird darauf verwiesen, daß Paul »unter physischem Zwang stand«, daß er sein Versprechen »aus Angst« und in einer »Streßsituation« gegeben hat.

Die neue Vermittlung von Gott und Mensch bedeutet keine Rückkehr zu Stufe 1. Oser/Gmünder machen darauf aufmerksam, daß die auf Stufe 4 angestrebte Vermittlung nicht auf ein direktes Eingreifen Gottes zielt, sondern auf die Gleichnishaftigkeit für das Göttliche, die das Irdische gewinnen kann. Eine zweite Vermittlungsmöglichkeit bezeichnen Oser/Gmünder als »Heilsplan«. Damit ist gemeint, daß Gott, Welt und Mensch in einem universellen Plan verbunden sind, in dessen Rahmen der Mensch jedoch frei handelt.

Die Grenze dieser Stufe liegt für Oser/Gmünder in der nur negativen Auffassung von Freiheit als Freiheit »von«. Mit der Beziehung zu anderen Menschen und der Interaktion mit ihnen sei das Ultimate noch nicht verbunden.

Stufe 5

Für Stufe 5 haben Oser/Gmünder bisher kaum Beispiele gefunden. Sie vermuten, daß man dazu »Weise oder Heilige, große Denker oder mutige Theologen« befragen müßte. Aus dem Interview mit einem Theologen und Philosophen zitiere ich einige Passagen:

> *»Was ist überhaupt für diese Welt bedeutsam: Der Mensch oder Gott?*
> ...ich kann unmöglich eine Gottesbeziehung realisieren und Gott gerecht werden, wenn ich nicht meiner Freundin gerecht werde. Natürlich hat der Paul durch das Eintreten in diese Liebesbeziehung Freiheit realisiert, die nicht aus der Gottesbeziehung herausgenommen werden darf, sondern auch hier die Auslegung des Willens Gottes ist, die Auslegung der Situation, d.h. hier der Liebe zu seiner Freundin und der Liebe zu seinem Beruf, denn, daß er der Beste ist von allen für diese chirurgische Klinik, ist für mich - und das habe ich in meinem eigenen Leben auch immer so praktiziert - indirekt ein Anruf vom Willen Gottes ... Ich kann meinen Gottesbezug nicht unabhängig von meinem Kommunikations- und Arbeitsbezug her denken, denn dann würde er inhaltsleer und damit eine Flucht. Der Gottesbezug realisiert sich nur innerhalb des Geschichtsbezuges ...
> *Zeigt sich Gott überhaupt in der Welt und auf welche Weise?*
> ... Ein wichtiger Ort ist auch die Liebe, der Haß, wo sich zeigt, was der Mensch ist, nicht ist und was er kann, jedenfalls zeigt sich Gott in der Interkommunikation und im Kommunikationsabbruch. Das ganze Leben ist auslegbar als Manifestation Gottes - und die Naturgeschichte muß von diesem Zusammenhang her gesehen werden« (S. 171f.).

Wichtig ist für Oser/Gmünder hier zum einen die eindeutige Verbindung, die nun zwischen der Freiheit des Menschen und Gott besteht. Zum anderen ist es die wesensmäßige Verknüpfung zwischen Gottesbezug und Kommunikationsbezug, die für Stufe 5 kennzeichnend ist.

Das bedeute, daß das Unbedingte nur »in der unbedingten Dimension intersubjektiven Handelns aufscheinen kann« (S. 101). Dem entspricht das Stichwort der »*Kommunikativität*«, das Oser/Gmünder für diese Stufe wählen.

Auf eine Formel gebracht bedeutet Stufe 5, daß das Ultimate als absolute Freiheit die endliche Freiheit des Menschen ermöglicht und daß diese Freiheit ihren Ort in der Intersubjektivität und Kommunikation der Menschen hat.

Stufe 6

Wie bereits einleitend bemerkt, besitzt diese Stufe nur einen hypothetischen Charakter. Empirische Beispiele können Oser/Gmünder bisher nicht anführen. In der in Buchform vorliegenden Darstellung, auf die ich mich bisher hauptsächlich bezogen habe, tritt die Stufe 6 fast ganz zurück.

Kennzeichnend für diese hypothetische Stufe ist die Ausweitung der auf Stufe 5 sich abzeichnenden Perspektiven: eine »kommunikative Praxis mit universalem Anspruch« sowie ein Verhältnis zu Gott als Grund »von Geschichte und Wirklichkeit überhaupt«.

Eine stärker theologische Beschreibung lautet so: »Entscheidend ist also für diese Stufe das konsequente Beachten der indikativischen Struktur: der Indikativ geht dem Imperativ schlechthin voraus, und zwar so, daß der kategorische Indikativ die immer gegebene menschliche Situation der Strittigkeit nicht nur nicht ausblendet, sondern voll integriert« (Oser/Gmünder 1984, S. 104). Gemeint ist damit offenbar, daß das unbedingte Angenommensein des Menschen durch Gott die Voraussetzung allen Handelns bildet. Die Anklänge an die Theologie des Paulus sind unverkennbar.

Wie die Altersangaben bei den Interviewantworten zeigen, erfassen die von Oser/Gmünder beschriebenen Entwicklungsstufen nicht nur die Kindheit und das Jugendalter, sondern auch das Erwachsenenalter. Von einer feststehenden Zuordnung einer bestimmten Stufe zu einem bestimmten Lebensalter kann nicht ausgegangen werden. Die bisher vorliegenden Daten zeigen einen deutlich aufsteigenden Trend bis zum 25. Lebensjahr, der sich dann bis zum 65. Lebensjahr stark abflacht und dann sogar umkehrt.

Die Umkehrung des Entwicklungstrends im höheren Alter ist eine theoretisch noch ungeklärte Erscheinung. Die Stufentheorien von Piaget, Kohlberg und Oser/Gmünder gehen ja davon aus, daß sich die Entwicklung nur in aufsteigender Richtung vollziehen kann und daß die einmal erreichte Stufe nicht mehr aufgegeben wird. - Oser/Gmünder vermuten, daß sich bei der Umkehrung des Entwicklungstrends im Alter Einflüsse bemerkbar machen, die aus der gesellschaftlichen Stellung alter Menschen, d.h. ihrer Ausgliederung, resultieren.

Zu erwähnen ist schließlich noch, daß es zwischen Konfession und Entwicklungsstufe keinen Zusammenhang zu geben scheint. Dagegen gehen ein höherer Bildungsstand und eine wirtschaftlich und sozial bessere Stellung auch mit höheren Stufen einher. Demnach sind Bildung und gesellschaftliche Stellung auch für die Entwicklung des religiösen Urteils bedeutsam.

Zur kritischen Würdigung: Im Vergleich zur psychoanalytischen Religionspsychologie ist die Theorie der Entwicklung des religiösen Urteils von Oser/Gmünder verhältnismäßig jung. Sie ist erst in der Zeit seit den 70er Jahren ausgebildet worden. Eine umfassendere Darstellung von Oser/Gmünder liegt seit 1984 vor. Die Theorie hat eine Reihe religionspädagogischer und theologischer Stellungnahmen herausgefordert, auf deren Hauptargumente ich im folgenden eingehen möchte. - Zusammenfassend läßt sich sagen - das sei schon vorweg bemerkt -, daß es zwar weitreichende Einwände gegen die von Oser/Gmünder vertretenen Auffassungen gibt, daß aber die religionspädagogische Bedeutung ihrer Theorie im ganzen kaum zu bezweifeln ist.

Der am häufigsten anzutreffende Einwand zielt auf das Verhältnis kognitiver und emotionaler Aspekte in der religiösen Entwicklung. Hier wird zu Recht betont, daß sich die religiöse Entwicklung nicht auf die Entwicklung des *Urteils* beschränken läßt, daß vielmehr der ganze Mensch mit seinem Denken, Fühlen und Handeln gesehen werden muß. - Durch ihre unscharfe Begrifflichkeit provozieren Oser/Gmünder diesen Einwand ein Stück weit selbst: Sie sprechen - etwa im Titel ihres Buches (1984) - von religiöser *Entwicklung* und beschreiben dann nur das religiöse *Urteil.* Insofern bleiben sie hinter dem eigenen Anspruch zurück. Versteht man die Stufen des religiösen Urteils aber als das, was sie tatsächlich sind, d.h. als kognitionspsychologische Beschreibung des Sprechens und Denkens über religiöse Fragen und der Entwicklung dieses Sprechens und Denkens, so wird man zwar ihre Reichweite als begrenzt ansehen müssen, man wird sie aber nicht einfach mit dem Argument abtun können, sie seien einseitig kognitiv.

Hier ist auch noch einmal zu betonen, daß sich Oser/Gmünder keineswegs auf ein bloßes *Meinen* oder *Wissen* beschränken, wie das bei demoskopischen Umfragen häufig der Fall ist. Oser/Gmünder fragen nicht etwa danach, ob jemand an Gott glaubt oder an die Jungfrauengeburt und was jemand von der Kirche weiß. Sie erfragen *Begründungen* und untersuchen die Urteilsstrukturen, die diesen Begründungen zugrunde liegen. Informations- oder »Wissensstrukturen«, wie Oser/ Gmünder es nennen, sagen allein noch wenig über die religiöse Entwicklung. Die »Tiefenstrukturen« dagegen, die das Urteilen und Verstehen bestimmen, müssen als ein zentraler Aspekt der religiösen Entwicklung angesehen werden. Denn diese Strukturen gehen offenbar in einer grundlegenden Weise in das Weltbild des Menschen ein.

Vor größere Schwierigkeiten stellen eine Reihe weiterer Einwände, die die Gültigkeit der Theorie selbst betreffen. Diese Einwände lassen sich in vier Punkten zusammenfassen:

- *Anfragen an die Untersuchungsmethode:* Als problematisch anzusehen ist vor allem, daß es Oser/Gmünder bisher nicht gelungen ist, ein von direkten Nachfragen unabhängiges religiöses Urteil zu erheben. Das religiöse Urteil mußte entweder durch den religiösen Inhalt der Dilemma-Geschichten oder durch spezifische Nachfragen provoziert werden. Darin liegt die Gefahr, daß nicht erhoben wird, wie die Befragten selbst im Lebensalltag religiös urteilen, sondern nur, wie sie auf die Fragen von Oser/Gmünder reagieren. Was aber, wenn sich das religiöse Urteil eines Kindes oder Jugendlichen gar nicht in den von Oser/Gmünder vorgezeichneten Bahnen bewegt? Dieser Einwand verschärft sich weiter angesichts der von Oser/ Gmünder eingesetzten Dilemma-Geschichten: Diese Geschichten -

und das gilt nicht nur für den Flugzeugabsturz, bei dem Paul sein Versprechen ablegt - bewegen sich fernab vom Alltag der Befragten. Im Blick auf das »Gebet bei Flugzeugabsturz« handelt es sich eher um ein gesellschaftliches Klischee als um eine Situation, in der sich die Religion von Kindern und Jugendlichen äußern könnte. Religion wird so von vornherein auf Ausnahmesituationen begrenzt.

- *Anfragen an die Struktur-Inhalt-Unterscheidung:* Die kognitiv-strukturelle Untersuchung des religiösen Urteils hängt von der Unterscheidung zwischen Struktur und Inhalt bzw. zwischen Tiefenstruktur und Wissensstruktur ab. Aber lassen sich bei der religiösen Entwicklung im selben Sinne Strukturen isolieren wie bei der kognitiven und moralischen Entwicklung? Ist das religiöse Urteil nicht stets an inhaltliche Aspekte gebunden und damit auch an eine bestimmte Religion, wie sie sich geschichtlich entwickelt hat? - Daß sich bei der religiösen Entwicklung kaum allgemeingültige, universelle Strukturen benennen lassen, wie Oser/Gmünder es fordern, dafür sprechen schon die christlich-theologischen Elemente, die in die Strukturbeschreibungen bei Oser/Gmünder einfließen. Wie bereits erwähnt, gilt dies besonders für Stufe 6, bei deren Beschreibung sich Oser/Gmünder deutlich an die paulinische Theologie anlehnen.

- *Anfragen an die hierarchische Ordnung der Stufen:* Dieser Punkt hängt mit dem Problem der Unterscheidung von Struktur und Inhalt eng zusammen. Wenn sich keine allgemeingültigen (universellen) Strukturen isolieren lassen, hängt die Bewertung der Stufen von inhaltlichen - theologischen, religionsphilosophischen und psychologischen - Entscheidungen ab. Weder in theologischer noch in religionsphilosophischer oder psychologischer Hinsicht ist aber bisher genügend deutlich, inwiefern die höheren Stufen die tieferen voraussetzen und warum sie als höherwertig anzusehen sind.

- *Anfragen an die Stimmigkeit der Stufenfolge:* Daß der hierarchische Charakter der Stufenfolge noch nicht überzeugend dargestellt ist, ergibt sich auch aus einem Mangel an innerer Stimmigkeit der Stufenfolge. Deutlich herausgearbeitet ist der Fortschritt von Stufe 0 zu

Stufe 1 (Unterscheidung zwischen Gott/Ultimatem und den Eltern) und von Stufe 1 zu Stufe 2 (Unterscheidung der Handlungssubjekte Gott/Ultimates und Mensch). Warum aber auf Stufe 2 eine Stufe 3 (mit der Trennung zwischen Gott/Ultimatem und Mensch), nicht aber eine Stufe 4 (Heilsplan) folgen soll oder warum die Stufe 3 nicht auch die Stufe 4 ablösen kann, das ist jedenfalls der Beschreibung von Oser/Gmünder nicht zu entnehmen und kann bestenfalls mit dem Hinweis auf empirische Daten gestützt werden.

Zum Teil sind die Einwände, auf die ich bisher eingegangen bin, auch theologisch motiviert. Die ausdrücklich theologischen Einwände betreffen drei Zusammenhänge:

- *das Religionsverständnis:* Die Verengung des Religionsverständnisses auf alltagsferne Grenzsituationen wurde bereits angesprochen. Darüber hinaus bleibt das Religionsverständnis von Oser/Gmünder in zwei Hinsichten unzureichend: Zum einen wird die Beziehung zwischen Gott/Ultimatem und Mensch – schon von den Dilemmageschichten her – auf ein moralisches Verhältnis begrenzt. Es geht immer darum, welche Ansprüche dem Menschen gegenüber Gott zukommen und welche Ansprüche umgekehrt Gott an den Menschen stellen kann. Weit weniger Beachtung erhalten Fragen, die das Sein des Menschen, seine Existenz und sein Selbstverständnis betreffen. – Zum anderen fehlt bei Oser/Gmünder die gemeinschaftliche Dimension von Religion. Oser/Gmünder sprechen zunächst, auf den ersten Stufen, von der Gottesbeziehung des einzelnen und dann, auf den höheren Stufen, von der abstrakten Gemeinschaft aller Menschen. Die kirchliche (oder allgemeiner formuliert: institutionelle) Zugehörigkeit dagegen kommt nicht genügend in den Blick.

- *den Rationalitätsbegriff:* Die Entwicklung des religiösen Urteils verstehen Oser/Gmünder als Entwicklung der Rationalität. Fortschritt in der Entwicklung bedeutet für sie eine zunehmend rationale Durchdringung von Religiosität. Oser/Gmünder wollen damit zeigen, daß Rationalität und Religiosität einander nicht ausschließen, sondern geradezu einschließen können und müssen. Um dieser Versöhnung von Rationalität und Religiosität willen plädieren Oser/ Gmünder für eine Erweiterung des Rationalitätsverständnisses, so daß es über das naturwissenschaftliche (objektbezogene) Erkennen und moralische Urteilen hinausgeht und die religiöse Entwicklung mitumfassen kann. - Für diese Erweiterung des Rationalitätsverständnisses beziehen sich Oser/Gmünder jedoch vor allem auf das Modell einer kommunikativen Vernunft im Sinne von Jürgen Habermas (1981). Besonders die Beschreibung der Stufen 5 und 6, von denen her die ganze Stufenfolge entworfen ist, lehnt sich deutlich an dieses Rationalitätsverständnis an. Deshalb stellt sich die Frage, ob die von Oser/Gmünder dargestellte Stufenfolge tatsächlich die »Vernunft der Religion« (D. Rössler) auf den Begriff bringt und das Rationalitätsverständnis erweitert oder ob sie zu einer Auflösung von Religion in kommunikativer Vernunft führt.

Die bisher vorliegenden Äußerungen von Oser/Gmünder bleiben hier unklar. Es ist nicht deutlich, ob Gott bzw. das Ultimate auf den höchsten Stufen noch als eine eigene Größe von der Intersubjektivität und Kommunikativität unterschieden werden kann.

- *das Verständnis des Kindes:* Wie alle Stufentheoretiker zielen auch Oser/Gmünder auf eine höchste Stufe, die dem in seinem Urteil mündigen Menschen entspricht. Von dieser Mündigkeit her sind die Entwicklungsstufen konzipiert und an dieser Mündigkeit orientiert sich das Verständnis der Entwicklung im ganzen.

Religiöse Mündigkeit ist auch ein Anliegen der Theologie. Sie wird schon in der Bibel als Ziel formuliert (z.B. Eph 4,13f.) und kann als ein zentraler Aspekt der Reformation verstanden werden. Für die Theologie ist die als Ziel angestrebte Mündigkeit des Erwachsenen aber dialektisch verschränkt mit der theologischen Sicht des Kindes als eines Menschen von eigenem Wert und eigener Würde, der nicht nur von seinen erst in der Zukunft zu erwerbenden Fähigkeiten her gesehen und bewertet werden darf. Diese Sicht geht auf Jesu Verhältnis zu den Kindern zurück. Sie entspricht, systematisch-theologisch gesehen, der Rechtfertigungslehre, die den Menschen nicht gemäß seiner Leistung, sondern gemäß der bedingungslosen Annahme Gottes versteht. - Diese theologische Sicht des Kindes stimmt mit der auf J.-

J. Rousseau und Fr. Schleiermacher zurückgehenden pädagogischen Auffassung des Kindseins als eines Lebensalters von eigener Würde und eigenem Wert überein.

Mit dieser theologischen und pädagogischen Sicht des Kindes geraten Oser/Gmünder in Konflikt, wenn sie das frühe Kindesalter, d.h. die Stufe 0, als »vorreligiös« bezeichnen. Hier zeigt sich die Gefahr einer zu sehr am mündigen Erwachsenen orientierten Entwicklungstheorie: Das Kind und seine Religiosität erscheinen dann leicht als bloße Vorform oder Vorstufe des eigentlichen Menschseins. – Hier müßte noch stärker die (auch von Oser/Gmünder betonte) Ganzheitlichkeit der einzelnen Stufen zum Tragen kommen, die einer Abwertung der früheren Stufen entgegensteht.

Über diesen Einwänden und Anfragen darf man nun den Gewinn nicht vergessen, den die von Oser/Gmünder entwickelte Theorie für das Verständnis der religiösen Entwicklung bedeutet. Immerhin gewährt diese Theorie Aufschluß über das Verstehen der Beziehung zwischen Gott/Ultimatem und Mensch und vor allem über die Entwicklung dieses Verstehens.

Darüber hinaus geht es bei der von Oser/Gmünder angestrebten Versöhnung von Rationalität und Religiosität um ein epochales Problem. »Erwachsenwerden ohne Gott?« – diese Frage kann heute geradezu als Schlüssel für die religiöse Entwicklung im Jugendalter angesehen werden (vgl. Nipkow 1987b). Den Beitrag, den Oser/Gmünder zum Verständnis dieser Problemstellung aus entwicklungspsychologischer Perspektive leisten, sehe ich deshalb als unverzichtbar für unser Verständnis der religiösen Entwicklung an. Bevor ich jedoch zu einer Einschätzung der Reichweite kognitiv-struktureller Theorien der religiösen Entwicklung komme, möchte ich zunächst auf die Theorie von J. W. Fowler eingehen.

James W. Fowler: Stufen des Glaubens

Eine Stufentheorie, die eine Parallele zu der von Oser/Gmünder bildet, hat in den USA schon seit Mitte der 70er Jahre James W. Fowler entwickelt. Eine zusammenfassende Darstellung dieser Theorie liegt seit 1981 (deutsch: Fowler 1991a) vor. Daß ich sie hier erst nach der Theorie von Oser/Gmünder darstelle, ergibt sich vor allem aus dem Charakter dieser Theorie: Zwar ist auch bei Fowler ein enger Zusammenhang mit den Arbeiten Kohlbergs zu erkennen (und zum Teil stand Fowler bei der Entwicklung seiner Theorie auch in persönlichem Kontakt mit Kohlberg, da beide in den 70er Jahren an der Harvard Universität lehrten); dennoch entfernt sich Fowler weiter von seinen kognitions-psychologischen Vorbildern, als dies bei Oser/Gmünder der Fall ist. - Im Unterschied zu Oser/Gmünder versucht Fowler auch einen Brük-kenschlag zur Psychoanalyse und nimmt insbesondere immer wieder Bezug auf Erikson. Darüber hinaus spielt bei Fowler das theologische Glaubensverständnis, für das er sich vor allem an *H. R. Niebuhr, P. Tillich* und *W. C. Smith* orientiert, eine bedeutsame Rolle. Das konkret faßbare Ergebnis besteht freilich auch bei Fowler vor allem in einer *Stufentheorie,* die die Entwicklung des Glaubens beschreiben soll.

Glaube als Gegenstand empirischer Untersuchung: Fowler spricht nicht von »religiöser Entwicklung«, sondern ausdrücklich vom »Glauben« (faith) und der »Entwicklung des Glaubens«, die er psychologisch beschreiben will. Dies ist nicht nur für theologische Leser überraschend oder sogar anstößig. Ist der Glaube nicht etwas Unverfügbares, Transzendentes, das sich dem empirischen Zugriff wesensmäßig entzieht? Übersteigt der Glaube in seinem Bezug auf den ganzen Menschen nicht immer schon die notwendig begrenzten Möglichkeiten empirischer Forschung, die sich aufgrund ihres Interesses an nachprüfbarer Erkenntnis nur auf einzelne Aspekte des Menschen richten kann?

Bei seinem Glaubensverständnis geht Fowler aus von der Angewiesenheit des Menschen auf Sinn. Der Mensch lebt demnach in einer Welt, die zugleich deutungsfähig und deutungsbedürftig ist - er muß ihr einen Sinn erst geben. Der Begriff des »Sinn-Schaffens« (meaning making), den Fowler dafür wählt, soll deutlich machen, daß der Sinn, in dem sich die Welt erschließt, dem Menschen nicht einfach vorgegeben ist wie die instinktive Orientierung dem Tier, sondern daß dieser Sinn vom Menschen selbst gefunden oder verliehen werden muß.

Schon an dieser Stelle sei angemerkt, daß Fowler es zunächst versäumt hat, genauer zu erörtern, ob es sich dabei um ein *Erzeugen* neuen Sinns oder um ein *Erschließen* vorhandenen Sinns handelt - ob Sinn also »gefunden« oder »geschaffen« wird. So besteht, wie Nipkow (1982, S. 47ff.) gezeigt hat, die Gefahr, daß einerseits Sinn als beliebig erzeugbar und andererseits der Mensch als Produzent seines eigenen Lebenssinns erscheint - ein Mißverständnis, das Fowler später auszuräumen versucht hat (vgl. Fowler 1988a). Einen Sinn des Lebens kann man sich jedoch gerade nicht selbst geben - man muß ihn finden, erfahren oder, theologisch formuliert, sich geben lassen.

Den Einfluß Eriksons auf Fowlers Denken kann man schon daran erkennen, wie Fowler die Erfahrung von Sinn versteht: Er deutet diese Erfahrung nämlich als *Vertrauen,* nicht nur als einen verstandesmäßigen Vorgang. Glaube als Sinn-Schaffen hat für Fowler wie für Erikson stets damit zu tun, wem oder auf was man vertraut. Diesem Vertrauen entspricht dann die *Loyalität,* die der Mensch dem entgegenbringt, dem er vertraut (Fowler 1991a, S. 25ff.).

Vertrauen und Loyalität bezeichnen zunächst ein Verhältnis zwischen Menschen. Entscheidend für Fowlers Glaubensverständnis ist aber, daß sich solche interpersonalen Verhältnisse immer im Medium übergeordneter Werte oder - wie Fowler es nennt, um die einheitsstiftende Kraft solcher Werte zu betonen - »übergeordneter Wertzentren« vollziehen. Daraus ergibt sich das dreipolige Grundmuster des Glaubens, das Fowler auch bildlich darstellt:

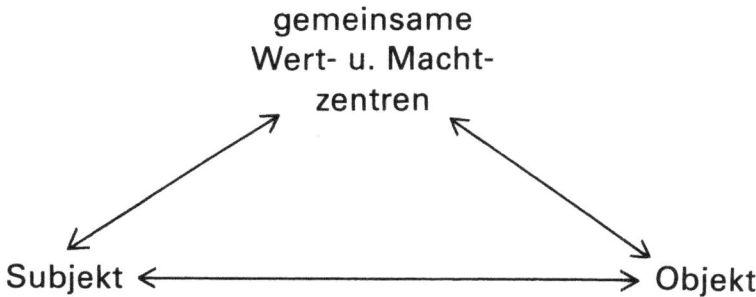

Abb. 9: nach Fowler 1991a, S. 37: Das dreipolige Grundmuster des Glaubens

Die mit anderen geteilten Wertvorstellungen lassen sich als *Umwelt* des Menschen verstehen. Sie bezeichnen das, woran sich der Mensch orientiert und woran er sein Leben ausrichtet. Solche Wertvorstellungen können dann mit Hilfe der »Einbildungskraft« - auch Fowler selbst benutzt diesen deutschen Begriff - in bildlich-symbolischer Form verdichtet werden. Die dabei entstehenden Symbole drücken in ganzheitlicher Form aus, wie ein Mensch sein Leben sieht und woran er sich letztlich orientiert, was also für ihn die »letzte Umwelt« ausmacht.

Aus dem bisher zu Fowlers Glaubensverständnis Gesagten ist schon deutlich, daß Fowler Glauben nicht nur im religiösen Sinne versteht. Es geht ihm um das »Streben nach Sinn« - so der Untertitel seines Buches über die »Stufen des Glaubens« (1991a) -, und in diesem Streben sieht er eine allgemeinmenschliche - universelle - Erscheinung. Man könnte deshalb, wie Nipkow (1982) vorgeschlagen hat, bei Fowler von einem »Lebensglauben« sprechen. Weil jeder auf Sinn angewiesen sei, besitze auch jeder einen Glauben.

Es ist konsequent, daß Fowler (1991a, S. 27) diesen Glauben auch bei Atheisten sieht. Inkonsequent dagegen ist es, wenn er dann im Nihilismus das Gegenteil des Glaubens sehen will (S. 53). Entweder ist Glaube wirklich eine allgemein-menschliche Größe - und dann müßte man auch den Nihilismus als Form des Glaubens verstehen, oder der Glaube ist inhaltlich bestimmt und insofern auch begrenzt. Fowler jedoch scheint zwischen beidem zu schwanken. Daß er diesen Widerspruch nicht auflöst, zeigt die begriffliche Unschärfe, an der seine Theorie zum Teil leidet.

Fowler will den Glauben also nicht nur religiös verstehen. Dennoch sieht er die enge Verbindung, die zwischen Glaube und Religion besteht. Worauf es Fowler ankommt, ist hier die Unterscheidung zwischen *Glauben* (faith) als einem sinnstiftenden Vertrauen auf letzte Werte und dem *Für-Wahr-Halten* (belief) von Auffassungen, wie sie in den Lehren der Religionen zu finden sind. Religion versteht Fowler im Anschluß an den Religionswissenschaftler und Theologen W. C. Smith als Ansammlung von Traditionen, in denen sich der Glaube der Vergangenheit niedergeschlagen hat. Religion kann Glauben anstoßen; sie besitzt aber als Überlieferung noch nicht die persönliche Qualität, die den Glauben ausmacht.

Obwohl sich Fowler für diese Unterscheidung zwischen Glaube und Religion auf die vergleichende Religionswissenschaft beruft, wird hier doch auch der Einfluß der protestantischen Theologie sichtbar. Den Glauben, um den es Fowler geht, findet er vor allem in den Formulierungen P. Tillichs, der Glauben als das bestimmt, »was uns unbedingt angeht«. Und es ist der christliche Theologe H. R. Niebuhr, von dem Fowler das beschriebene dreipolige Grundmuster des Glaubens bezieht.

Zusammenfassend beschreibt Fowler sein Glaubensverständnis so: »Glaube schließt eine Ausrichtung des Willens ein und eine Wahl des Herzens, und zwar in Übereinstimmung mit einer Auffassung transzendenten Wertes und transzendenter Macht, d.h. mit dem, was einen unbedingt angeht.« Und: »Glaube ist eine Orientierung der ganzen Person. Sie gibt Zweck und Ziel für Hoffen und Streben, Denken und Handeln« (1991a, 36, m. Übers.).

Der Glaube, dessen Entwicklung Fowler untersucht, ist vielschichtiger und weniger klar definiert als das religiöse Urteil bei Oser/Gmünder. Entsprechend offener ist auch die Untersuchungsmethode, deren sich Fowler bedient: ein zweieinhalbstündiges halb-offenes Interview. Dieses Interview besteht aus vier Teilen: Es beginnt mit einer Rückschau auf das Leben des Befragten (Teil I) und geht dann auf Schlüsselerfahrungen und lebensbedeutsame Beziehungen ein (Teil II). Erst dann wird nach den Werten und Überzeugungen gefragt (Teil III) und schließlich auch nach religiösen Erfahrungen, religiöser Praxis und nach dem Glauben selbst (Teil IV).

Die Auswertung der Tonbandprotokolle wird unter *sieben* Aspekten vorgenommen (s. Abb. 10).

Die ersten Aspekte A, B und C entsprechen den oben beschriebenen Entwicklungsstufen von Piaget, Selman und Kohlberg, die Fowler allerdings um einige, noch wenig gesicherte Stufen erweitert. Die Aspekte D und E sprechen für sich selbst: Sie beschreiben, wie weit die soziale Wahrnehmung des Befragten reicht und was er als Autorität anerkennt. Mit Aspekt F soll erfaßt werden, ob und in welcher Form der Befragte den Weltzusammenhang wahrnimmt: nur in Form unzusammenhängender Episoden, als Ansammlung von Geschichten, als Systemzusammenhang usw. Aspekt G schließlich erfaßt die Entwicklung der Symbolfähigkeit, d.h. die Art und Weise, in der Symbole aufgefaßt und wie sie behandelt werden.

Aspekt / Stufe	A. Form des Denkens (Logik) (Piaget)	B. Rollenübernahme (Selman)	C. Form des moralischen Urteils (Kohlberg)	D. Grenzen des sozialen Bewußtseins	E. Verortung von Autorität (Locus of Authority)	F. Form des Weltzusammenhangs (Form of World Coherence)	G. Symbolfunktion (Symbolic Function)
1 Intuitiv-projektiver Glaube	Präoperational	Rudimentäres Einfühlungsvermögen (egozentrisch)	Bestrafung - Belohnung	Familie, primäre Bezugspersonen	Bindungs/Abhängigkeitsbeziehungen, Größe, Stärke, sichtbare Symbole von Autorität	Episodisch	Magisch-numinos
2 Mythisch-wörtlicher Glaube	Konkret-operational	Einfache Perspektivenübernahme	Instrumenteller Hedonismus (wechselseitige Fairneß)	»Die wie wir« (in familiären, ethnischen, Rassen-, Klassen- und religiösen Begriffen)	Inhaber von Autoritätsrollen, Bedeutung steigt mit persönlicher Verbundenheit	Narrativ-dramatisch	Eindimensional-wörtlich
3 Synthetisch-konventioneller Glaube	Frühe formale Operationen	Wechselseitig Interpersonal	Interpersonelle Erwartungen und Übereinstimmung	Gebilde von Gruppen, zu denen persönliche Beziehungen bestehen	Konsens von geschätzten Gruppen und persönlich wertvolle Vertreter von Glaubens- und Werttraditionen	Noch unreflektierte Systembildung (= tacit system), gefühlsmäßige Deutungen symbolisch vermittelt, allgemein vertreten	Mehrdimensionale Symbole; sinnstiftende Kraft wohnt Symbolen inne
4 Individuierend-reflektierender Glaube	Formale Operationen (dichotomisierend)	Wechselseitig, bezogen auf selbstgewählte Gruppe oder Klasse (Gesellschaftsperspektive)	Gesellschaftsperspektive, reflektierter Relativismus oder an Klassenschranken gebundener Universalismus	Ideologisch kompatible Gemeinschaften, die mit selbstgewählten Normen und Einsichten übereinstimmen	eigenes Urteil, das von selbst gutgeheißenen weltanschaulichen Perspektiven ausgeht. Übersetzt Autorität und Normen müs-	Explizite Systembildung begrifflich vermittelt, Klarheit über Grenzen und innere Verbindungen des Systems	Symbole getrennt von Symbolisiertem. Übersetzt (zurückgeführt auf) ideelle Vorstellungen. Sinnstiftende

	A	B	C	D	E	F	G
						sen damit übereinstimmen	Kraft wohnt der *Bedeutung* inne, die von den Symbolen übermittelt wird
5 Verbindender Glaube	Formale Operationen (dialektisch)	Wechselseitig, bezogen auf Gruppen, Klassen und Traditionen, die »anders« sind als die eigene	Der Gesellschaft vorgeordnete Perspektive, prinzipienorientiertes höheres Recht (universal und kritisch)	Überschreitet Klassennormen und -interessen, disziplinierte ideologische Verwundbarkeit durch »Wahrheiten« und »Ansprüche« von anderen Gruppen und Traditionen	Dialektisches Verbinden von Urteils-Erfahrungs-Prozessen mit begründeten Ansprüchen anderer und mit Ansprüchen, die aus verschiedenen Ausdrucksformen menschlicher Weisheit (wisdom) erwachsen	Symbolische und begriffliche Vermittlung zwischen mehreren Systemen	Nachkritisches Wiedervereinigen von nicht-reduzierbarer symbolischer Kraft und ideeller Bedeutung. Sinnstiftende Kraft wohnt der Realität in und jenseits der Symbole inne *und* in der Kraft von unbewußten Prozessen im Selbst
6 Universalisierender Glaube	Formale Operationen (synthetisierend)	Wechselseitig, bezogen auf die Gemeinschaft des Seins (Commonwealth of Being)	Loyalität gegenüber dem Sein (Loyality to Being)	Identifizierung mit der Gattung, transnarzißtische Liebe zum Sein (Love of Being)	In einem persönlichen Urteil, gewonnen aus den Erfahrungen und Wahrheiten der vorangegangenen Stufen, gereinigt von egoistischem Streben und verbunden durch disziplinierte Intuition mit dem Prinzip allen Seins	Verbindende Gegenwart, gefühlte Einheit und geteilte Einheit des »Einen jenseits des Vielen«	Sinnstiftende Kraft von Symbolen, aktualisiert durch ganzheitliche Realitätserfassung, vermittelt durch Symbole und das Selbst

Abb. 10: aus Fowler 1991a, S. 262f.[15]. Aspekte der Glaubensstufen

[15] Bei der Übersetzung lehne ich mich an die Vorschläge H. Schmidts (1984, S. 38f.) an.

Eine zweite Form der Auswertung orientiert sich an den Entwicklungsstufen Eriksons. Hier wird dann gefragt, welche psychosozialen Erfahrungen das Leben und die Persönlichkeit des Befragten geprägt haben und wie diese Erfahrungen sich auf den Glauben auswirken (vgl. Fowler 1991a, S. 275ff.).

Stufen des Glaubens: Die Stufen, die Fowler mit Hilfe der sieben Aspekte beschreibt, sind nicht leicht darzustellen. Es geht Fowler nicht um ein möglichst einfaches und einprägsames Modell. Eher könnte man sagen, daß er die Vielschichtigkeit der von ihm untersuchten Entwicklung in der Benennung der Stufen einzufangen sucht. Der umfassende Charakter von Fowlers Glaubensverständnis macht es auch schwierig, die einzelnen Stufen mit Beispielen zu belegen. Die im folgenden wiedergegebenen Auszüge aus Interviews können nur Verstehenshilfen sein. Sie enthalten nicht immer alle Aspekte einer Stufe.

Wie bei Kohlberg und Oser/Gmünder sind es bei Fowler *sechs* Stufen, die die Entwicklung von der Kindheit bis ins Alter erfassen, sowie eine Anfangsstufe 0, die in der frühen Kindheit zu finden ist.

Stufe 0: Erster Glaube

Der Glaube in dieser frühen Zeit ist vorsprachlich. Das Bewußtsein befindet sich noch im Entstehen. Dennoch muß in dieser Zeit, wie Fowler mit Erikson hervorhebt, schon das *Vertrauen* beginnen, mit dem das Kind anderen Menschen und seiner Umwelt begegnet. Insofern bilden sich auf dieser Stufe die Grundlagen der späteren religiösen Entwicklung (Fowler 1991a, S. 137).

In früheren Veröffentlichungen hatte Fowler diese Stufe, ähnlich wie Oser/Gmünder, als »undifferenzierten Glauben« bezeichnet. Die grundlegende Bedeutung dieser Stufe sowie die im letzten Abschnitt genannte theologische und pädagogische Sicht der Kindheit als einer Lebenszeit eigenen Werts und eigener Würde lassen die jetzt von Fowler vorgezogene Bezeichnung »erster Glaube« (primal faith) angemessener erscheinen (vgl. Fowler 1984a, S. 52f.).

Stufe 1: Intuitiv-projektiver Glaube

In dieser Benennung vereint Fowler einen kognitionspsychologischen mit einem psychoanalytischen Begriff. Gemeint ist das - mit Piaget gesprochen - präoperationale Denken, das mehr der eigenen Phantasie als einer möglichst unverzerrten Wahrnehmung der äußeren Wirklichkeit folgt. In der Vorstellungskraft, die von den Gesetzen der Logik noch nicht im Zaum gehalten wird, sieht Fowler die Stärke dieser Stufe. In der Gewalt, die solche Vorstellungen und die von ihnen ausgelösten Ängste über das Kind gewinnen können, liege ihre Schwäche (Fowler 1991a, S. 151).

Die Beispiele, die Fowler für die erste Stufe anführt, entsprechen den Äußerungen der kleinen Betty, die ich im zweiten Kapitel wiedergegeben habe. Häufig sind es Äußerungen von Erwachsenen (»Gott ist überall«, »Gott hat man nicht in der Hand«, »Gott ist in Zeichen« usw.), aus denen sich die Kinder dann, mit Hilfe der Phantasie, ihren *eigenen* Reim machen: »Gott ist überall, aber nicht in der Hand« (vgl. Fowler 1978a, S. 46ff.).

Stufe 2: Mythisch-wörtlicher Glaube

»Mythisch« ist diese Stufe insofern, als nun die Mythen, Geschichten und Symbole, die dem Kind oder Jugendlichen von seiner Umwelt angeboten werden, eine zentrale Bedeutung für seine Orientierung in der Welt gewinnen. Entsprechend dem konkret-operationalen Denken, das auf dieser Stufe vorherrscht, werden diese Mythen *wörtlich* genommen: Sie werden dem Wortsinn nach verstanden und nicht als symbolische Sprache erkannt. Das macht verständlich, warum gerade auf dieser Stufe der Anthropomorphismus zu finden ist: Das wörtliche Verstehen symbolischer Texte führt dazu, daß Gott ganz wie ein menschliches Wesen aufgefaßt wird.

Ein Ausschnitt aus einem Interview mit der zehnjährigen Millie kann das verdeutlichen:

»*Millie:* Gott ist wie ein Heiliger. Er ist gut und er - er regiert so die Welt, aber in einer guten Weise. Und -
Interviewer: Wie regiert er die Welt?
Millie: Ja, er - er regiert nicht wirklich die Welt, sondern hm - Moment, er - er

145

lebt oben auf der Welt und wacht stets über alle Menschen. Jedenfalls versucht er es. Und er tut, was er für richtig hält. Er tut, was er für richtig hält, und versucht, das Beste zu tun und - er lebt oben im Himmel und -
Interviewer: Kann man denn in den Himmel kommen?
Millie: Wenn man will und wenn man an Gott glaubt, dann kann man in den Himmel kommen.
Interviewer: Und wenn man nicht will oder nicht an Gott glaubt? Was passiert dann?
Millie: Dann geht man in die entgegengesetzte Richtung.
Interviewer: Und wo ist das?
Millie: Unten, unter der Erde, wo der Teufel lebt.
Interviewer: Ach, ich verstehe. Kannst du sagen, was der Teufel ist?
Millie: Der Teufel ist auch ein Heiliger, aber er glaubt an das Böse und daran, alles falsch zu machen. Genau das Gegenteil von Gott. Und er macht immer Sachen, von denen Gott nicht will, daß man sie tut.
Interviewer: Hat er Macht über die Welt?
Millie: Der Teufel? Hm, nein. Gott - nein. Ich denke nicht . . . Das ist eine schwierige Frage. Gott hat nicht wirklich Macht über die Welt. Er wacht nur über sie sozusagen. Und der Teufel ist wie eine kleine Maus, die an den Käse möchte. Er versucht hereinzukommen, aber ich meine, es gelingt ihm halt' nicht« (Fowler 1991a, S. 156f., m. Übers.).

Dieser kurze Abschnitt zeigt, wie Millie sich ganz an mythischen Vorstellungen (»oben auf der Welt«) orientiert. Diese Vorstellungen nimmt sie wörtlich - jedenfalls finden wir in dem Interview keinen Hinweis darauf, daß sie an eine Bedeutung im übertragenen Sinne denkt. Das Gottesbild trägt menschliche, allzu menschliche Züge: Gott »wacht stets über alle Menschen. Jedenfalls versucht er es«.

Die Stärke dieser Stufe liegt in der Offenheit für das, was man erzählten Sinn nennen könnte: Sinn, der sich dem erschließt, der in Geschichten lebt. Solche Geschichten aber als Geschichten zu erkennen und dann auch kritisch darüber nachzudenken, das ist auf dieser Stufe noch nicht möglich. Der Wortsinn bestimmt die Grenze des Verstehens.

Stufe 3: Synthetisch-konventioneller Glaube

Hier ist zunächst der zweite Begriff wichtig: *konventionell.* Denn der Glaube ist auf dieser Stufe noch kein *persönlich* angeeigneter Glaube; er ist vielmehr von anderen übernommen und von anderen abhängig.

Daraus erklärt sich sein *synthetischer* Charakter: Die einzelnen Inhalte und Überzeugungen werden nicht innerlich zusammengehalten - sie sind nicht daraufhin geprüft, ob sie sich zueinander fügen und ein stimmiges Ganzes ergeben. Ein eigenes, kritisches Urteil wird nicht gefällt. Es kommt für diesen Glauben immer darauf an, was die anderen - die Freunde, die anderen Kirchenmitglieder, die Kollegen - glauben.

»*Interviewer:* Linda, wenn du sagst, du *weißt,* woran du glaubst . . ., kannst du versuchen zu beschreiben, *wie* du dazu kamst zu wissen, woran du glaubst? *Linda:* Ich denke, durch Religion. Ich bin immer zur Kirche gegangen und so. Und meine Eltern, sie haben mich immer geführt . . . Sie haben mir immer beigebracht, daß Gott immer da ist und daß er - wissen Sie - die einzige Möglichkeit ist, daß das Leben gelingt . . . Man ist abhängig von ihm, und ich glaube wirklich an ihn - und wissen Sie, wie man sagt, daß Gott auf viele geheimnisvolle Weisen spricht? Ja, in einem gewissen Sinne hat er sehr oft zu mir gesprochen . . . Ich meine wirklich, daß er mich an den Ort geführt hat, an dem ich heute stehe. Denn häufig dachte ich, die Welt ist nur, wissen Sie, ich fühle halt nichts. Aber dann, an diesem Morgen, werde ich einfach ein Gefühl haben, daß . . . ich denke, daß Jemand da ist, wissen Sie?« (S. 172, m. Übers.).

Linda ist etwa 15 Jahre alt. In ihrer Antwort spielen die Kirche und die Eltern eine große Rolle. Auf sie führt Linda ihren Glauben zurück. Auch wenn nicht deutlich ist, ob sie hier nur von ihrer Vergangenheit erzählt oder ob sie den Grund ihres Glaubens nennt, so kann man doch das Fehlen jeder kritischen Stellungnahme als typisch für Fowlers Stufe 3 ansehen.

Allerdings kann es auch auf Stufe 3 eine kirchen- und traditionskritische Haltung geben. Obwohl Fowler selbst dies nicht betont, liegt eine solche Haltung bei Stufe 3 doch sehr nahe - dann nämlich, wenn die Freunde, Kollegen usw. - d.h. die anderen, an denen man sich auf Stufe 3 orientiert - eine solche Auffassung vertreten. Der konventionelle Charakter dieser Stufe führt dann nicht zur Anpassung an die Kirche, sondern zu einer, wie man es nennen könnte, *konventionell-säkularen Orientierung.*

Eine weitere Spielart, die einerseits Züge kritischer Reflexion aufweist und andererseits doch konventionell bleibt, zeigt der folgende Text eines etwa 20jährigen angehenden Großhandelskaufmannes, den ich wieder aus der Sammlung von R. Schuster (1984) entnehme:

»Ich glaube an Gott, weil ich erstens von meinen Eltern schon darauf erzogen wurde, zweitens habe ich die Bibel und andere Heilige Schriften gelesen. Außerdem ist bewiesen, daß man die Bibel beweisen kann und daß sie nicht nur irgend ein ›Komik oder Roman‹ ist. Außerdem liest man ja noch jetzt von verschiedenen Wundern aus Fatima oder Lourdes, oder anderen Wallfahrtsorten. Ich habe auch schon von Verwandtschaft gehört die in Lourdes waren, wieviele Menschen - gesunde und kranke - jährlich dorthin kommen, beten und aus ihrem festen Glauben heraus auf ihre Genesung hoffen und teilweise erlangen. Wenn man so etwas liest, dann muß man sich doch auch einfach vorstellen, daß es einen Gott gibt und an den man glauben kann. Denn sonst wären die Leute die dort hingehen nur irre Anhänger irgend eines Hirngespinstes« (S. 27).

Auch hier spielen die Eltern eine Rolle, vor allem aber die »Leute«, die sich nicht irren können. Interessant ist nun der Hinweis auf die Beweisbarkeit der Bibel, den man zunächst als Ausdruck des selbständigen Nachdenkens werten könnte. Aber es ist doch deutlich, daß es sich hier nur um etwas Aufgeschnapptes, von anderen Gehörtes handelt. Der »Beweis« liegt bei den anderen und in dem, was sie berichten. Die Glaubwürdigkeit der anderen scheint außer Zweifel zu stehen.

Sich so auf andere verlassen zu können, darin liegt allerdings eine wichtige Stärke. Es bedeutet jedoch auch Abhängigkeit und einen Mangel an persönlicher Autonomie. Ein eigenes Urteil, wie es auf Stufe 3 noch fehlt, muß man sich spätestens dann bilden, wenn man mit der Vielzahl der in der modernen Gesellschaft existierenden Auffassungen und Glaubensweisen konfrontiert wird (Fowler 1991a, S. 192).

Stufe 4: Individuierend-reflektierender Glaube

Im Unterschied zur vorhergehenden Stufe bringt Stufe 4 nun ein klares, fast überzogenes Bewußtsein der eigenen Individualität und Autonomie. Diese Stufe ist nach Fowlers Ergebnissen kaum vor dem späten Jugendalter zu finden. Sie setzt ein hohes Maß an Selbstreflexion und an traditionskritischem Bewußtsein voraus. Beides spricht aus dem folgenden Interview mit einem jungen Mann:

»Ja, was meine Religion angeht, wenn Sie es aus dem Blickwinkel der organisierten Religion betrachten, so habe ich im Grunde keine. Ich wurde katholisch erzogen, praktiziere aber im formalen Sinne keine Religion, kein Ritual oder so . . . Ich lebe mein Leben so, wie ich es für richtig halte - das hängt überhaupt nicht von den religiösen Aussagen einer Gruppe oder religiösen Organisation ab, und meine Werte bestehen nur darin, was mir richtig scheint. Ich lehne die Werte vieler organisierter Religionen ab und vertrete manche Werte, die nicht nur der organisierten Religion, sondern der Gesellschaft im ganzen widersprechen« (Fowler 1978a, S. 74).

Die Orientierung dieses jungen Mannes ist nicht einfach areligiös. Distanziert äußert er sich aber gegen alle organisierte Religion, d.h. vor allem die Kirche. Für ihn soll nur gelten, was *er* »für richtig« hält.

Ein etwas anderes, strukturell gesehen aber ähnliches Bild zeigt der Text einer 16jährigen Hauswirtschaftsschülerin:

»›Hütet euch vor den Menschen, deren Gott im Himmel ist‹.
Schon als kleines Kind wurde mir gesagt, der liebe Gott im Himmel wacht über dich. Es wurde von Englein mit Harfen erzählt und von dem Wetterprophet den sie Petrus nannten. Weiterhin hörte man allerhand über den Teufel welcher uns, wenn wir nicht brav sind, im Feuer schmoren läßt.
Mit dem Gott im Himmel, wird parallel dazu der Teufel unter der Erde genannt. Beides ist natürlich völliger Unsinn und ich finde auch unverantwortlich dies kleinen Kindern zu erzählen, verständlich daß deren Gott dann im Himmel und nicht in unseren Herzen, neben uns tagtäglich ist. Gott ist für mich sozusagen das Gewissen. Das Gewissen meldet sich in jedem Menschen wenn er im Begriff ist etwas zu tun, wovon er weiß daß man es nicht darf. Die Katholischen gehen zum Beichten falls sie das Gewissen zu sehr belastet. Gott ist unter uns Menschen und nicht im Himmel. Entscheidungen trifft er nicht im Himmel, sondern wir selbst treffen sie, mehr oder weniger.
Die Menschen welche diese falsche Ansicht von Gott haben verstehen ihn nicht oder jedenfalls falsch. Sie sind der Meinung ›der liebe Gott im Himmel‹ tut für uns alles, dann geht es uns gut. Wir selbst müssen uns aber helfen, Gott kann nur ein Trost, eine Stütze für uns sein und kein Zauberer« (Schuster 1984, S. 20).

Auch hier finden wir zunächst einen rückschauenden Bericht über die religiöse Unterweisung, wie ihn der bei Stufe 3 zitierte Text enthielt. Nun aber herrscht das eigene, kritische Urteil vor - bis hin zur völligen Ablehnung mythologischer Vorstellungen als »Unsinn«. Interessanterweise führt dies hier aber nicht zur völligen Distanzierung von Religion. Als »Gewissen« hält diese Schülerin Gott offenbar nicht für entbehrlich. Das entspricht dem individuierenden Aspekt von Stufe 4: Gott wird in die eigene Person hineinverlagert.

Die Stärke dieser Stufe sieht Fowler vor allem in der neu gewonnenen Unabhängigkeit und in der Fähigkeit zum eigenen Urteil. Als Schwäche sind dagegen der Individualismus und die radikale Symbolkritik, zu denen diese Stufe neigt, zu bezeichnen (Fowler 1991a, S. 200f.). Auf Stufe 4 fällt es schwer, sich mit anderen verbunden zu fühlen oder sich im Rahmen einer (religiösen) Tradition zu verstehen.

Stufe 5: Verbindender Glaube

Obwohl die Bezeichnung, die Fowler für diese fünfte Stufe wählt, einfacher ist als die der anderen Stufen, ist er sich bei der Beschreibung gerade dieser Stufe am wenigsten sicher. Entscheidend ist das *dialogische* Verständnis, das nun die Schwarz-Weiß-Malerei und das Entweder-Oder der Stufe 4 ablöst. Sowohl der Welt wie auch anderen Menschen gegenüber findet Fowler nun eine dialogische Haltung und Offenheit. Dabei bleibt die eigene Individualität erhalten, sie muß jetzt aber nicht mehr ständig gegen andere und gegen Traditionen verteidigt werden. Alle (religiösen) Traditionen werden jedoch nur als relativ gültig und wahr angesehen: Sie werden als abhängig von der jeweils besonderen Erfahrung eines Menschen oder eines Volkes aufgefaßt. Diese Auffassung von der relativen Wahrheit unterschiedlicher Traditionen liegt der *verbindenden* Fähigkeit dieser Stufe zugrunde.

Es ist schwierig, Stufe 5 mit einem Beispiel einzufangen. Der folgende Text stammt aus einem Interview mit einer 36jährigen Frau. Gefragt wurde nach einer »angemessenen Sicht des Lebens«:

»Ja, sich eine Perspektive zu erhalten, sich aber auch bewußt sein, daß man das tut. Sich bewußt sein, daß es diese ständige Dichotomie des Absurden und des Wirklichen gibt, und das verstehen. Zugleich im Kontext meiner eigenen physischen Welt zu leben . . . Sich der Hunderttausende anderer lebendiger Dinge bewußt zu sein. Millionen anderer Menschen, und die Möglichkeit von Milliarden anderer Welten und Planeten . . . Verstehen Sie, ein Verständnis meiner selbst in Beziehung zum Universum zu haben. Und das Endliche in Beziehung zum Unendlichen. Und von *mir* als Endlichem und all dem anderen als Unendlichem. Eine Möglichkeit zu finden für eine Kontinuität in der Zeit, in der Lage sein, das, was mir am wichtigsten ist, zu tun, ohne das zu verletzen, was mir auch wichtig ist . . . Es ist sehr schwierig« (Fowler 1978a, S. 85).

Für diese Frau liegt das »Verbindende« in der Zusammenschau des »Absurden« und des »Wirklichen«. Offenbar erfährt sie beides in ihrem Leben. Dazu kommt die Erfahrung der Relativität - ein einzelner Mensch in seiner Endlichkeit angesichts der Weite des Universums.

Die »verbindende« Haltung gegenüber religiösen Traditionen zeigt ein Interviewausschnitt mit einer 70jährigen Frau. Diese Frau ist als Mitglied einer protestantischen Kirche aufgewachsen und berichtet nun von ihren Erfahrungen mit Krishnamurti:

»*Fräulein T.:* Er (Krishnamurti) hat mir so viel Weisheit gegeben, denke ich, in einem tieferen Sinne als jede andere Hilfe, die ich je erhalten habe. Er hat mir eine Grundlage für das Christentum gegeben. Ich denke, Christen können in Schwierigkeiten kommen.
Interviewer: Welche Art von Schwierigkeiten?
Fräulein T.: Die Christen z.B., die an Hölle und Verdammnis glauben. Das ist eine bösartige Philosophie, und Christen vertreten sie. Viele Menschen wurden verletzt, wurden psychisch geschädigt durch diese furchtbare Philosophie.
Interviewer: Und welche Art von Grundlage hat Ihnen Krishnamurti gegeben?
Fräulein T.: Daß es nicht darauf ankommt, wie man es nennt. Sei es, daß man es Gott nennt oder Jesus oder kosmischen Fluß oder Wirklichkeit oder Liebe, es kommt nicht darauf an, wie man es nennt. Es ist da. Und was man direkt aus dieser Quelle erfährt, bindet einen nicht an Glaubensbekenntnisse . . ., die einen von seinem Nächsten trennen« (Fowler 1991a, S. 210, m. Übers.).

Deutlicher als das bei Fowler ausgesprochen wird, zeigt dieses Interview auch den *Relativismus,* der auf Stufe 5 zu finden ist: »Daß es nicht darauf ankommt, wie man es nennt«. Religiöse Traditionen erscheinen hier leicht nur noch als Steinbruch, aus dem man sich nimmt, was man eben brauchen kann - oder auch nicht.

Die gleichsam andere Seite dieser Haltung nennt Fowler »ironische Vorstellungskraft«, in der er die wesentliche Stärke dieser Stufe sieht. Gemeint ist das Bewußtsein der stets nur begrenzten Geltung des eigenen Standpunkts und der eigenen Tradition. Die Gefahr liege im passiven Zynismus, der aus der Wahrnehmung des paradoxen Charakters aller Wirklichkeit und Wahrheit resultieren könne.

Stufe 6: Universalisierender Glaube

Obwohl Fowler gelegentlich auch Interviewbeispiele für diese höchste Stufe in seiner Entwicklungslogik anführt (z.b. Fowler 1978a, S. 91ff.), gewinnt er diese Stufe doch mehr an den - wie man vielleicht sagen könnte - »großen Figuren« der Religionsgeschichte als aus seiner empirischen Forschung. Genannt werden u.a. Gandhi, Martin Luther King, Mutter Theresa, Dietrich Bonhoeffer und Abraham Heschel. Kennzeichnend für Stufe 6 ist, daß die Paradoxien von Stufe 5 überwunden sind - im Sinne »absoluter Liebe und Gerechtigkeit«. Die eigene Selbsterhaltung tritt ganz in den Hintergrund zugunsten des »Geschmacks und Gefühls für die transzendente moralische und religiöse Wirklichkeit«. »Gewaltloses Leiden« und »höchste Achtung vor dem Sein« sind dann die Wege zu einer »Gemeinschaft« mit allen Menschen und allem Sein.

Auch bei Stufe 6, die das Ziel und die Norm der Entwicklung bildet, bemüht sich Fowler um die Unterscheidung zwischen *Struktur* und *Inhalt.* Stufe 6 soll nicht für eine bestimmte Religion oder einen bestimmten religiösen Glauben stehen, sondern soll als allgemeingültige Struktur alle inhaltlich bestimmten Traditionen und Religionen übergreifen. Dennoch ist sich Fowler bewußt, daß er selbst ein christlicher Theologe ist und daß sein eigenes - christliches - Verständnis auch in die Beschreibung der Entwicklungsstufen einfließt.

Beides, die Allgemeingültigkeit seiner Theorie und die eigene Bindung an das Christentum, versucht er mit einer Argumentationsfigur zu verknüpfen, die er als die »Absolutheit des Besonderen« bezeichnet (1991a, S. 225ff.). Gemeint ist, daß sich das Absolute im Sinne des Transzendenten immer nur in der Gestalt des Besonderen, einer bestimmten Religion also, finde. Deshalb könne auch eine allgemeine Beschreibung von *einer* religiösen Tradition her gewonnen werden.

Ähnlich wie bei Oser/Gmünder gibt es für die Stufen bei Fowler keine festliegenden Altersgrenzen. *Abb. 11* zeigt Fowlers Ergebnisse im Überblick. Demnach liegt der Schwerpunkt bei Kindern auf den Stufen 1 und 2, im Jugend- und Erwachsenenalter etwa bei Stufe 3. Stufe 4 ist die höchste Stufe, die vor dem Erwachsenenalter auftritt. - Einschränkend ist darauf hinzuweisen, daß diese Übersicht nur auf 359 Interviews beruht und durchaus vorläufigen Charakter hat.

Verteilung der Glaubensstufen nach Alter und Geschlecht in Prozent*

Altersgruppen

Stufen	0-6 M	0-6 F	7-12 M	7-12 F	13-20 M	13-20 F	21-30 M	21-30 F	31-40 M	31-40 F	41-50 M	41-50 F	51-60 M	51-60 F	61+ M	61+ F
6	—	—	—	—	—	—	—	—	—	—	—	—	—	—	—	3.1
5-6	—	—	—	—	—	—	—	1.9	—	8.3	—	—	—	—	15.6	16.7
5	—	—	—	—	—	6.7	5.3	36.5	20.8	16.7	5.3	23.1	20.0	28.6	18.8	10.0
4-5	—	—	—	—	3.8	30.0	44.7	34.6	20.8	16.7	26.3	15.4	—	14.3	18.8	36.7
4	—	—	—	—	26.9	46.7	31.6	19.2	25.0	—	57.9	53.8	40.0	14.3	28.1	—
3-4	—	—	—	—	53.8	16.7	15.8	5.8	—	16.7	—	—	—	—	12.5	36.7
3	—	—	6.2	30.8	7.7	—	2.6	1.9	33.3	41.7	10.5	7.7	40.0	28.6	3.1	—
2-3	—	—	81.2	61.5	7.7	—	—	—	—	—	—	—	—	—	—	—
2	—	—	12.5	—	—	—	—	—	—	—	—	—	—	14.3	—	—
1-2	7.0	20.0	—	7.7	—	—	—	—	—	—	—	—	—	—	—	—
1	93.0	80.0	—	—	—	—	—	—	—	—	—	—	—	—	—	—
	100%	100%	100%	100%	100%	100%	100%	100%	100%	100%	100%	100%	100%	100%	100%	100%*
	(15)	(10)	(16)	(13)	(26)	(30)	(38)	(52)	(24)	(24)	(19)	(13)	(10)	(7)	(32)	(30) (359)

* Aufgrund von Rundungsfehlern können die Summen 100 % unter- oder überschreiten.

Abb. 11: nach Fowler 1991a, S. 340

Zur kritischen Würdigung: Fowler hat mit seiner Stufentheorie eine umfangreiche Diskussion ausgelöst, vor allem in den USA und in England, zum Teil aber auch schon in Deutschland. Fowler selbst hat sich dabei diskussionsbereit gezeigt – er hat seinen Kritikern mehrfach geantwortet (Fowler 1978b, 1982b, 1986 sowie in Deutschland 1988b) und hat Impulse zur Veränderung seiner Theorie aufgenommen. Das zeigt sich beispielsweise an der Betonung der »Einbildungskraft«, mit der er den Glauben nun in Verbindung bringt. In früheren Arbeiten hatte Fowler viel stärker den Glauben als eine Form des *Erkennens* und *Wissens* (knowing) verstanden.

Einigkeit, auch mit Fowler selbst (1991a, S. 341), besteht in der Diskussion zunächst darüber, daß die bisher vorliegenden empirischen Ergebnisse der weiteren Bestätigung bedürfen. Dazu wären vor allem Untersuchungen außerhalb der USA notwendig, so daß sich die kultur- und religionsübergreifende Geltung von Fowlers Glaubensverständnis und seiner Entwicklungsstufen erweisen könnte.

Kontrovers diskutiert werden vor allem fünf Fragekreise, die zum Teil die Theoriebildung als solche betreffen und zum Teil die theologische und religionspädagogische Bedeutung dieser Theorie:

– *Die Frage der emotionalen und unbewußten Aspekte in der religiösen Entwicklung:* Wie bei allen kognitiven Theorien besteht auch bei Fowler die Gefahr, daß die affektive Seite der Entwicklung unterbelichtet bleibt. Zwar betont Fowler selbst durchaus die Bedeutung der Affekte. Er distanziert sich in diesem Punkt ausdrücklich von Piaget und Kohlberg und strebt eine Verbindung kognitiv-struktureller und psychoanalytischer Theorien an. Aber es ist doch nicht zu verkennen, daß seine Stufen – und vor allem die sieben Aspekte, unter denen er die Entwicklung untersucht – sich weit mehr an die kognitiven Theorien anlehnen als an die Psychonalyse. Insofern bleibt Fowler hinter der von ihm selbst angestrebten ganzheitlichen Sicht des Glaubens zurück. Dennoch ist – wie schon bei den Stufen von Oser/Gmünder – zu betonen, daß Fowler *Strukturen* beschreibt und nicht einfach Meinungen oder Wissensbestände. Diese Strukturen sind dem Menschen nicht bewußt. Sie bilden, wie Piaget (1976b) es einmal genannt hat, ein »kognitives Unbewußtes«, das ähnlich wie das von der Psychoanalyse beschriebene »affektive Unbewußte« das Denken, Fühlen und Handeln des Menschen gleichsam hinter seinem Rücken bestimmt. Auch wenn der Vorwurf der kognitiven Einseitigkeit die Theorie Fowlers teilweise trifft, so ist doch anzuerkennen, daß auch hier wie in der Psychoanalyse *Tiefenstrukturen* der religiösen Entwicklung aufgedeckt werden.

- *Die Frage des Untersuchungsgegenstandes:* Was genau Fowler als »Glauben« untersucht, was also seine Theorie erfaßt und beschreibt, ist noch nicht genügend deutlich. Ist die Entwicklung des Glaubens, so wie sie Fowler mit Hilfe der sieben Aspekte darstellt, noch von der Entwicklung der Persönlichkeit im ganzen oder von der Ich-Entwicklung zu unterscheiden? Warum untersucht Fowler nur sieben Aspekte und warum gerade diese? Ergeben die sieben Aspekte überhaupt ein Ganzes? Muß nicht davon ausgegangen werden, daß sich die Entwicklung in den sieben Aspekten mit unterschiedlichem Tempo vollzieht, so daß zum Beispiel das formal-operationale Denken bereits verfügbar ist, nicht aber die konventionellen Stufen 3 oder 4 des moralischen Urteils?

Fowler ist hier einerseits sehr vorsichtig: Bei den empirischen Theorien, auf die er sich stützt, spricht er von »Fenstern«, durch die man gleichsam nur einen Blick auf die tatsächliche Entwicklung werfen kann. Andererseits beansprucht er doch, eine empirische Beschreibung der Glaubensentwicklung zu geben. Deshalb müßte er auf die genannten Fragen noch genauer eingehen, als er dies bisher getan hat. Solange diese Fragen jedenfalls nicht beantwortet sind, wird man nur bedingt von einer empirisch abgesicherten Theorie sprechen können.

Das Glaubensverständnis, von dem Fowler ausgeht, und die empirischen Ergebnisse, die er mit Hilfe der Interviews für die einzelnen Aspekte gewinnt, sind noch nicht genügend miteinander verzahnt. Keiner der sieben Aspekte reicht für sich genommen an den Glauben als übergreifende Sinnorientierung heran, und umgekehrt ergeben sich die einzelnen Aspekte weniger aus Fowlers Glaubensbegriff als aus sozialwissenschaftlichen Forschungstraditionen, die selbst nicht an religiösen Fragen orientiert sind.

- *Die Frage des normativen Gehalts der Stufen:* In widersprüchlicher Weise hat sich Fowler zu der Frage geäußert, ob die von ihm beschriebenen Stufen eine *Hierarchie* im Sinne Piagets und Kohlbergs bilden, ob also höhere Stufen besser sind als tiefere. Einerseits ist sich Fowler bewußt, daß Sinnorientierungen nicht einfach gegeneinander abgewogen werden können. Hier gibt es kein allgemeingültiges Kriterium, sondern, der Freiheit des Menschen entsprechend, eine Vielzahl gleichberechtigter Entwürfe. Andererseits liegt schon in der Art, wie Fowler die Stufen nach ihrer Differenziertheit untersucht, die Annahme einer Höherentwicklung beschlossen. Insofern ist es nicht überraschend, wenn Fowler dann auch explizit eine Höherwertigkeit der höheren Stufen behauptet (1991a, S. 120, 217, 317ff.).

Die Möglichkeit einer *psychologischen* Bewertung der Stufen, d.h. einer Bewertung, die sich nicht auf eine bestimmte Religion, sondern auf allgemeingültige Kriterien stützt, hängt letztlich von der Trennung von Form und Inhalt ab. Wenn es gelänge, die Entwicklungsstufen rein formal, von ihrer Struktur her, und damit unabhängig von ihrer inhaltlichen Ausfüllung zu beschreiben, dann ließe sich wohl auch eine allgemeingültige Bewertung erreichen. Aber genau dies scheint Fowler - wie auch Oser/Gmünder - am wenigsten zu gelingen: Bei der höchsten Stufe, von der her die Entwicklung ihre Richtung erst gewinnt und die der Entwicklung ihre Norm setzen soll, erweist sich der Einfluß der christlichen Theologie am deutlichsten.

- *Die Frage nach der theologischen Bewertung der Glaubensstufen:* Gerade weil Fowler sich sowohl in seinem Glaubensverständnis wie in seiner Bewertung der Stufen von der christlichen Theologie P. Tillichs und H. R. Niebuhrs leiten läßt, muß nicht nur nach der psychologischen, sondern auch nach der *theologischen* Angemessenheit seiner Theorie gefragt werden. Hier ist nun zuerst festzuhalten, daß Fowlers Verständnis des Glaubens als einer rein formalen Größe nicht mit dem christlichen Glaubensverständnis zusammenfällt. Das christliche Glaubensverständnis, das läßt sich jenseits theologischer Kontroversen sagen, ist immer bestimmt durch den Bezug auf

156

das christliche Gottesverständnis und d.h. auf ein inhaltlich bestimmtes Gottesverständnis. So gesehen bedeutet die von Fowler beschriebene Entwicklung des Glaubens - wie er auch selbst sagt -
nicht schon eine Entwicklung des *christlichen* Glaubens.[16]
Für Fowler ist der christliche Glaube bzw. die christliche Religion eine inhaltliche Ausfüllung der von ihm beschriebenen formalen
Glaubensstruktur. Kann dies auch umgekehrt, vom christlichen
Selbstverständnis her, so gesehen werden? - Zunächst widerspricht
das christliche Glaubensverständnis, vor allem in der protestantischen Tradition, zutiefst jeder Entwicklungsvorstellung: Dieser
Glaube vertraut dem voraussetzungslos annehmenden Gott, d.h. er
vertraut auf die Rechtfertigung des Menschen, der nicht mehr nach
eigener Vollkommenheit strebt. Insofern ist der Gedanke einer Entwicklung zur Vollkommenheit theologisch ausgeschlossen - darauf
haben verschiedene Kritiker von Fowlers Theorie zu Recht aufmerksam gemacht und auch Fowler selbst wehrt sich gegen das Bild der
Leiter, auf der der Mensch möglichst rasch immer höher steigen soll
(1991a, S. 116; vgl. 1989, S. 76ff.).
   Es gibt jedoch auch für das christliche Glaubensverständnis zumindest zwei Hinsichten, in denen von einer fortschreitenden Entwicklung gesprochen werden kann und eine solche Entwicklung
auch pädagogisch unterstützt werden muß: das *Verstehen* des Glaubens und die *ethischen Konsequenzen* des Glaubens. Darauf hat vor
allem K. E. Nipkow (1983, S. 182f.) aufmerksam gemacht:

»Steht nicht erstens die von Paulus, Luther, Calvin und von wem auch immer in der Geschichte der Kirche betonte rechte Glaubenserkenntnis, d.h.
die Erkenntnis des Heils in Jesus Christus - unbeschadet des Umstandes,
daß diese Erkenntnis in ihrem inhaltlichen Grundsinn ganz eigener und un-
verwechselbarer Art ist - in ihrer erkenntnismäßigen Durchdringung (z.B.
im Umgang mit biblischen Aussagen oder kirchlichen Lehren) in Verbindung mit den sich entwickelnden Erkenntnisstrukturen des einzelnen?
Hier wären als Strukturaspekte die logischen Denkformen (1. Struktur-
aspekt), die gedankliche Systembildung (6.) und die Fähigkeit des Symbol-

---

[16] Heute fordert Fowler selbst eine stärker christlich-theologisch ausgerichtete Theorie
der »Glaubensentwicklung« (Fowler 1985, S. 51; vgl. dazu auch Fowlers Überlegungen zur Frage der Bekehrung: 1991a, S. 86ff.; 1984a, S. 75, S. 138ff.).

verständnisses (7.) heranzuziehen. Die Frage der Glaubenserkenntnis berührt auch den Punkt, wo für den Christen die Autorität lokalisiert ist, d.h. zum Beispiel, ob er sich selbständig über seinen Glauben Rechenschaft abgibt oder nicht (5. Aspekt).

Steht nicht zweitens die Auffassung der Reformatoren, daß der Heilige Geist die Bereitschaft zum Dienst in der Liebe schaffe und dies ein weiterer Grundsinn des Wachstums des Glaubens und der Heiligung sei, in Verbindung mit der Sensibilität, vom anderen her zu sehen (2. Aspekt), mit der Enge oder der Weite der sozialen Wahrnehmung und damit des sozialen Verantwortungsbewußtseins (4. Aspekt) sowie schließlich mit den moralischen Urteilsformen (3. Aspekt)?«

Allerdings fallen, auch das wird bei Nipkow deutlich, weder die ethischen Konsequenzen noch das Verstehen des Glaubens einfach mit dem in eins, was als Wachstum des christlichen Glaubens zu bezeichnen wäre. Ein solches Verständnis wäre vielmehr von theologischen Kategorien her als Aufgeben der Selbstmächtigkeit des Menschen, als Kampf gegen die Macht der Sünde und als Erkenntnis Gottes bzw. Christi zu bestimmen. So gesehen wäre die von Fowler beschriebene Entwicklung eher als eine *Entsprechung* zum christlichen Glauben zu verstehen, nicht aber als eine Entwicklung des christlichen Glaubens selbst - wobei hier freilich die Unterschiede fließen.

- *Die Frage nach dem Rationalitätsverständnis:* Wenn die von Fowler beschriebene Entwicklung des Glaubens als Prozeß einer fortschreitenden »erkenntnismäßigen Durchdringung« des christlichen Glaubens gedeutet werden soll, stellt sich die Frage, ob das von Fowler vertretene Verständnis von Erkenntnis und Rationalität dem christlichen Glaubensverständnis entspricht oder vielmehr, wie verschiedene Kritiker einwenden, geradezu widerspricht. Ein Widerspruch wird dabei vor allem zwischen dem naturwissenschaftlich ausgerichteten Rationalitätsverständnis Piagets und einer auch für religiöse Dimensionen offenen Auffassung von Rationalität gesehen. Man kann aber Fowlers Position hier nicht ohne weiteres mit der von Piaget oder auch von Kohlberg gleichsetzen. Fowler selbst hat die Reichweite einer »Logik der rationalen Gewißheit«, wie er die Auffassung Piagets und Kohlbergs nennt, in Frage gestellt und hat den Einbezug auch der »Logik der Überzeugung« gefordert (1991a,

S. 122; vgl. 1980b). Damit ist gemeint, daß nicht nur die Entwicklung des vom eigenen Selbst abgelösten, objektiven Erkennens anerkannt und untersucht werden soll, sondern auch die Bedeutung dieses Erkennens für das Selbst sowie der Zusammenhang zwischen Selbst und Erkenntnis. Es geht Fowler um die personale Qualität des Erkennens sowie darum, daß beim Erkennen die eigene Person mit auf dem Spiel steht. - Auch hier ist jedoch noch nicht deutlich, ob es Fowler gelingt, die von ihm aufgegriffenen psychologischen Ansätze seiner »Logik der Überzeugung« anzupassen, oder ob sich umgekehrt diese Ansätze mit ihrem rationalistischen Denken gegen Fowlers Intention durchsetzen. In einer neueren, selbstkritischen Äußerung spricht Fowler (in Anlehnung an J. B. Metz) in diesem Sinne von einem »Pyrrhussieg«, den die theologischen Inhalte hier über den Rationalismus erlangen (Fowler 1985, S. 55).

Die hier aufgeworfenen Anfragen an Fowlers Theorie zeigen, daß sich diese Theorie selbst noch in der Entwicklung befindet und daß sie in ihrer heutigen Form nicht als endgültiges Ergebnis aufzufassen ist. Auch in dieser nun vorliegenden Form - das ist abschließend zu betonen - hat sich Fowlers Theorie jedoch als anregend und hilfreich bei einer Reihe von religionspädagogischen Fragestellungen erwiesen. Das gilt u.a. für den Entwicklungs- und Lebensbezug religiöser Erziehung, der sich mit Hilfe von Fowlers Ergebnissen präzisieren läßt (Nipkow 1982, S. 45ff.), für die Erschließung des Gottesbildes im Kindes- und Jugendalter (Haunz 1978), das Verständnis biblischer Geschichten (Csanyi 1982) sowie für die Bildungsarbeit mit jungen Erwachsenen (Chamberlain 1979).

Kritische Anfragen

Die Frage nach der Reichweite und den Grenzen kognitiv-struktureller Theorien der religiösen Entwicklung möchte ich zunächst so aufnehmen, daß ich anhand der im ersten Kapitel wiedergegebenen autobiographischen Berichte und Materialien nach der erschließenden Kraft dieser Theorien frage: Welche Aspekte der religiösen Entwicklung werden von diesen Theorien erhellt? Welche werden nicht erfaßt und gehen verloren?

Ein Teil der autobiographischen Berichte und Materialien bietet sich geradezu für eine kognitiv-strukturelle Deutung an: Der »Groschen-Gott« bei Jutta Richter, der nur nickt, wenn man ihm eine Münze gibt, weist deutlich Züge auf, wie sie Oser/Gmünder für Stufe 2 beschreiben: »Wie Du mir, so ich Dir.« Das »Hostien-Männlein« von Marie Cardinal ist ein Paradebeispiel für das mythisch-wörtliche Verstehen, wie es Fowler für Stufe 2 darstellt. Der Lehrling, der seinen Kinderglauben nun »realistisch« befragt, oder Anton Reiser, der über die Grenzen der Welt und seines eigenen Daseins grübelt, können für Stufe 3 bei Oser/Gmünder bzw. Stufe 4 bei Fowler stehen. Gerade die Fragen, die im Jugendalter häufig aufbrechen, werden vor dem Hintergrund kognitiv-struktureller Theorien sehr gut verständlich: Sie entsprechen der mit dem formal-operationalen Denken (Piaget) entstehenden Möglichkeit der kritischen Prüfung vorgegebener Traditionen.

Schwieriger sieht es mit der frühen und mittleren Kindheit aus: Gott als »Vater des Schutzengels«, von dem Jutta Richter ebenfalls erzählt, läßt sich zwar noch im Sinne von Fowlers intuitiv-projektivem Glauben (Stufe 1) deuten, aber eine solche Deutung geht doch vorbei an der offenbar wichtigen Vatererfahrung, die sich hier äußert. Nur ganz unzureichend erscheinen in den kognitiv-strukturellen Entwicklungsmodellen schließlich die frühesten Erfahrungen. Auch Fowlers Begriff des »ersten Glaubens«, den er im Vertrauen des Kindes sieht, führt hier noch nicht weiter. Frühkindliche Erfahrungen, wie sie etwa Tilmann Moser berichtet und wie sie von den psychoanalytischen Narzißmus-Theorien aufgenommen werden, lassen sich mit dem Instrumentarium von Oser/Gmünder und Fowler nicht differenziert erschließen.

Dieser Befund ist insofern nicht überraschend, als die in der kognitiv-strukturellen Psychologie weithin bevorzugte Untersuchungsmethode - das »klinische Interview« - erst ab einem gewissen Alter eingesetzt werden kann. Kleine Kinder kann man noch nicht befragen - man kann sie nur beobachten. Einen differenzierten Zugang erlaubt vielfach aber erst eine spätere Rückschau auf diese Erfahrungen, d.h. eine Erinnerungsarbeit, wie sie die Psychoanalyse versucht. Für eine solche Rückschau reicht ein einmaliges Interviewgespräch nicht aus.

Auch eine zweite Grenze der kognitiv-strukturellen Theorien, die mehr mit ihrer inhaltlichen Ausrichtung zu tun hat, wird bei der Anwendung auf die autobiographischen Berichte und Materialien sichtbar: Die Personen – Mutter, Vater, die Geschwister, Lehrer usw. – kommen bei einer kognitiv-strukturellen Betrachtung nicht wirklich in den Blick. Zwar gehen auch diese Theorien davon aus, daß sich die religiöse Entwicklung im Rahmen der sozialen Erfahrungen des Kindes und des Jugendlichen vollzieht, aber in der theoretischen Beschreibung selbst, d.h. in der Darstellung der Stufen, bleibt der Einfluß solcher Erfahrungen abstrakt und unbestimmt. An diesem Punkt könnte die Psychoanalyse deshalb eine wichtige Ergänzung der kognitiv-strukturellen Theorien bieten. Umgekehrt leisten diese Theorien einen die Psychoanalyse ergänzenden und weiterführenden Beitrag, vor allem zum Verständnis der religiösen Entwicklung in der späten Kindheit und im Jugendalter.

Neben den Grenzen der Reichweite, wie sie jeder empirischen Theorie schon durch die Ausgrenzung eines Untersuchungsgegenstands und durch die Wahl der Untersuchungsmethoden gesetzt sind, gibt es allerdings auch grundsätzliche Schwierigkeiten, die nach dem Urteil mancher Kritiker überhaupt zu einem Verzicht auf eine religionspädagogische Aufnahme kognitiv-struktureller Theorien zwingen. Vor allem der *Stufenbegriff* und das *Fortschrittsdenken,* das der hierarchischen Stufenfolge zugrunde liegt, werden als der religiösen Entwicklung unangemessen angesehen und kritisiert: Von Stufen zu sprechen leiste dem Schubladendenken Vorschub und befestige Vorurteile. Die religiöse Entwicklung sei dagegen als ein vielschichtiger Prozeß anzusehen, der sich nicht auf den einfachen Nenner von sechs Stufen bringen lasse. Zudem komme das Fortschrittsdenken den in der Gesellschaft verbreiteten Ideologien von Fortschritt, Wachstum und Leistung zumindest entgegen, wenn es nicht überhaupt aus diesen Ideologien erwachse.

Diese Einwände sind nicht leicht zu nehmen. Eine Wahrnehmung von Kindern und Jugendlichen nur durch die Brille von Stufen wäre fatal. Und wenn die religiöse Erziehung nur auf einen möglichst weitreichenden und raschen Fortschritt hin zur höchsten Stufe setzen würde, könnte sie die Kinder und Jugendlichen mit ihren Entwicklungsbedürfnissen nur verfehlen. Beides wird freilich auch von den Vertretern einer kognitiv-strukturellen Entwicklungstheorie nicht angestrebt, sondern entschieden abgelehnt (pointiert dazu Fowler 1991a, S. 133). Worum geht es ihnen? – Zunächst darum, daß sich das religiöse Urteil bzw. der Glaube als Sinnorientierung nicht völlig ungeordnet und in unendlich vielgestaltiger Form entwickelt, sondern daß es in dieser Entwicklung eine begrenzte Zahl erkennbarer Strukturen gibt, die sich qualitativ voneinander unterscheiden. Diese Strukturen wiederum sollen als in sich geschlossene Ganzheiten begriffen werden.

Im Blick auf Kinder und Jugendliche bedeutet dies, daß ihr religiöses Verstehen in seiner Eigenart und, im Vergleich zu den Erwachsenen, in seiner Andersartigkeit zur Geltung gebracht werden soll. Demnach wissen und verstehen Kinder und Jugendliche nicht einfach *weniger* als Erwachsene, sondern sie denken und verstehen *anders*. Mit diesem Argument sollen Kinder und Jugendliche vor Anforderungen geschützt werden, die sie überfordern oder die an ihren Möglichkeiten des Verstehens vorbeigehen.

Weiterhin gehen kognitiv-strukturelle Theorien davon aus, daß sich die Entwicklung des Verstehens nicht als Reifung deuten läßt. Reifungstheorien, wie sie früher in der Entwicklungspsychologie verbreitet waren, sind weithin widerlegt.[17] Es gibt keinen Bereich der menschlichen Psyche, der nicht von der Umwelt mitbestimmt wäre. Diese Umweltabhängigkeit von Entwicklungsprozessen bringt es mit sich, daß das Lebensalter allein noch nichts über den Entwicklungsstand aussagt. Unterschiedliche Lebensbedingungen können dazu führen, daß sich Personen auf derselben Altersstufe erheblich im Entwicklungsstand unterscheiden und sich auch auf unterschiedlichen Stufen befinden.

Solche Unterschiede stellen die Entwicklungspsychologie vor nicht geringe Schwierigkeiten: Ihr Anliegen ist es ja, Entwicklung als geordnete Veränderung und Abfolge von früheren zu späteren Zuständen zu beschreiben. Was aber ist »früher« und was »später«, wenn auf derselben Altersstufe unterschiedliche Entwicklungsstufen zu finden sind? – Aufgrund des Lebensalters läßt sich diese Frage offenbar nicht

---

[17] So übereinstimmend die Auffassung der modernen Entwicklungspsychologie: s.u.a. Oerter 1975, S. 21ff.; Montada 1982, S. 24ff.

zureichend beantworten. Man braucht ein anderes Prinzip der Zuordnung. Ein solches Zuordnungsprinzip ergibt sich für die kognitiv-strukturelle Psychologie aus der inneren Logik der Entwicklung: Wenn es möglich ist nachzuweisen, daß eine Stufe eine andere *voraussetzt,* d.h. auf ihr aufbaut, kann sie mit Recht als *höher* bezeichnet werden.

Allerdings setzt die Höherbewertung einer Stufe einen Maßstab voraus, von dem her sich eine solche Bewertung rechtfertigen läßt. Für die kognitive und moralische Entwicklung ist es Piaget und Kohlberg zumindest ein Stück weit gelungen, eine solche Entwicklungslogik nachzuweisen. Aus der Erkenntnistheorie und der Moralphilosophie haben sie Normen als Maßstab der Entwicklung gewonnen, die zumindest im Grundsatz weithin Zustimmung finden, auch wenn die Diskussion im ganzen noch offen ist. – Viel schwieriger sieht es jedoch bei der religiösen Entwicklung aus. Hier war es zwar möglich, Stufen des religiösen Urteils bzw. des Glaubens im Sinne von Ganzheiten zu identifizieren. Ob es aber eine innere Logik gibt, die die Stufen so verbindet, daß sie im strengen Sinne aufeinander aufbauen, scheint mir noch ungewiß. – Dieser offenen Forschungslage wird man wohl am ehesten gerecht, wenn man einerseits die von der kognitiv-strukturellen Psychologie beschriebenen Stufen als hilfreiche Deutung akzeptiert, im Blick auf den hierarchischen Charakter der Stufenfolge jedoch Vorsicht walten läßt.

Wie könnte eine auch *theologisch* vertretbare Bewertung der religiösen Entwicklung aussehen? – Auf diese Frage, das wurde schon im letzten Abschnitt deutlich, gibt es keine einfache Antwort. Soweit religiöse Entwicklung als Vollkommenheitsstreben aufgefaßt wird, ist sie theologisch abzulehnen. Das Streben nach religiöser Perfektion bringt den Menschen nicht zu Gott und auch nicht zu sich selbst, sondern kann nur in der Selbstüberforderung und Selbstzerstörung enden. Insofern stimmt die theologische Anthropologie mit der Kritik an den Fortschritts- und Wachstumsideologien überein. Soweit religiöse Entwicklung aber den Sinn einer genaueren und selbständigeren Erkenntnis des christlichen Glaubens gewinnt und die Orientierung an einer Liebesethik bedeutet, entspricht sie auch dem Anliegen der christlichen Theologie. So gesehen kommt der von der kognitiv-strukturellen Psychologie beschriebenen Entwicklung zwar nur eine begrenzte Bedeutung zu. In dieser Bedeutung jedoch steht sie für ein auch theologisch unverzichtbares Anliegen.

Diese Spannung zwischen einer fortschrittskritischen und einer fortschrittsbejahenden theologischen Einschätzung der religiösen Entwicklung wiederholt sich im Blick auf das Kind, für das sie noch zusätzlich an Bedeutung gewinnt. Denn einerseits stellt das Kindsein in theologischer Sicht eine vollwertige Form des Menschseins dar und darf nicht als Vorform des Erwachsenseins abgewertet werden. Dies ist das Eigenrecht des Kindes, das ihm jenseits seines Entwicklungsstandes und seiner Leistungen immer zukommt. Andererseits soll das Kind aber auch mündig werden, und in theologischer Sicht schließt dies die religiöse Mündigkeit ein.

Bei der Frage nach der theologischen Deutung der kognitiv-strukturellen Theorien der religiösen Entwicklung ist daran zu erinnern, daß Fowler, Oser und Gmünder nicht nur Psychologen, sondern auch Theologen sind. Sie forschen und schreiben nicht über einen Bereich, der ihnen von seinem theologischen Hintergrund her unbekannt oder gar gleichgültig wäre. Sie entwickeln ihre Theorien zwar als Psychologen, aber ihr theologisches Interesse wird dennoch sichtbar. Das theologische Interesse dieser Autoren zeigt sich etwa schon daran, wie sie jede Reduktion von Religion auf psychologische Prozesse zu vermeiden suchen. Anstatt wie Freud in Gott nichts anderes als einen erhöhten Vater zu sehen und so die psychologische Sicht als die einzig zulässige Deutung zu verabsolutieren, beachten die kognitiv-strukturellen Theorien von Fowler und Oser/Gmünder von vornherein die Grenzen, die einer psychologischen Untersuchung in theologischer Hinsicht gesteckt sind. Psychologisch untersucht werden kann nur, was Menschen als transzendent *ansehen* und *erfahren.* Was hinter dieser Erfahrung steht und wie diese Erfahrung theologisch zu deuten ist, kann mit psychologischen Argumenten allein nicht entschieden werden (vgl. bes. Oser/Gmünder 1984, S. 10).

Das theologische Interesse, aus dem heraus Fowler und Oser/Gmünder ihre Theorien entwickeln, kommt auch in ihrem Verständnis des Glaubens bzw. des religiösen Urteils zum Ausdruck. Die inhaltliche Unbestimmtheit dieses Verständnisses folgt nämlich nicht nur aus dem strukturalistischen Ansatz, dem die kognitiv-strukturelle Psychologie verpflichtet ist. Sie entspricht ebensosehr dem Bemühen darum, die religiöse Dimension der menschlichen Entwicklung in einer Situation sichtbar zu machen, in der die kirchlich oder überhaupt institutionell gebundene Religion im Rückgang ist. So gesehen soll das strukturelle Religionsverständnis dazu beitragen, die fortdauernde Bedeutung von Religion auch in einer säkularen Gesellschaft zu belegen.

Dem Interesse an einer Verteidigung der Religion gegen ihre säkularen Kritiker dient schließlich, zumindest bei Oser/Gmünder, auch der Nachweis, daß Religion entwicklungsfähig ist und daß deshalb Rationalität und Mündigkeit auch als Ziel der religiösen Entwicklung gelten können. – Belegt werden soll so die Legitimität von Religiosität in einer Gesellschaft, die sich selbst als rationale Gesellschaft versteht. Auf die Schwierigkeiten, die sich bei diesem Versöhnungsversuch von Rationalität und Religiosität einstellen, wurde bereits hingewiesen. Diese Schwierigkeiten ändern jedoch nichts daran, daß die kognitiv-strukturellen Theorien der religiösen Entwicklung als theologischer Antwortversuch auf die Situation der Religion in der modernen Gesellschaft anzusehen und als solcher ernstzunehmen sind.

Weiterführende Hinweise

Die Autobiographie J. Piagets findet sich in dem empfehlenswerten Band »Jean Piaget – Werk und Wirkung« (München 1976). Eine leicht verständliche Darstellung der kognitiv-strukturellen Theorie geben J. Piaget / B. Inhelder (*Die Psychologie des Kindes*. Frankfurt a.M. 1977). Für die Religionspsychologie ist besonders Piagets Schrift: »Das Weltbild des Kindes« (Frankfurt/M. u.a. 1980) von Interesse. Als anregende Weiterführung s. R. L. Fetz / K. H. Reich / P. Valentin: »Weltbildentwicklung und Gottesvorstellung. Eine strukturgenetische Untersuchung bei Kindern und Jugendlichen«. In: E. Schmitz (Hg.): Religionspsychologie. Eine Bestandsaufnahme des gegenwärtigen Forschungsstandes. Göttingen u.a. 1992; in diesen Zusammenhang gehören auch die wichtigen Untersuchungen von K. H. Reich zum »Denken in Komplementarität« (Reich 1987, mit religionspädagogischen Hinweisen Reich / Schröder 1995).
Von L. Kohlberg liegen zwei Bücher in deutscher Übersetzung vor (*Zur kognitiven Entwicklung des Kindes*. Frankfurt a.M. 1974, *Die Psychologie der Moralentwicklung*. Frankfurt a.M. 1995). Da eine deutsche Ausgabe sei-

ner gesammelten Werke (*Essays on Moral Development.* Bd. I 1981; Bd. II 1984) immer noch nicht zustandegekommen ist, muß bei weitergehenden Fragen auf die englische Ausgabe zurückgegriffen werden. Eine knappe Darstellung der Kohlberg- Stufen geben A. Colby / L. Kohlberg (in: *Psychologie des 20. Jahrhunderts.* Bd. VII. Zürich 1978). Zur kritischen Diskussion über Kohlberg vgl. die im Literaturverzeichnis aufgeführten Arbeiten von Blasi (1980), Fowler (1980a), Wallwork (1980), Schweitzer (1980, 1986), Eid u.a. (1995); unter pädagogischen und religionspädagogischen Gesichtspunkten: Hofmann (1991), Adam / Schweitzer (1996). Zur Frage einer weiblichen Moralentwicklung (Gilligan 1984) vgl. die Sammelbände von G. Nunner-Winkler (1991), H. Nagl-Docekal / H. Pauer-Studer (1993) und Horster (1998). - Eine Antwort auf seine Kritiker gibt Kohlberg im zweiten Band seiner Essays (1984, S. 224ff.).

Erste Ansätze zu einer kognitiv-strukturellen Interpretation der religiösen Entwicklung finden sich bei Goldman (1964) und bei Elkind (1978). Die Theorie von F. Oser / P. Gmünder ist am ausführlichsten dargestellt in dem Band »Der Mensch - Stufen seiner religiösen Entwicklung« (Zürich/Köln 1984). Weitere Veröffentlichungen sind im Literaturverzeichnis aufgeführt (Gmünder 1979, Oser u.a. 1980, Oser 1980 und 1986, v. Brachel u.a. 1983, Fetz 1985, Fetz / Oser 1986). Als wichtigste Weiterführungen, auch unter religionspädagogischen Aspekten, vgl. Oser 1988, 1992, Oser / Reich 1996. Zur kritischen Auseinandersetzung mit Oser vgl. als Einzelbeiträge Heimbrock (1984, 1986), Fraas (1983, S. 154), Mette (1983), Englert (1985), Schmidt (1984), Schweitzer (1985b; 1988), vgl. auch Nipkow (1987a) und Slee (1983) sowie als Sammelbände Nipkow / Schweitzer/ Fowler (1988) und Bucher / Reich (1989) - beide auch mit Reaktionen von Oser selbst.

Für J.W. Fowlers Theorie ist besonders auf sein 1981 erschienenes Buch »Stufen des Glaubens« (dt. 1991) hinzuweisen. Aufsätze zur Erschließung von Autobiographien unter dem Aspekt der »Glaubensentwicklung« enthält der Band von J. W. Fowler / R. W. Lovin u.a. (1980). Frühere Veröffentlichungen sind im Literaturverzeichnis aufgeführt. In deutscher Übersetzung liegt auch der Band »Glaubensentwicklung. Perspektiven für Seelsorge und kirchliche Bildungsarbeit« (1989) vor. Nach der Ausarbeitung seiner Theorie der Glaubensentwicklung hat sich Fowler besonders um eine Klärung von Stellung und Aufgabe seiner Entwicklungstheorie im Rahmen der Praktischen Theologie bemüht (Fowler 1983; 1985; 1991b; 1996). Dabei spielt durchweg auch eine breiter ansetzende, theologische und soziologische Überlegungen berücksichtigende Zugriffsweise etwa im Blick auf christliches Erwachsenwerden (Fowler 1984a) eine wichtige Rolle. - Eine noch immer empfehlenswerte Einführung gibt K.E. Nipkow (*Grundfragen der Religionspädagogik. Bd. 3.* Gütersloh 1982, bes. Kap. 2; *Wachstum des Glaubens - Stufen des Glaubens.* In: Reformation und Praktische Theologie. Hg. v. H. M. Müller / D. Rössler. Göttingen 1983); ein stärker theoretisch-philosophisch ausgerichteter Überblick findet sich bei Chamberlain (1981). Zur theologischen Ausrichtung Fowlers vgl. seine Dissertation über H.R. Niebuhr (*To see the Kingdom*. Nashville 1974). Unter theoretischen und methodischen Aspekten ist besonders auf das Forschungshandbuch hinzuweisen: J.W. Fowler u.a. 1986.

Die inzwischen international sehr verzweigte und kaum mehr überschaubare Diskussion über Fowler ist zunächst in Form zahlreicher Einzelbeiträge in Gang gekommen, die sich u.a. folgenden Schwerpunkten zuordnen lassen:

- *Zur Frage der empirischen Grundlage*: Fowler 1981a, S. 313; McBride 1976, Smith 1983, S. 224; Webster 1984, S. 16f. (dagegen Smith 1986), Heywood 1986, S. 73f.; v.d. Lans 1986, S. 117f.; vgl. auch Parks 1982; 1986.
- *Zur Frage emotionaler und unbewußter Aspekte der religiösen Entwicklung*: Conn 1981, Ivy 1982, S. 273f.; Heimbrock 1984, S. 157ff.; vgl. Neidhart 1986 sowie Schmidt 1984, S. 45. Zur kritischen Würdigung s. weiterhin das Review Symposium in: Horizons 9/1982.
- *Zur Frage des Untersuchungsgegenstandes*: Ivy 1982, S. 270; Oser / Gmünder 1984, S. 54f.; Loder 1982, S. 138; Webster 1984, S. 16; vgl. auch Döbert 1984 (zum Verhältnis zwischen religiöser und Ich-Entwicklung).
- *Zum normativen Gehalt der Stufen*: Loder 1982; Miller 1985; S. 149ff.; v.d. Lans 1986; Neidhart 1986; Schweitzer 1982, S. 107.
- *Zur theologischen Bewertung der Glaubensstufen*: Nipkow 1982, S. 47ff.; 1983; vgl. auch 1987a; Hennessy 1976b; Loder 1982, S. 135ff.; Moran 1983, bes. S. 121ff.; Neidhart 1986; Schmidt 1984, S. 46ff.; Keen 1978; Schweitzer 1987.
- *Zum Rationalitätsverständnis*: Heywood 1986; Heimbrock 1984, S. 157ff. Gegen eine religionspädagogische Aufnahme kognitiv-struktureller Theorien plädieren Fraas 1983, S. 154f.; Neidhart 1986, S. 127ff.; mit anderen Argumenten v.d. Lans 1986, S. 114ff.

Die neuere Diskussion ist durch eine Reihe von Sammelbänden gut zu erschließen – s. bes. Nipkow / Schweitzer / Fowler 1988, Dykstra / Parks 1986, Astley / Francis 1992, Aden / Benner / Ellens 1992 (zum Teil auch mit Reaktionen von Fowler selbst). Als neueste Veröffentlichung vgl. G. Klappenecker (*Glaubensentwicklung und Lebensgeschichte*. Stuttgart u.a. 1998).

Von der Emory-Universität (Candler School of Theology, Atlanta, Georgia, 30322 USA) kann eine Bibliographie (Faith Development Bibliography) bezogen werden.

5

Religiöse Entwicklung, Sozialisation und Bildung

Nachdem die letzten beiden Kapitel der Darstellung der heute am stärksten beachteten Theorien der religiösen Entwicklung dienten, sollen nun die geschichtlichen und gesellschaftlichen Voraussetzungen, unter denen sich diese Entwicklung vollzieht, in den Blick kommen. Diese Voraussetzungen werden im allgemeinen als *Sozialisationsbedingungen* bezeichnet. Gemeint sind damit die personalen, vor allem aber die institutionellen und gesellschaftlichen Bedingungen, die sich auf das Aufwachsen von Kindern und Jugendlichen auswirken. Neben Familie und Jugendkultur ist dabei heute besonders an die Schule zu denken, die einen großen Teil der Kindheit und Jugendzeit in ihren Anspruch nimmt und sie zur Schulzeit bestimmt. In der Überschrift des vorliegenden Kapitels habe ich deshalb den Begriff der *Bildung* neben den der *Sozialisation* gestellt. Damit soll auf die enorme Bedeutung der Schule und der von ihr vermittelten Bildung aufmerksam gemacht werden. Gedacht ist also nur an Bildung und Schule als Teil der Sozialisation, nicht an den - etwa von R. Preul (1980) oder R. Englert (1985) unternommenen - Versuch, die Theorien der religiösen Entwicklung in den Rahmen einer Theorie der religiösen Bildung zu stellen.

Ziel meiner Argumentation ist eine wechselseitige Verschränkung entwicklungspsychologischer und sozialisationstheoretischer Perspektiven. Eine solche Auffassung von Entwicklung und Sozialisation versteht sich nicht von selbst. Eher könnte man sagen, daß in der Religionspädagogik lange Zeit, besonders in den 70er Jahren, fast ausschließlich von *religiöser* Sozialisation gesprochen wurde. Wenn nun der Begriff der religiösen Entwicklung stärker beachtet wird, so zeigt dies zunächst ein verändertes Verständnis des Kindes- und Jugendalters an: Die aktive Rolle der Kinder und Jugendlichen bei ihrer Eingliederung in die Traditionen und Institutionen der Gesellschaft soll betont werden. Dieses Verständnis löst allerdings die mehr gesellschaftliche Sicht der Sozialisationsforschung nicht einfach ab. Die Frage nach dem Einfluß gesellschaftlicher und geschichtlicher Faktoren auf die Entwicklung der Kinder und Jugendlichen bleibt bestehen. Aber wie können Sozialisation und Entwicklung zusammengedacht und wie kann sowohl der gesellschaftliche Einfluß wie die aktive Rolle der Kinder und Jugendlichen deutlich gemacht werden?

An dieser Stelle muß noch einmal die Frage nach dem Entwicklungsverständnis aufgegriffen werden. Was ist, sowohl aufgrund der autobiographischen Berichte und Materialien (Kap. 1) wie aufgrund der methodischen Erwägungen (Kap. 2) und der theoretischen Zugänge (Kap. 3 und 4), unter religiöser Entwicklung zu verstehen? Und wie verhält sich diese Entwicklung zu den gesellschaftlichen Bedingungen, unter denen sie sich vollzieht? Nach dieser Klärung des Entwicklungsverständnisses läßt sich dann auch der Zusammenhang von religiöser Entwicklung und Sozialisation deutlicher fassen.

Was heißt »religiöse Entwicklung«?

Im Anschluß an die autobiographischen Berichte und Materialien habe ich religiöse Entwicklung im ersten Kapitel umschrieben als die lebensgeschichtliche Veränderung von Erfahrungen, Vorstellungen, Gefühlen usw. sowie der personalen Beziehungen, soweit sie damit verbunden sind, was jeweils als religiös verstanden wird. Im zweiten Kapitel habe ich diese Umschreibung dann mit Hilfe der Unterscheidung zwischen einem *weiten (funktionalen)* und einem *engen* (inhaltsbezogenen oder *substantiellen*) Religionsverständnis zu präzisieren versucht. Was tragen nun die psychoanalytischen und kognitiv-strukturellen Theorien für ein genaueres Verständnis der religiösen Entwicklung aus?

Der wichtigste Beitrag dieser Theorien liegt in der Klärung der Art und Weise, in der sich die religiöse Entwicklung vollzieht. Hier lassen sich nun zwei extreme Deutungen von Anfang an ausschließen: Sowohl eine Deutung der religiösen Entwicklung als *Reifung* einer von Geburt an vorhandenen *Anlage* wie eine Deutung der religiösen Entwicklung als *Anpassung* an die Religion, die von der *Umwelt* an das Kind herangetragen wird, geht an den empirischen Befunden vorbei. Gegen die reifungstheoretische Deutung spricht schon die deutliche Abhängigkeit der religiösen Entwicklung von Erfahrungen mit anderen Menschen: Würde es sich bei dieser Entwicklung um einen reinen Reifungsprozeß handeln, dürften äußere Einflüsse keine wesentliche Rolle spielen. - Gegen die Deutung der religiösen Entwicklung als Anpassung ist umgekehrt auf die Selbständigkeit hinzuweisen, mit der Kinder und Jugendliche die ihnen vermittelten Traditionen aufnehmen, sich aneignen oder auch zurückweisen.

Damit sind freilich nur die extremsten Deutungen ausgeschlossen, nicht aber ein Einfluß der physischen und psychischen Reifung oder der sozialen Umwelt als solcher. Auszugehen ist vielmehr - sowohl mit der Psychoanalyse wie mit der kognitiv-strukturellen Entwicklungspsychologie (und der modernen Entwicklungspsychologie im ganzen) - von einem *Zusammenwirken reifungsbezogener und umweltabhängiger Prozesse.* Weder gibt es eine Reifung unabhängig von der Umwelt noch eine Umwelt unabhängig von der Reifung. Der Mensch wird immer schon von seiner Umwelt beeinflußt, aber welche Umwelt in welcher Weise auf ihn wirken kann, das hängt wiederum von Reifungsprozessen ab.

Im Anschluß an J. Piaget hat sich für ein Entwicklungsverständnis, das diesen konstitutiven Zusammenhang von Reifung und Umwelt bzw. von Organismus und Umwelt zugrundelegt, der Begriff der *Interaktion* eingebürgert. Im Blick auf den interaktiven Charakter der Entwicklung, d.h. auf die Verflochtenheit der Entwicklung des Individuums mit der Umwelt, besteht heute weithin Einigkeit. Daß dennoch sehr unterschiedliche Deutungen der religiösen Entwicklung möglich - und wie ich deutlich machen will - auch sinnvoll sind, zeigen die Unterschiede zwischen der psychoanalytischen Sicht der Entwicklung als *Lebenszyklus* oder, wie man im Deutschen auch sagen könnte, als *Lebenskreis* und der kognitiv-strukturellen Auffassung dieser Entwicklung als einem *fortschreitenden Erwerb kognitiver Fähigkeiten.*

Wenn Erikson vom Lebenszyklus spricht, geht es ihm zunächst um die innere »Abrundung« oder Gestalt, zu der das Leben des Individuums tendiere, sodann um die Verschränkung der Generationen, die sich in diesem Zyklus ausdrücke, und schließlich um die Lebenskrisen, über die hinweg sich die Entwicklung vollziehe (Erikson 1968a, S. 286). Gemeint ist also eine im Generationenverhältnis begründete, in sich selbst krisenhafte, aber doch nach Geschlossenheit und Ganzheit strebende Gestalt des Lebens. Die Entwicklungsstufen bauen dabei zwar aufeinander auf, aber nicht so, daß man von höheren und tieferen Stufen sprechen könnte. Spätere Stufen setzen frühere zum einen insofern voraus, als ungelöste Konflikte der Vergangenheit später weiterwirken und den Fortgang der Entwicklung stören. Zum anderen werden die auf einer Stufe ausgebildeten Fähigkeiten oder Grundkräfte auch im späteren Leben benötigt. Jede Entwicklungsstufe besitzt aber denselben Wert.

Die Krisenhaftigkeit der Entwicklung betont nicht nur die Psychoanalyse. Auch die kognitiv-strukturelle Psychologie beschreibt den fortschreitenden Erwerb kognitiver Fähigkeiten als krisenhaft. Jeder Übergang zu einer neuen Stufe bedeute, daß bisher gültige Orientierungen, Weltbilder und Gewißheiten ins Wanken geraten. Über die Krisen hinweg wird die Entwicklung aber als *Fortschritt* zu angemesseneren und besseren Problemlösungen verstanden. Die Stufen bauen hier in dem direkten Sinne aufeinander auf, daß die auf tieferen Stufen erworbenen Fähigkeiten als Voraussetzung in die höheren eingehen. Eine höhere Stufe der kognitiven Entwicklung kann deshalb erst dann erreicht werden, wenn die nächsttiefere Stufe durchlaufen ist. Insofern könnte man für die kognitiv-strukturelle Psychologie von einer krisenhaften, aber doch kontinuierlich aufbauenden Höherentwicklung sprechen, bei der es eine klare Wertung zugunsten der höchsten Entwicklungsstufe gibt.

Es wäre m.E. aber unangemessen, wenn man diese beiden Lebensbilder – das *zyklische* und das *fortschrittsbezogene* Bild – nun gegeneinander ausspielen wollte. Es handelt sich dabei nicht einfach um Alternativen, und man muß oder kann sich auch nicht für die eine oder die andere Auffassung entscheiden. Es gibt im Leben sowohl aufsteigende Linien des Fortschritts wie eine eher kreisförmige, weil bleibende Krisenhaftigkeit. Deutliche Fortschritte lassen sich im kognitiven Bereich erkennen: Wer einmal gelernt hat, daß zweimal zwei vier ist, wird dahinter nicht mehr zurückfallen.[18] Aber auch etwa im Bereich der moralischen Entwicklung kann zu Recht von Fortschritt gesprochen werden. Zwar mag das moralische Handeln immer wieder hinter der besseren Einsicht zurückbleiben – der sich weitende moralische Horizont und die wachsende Einsicht in moralische Fragestellungen und Begründungsformen stellt jedoch ohne Zweifel einen Fortschritt dar und bleibt auch dann eine Voraussetzung für das entsprechende moralische Handeln.[19]

Gerade für den Bereich der moralischen Entwicklung hat auch der Psychoanalytiker Erikson ein solches Fortschrittsdenken akzeptiert und selbst vertreten: Auch ihm geht es um eine Ausweitung des moralischen Horizonts, so daß *alle* Menschen in ihrer Würde anerkannt und geachtet werden (Erikson 1981, S. 138ff.). Anders sieht es jedoch bei Trieben wie der Sexualität, bei Gefühlen wie Angst oder Schmerz und bei zwischenmenschlichen Beziehungen wie Freundschaft oder Liebe aus. Zwar gibt es auch hier die Aufgabe, die Triebe in die Persönlichkeit zu integrieren, d.h. sie weder nur zu unterdrücken noch ihnen einfach freien Lauf zu lassen; auch muß der Umgang mit Gefühlen gelernt und muß die Fähigkeit zu zwischenmenschlichen Beziehungen weiterentwickelt und verfeinert werden. Aber dabei handelt es sich um beständige, nie endgültig zu lösende Aufgaben. In diesem Bereich gibt es keinen Fortschritt in dem Sinne, daß die einmal erreichte Einsicht nicht mehr verloren gehen kann.

Beide Vorstellungen, das Bild vom Zyklus und das vom Fortschreiten, haben demnach eine begrenzte Reichweite und bedürfen der Ergänzung. Diese Einschränkung bestätigt sich, wenn man diese Vorstellungen unter *theologischen* Aspekten betrachtet. In beide Lebensbilder gehen überzogene Erwartungen des Menschen an sich selbst und an seine Entwicklung ein, von denen die theologische Anthropologie den Menschen entlasten möchte. Die überzogenen Erwartungen sind besonders greifbar bei der Deutung der menschlichen Entwicklung als

---

[18] Außer vielleicht unter extremen Bedingungen inneren oder äußeren Zwangs, an die hier nicht gedacht ist.

[19] Oser (1986, S. 499) schlägt sogar vor, im Bewußtsein der Spannung zwischen moralischem Urteil und moralischem Handeln ein Ziel der Erziehung zu sehen.

Fortschritt. Eine solche Deutung wird den Rückschlägen und Verkehrungen im menschlichen Leben nicht gerecht. Überzogen ist aber auch die Vorstellung einer »Abrundung«, wie sie Erikson dem Lebenszyklus zugrundelegt: Das menschliche Leben bleibt viel eher Bruchstück, als daß es je eine Ganzheit erreichen könnte. - Realistisch gesehen gibt es sowohl Fortschritte wie auch Teile des Lebens, die zu einer abgerundeten Ganzheit kommen. Das Lebensganze aber geht weder im Fortschritt noch in der Abrundung auf, sondern bleibt offen und unvollendet. Daß es auch so offen und unvollendet bleiben darf, wenn der Mensch seinem Streben nach Vollkommenheit und eigener Göttlichkeit nicht erliegt, das zu zeigen ist ein Grundanliegen der theologischen Anthropologie.

Aus dem bisher Gesagten folgt für unsere Definition der religiösen Entwicklung, daß wir an dem offenen Begriff der *lebensgeschichtlichen Veränderung* festhalten, d.h. ihn weder durch den Begriff des Zyklus noch durch den des Fortschritts ersetzen. Der Begriff »lebensgeschichtliche Veränderung« soll beides einschließen, die *bleibende Krisenhaftigkeit* und die *aufsteigenden Linien.* - Ebenso scheint es mir sinnvoll, die religiöse Entwicklung nicht auf das religiöse Urteil oder auf den Glauben als Sinnorientierung im Sinne Fowlers zu beschränken. Aber auch eine Konzentration nur auf die personalen Beziehungen und auf die psychosozialen Krisen griffe zu kurz. Gerade gegenüber solchen Definitionsversuchen, die das Verständnis der religiösen Entwicklung auf bestimmte, zum Teil forschungsmethodisch bedingte Aspekte begrenzen und damit einengen, bewährt sich die an den autobiographischen Berichten und Materialien gewonnene Definition. Diese Definition ist zwar unschärfer als die psychoanalytische oder die kognitiv-strukturelle Definition, sie ist aber offener und trägt dazu bei, daß kein wesentlicher Aspekt der religiösen Entwicklung von vornherein ausgeschlossen wird.

Das Interesse an einer solchen Offenheit spricht auch dafür, an einem weiten (funktionalen) Religionsbegriff festzuhalten. Zwar muß die religiöse Entwicklung darüber hinaus auch von einem engen (inhaltsbezogenen) Religionsverständnis her beleuchtet werden, wenn Genaueres über das Verhältnis der religiösen Entwicklung zu einer bestimmten Religion in Erfahrung gebracht werden soll. Aber eine nur

173

inhaltsbezogene Definition würde an der für die psychoanalytischen und kognitiv-strukturellen Entwicklungstheorien so entscheidenden Beobachtung vorbeigehen, daß ganz unterschiedliche Orientierungen für den Menschen eine »unbedingte Bedeutung« und somit eine religiöse Qualität gewinnen können.[20]

Somit bewährt sich die *Definition von religiöser Entwicklung* als lebensgeschichtliche Veränderung von Erfahrungen, Vorstellungen, Gefühlen usw. sowie der personalen Beziehungen, soweit sie damit verbunden sind, was jeweils als religiös verstanden wird. Sie beschreibt einen Rahmen, in den sich die engeren, formal oder inhaltlich präziseren Definitionen von religiöser Entwicklung sinnvoll einzeichnen lassen.

Auf die religiöse Entwicklung bezogen und begrifflich von ihr unterschieden sind *Lebenslauf* und *Biographie* bzw. *Lebensgeschichte* (vgl. Matthes 1975). Der Begriff Lebenslauf bezieht sich auf Veränderungen, die von außen beobachtet oder erschlossen werden können oder sogar müssen (dann nämlich, wenn sie dem Individuum nicht bewußt sind). Demgegenüber kann »Lebensgeschichte« am besten als Erzählung verstanden werden. Als solche besitzt sie einen Autor, der durch äußere Beobachter nicht ersetzt werden kann. Im vorliegenden Buch (s. schon den Titel) verwenden wir den Begriff »Lebensgeschichte« aber auch in einem weiteren Sinne - als umfassende Bezeichnung für religiöse Entwicklung, Lebenslauf, Sozialisation und Biographie.

Familie, Schule und Gesellschaft als Kontext der Entwicklung

Die autobiographischen Berichte und Materialien, die im ersten Kapitel dargestellt wurden, gehen in dem Verständnis von religiöser Entwicklung, wie es nun mit Hilfe der psychoanalytischen und kognitiv-strukturellen Theorien geklärt wurde, nicht ohne weiteres auf. Sie enthalten Gesichtspunkte, die in einem vor allem an die Psychologie

---

[20] Im übrigen ist hier auch an M. Luthers Auslegung des ersten Gebots zu erinnern: »Worauf Du nu . . . Dein Herz hängest und verlässest, das ist eigentlich Dein Gott« (1976, S. 560); vgl. dazu Fowlers Verweis auf Luther (Fowler 1974b, S. 104, 213f.) sowie Nipkow 1983, S. 173 Anm. 49.

angelehnten Verständnis nicht vorkommen oder wenigstens nicht ausdrücklich genannt werden. Das gilt in besonderem Maße für die geschichtlich wandelbaren gesellschaftlichen Bedingungen, die den Kontext der religiösen Entwicklung bilden.

Die Entwicklung des Individuums in seiner Abhängigkeit von gesellschaftlichen Institutionen nachzuzeichnen war ein Hauptanliegen der sozialwissenschaftlichen Sozialisationstheorien, wie sie seit etwa 1970 auch in der Religionspädagogik aufgenommen wurden. Mit unterschiedlichen Akzentsetzungen, aber doch einer gleichbleibenden Betonung des Zusammenhangs von Individuum und Gesellschaft, versuchen diese Theorien zu beschreiben, wie Kinder und Jugendliche in die Gesellschaft hineinwachsen und wie sie die Werte, Normen und Sinnorientierungen der Gesellschaft übernehmen und verinnerlichen. In den Anfängen der Sozialisationsforschung - etwa bei dem französischen Soziologen E. Durkheim - lag dabei der Akzent fast ausschließlich bei der Anpassung des Individuums an die Gesellschaft: Gefragt wurde, wie die Gesellschaft auf das Individuum einwirkt. In den letzten Jahren hingegen hat sich der Schwerpunkt auch in der Sozialisationsforschung immer mehr auf die *aktive* Rolle des Individuums verlagert, so daß nun auch in der Sozialisationsforschung weithin die Vorstellung vom - mit K. Hurrelman (1983) formuliert - »produktiv realitätverarbeitenden Subjekt« bestimmend ist: Sozialisation wird als Wechselwirkung zwischen Individuum und Gesellschaft verstanden.

In dieser veränderten Auffassung der Rolle des Individuums im Sozialisationsprozeß ist auch das neue Interesse an den Entwicklungstheorien begründet. Da die Psychologie ihrerseits Entwicklung nicht mehr als Reifung versteht, sondern als interaktiven Prozeß zwischen Organismus und Umwelt, kommt es zu einer »Konvergenz in Theorien und Methoden der Sozialisationsforschung und der Entwicklungspsychologie« (Hurrelmann/Ulich 1982b). Diese Konvergenz bedeutet allerdings keine Aufhebung der unterschiedlichen Schwerpunktsetzung: Nach wie vor konzentriert sich die Entwicklungspsychologie mehr auf die individuelle und innerpsychische Seite, während bei der Sozialisationsforschung »die gesellschaftliche Bedingtheit von individuellen Entwicklungsprozessen« im Zentrum steht.

In diesem Unterschied der Betrachtungsweise liegt das bleibende Recht und die Notwendigkeit beider Zugangsweisen. Das gilt jedenfalls für das Verhältnis zwischen Entwicklungspsychologie und Sozialisationsforschung im allgemeinen. Wie sieht es nun bei der religiösen Entwicklung und Sozialisation aus? - Auch hier kann zunächst eine wichtige Konvergenz festgehalten werden: Entwicklungs- und Sozialisationstheorien dienen gleichermaßen dem von D. Stoodt (1972) für die Sozialisationsforschung formulierten Anliegen, Religion nicht nur als »christliche Lehre« in den Blick zu nehmen, sondern auch »in ihrer tatsächlichen, geschichtlichen und gesellschaftlich bedingten gegenwärtigen Verfassung«. Die Formulierung Stoodts zeigt dabei schon an, daß es auch bei der Forschung über religiöse Sozialisation vor allem auf die geschichtliche und gesellschaftliche Bedingtheit der von Familie, Schule, Kirche usw. vermittelten Religion ankommt. Religion wird hier in Abhängigkeit von der Sozialisationswirkung gesellschaftlicher Institutionen gesehen. Demgegenüber trägt die Perspektive der religiösen Entwicklung stärker der individuellen Aneignung Rechnung, ohne deshalb die Umweltabhängigkeit oder gesellschaftliche Bedingtheit der Entwicklung zu leugnen. Der begriffliche Wandel von religiöser Sozialisation zu religiöser Entwicklung folgt also einerseits der veränderten Sicht der Sozialisation, wie sie heute in der Sozialisationsforschung anzutreffen ist. Andererseits stehen die Begriffe »Entwicklung« und »Sozialisation« nach wie vor für zwei unterschiedlich zentrierte Betrachtungsweisen, die einander nicht überflüssig machen, sondern die sich wechselseitig ergänzen. Insofern könnte man auch - und genauer - von einer Erweiterung statt von einem begrifflichen Wandel sprechen.

Geht man von einem solchen Ergänzungsverhältnis beider Betrachtungsweisen aus, dann muß es auch möglich sein, die religiöse Entwicklung aus der Perspektive der religiösen Sozialisation zu beschreiben. Dabei treten dann die gesellschaftlichen Institutionen in den Vordergrund, in denen Kindern und Jugendlichen Religion vermittelt wird. Der Entwicklungsgang führt so gesehen von der *Familie* über den *Kindergarten* zur *Schule,* über den *Kindergottesdienst* zu *Firm- und Konfirmandenunterricht* sowie zur *kirchlichen Jugendarbeit,* schließlich zu *Berufsausbildung* und *Beruf.* Nicht alle diese Stationen sind in jedem Lebenslauf zu finden; auch können andere Stationen - beispielsweise die institutionell nicht gebundene, für die Sozialisation aber sehr bedeutsame *Jugendkultur* - dazukommen. Entscheidend ist, daß Religiosität in dieser Perspektive als Ausdruck und Folge sozialer und institutioneller Vermittlung erscheint. Die Vermittlung ist dabei nicht auf eine ausdrücklich religiöse Erziehung oder Unterweisung beschränkt. Sie umfaßt auch die vom alltäglichen Leben mehr oder weniger unabsichtlich ausgehenden Wirkungen positiver oder negativer Art.

Die Fruchtbarkeit einer solchen, auf die Sozialisationswirkung gesellschaftlicher Institutionen konzentrierten Betrachtung wurde insbesondere von der Kirchensoziologie vielfach belegt. Zwischen dem religiösen Einfluß der Erziehungsinstitutionen und dem späteren Verhältnis zu Religion und Kirche lassen sich deutliche Zusammenhänge nachweisen. Das gilt besonders für die religiöse Ausrichtung des Elternhauses, die sich nachhaltig auf die spätere Einstellung der Kinder auswirkt. In früherer Zeit scheint deshalb der Einfluß der Familie geradezu ein Garant für den Fortbestand der Kirche gewesen zu sein. Neuere soziologische Untersuchungen werfen jedoch die Frage auf, ob die Bereitschaft der Familie, die Vermittlung religiöser Traditionen als ihre Aufgabe zu sehen, heute immer mehr nachläßt. - Ein weiterer Zusammenhang, der hier Beachtung verdient, ist der zwischen Bildung (im Sinne von Schulbesuch und Studium) und Distanz zur Kirche. Auf diesen Zusammenhang haben besonders die Untersuchungen über Kirchenmitgliedschaft und Austrittsneigung aufmerksam gemacht. Demnach wird die Distanz zur Kirche um so größer, je höher der Bildungsstand ist.

Die Beispiele für die Sozialisationswirkung gesellschaftlicher Institutionen ließen sich noch vermehren. Es geht mir hier jedoch nicht um einen vollständigen Überblick zum Thema »religiöse Sozialisation«, sondern vor allem um die prinzipielle Frage, wie solche gesellschaftlichen Sozialisationswirkungen mit der religiösen Entwicklung zusammenhängen. Am Beispiel der negativen Verknüpfung von Bildung und kirchlicher Bindung und am Beispiel der religiösen Sozialisation in der Familie möchte ich dieser Frage noch etwas genauer nachgehen.

Bildung und Distanz zur Kirche

Der Zusammenhang von Bildungsstand und Distanz zur Kirche erscheint in der Perspektive der Kirchensoziologie als *Bildungsdilemma* (Hild 1974). Dieses Dilemma ergibt sich aus mehreren Beobachtungen: Zunächst ist festzustellen, daß die moderne Gesellschaft eine fortschreitende Ausweitung der Bildungsbeteiligung mit sich bringt und schon dadurch, wenigstens unter den gegenwärtigen Bedingungen, offenbar auch eine wachsende Distanz zur Kirche. Sodann ist es ein grundlegendes Merkmal einer solchen Gesellschaft, daß sie in politischer und weltanschaulicher Hinsicht pluralistisch ist. Es gibt nicht nur eine, sondern stets eine Mehrzahl politischer und weltanschaulicher Auffassungen. Deshalb muß die Kirche, wenn sie in der modernen Gesellschaft neben den sich nun anbietenden Alternativen bestehen will, mehr und mehr dafür sorgen, daß sich ihre Mitglieder *bewußt* für die Kirche entschieden haben. In der modernen Gesellschaft reicht eine nur traditionsgestützte (konventionelle) Kirchenmitgliedschaft nicht mehr aus, weil andere Traditionen und Wahlmöglichkeiten verfügbar sind. Um die Traditionsorientierung zu überwinden, braucht die Kirche aber genau die Bildung, durch die sie dann ihre Mitglieder zu verlieren droht. Das macht das Bildungsdilemma aus.

Interessanterweise lassen sich die empirischen Befunde zum Zusammenhang von Bildung und Distanz zur Kirche von einer lebenszyklischen Betrachtung her nicht erklären. Der Zusammenhang zwischen Bildungsstand und Distanz zur Kirche ist über die Altersstufen hinweg konstant. Er kann deshalb nicht bloß als vorübergehender Ausdruck des allgemeinen Ablösungsstrebens im Jugendalter gedeutet werden.

Empirische Untersuchungen über den Zusammenhang von Bildung und religiöser Entwicklung im Sinne der kognitiv-strukturellen Theorien liegen bisher erst in Ansätzen vor. Bei der von Oser/Gmünder untersuchten Stichprobe waren jedoch zwei interessante Beobachtungen zu machen: Zum einen gab es dort eine deutliche Entsprechung zwischen der Höhe des Bildungsniveaus und den Entwicklungsstufen: Ein höheres Bildungsniveau geht mit höheren Stufen des religiösen Urteils einher, d.h. vor allem mit den Stufen 3 und 4 (Oser/Gmünder 1984). Zum andern ergab sich bei kirchlichen Themen bzw. Dilemmata eine deutliche Tendenz zu Antworten im Sinne der Stufe 3, d.h. zu Antworten, die der individuellen Unabhängigkeit einen prinzipiellen Vorrang vor kirchlich-religiösen Bindungen einräumen wollen. Oser/Gmünder sprechen davon, daß »bei kirchlichen Themen eher unbefangene, individuelle Säkularisierungsprozesse in den Urteilsprozeß miteinbezogen werden« (S. 208).

Ein etwas anderes, aber doch ähnliches Bild zeigen die nordamerikanischen Daten Fowlers (die bisher allerdings statistisch nur wenig differenziert aufbereitet sind). Fowler beobachtet, daß religiöse Institutionen, zu denen er auch die Kirche zählt, dann am stabilsten erscheinen, wenn sie von Mitgliedern auf der synthetisch-konventionellen Stufe 3 getragen werden (Fowler 1991a, S. 181). Gleichzeitig befinden sich aber über 40% aller Befragten entweder bereits auf der individuierend-reflektierenden Stufe 4 oder im Übergang zu dieser Stufe. Bei den Zwanzig- bis Dreißigjährigen sind es sogar über 70%.

Diese Ergebnisse lassen sich zu *drei Hypothesen* verdichten, die allerdings der weiteren Absicherung bedürfen:

- Die große Häufigkeit der Stufen 3 und 4 in den USA und in Westeuropa sind als Ausdruck einer geschichtlichen Situation zu deuten, in der der Bildungsstand der Bevölkerung hoch ist. Das bedeutet für das Jugendalter, daß es weithin mit der Schulzeit zusammenfällt und die Gestalt einer »Kulturpubertät« annimmt, d.h. die Gestalt eines langdauernden Übergangs von der Kindheit zum Erwachsenenalter mit einem hohen Potential für die Ausbildung individueller Unabhängigkeit und traditionskritischer Reflexionsfähigkeit.

- Die Konfliktlinie zwischen der Kirche und den Gebildeten, die sich von ihr distanzieren, könnte so verstanden werden, daß sie den Übergang von Fowlers synthetisch-konventioneller Stufe 3 zur individuierend-reflektierenden Stufe 4 markiert. In der mit dem Bildungsstand wachsenden Distanz zur Kirche scheinen sich allerdings individuelle (entwicklungsbezogene) und gesellschaftliche (sozialisationsbedingte) Einflüsse zu überlagern. Auf den entwicklungsbezogenen Einfluß verweist der Zusammenhang zwischen höherem Bildungsstand und höherer Entwicklungsstufe. Der Einfluß der Sozialisation ist an der von Oser/Gmünder festgestellten Massierung säkularistischer und individualistischer Urteile bei kirchenbezogenen Fragestellungen abzulesen. Das spricht dafür, daß es auch bei den Distanzierten eine konventionelle Orientierung gibt, nun aber nicht mehr an religiösen Konventionen, sondern an einer mehrheitlich distanzierten Bezugsgruppe. Im letzten Kapitel habe ich dies als eine *konventionell-säkulare Orientierung* bezeichnet.

- Daß der Zusammenhang zwischen Bildungsstand und Distanz zur Kirche nicht nur im Jugendalter, sondern auch auf späteren Altersstufen erhalten bleibt, könnte als Fixierung oder Entwicklungsstillstand bei den Stufen 3 (Oser/Gmünder) bzw. 4 (Fowler) begriffen werden. Im Unterschied zu lebenszyklischen Krisen, die mit dem Alter auftreten und - mehr oder weniger gelöst - wieder zurücktreten, können kognitiv-strukturelle Entwicklungsstufen über die Altersstufen hinweg konstant bleiben.

Wenn sich diese Hypothesen bestätigen ließen, so würden sich daraus wichtige Konsequenzen für das religionspädagogische Handeln der Kirche ergeben. Es wäre dann *erstens* deutlich, daß die Distanz der Gebildeten zur Kirche nur so und dann zu überwinden wäre, wenn die Kirche bewußt und ausdrücklich Raum gibt für eine kritisch fragende Haltung gegenüber ihr selbst und auch gegenüber der Tradition, die sie vermitteln möchte. Eine Rückkehr zu einer konventionellen Religion ist angesichts der Ergebnisse der kognitiv-strukturellen Entwicklungstheorien weitgehend ausgeschlossen. Hier ergibt sich aus der entwicklungspsychologischen Forschung eine wichtige Bestätigung der soziologisch und pädagogisch begründeten Forderung, daß »der konziliare Streit um die Wahrheit als Strukturprinzip« an die Stelle »des alten Strukturprinzips der Traditionslenkung« treten müsse (Lange 1980) und daß es auf das *»Wagnis kritischer Religiosität«* und auf eine *»(selbst)kritische Kirche«* ankomme (Nipkow 1975b, S. 160).

Zweitens erweist sich die pädagogische Arbeit mit älteren Jugendlichen und jungen Erwachsenen als von entscheidender Bedeutung.[21] Denn auf dieser Altersstufe bestünde die Chance, die kirchenkritisch-distanzierte Haltung, die sich von der kognitiv-strukturellen Entwicklungstheorie her als Entwicklungsstillstand verstehen läßt, so zu überwinden, daß die religiöse Entwicklung zu einer zwar nach wie vor kritisch-reflektierten, aber doch auch wieder explizit religiösen und insofern nachkritischen Haltung führt. Bisher herrschen die konventionelle Stufe (Stufe 3 bei Fowler) und die religionskritische Stufe (Stufe 4 bei Fowler, Stufe 3 bei Oser/Gmünder) vor. Das weist darauf hin, daß es derzeit noch kaum wirksame Formen gibt, in denen ein solcher nach-kritischer Fortgang der Entwicklung angeregt und unterstützt wird.

Drittens liegt es von den Theorien der religiösen Entwicklung her nahe, daß für die Distanz zur Kirche nicht nur die kirchenbezogenen Fragen von Bedeutung sind. Es kommt nicht nur auf die Wahrnehmung der Kirche als Institution an, sondern auch auf theologische Fragen, von deren Beantwortung die Möglichkeit einer weiteren Mitgliedschaft mit abhängig ist. Bei diesen Fragen geht es zum einen darum, wie Gott mit der menschlichen Freiheit zusammengedacht werden kann (s. Oser/Gmünder Stufen 3 und 4), zum anderen um das Verhältnis von Glaube, Zweifel und Kritik sowie um die Möglichkeit, diese mit Religion und Kirche zu verbinden (s. Fowler Stufen 4 und 5). So gesehen enthält das Bildungsdilemma eine genuin theologische Dimension.

Religiöse Sozialisation in der Familie und kirchliche Bindung

Vergleicht man die Verbundenheit, die jemand zur Kirche hat, mit der seiner Eltern, so sind die statistischen Zusammenhänge sehr deutlich: Je verbundener sich die Eltern der Kirche fühlen, desto stärker ist auch die spätere Verbundenheit der Kinder. Dieser statistische Befund

---

[21] Diese Einschätzung findet in den Ergebnissen der Untersuchung von Feige (1982, S. 32ff.) eine wichtige Unterstützung. Feiges Ergebnissen zufolge wird die Einstellung zur Kirche besonders vom Religionsunterricht im mittleren und späten Jugendalter (Berufsschulzeit) mitbestimmt.

weist darauf hin, daß die Verbundenheit zur Kirche stark sozialisationsabhängig ist und zwar insbesondere - wenn auch nicht nur - auf den Einfluß der Eltern zurückgeht. Für einen Einfluß der religiösen Entwicklung, so könnte man zunächst meinen, spricht hier wenig: Alles hängt von der Sozialisation ab. Aber dieser Eindruck trügt. Denn der statistische Befund kann auch als wichtige Bestätigung der psychoanalytischen Auffassung gelesen werden, daß gerade in der Kindheit - und d.h. fast immer: in der Familie - entscheidende religiöse Erfahrungen gemacht werden, die lebenslänglich fortwirken.

Es wäre auch verfehlt, sich den Einfluß der Familie rein mechanisch vorzustellen. Sobald man die Ebene statistischer Zusammenhänge verläßt und Einzelfälle in den Blick nimmt, zeigt sich, daß der religiöse Einfluß der Familie durchaus zweischneidig ist. Es gibt die als Bereicherung erfahrene Weitergabe religiöser Einstellungen und Überzeugungen, aber eben auch die als Bedrohung und Einengung erlebte Religion im Elternhaus. Daß die negativen Erfahrungen etwa mit dem drohend den Kindern vorgestellten »Gott, der alles (Schlechte) sieht«, auch zu einer bleibenden Distanz zu Religion und Kirche führen können, zeigen autobiographische Berichte sehr deutlich.

Was bei diesen negativen Erfahrungen offenbar eine große Rolle spielt, läßt sich so deuten, daß hier die religiöse Entwicklung des Kindes und seine Bereitschaft zu phantastischen und mythologischen Vorstellungen nicht respektiert und altersangemessen aufgenommen wurde. Statt dessen wurde diese Entwicklung, teils aus falsch verstandenen christlichen Überzeugungen heraus übergangen und verfehlt, teils aber auch geradezu ausgenutzt, um das Kind gefügig zu machen.

Nun gibt es seit einiger Zeit eine wachsende Diskussion darüber, ob die religiöse Sozialisation durch die Familie abnimmt (zusammenfassend Mette 1983, Schwab 1995). Eine solche Abnahme läßt sich zwar nicht eindeutig diagnostizieren - es finden sich auch Anzeichen der Kontinuität wie die nach wie vor hohe Zahl von Kindertaufen und die große Zustimmung zur religiösen Erziehung auch im frühen Alter. Festzustellen sind aber auch Veränderungen, in denen sich die mit der höheren Bildungsbeteiligung einhergehende kritische Distanz zur Kirche gleichsam auf der Ebene der Erziehung spiegelt. Man könnte von einem höheren Maß an Entscheidungsfreiheit sprechen, das die Eltern auch schon den Kindern einräumen wollen. Das zeigen etwa die Einstellungen zur Kinderkirche, wohin die Eltern in der Mehrheit ihre Kinder gerne schicken, *wenn und solange* die Kinder selbst es wollen.

Soweit die Veränderungen in der religiösen Sozialisation einen größeren Respekt für das Kind und für seine Entwicklung bedeuten, sind sie durchaus zu bejahen. Es besteht dann Hoffnung, daß ein Mißbrauch angeblich göttlicher Drohungen in der Erziehung weniger vorkommt. Zum Teil sind die Veränderungen aber doch nur im Sinne eines Nachlassens der religiösen und besonders der kirchlichen Sozialisation in der Familie zu werten. Für die Kirche ist dies aufgrund des engen Zusammenhangs zwischen der Einstellung der Eltern und der der Kinder bedrohlich. Wie nimmt sich ein Ausfall der religiösen Sozialisation in der Familie aus der Perspektive der religiösen Entwicklung aus?

Zunächst ist noch einmal festzuhalten, daß sich Religion im Sinne einer bestimmten Tradition wie dem Christentum nicht von selbst entwickelt. Man kann sogar sagen, daß selbst elementare Begriffe wie Gott nicht vom Kind allein gefunden werden. Sie müssen ihm gegeben werden. Hier ist noch einmal an die klassisch gewordene Formulierung Langevelds zu erinnern: Die religiöse Entwicklung ist »eine ›bedingte Entwicklung‹, eine Entwicklung, die abhängig ist von gewissen durch die Erziehung gebotenen Bedingungen« (1959, S. 30).

Den Theorien der religiösen Entwicklung ist jedoch auch zu entnehmen, daß es eine religiöse Entwicklung gibt, die nicht von einer explizit religiösen Erziehung oder Sozialisation abhängig ist. Auch wer nicht religiös erzogen wird, bildet Sinnorientierungen aus, die für ihn letzte Geltung besitzen. Und auch wer nicht von »Gott« spricht, macht den psychoanalytischen Erkenntnissen zufolge Erfahrungen mit den Eltern, die sich in religiösen Vorstellungen niederschlagen.[22] Aber diese Sinnorientierungen und Vorstellungen werden dann nicht mit den

---

[22] Diese Auffassung hat am pointiertesten A.-M. Rizzuto vertreten: »Es ist eine zentrale These des vorliegenden Buches, daß kein Kind in der Westlichen Welt, das in einer normalen Situation aufwächst, den ödipalen Zyklus abschließt, ohne zumindest eine rudimentäre Gottesvorstellung (representation) auszubilden, die es dann im Sinne des Glaubens nutzen kann oder auch nicht« (1979, S. 200).

Symbolen einer bestimmten Religion verknüpft. Was mit ihnen geschieht und womit sie sich verbinden, darüber ist noch sehr wenig bekannt. Spekulationen über eine »religiöse Aufladung« politischer und gesellschaftlicher Fragen, wie sie zum Beispiel G. Schmidtchen (1979) angestellt hat, scheinen verfrüht. Festzuhalten ist aber, daß die Theorien der religiösen Entwicklung auf eine religiöse Dimension verweisen, die der Sozialisation stets innewohnt. Eine Erziehung, die dem ganzen Menschen gerecht werden will, wird deshalb immer auch *religiöse* Erziehung sein müssen.

Weiterführende Hinweise

Sozialisationstheorien werden in Deutschland seit etwa 1970 stärker diskutiert. In die Diskussion der 70er Jahre führt der von D. Kamper herausgegebene Band »Sozialisationstheorie« (Freiburg u.a. 1974) ein. Den heutigen Stand zeigt das von K. Hurrelmann und D. Ulich herausgegebene »Handbuch der Sozialisationsforschung« (Weinheim/Basel ²1982, neubearb. 1991).
Für die Diskussion zur religiösen Sozialisation waren besonders die Arbeiten D. Stoodts bedeutsam (*Religiöse Sozialisation und emanzipiertes Ich.* In: K.-W. Dahm u.a.: *Religion - System und Sozialisation.* Neuwied 1972; *Einführung in das Studium der evangelischen Religionspädagogik.* Göttingen 1980). Eine interessante und vielbeachtete Sammlung von Darstellungen zu unterschiedlichen Aspekten der religiösen Sozialisation enthält der von M. Arndt herausgegebene Band: »Religiöse Sozialisation« (Stuttgart u.a. 1975). Einen mehr systematischen Überblick gibt C. Morgenthaler (*Sozialisation und Religion.* Gütersloh 1976). Weitere Darstellungen bei Heimbrock (1981; 1985), Ebert (1981), Bukow (1986), Schöll (1992), Schweitzer (1996).
Das Zusammenwirken reifungsbezogener und umweltabhängiger Prozesse wird heute in der Entwicklungspsychologie ganz allgemein gesehen (vgl. dazu die im Literaturverzeichnis genannten Darstellungen: Oerter 1975, S. 21ff.; Montada 1982, S. 24ff.; Baltes/Sowarka 1983; Wieczerkowski/Oeveste 1982; zur neuesten Diskussion vgl. das Themenheft »Persönlichkeitsentwicklung« der Zeitschrift für Sozialisationsforschung und Erziehungssoziologie 1/1986). Zum Problem der »religiösen Anlage« vgl. H.-J. Fraas (*Religiöse Erziehung und Sozialisation im Kindesalter.* Göttingen 1973, S. 74ff.), zum Anlage-Umwelt-Problem die zusammenfassende Dar-

stellung von U. Bronfenbrenner (*Wie wirksam ist kompensatorische Erziehung?* Frankfurt a.M. 1982). Das Verständnis der Entwicklung als Interaktion findet sich bei Rauh (1974a) und Kohlberg (1974b). Den krisenhaften Charakter der kognitiven Entwicklung hat am deutlichsten R. Kegan herausgearbeitet (*Die Entwicklungsstufen des Selbst. Fortschritte und Krisen im menschlichen Leben.* München 1986).

Die Gleichberechtigung unterschiedlicher Sichtweisen des Lebenslaufs in der Religionspädagogik wird auch von K. E. Nipkow vertreten (1983, S. 177ff.; vgl. 1982, S. 102). Die Bruchstückhaftigkeit des Lebens erörtert unter theologischen und pädagogischen Aspekten H. Luther (*Identität und Fragment.* In: Theologia Practica 20/1985): vgl. dazu auch die anthropologischen Darstellungen von Moltmann (1971) und Jüngel (1974).

Zum sog. »Bildungsdilemma der Kirche«, das im Anschluß an die EKD-Studie »*Wie stabil ist die Kirche?*« (hg. von H. Hild, Gelnhausen/Berlin 1974; vgl. auch: »Was wird aus der Kirche?«, hg. von J. Hanselmann u.a., Gütersloh 1984; Fremde Heimat Kirche, hg. von K. Engelhardt u.a., Gütersloh 1997) diagnostiziert wurde, sind die Darstellungen von E. Lange (*Sprachschule für die Freiheit. Bildung als Problem und Funktion der Kirche.* München/Gelnhausen 1980) und K. E. Nipkow (*Grundfragen der Religionspädagogik.* Bd. 2. Gütersloh 1975, S. 38ff.) grundlegend; zur weiteren Diskussion s. Drehsen 1989, Schloz 1990.

6

Religiöse Entwicklung und Sozialisation von Mädchen und Frauen

In den letzten Jahren wurde mir immer wieder die Frage gestellt, ob die religiöse Entwicklung und Sozialisation bei Mädchen und Frauen anders verlaufe als bei Jungen und Männern. In diesem – für die Neuauflage des vorliegenden Buches neu geschriebenen – Kapitel ist deshalb zu fragen, ob die beschriebenen Theorien auch die lebensgeschichtlichen Erfahrungen von Mädchen und Frauen angemessen aufnehmen. Was bedeutet die – wie heute in der sozialwissenschaftlichen und pädagogischen Frauenforschung festgestellt wird – geschlechtsspezifische Sozialisation im Blick auf Religion?

Bemerkenswerterweise ist diese Frage sowohl in der humanwissenschaftlichen Forschung als auch in Religionspädagogik und feministischer Theologie lange Zeit stark vernachlässigt worden. Was Nicola Slee (1993) für England feststellt, gilt ähnlich auch für Deutschland (sowie für andere Länder, in deren Literatur ich weithin vergeblich nach einschlägigen Forschungsergebnissen gesucht habe): Die *feministische Theologie* hat die Frage nach der Entstehung und Ausbildung sowohl der kritisierten als auch der von ihr selbst angestrebten religiösen Orientierungen (noch) nicht aufgenommen. Kindheit und Jugendalter werden nicht eigens betrachtet. Umgekehrt gehören Geschlechtsunterschiede nicht zu den Aspekten, an denen die *religionspädagogische Theoriebildung* ausgerichtet ist. Nach der allgemeinen Einführung der Koedukation schienen die bei pädagogischen Klassikern wie J.-J. Rousseau, aber auch noch bei evangelischen Pädagoginnen des 20. Jahrhunderts wie Magdalene von Tiling zu findenden, zum Teil äußerst fragwürdigen Überlegungen, welche (religiöse) Bildung Jungen und Mädchen jeweils angemessen sei, mehr oder weniger überflüssig geworden zu sein. Und schließlich wird die religiöse Dimension von der *Allgemeinen Pädagogik* und von der *sozialwissenschaftlichen Frauenforschung* häufig ebenfalls ausgespart. Religion bleibt dann bei den

Untersuchungen zur geschlechtsspezifischen Sozialisation außer Acht. Wichtige Fragen zur geschlechtsspezifischen religiösen Entwicklung sind noch immer kaum untersucht.

Die Forschungslücke, die aus dieser Vernachlässigung von Geschlechtsunterschieden erwächst, ist aus mehreren praktischen und theoretischen Gründen zu beklagen. *Erstens* kann es ohne Bearbeitung entwicklungspsychologischer und sozialisationstheoretischer Aspekte nicht zu einem genaueren Verständnis der lebensgeschichtlichen und psychogenetischen Zusammenhänge kommen. Die Theorien der religiösen Sozialisation und Entwicklung bleiben in dieser Hinsicht undifferenziert, und die Auseinandersetzung mit der eigenen Lebensgeschichte kann sich, was allgemeinere Zusammenhänge betrifft, nur auf Vermutungen oder populärpsychologische Überzeugungen stützen. *Zweitens* wird sich eine religionspädagogische Praxis, die für geschlechtsspezifische Unterschiede sensibel sein und die einseitig männliche Prägungen vermeiden will, ohne eine entsprechende Theorie schwerlich entwickeln können. *Drittens* kann eine im weitesten Sinne empirische Untersuchung geschlechtsspezifischer Unterschiede beitragen zur Klärung der in der feministischen Theologie und ähnlich in der feministischen Pädagogik kontrovers diskutierten Frage nach den Zielen einer Erziehung, die Mädchen und Frauen nicht benachteiligt. Denn einer der entscheidenden Punkte in dieser Kontroverse - welche Unterschiede zwischen Frauen und Männern es tatsächlich gibt, ob solche Unterschiede in geschlechtsspezifisch verschiedene Erziehungsstile münden sollen oder ob es im Kern um Gleichheit und Gleichberechtigung zwischen den Geschlechtern auch in religiöser Hinsicht gehen muß - kann durch empirische Forschung zwar nicht allein, aber doch nur mit deren Hilfe entschieden werden. Empirische und (feministisch-)theologische Zugänge könnten hier sinnvoll zusammenspielen.

Deshalb ist es zu begrüßen, wenn die Untersuchung von Religion in der Lebensgeschichte von Mädchen und Frauen in den letzten Jahren zumindest in Gang gekommen ist. Zwar kann im folgenden nur über einen noch vorläufigen Stand dieser Forschung berichtet werden, aber Grundlagen und Ansatzpunkte für weitere Untersuchungen und theoretische Entwürfe lassen sich doch kennzeichnen.

Im vorliegenden Zusammenhang soll es auf die *religiöse* Entwicklung und Sozialisation ankommen. Deshalb bleiben andere Aspekte, die – wie etwa das Verhältnis zu Körper und Körperlichkeit – für die feministische Theologie bedeutsam sind und die sich ebenfalls aus sozialisationstheoretischer Sicht beleuchten ließen, im folgenden außer Betracht. Statt dessen soll gefragt werden, welches Bild die bislang erst spärlich vorhandenen empirischen Daten zur religiösen Entwicklung und Sozialisation von Mädchen und Frauen zu zeichnen erlauben. In einem weiteren Schritt will ich dann versuchen, Ansatzpunkte für eine Theorie der religiösen Entwicklung von Mädchen und Frauen aufzuzeigen.

Auf der Suche nach empirischen Befunden

Auf der Suche nach empirischen Befunden zur religiösen Sozialisation und Entwicklung von Mädchen und Frauen wende ich mich zunächst den einschlägigen Handbüchern zu. Das große, von M. P. Strommen 1971 herausgegebene Handbuch zur Forschung über religiöse Entwicklung belegt zunächst, daß die Kategorie Geschlecht bei dieser Forschungsrichtung nicht im Zentrum stand. Ein eigener Beitrag zu Fragen der geschlechtsspezifischen Sozialisation fehlt ganz. Mit Hilfe des Registers lassen sich (wenige) Belege für zwei Thesen finden, die bis heute in der Diskussion immer wieder genannt werden:

- Das Interesse an Religion und Kirche ist bei Mädchen und Frauen stärker ausgeprägt als bei Jungen und Männern (S. 577, 609, 731).
- Das Gottesbild von Mädchen und Frauen unterscheidet sich von dem der Jungen und Männer. Die Gottesvorstellung bei männlichen Befragten weise eher mütterliche oder weibliche Züge auf, während sie bei weiblichen Befragten väterlich oder männlich ausfalle (S. 663).

Erst 1990 ist dann von K.E. Hyde wieder eine ähnlich umfassende Zusammenschau empirischer Studien über Religion im Kindes- und Jugendalter veröffentlicht worden. Auch Hyde fehlte offenbar noch das Material für ein eigenes Kapitel zu geschlechtsspezifischen Fragen. Seine Zusammenschau enthält jedoch immerhin eine Reihe von Hinweisen auf entsprechende Ergebnisse sowie einen kleinen Abschnitt über Geschlechtsunterschiede (S. 198-201). Das übergreifende Ergebnis zahlreicher Einzelstudien besteht auch jetzt darin, daß Frauen ein positiveres Verhältnis zu Religion haben. Das gilt sowohl für Religion im allgemeinen (S. 145) als auch für religiöse Institutionen oder Autoritäten (S. 230). Geschlechtsspezifische Unterschiede werden wiederum für das Gottesbild festgestellt: Eine ganze Reihe von Studien weist darauf hin, daß für das Gottesverständnis von Mädchen und Frauen nicht etwa die göttliche Allmacht oder Größe zentral ist, sondern die *Beziehung* zu Gott (S. 78 u.ö.). Ähnlich betonen Mädchen auch bei Jesus die persönliche Beziehung, während Jungen in ihm eher den Lehrer sehen (S. 268f.). Allerdings stehen den Befunden zu Unterschieden zwischen den Geschlechtern in fast allen Bereichen andere gegenüber, die keine geschlechtsbezogenen Unterschiede erbrachten. Insgesamt ist zu bedenken, daß es auch nach Hydes Überblick keine Studien gibt, deren hauptsächliches Erkenntnisziel in der Aufdeckung geschlechtsspezifischer Unterschiede bestanden hätte. Weithin stellen die genannten Ergebnisse Nebenprodukte von Untersuchungen dar, die auf andere Fragen gerichtet waren. Dies unterstreicht noch einmal die Vernachlässigung von Geschlechtsunterschieden in der Forschung zur religiösen Sozialisation und Entwicklung, die bis in die neueste Zeit reicht.

Zu den wenigen größeren Studien aus neuerer Zeit, die die Variable Geschlecht bei den Ergebnissen zumindest konsequent ausweisen, gehört die auf jahrzehntelangen Untersuchungen beruhende finnische Darstellung von K. Tamminen (1993). Die Ergebnisse Tamminens belegen erneut die bereits genannten Beobachtungen hinsichtlich des stärker ausgeprägten religiösen Interesses der Mädchen (bei im übrigen auch geringerer Tendenz zu Kritik an theologisch-kirchlichen Lehren) sowie der Unterschiede im Gottesverständnis: Während Jungen sich mehr von Gottes Größe und Macht beeindruckt zeigen, stehe für Mädchen die sichere Geborgenheit bei Gott im Vordergrund (S. 176ff.). Dieser Unterschied spiegelt sich auch im Gebetsverständnis: Demnach neigen Jungen eher zu Bittgebeten und fragen nach deren feststellbarer Wirkung; Mädchen hingegen betonen das Gespräch mit Gott, das für sie im Gebet möglich werde (S. 232ff.).

Bei der Entwicklung des Gottesbildes, so wird in den bislang erwähnten Untersuchungen deutlich, werden möglicherweise besonders wichtige Unterschiede zwischen den Geschlechtern sichtbar. Deshalb werden wir die Frage nach dem Gottesbild bei Mädchen und Frauen im Kapitel »Gottesbild« (Kap. 8) noch einmal eigens aufnehmen.

Im Sinne allgemeiner empirischer Befunde zur religiösen Entwicklung und Sozialisation von Mädchen und Frauen kann noch auf eine Reihe von Untersuchungen zu Tagebüchern oder ähnlichen autobiographischen Zeugnissen aus der Literatur verwiesen werden. Anders als bei den Befragungen beispielsweise K. Tamminens, bei denen Antworten von Mädchen und Jungen miteinander verglichen werden, ist hier aber kein direkter Vergleich zwischen den Geschlechtern möglich. Zudem sind Verallgemeinerungen auf Grund einzelner Lebensgeschichten prinzipiell nur sehr begrenzt möglich. So steht diese Art von Untersuchungen in der Regel in einem engen Zusammenhang mit bestimmten Deutungen der religiösen Entwicklung und Sozialisation und soll im nächsten Abschnitt aufgenommen werden.

Perspektiven zur Deutung

Bislang gibt es keine Theorie der religiösen Entwicklung oder Sozialisation von Mädchen und Frauen, die etwa den oben dargestellten Theorien von E.H. Erikson, J.W. Fowler oder F. Oser vergleichbar wäre. Der von Sherry R. Anderson und Patricia Hopkins (1991) unternommene Versuch, eine solche Theorie vorzulegen, hat am Ende zur Beschreibung zahlreicher Lebensgeschichten, nicht aber zu einer eigenen Entwicklungstheorie geführt. In dieser Situation können auch im folgenden nur hypothetische Aussagen getroffen werden, indem vor allem die verfügbaren psychologischen und soziologischen Theorien auf mögliche Erklärungsansätze hin abgeklopft werden. Weitere Ansatzpunkte bieten die bereits erwähnten, in den letzten Jahren veröffentlichten Untersuchungen zu Religion in der Lebensgeschichte einzelner Frauen.

Aus der *Psychoanalyse*, auf die ich zuerst eingehen möchte, kommt der bislang für die Religionspsychologie noch kaum beachtete Hinweis, daß die psychosoziale Entwicklung an genau den Punkten, die psychoanalytisch als Knotenpunkte der religiösen Entwicklung gelten, bei Mädchen anders verläuft als bei Jungen. Sofern psychoanalytisch ein nicht aufzulösender Zusammenhang zwischen psychosozialer und religiöser Entwicklung besteht, ist daher anzunehmen, daß auch die religiöse Entwicklung der Mädchen sich von der der Jungen unterscheidet. Der wichtigste Unterschied kann dabei in dem für die weibliche Entwicklung bedeutsameren Aspekte der Beziehungen gesehen werden, der auch mit Begriffen wie Verbundenheit, Bezogenheit, Bindung usw. beschrieben wird. Diese These soll nun etwas genauer erläutert werden.

Wie oben dargestellt (S. 71ff.), kann nach psychoanalytischem Verständnis im Kindes- und Jugendalter von drei für die religiöse Entwicklung besonders bedeutsamen Etappen ausgegangen werden: Erstens wird der Beginn der religiösen Entwicklung inzwischen – anders als noch bei S. Freud – schon in der *frühesten Kindheit* gesehen, nämlich im Zusammenhang der kindlichen Vertrauensbildung (E.H. Erikson) und der narzißtischen Einheitserfahrung bzw. korrespondierender Allmachtsphantasien (H. Kohut u.a.). Zweitens gilt die bereits von Freud als ödipale Phase hervorgehobene *mittlere Kindheit*, in der sich das Gewissen als innere Instanz herausbildet und die Elternbilder sich von den Gottesbildern zu unterscheiden beginnen, als eine zentrale Phase der religiösen Entwicklung. In vieler Hinsicht scheint sich in dieser Zeit zu entscheiden, ob die Gottesbeziehung einen Menschen befreien kann oder ob sie ihn etwa mit Drohungen und Strafängsten einengt. Und drittens ist es dann die sich in der *Adoleszenz* vollziehende Identitätsbildung, die für die religiöse Entwicklung bedeutsam wird. Identität ist in dieser Sicht angewiesen auf eine sinnhafte Deutung von Welt und Geschichte, wie sie in besonderer Weise von der Religion gegeben werden kann.

In der Psychoanalyse wird, jedenfalls von einzelnen ihrer Vertreterinnen und Vertreter, schon seit langem eine stärkere Berücksichtigung geschlechtsspezifischer Entwicklungsverläufe gefordert. Stellvertretend genannt sei P. Blos, dessen für geschlechtsspezifische Verläufe sensible Darstellung heute nicht die gebührende Aufmerksamkeit erfährt. Schon 1962 (engl. Ausgabe) schreibt Blos (1973, S. 28f.): »Es braucht nicht besonders betont zu werden, daß die biologischen Vorgänge der Pubertät das Problem der Maskulinität und Femininität in ihre Endstellung oder zu einem endgültigen Kompromiß bringen . . . Will man also die Libido- und Aggressionsverschiebungen und die Ich-

Veränderungen während der Adoleszenz verstehen, so muß man die Entwicklung der Maskulinität und Femininität durch die verschiedenen Stadien der psychosexuellen Entwicklung hindurch verfolgen und den Einfluß dieser Entwicklung auf das Ich untersuchen. Dies soll hier geschehen und zwar mit besonderer Betonung der Verschiedenheit der Wege, die Jungen und Mädchen zur Bildung ihrer jeweiligen Maskulinität und Femininität einschlagen. Es wird versucht werden, irreführende Verallgemeinerungen zu vermeiden und immer die folgende Bemerkung Freuds (1931) im Auge zu behalten: ›Alle Erwartungen eines platten Paralellismus zwischen männlicher und weiblicher Sexualität haben wir ja längst aufgegeben‹.« In der heutigen Diskussion werden besonders die Darstellungen von Psychologinnen wie N. Chodorow (1985) und C. Olivier (1991) beachtet, auf die ich mich im folgenden ebenfalls stütze.

In allen drei für die religiöse Entwicklung hervorgehobenen Phasen kann bzw. muß die psychosoziale Entwicklung in geschlechtsspezifisch verschiedener Weise beschrieben werden: Die frühkindliche Entwicklung von Mädchen stehe im Zeichen einer längeren Einheitserfahrung mit der Mutter, während sich Jungen schon früher als getrenntes Gegenüber erfahren. Die ödipale Zeit verlaufe bei Jungen krisenhafter - vor allem mit der Folge einer nachhaltigeren Verdrängung der ödipalen Bestrebungen. Auf Grund der unterschiedlichen präödipalen und ödipalen Erfahrungen werde auch die Adoleszenz von Jungen und Mädchen mit ungleichen Voraussetzungen erreicht. Durchweg spiele die Beziehung zur Mutter für Mädchen eine weit größere Rolle als für Jungen, was dann in der Adoleszenz zu entsprechenden Ablösungsproblemen führe. Schließlich kommt dazu die Identitätsbildung selbst, die ja stets die Identität als Frau oder als Mann betrifft.

Zusammengenommen führen diese Überlegungen und Beobachtungen zur religiösen Entwicklung einerseits und zum geschlechtsspezifischen Verlauf der psychosozialen Entwicklung andererseits zu der Frage, ob die offenbar gerade an den Knotenpunkten der religiösen Entwicklung geschlechtsspezifisch variierenden Erfahrungen ohne Einfluß auf die sich herausbildenden religiösen Vorstellungen bleiben können. Es wäre jedenfalls plausibel, die - den vorliegenden Daten zufolge bei Mädchen u.a. beim Gottesbild stärker ausgeprägte - Beziehungsthematik auf das für die weibliche Entwicklung bestimmende Verhältnis zur Mutter zurückzuführen. Als besonders sensible, weil für die religiöse Entwicklung entscheidende Zeiten wären im Blick auf die Beziehungen zur Mutter die früheste Kindheit, die ödipale Phase sowie die Adoleszenz – sowohl mit dem Wiederaufleben frühkindlicher Problemstellungen als auch der geschlechtsbezogenen Identitätsbildung – anzusehen, wobei die Beziehungsthematik im übrigen auch sonst für die Psychologie der weiblichen Entwicklung von zentraler Bedeutung ist, wie u.a. die bereits mehrfach erwähnten Ergebnisse Carol Gilligans (1984) belegen. Im Vorgriff auf Kap. 8 ist jedoch darauf hinzuweisen, daß Erfahrungen mit *beiden* Eltern in das Gottesbild des Kindes eingehen. Für die weibliche Entwicklung ist so gesehen nicht einfach mit einem weiblichen, sondern mit einem sowohl weiblich als auch männlich bestimmten Gottesbild zu rechnen.

Die *kognitionspsychologische* Sichtweise fügt der psychoanalytischen Betrachtung besonders an zwei Punkten wichtige Erweiterungen hinzu. Zunächst verweist sie auf die Frage, ab welchem Punkt in der Entwicklung Kinder überhaupt eine bewußt verfügbare Geschlechts(rollen)identität besitzen und wie sich diese dann weiter entwickelt. Nach L. Kohlbergs (1974c) Beobachtungen verfügen Kinder ab etwa dem Alter von fünf Jahren über eine kognitiv repräsentierte Geschlechtsidentität. Weiteren Untersuchungen zufolge ist diese Identität zunächst besonders starr – u.a. mit der Folge, daß eine der Kindheit eine Neigung zu geschlechtsbezogenen Vorurteilen (sog. Stereotypen) festzustellen ist: »Mädchen sind schwach und feige«, »Männer sind groß und stark« usw. Erst im Jugendalter lösen sich solche festen Zuschreibungen möglicherweise wieder auf und können durch angemessenere Wahrnehmungen beider Geschlechter ersetzt werden.

Für die religiöse Entwicklung schließen sich daran zwei bislang noch nicht bearbeitete Fragen an: Was bedeutet es, daß die Ausbildung eines vom Elternbild unterschiedenen Gottesbildes zeitlich mit dem Erwerb einer bewußten Geschlechtsidentität zusammenfällt? Und: Welche Folgen ergeben sich daraus, daß die von Kindern – etwa zwischen dem sechsten und zwölften Lebensjahr – nun auch unter Aufnahme der religiösen Tradition ausgeformten Weltbilder in der Phase der kindlichen Geschlechtsstereotype zustandekommen? Es wäre lohnend, diese Fragen auch empirisch genauer zu untersuchen.

Weiterhin bringt die kognitive Entwicklungspsychologie die Bedeutung des späteren Jugendalters bzw. des jungen Erwachsenenalters in

193

den Blick. In J.W. Fowlers oben dargestellter Theorie der Glaubensentwicklung geht es dabei um den Übergang vom »synthetisch-konventionellen« zu einem »individuierend-reflektierenden« Glauben. Diesen Übergang hatte Fowler in seiner für beide Geschlechter Geltung beanspruchenden Theorie so beschrieben (vgl. oben Kap. 4), daß er von einer stärkeren Individuation und einem Heraustreten aus Bindungen an Gruppen, Gemeinschaften oder Gemeinden abhängig sei. Auf Grund der Arbeiten von C. Gilligan (1984) und vor allem von Mary F. Belenky u.a. (1991) stellt Fowler nunmehr - in einem neu geschriebenen Vorwort zur deutschen Ausgabe seiner »Stufen des Glaubens« - selbstkritisch die Frage, ob seine Theorie an dieser Stelle einseitig dem männlichen Muster von Entwicklung als Ablösung und Autonomie auf Kosten von Beziehung und Verbundenheit gefolgt sei:

»Auf der einen Seite ist da die ›separative‹ Variante - die Entwicklung von reflektierendem und kritischem Bewußtsein und der Überprüfung des eigenen Erkennens durch Objektivierung des Erkannten und die eigene Distanzierung von den eigenen emotionalen Verwicklungen in dieses Erkannte. Dieser Stil korrespondiert mit der Cartesischen Subjekt-Objekt-Unterscheidung und mit den Aufklärungsidealen von objektiver Rationalität. Auf der anderen Seite identifizieren Belenky und ihre Mitautorinnen eine Bewegung in Richtung auf dieses prozedurale Erkennen, die durch einen Stil gekennzeichnet ist, den sie ›verbindendes‹ Erkennen nennen. Dies ist ein Erkennen ›in Beziehung‹ - ein Erkennen, das voranschreitet in Richtung auf Selbstbewußtheit und kritische Reflexion durch und auf dem Wege der Partizipation, Beziehung und Disziplinierung der Subjektivität durch Dialog und Reflexion. Meine Annahme ist, daß wir in der Beschreibung der Bewegung von der synthetisch-koventionellen zur individuierend-reflektierenden Glaubensstufe den ›separativen‹ Stil kritischer Reflexion und Differenzierung herausgestellt und das ›verbindende‹ Muster unterdrückt haben. Indem wir dieses nicht voll entwickelt haben, haben wir vermutlich einige unserer weiblichen Probandinnen mißverstanden und vielleicht ebenso einige unserer männlichen Probanden« (Fowler 1991a, S. 19).

Das entwicklungspsychologische Bild, das von Psychoanalyse und Kognitionspsychologie gezeichnet wird, darf keinesfalls so verstanden werden, als handelte es sich hier um einen bloß von innen kommenden (endogenen) Reifungsvorgang, in dem ein in der Natur von Frauen (oder Männern) angelegtes Wesen zur Entfaltung kommt. Vielmehr müssen die angesprochenen Entwicklungsverläufe stets im Rahmen des gesellschaftlich bedingten Sozialisationsprozesses gesehen werden. Deshalb ist durchweg zu fragen, welche sozialen Einflüsse sich in den beschriebenen geschlechtsspezifischen Entwicklungsverläufen widerspiegeln - in Form von Rollenzuschreibungen, Erwartungen und Projektionen, von gesellschaftlichen Konstruktionen und Aufgabenverteilungen, von Erziehungsformen und Lerninhalten usw. Allerdings ist dann auch umgekehrt zu bedenken, daß gesellschaftliche Einflüsse nur in dem Maße und in der Gestalt wirksam werden, wie sie von Kindern und Jugendlichen aufgenommen werden. Auch geschlechtsspezifische Sozialisationsforschung sollte nicht dem Mißverständnis aufsitzen, das für die frühe Sozialisationsforschung mit ihren direkten Schlüssen von der Umwelt auf die Prägung von Menschen noch bezeichnend war: Sozialisation ist nicht einfach ein Vorgang der Prägung. Eben dies ist gemeint, wenn heute von einem »produktiv realitätverarbeitenden Subjekt« gesprochen wird (vgl. oben, Kap. 5). Wenn sich zum Beispiel ein besonderes Interesse feministisch-pädagogischer Untersuchungen auf Schulbücher gerichtet hat (Pithan 1993), so ist auch hier zu beachten, daß es nicht nur darauf ankommt, was in den Büchern steht, sondern was auf welche Weise von Mädchen (und Jungen) in der Schule aufgenommen oder rezipiert wird. Und in solche Rezeptionsprozesse gehen stets auch entwicklungsbedingte Voraussetzungen ein.

Aus der neuesten Forschung zur religiösen Entwicklung und Sozialisation von Mädchen und Frauen liegen *Untersuchungen zu einzelnen Biographien von Frauen* vor, die eingehend untersucht und mit Hilfe qualitativer Deutungsmethoden (s.o., Kap. 2) interpretiert werden. Das eindrücklichste Beispiel stellt hier die von Stephanie Klein (1994) vorgelegte Studie dar, die der Lebensgeschichte von »Anna«, einer 1912 geborenen evangelischen Frau, gewidmet ist. Klein arbeitet überzeugend die »Verwobenheit« des persönlichen Glaubens dieser Frau mit den Beziehungen zu anderen Menschen und mit den bestimmenden Ereignissen ihres Lebens heraus. Dieses Verwobensein mit Beziehungen und Ereignissen kann - im Anschluß an die genannten Theorien von C. Gilligan und von M.F. Belenky u.a. - im Sinne der »Verbundenheit« als Grundthema vieler weiblicher Biographien gedeutet werden.

Eine Erziehung zu Verantwortung und Fürsorge für andere, die für die Sozialisation von Mädchen und Frauen vielfach typisch ist, kann aber auch zu einer Behinderung persönlicher Freiheit und Selbständigkeit werden. Diese Gefahr besteht besonders dort, wo Mädchen und Frauen mit religiösen Idealen (Demut, Unterordnung usw.) oder religiösen Normen (Ablehnung von Selbstsucht, aber nicht der Selbstaufopferung) erzogen werden, die in der Mädchensozialisation ohnehin angelegte problematische Tendenzen weiter verstärken. Hier wird die religiöse Erziehung - wie etwa die Darstellungen von Carol Hess (1997) oder Regina Sommer (1998) zeigen - zu einem Entwicklungshindernis und sind Wege einer befreienden Erziehung zu suchen.

Zusammenfassende Überlegungen

Die Bearbeitung der hier aufgeworfenen Fragen bildet nicht nur eine wichtige Voraussetzung für die lebensgeschichtliche Selbstreflexion von Frauen (und Männern) - sie stellt zugleich eine Bedingung für begründete pädagogische Perspektiven dar. Gewiß kann die Religionspädagogik nicht einfach der sozialwissenschaftlich-empirischen Forschung unterstellt, sondern muß im sachlich und methodisch weiteren theologischen und pädagogischen Zusammenhang betrieben werden. Eine lebensgeschichtliche Betrachtung von auf Religion bezogenen Geschlechtsunterschieden kann der Religionspädagogik jedoch wichtige Impulse geben für ein Handeln, das geschlechtsspezifisch verschieden ausgeprägten Lern- und Entwicklungsbedürfnissen gerecht wird.

Schon die bislang vorliegenden Untersuchungsergebnisse lassen erkennen, daß die geschlechtsspezifischen Merkmale der religiösen Sozialisation und Entwicklung von Mädchen und Frau nicht isoliert betrachtet werden dürfen. Offenbar sind beide, religiöse Sozialisation und Entwicklung, eng mit dem *Gesamtprozeß der psychosozialen Herausbildung von Persönlichkeit* verbunden. Am besten belegt ist bislang die enge Verbindung zwischen religiöser Entwicklung und weiblicher Lebenserfahrung, was der im vorliegenden Buch dargestellten Perspektive im ganzen entspricht. Die Lebenserfahrung ist auf Grund vielfältiger gesellschaftlicher Einflüsse geschlechtsspezifisch geprägt. Deshalb kann zumindest in diesem weiteren Sinne auch von geschlechtsspezifischer religiöser Entwicklung und Sozialisation gesprochen werden.

Weiterhin machen die dargestellten Befunde und Überlegungen deutlich, daß die Theorien der religiösen Entwicklung von E.H. Erikson, J.W. Fowler, F. Oser u.a. noch nicht genügend offen und sensibel für Geschlechtsunterschiede sind. Eine systematische Berücksichtigung der Unterschiede, die etwa bei der Befragung von Mädchen und Jungen hervortreten, würde entweder zu einer Korrektur und Erweiterung der vorhandenen Theorien führen müssen oder zu einer eigenen Theorie der religiösen Entwicklung und Sozialisation von Mädchen und Frauen.

Trotz der wichtigen Ansätze, die oben genannt wurden, fehlt es bislang allerdings noch an empirischen Grundlagen für eine solche eigene Theorie. Wie sich auch bei der Entwicklung des Gottesbildes und dessen geschlechtsspezifischen Aspekten noch einmal zeigen wird (s.u., Kap. 8), liegt hier eine wichtige Aufgabe zukünftiger Forschung.

Für die religionspädagogische Arbeit mit Mädchen und Jungen können aus den vorliegenden Untersuchungen noch keine gesicherten Erwartungen abgeleitet werden, wohl aber Fragehinsichten und Anstöße für eigene sensible Aufmerksamkeit im Blick auf unterschiedliche Lern- und Entwicklungsbedürfnisse von Mädchen und Jungen.

Weiterführende Hinweise

Die wichtigsten Überblicksdarstellungen zu empirischen Untersuchungen enthalten die genannten Handbücher von Strommen (1971) und Hyde (1990) sowie die Untersuchung von K. Tamminen (*Religiöse Entwicklung in Kindheit und Jugend.* Frankfurt/M. u.a. 1993). Daten zu »Frauen in der Kirche« bieten neuerdings auch die Untersuchungen der EKD zur Kirchenmitgliedschaft (K. Engelhardt u.a.: *Fremde Heimat Kirche. Die dritte EKD-Erhebung über Kirchenmitgliedschaft.* Gütersloh 1997, S. 190ff.; vgl. auch Lukatis 1990). Bemerkenswert ist auch die internationale Darstellung bei Cornwall (1989).

Untersuchungen zu Autobiographien einzelner Frauen enthalten die im Literaturverzeichnis genannten Studien von Klein (1994), Sommer (1998), Anderson/Hopkins (1991) sowie der von Heizer/Anker (1993) herausgegebene Sammelband; vgl. auch Vierzig (1987), Pahnke (1990) sowie, unter methodologischen Aspekten, Comenius-Institut (1993).

Zur Entwicklung von Deutungen und Theorien der religiösen Sozialisation und Entwicklung von Mädchen und Frauen sind besonders zwei Bände zu nennen - mit Beiträgen aus sozialgeschichtlich-pädagogischer Sicht die von M. Kraul und C. Lüth hg. Aufsatzsammlung (*Erziehung der Menschen-Geschlechter. Studien zur Religion, Sozialisation und Bildung in Europa seit der Aufklärung.* Weinheim 1996) und die Dokumentation einer Frankfurter Ringvorlesung v. S. Becker/I. Nord (*Religiöse Sozialisation von Mädchen und Frauen.* Stuttgart u.a. 1995). Aus der amerikanischen Diskussion vgl. Hess (1997). Wichtige psychoanalytische Aspekte finden sich auch in der auf Seelsorge bezogenen Studie von U. Wagner-Rau (1992). Zur weiteren Diskussion vgl. die Themenhefte der Zeitschriften *Der Evangelische Erzieher* (4/1993), *Katechetische Blätter* (2/1994), *Praktische Theologie* (1/1995), *International Journal for the Psychology of Religion* (2/1997). Hilfreiche Zusammenstellungen bieten auch die vom Comenius-Institut herausgegebenen Dokumentationen *Feministische Theologie* (Im Blickpunkt 4/1989), *Feministische Perspektiven der Religionspädagogik* (Im Blickpunkt 9/1991), *Geschlechtsspezifische Aspekte in der Gemeindepädagogik* (Materialien u. Berichte 12/1996).

Zur Frage religionspädagogischer Konsequenzen vgl. neben den genannten Themenheften der religionspädagogischen Zeitschriften vor allem H. Pissarek-Hudelist (*Feministische Theologie und Religionspädagogik.* In: Jahrbuch der Religionspädagogik 6, 1990, 153-173). Zu allgemeinen Fragen der Mädchenerziehung s. den grundlegenden Beitrag von Jacobi-Dittrich/Kelle (1988).

7

Religiöse Symbole

In den vergangenen Jahrzehnten und besonders in den letzten Jahren zeichnet sich, sowohl in mehreren wissenschaftlichen Disziplinen wie in der allgemeinen Diskussion, ein zunehmendes Interesse an Symbolen ab. Die Fähigkeit, Symbole zu bilden und zu verstehen, wird nun als ein zentrales Merkmal des Menschen und seiner Entwicklung angesehen. In der Philosophie fanden besonders die Anstöße von E. Cassirer und seiner Schülerin S. Langer Beachtung. Für das theologische und religionspsychologische Symbolverständnis hat dann P. Tillich diese Anstöße fruchtbar gemacht. Heute sind es vor allem P. Ricoeur und E. Jüngel, deren hermeneutisch-theologische Analysen zu Symbol und Metapher die Diskussion bestimmen.

Wegen seiner zentralen Bedeutung für die religionspädagogische Diskussion möchte ich hier einleitend das Symbolverständnis Tillichs umreißen. - Tillich bestimmt das Symbol in vier Zusammenhängen:

- Er unterscheidet zunächst *Symbol* und *Zeichen.* Zeichen (wie die rote Ampel) sind beliebig austauschbar, weil sie zu dem, was sie bezeichnen, in keiner notwendigen Beziehung stehen. Symbole dagegen haben teil »an Sinn und Macht dessen, was sie symbolisieren« (Tillich 1978, S. 214). Deshalb können sie nicht einfach ausgetauscht werden.
- Das zweite Merkmal ist für Tillich die »*repräsentative Funktion*« des Symbols: »Das Symbol repräsentiert etwas, was es nicht selbst ist, das es aber vertritt und an dessen Mächtigkeit und Bedeutung es teilhat.« Dabei sieht Tillich die charakteristische Leistung des Symbols darin, daß es »eine Wirklichkeitsschicht« eröffnet, »die der nichtsymbolischen Redeweise unzugänglich ist« (S. 215). Deshalb können Symbole nicht einfach in eine nichtsymbolische Sprache übersetzt werden.
- Religiöse Symbole eröffnen die »Dimension der letzten Wirklich-

keit«. Deshalb nennt Tillich sie »*Symbole des Heiligen*«. Großen Wert legt Tillich darauf, daß auch religiöse Symbole nicht selbst heilig sind, sondern aus der Erfahrungswelt stammen. Sie dürfen deshalb nicht verabsolutiert werden (S. 217).

- Entsprechend der dritten Bestimmung unterscheidet Tillich zwischen einer *transzendenten* und einer *immanenten* Schicht religiöser Symbole. Zur transzendenten Schicht rechnet Tillich das Wort »Gott« sowie Aussagen über Gott. Die immanente Schicht umfasse dagegen die Inkarnation, d.h. die Verkörperungen des Göttlichen in der Welt (S. 219ff.).

Grundlegend für Symbole ist demnach ihr Hinweischarakter oder, wie Tillich auch sagt, ihre »Uneigentlichkeit«. Diese Form der Aussage bezeichnet E. Jüngel als »metaphorische Wahrheit«. Auch für ihn ist die »Sprache des Glaubens . . . durch und durch metaphorisch« (1974b, S. 110).

Im Rahmen unserer Fragestellung kommt es nun darauf an, daß auch die religiösen Symbole eine Entwicklungsdimension aufweisen. Das gilt zunächst für den Zusammenhang von Symbol und lebensgeschichtlicher Erfahrung, den besonders die Psychoanalyse hervorgehoben hat. Dieser Zusammenhang wird heute in der Religionspädagogik weithin gesehen und als Zirkel von Symbol und Erfahrung verstanden. Zu beobachten ist jedoch auch eine Entwicklung der Symbolfähigkeit und des Symbolverständnisses. Auf diesen Aspekt hat sich vor allem die kognitiv-strukturelle Psychologie konzentriert. Nimmt man - im Sinne des hier vertretenen mehrperspektivischen Ansatzes - beide Aspekte zusammen, so ergibt sich eine Erweiterung des Zirkels von Symbol und Erfahrung zu einer dreipoligen Struktur, in der neben Symbol und Erfahrung auch die Symbolfähigkeit und das Symbolverständnis berücksichtigt werden.

Symbol und lebensgeschichtliche Erfahrung

Der Beitrag, den Theorien der religiösen Entwicklung zum Verständnis und zur Deutung von Symbolen zu leisten vermögen, wird in der Religionspädagogik vor allem in der Aufhellung der lebensgeschichtlichen Erfahrungen gesehen, die sich in religiösen Symbolen spiegeln. Dieser Sicht liegt die Annahme zugrunde, daß Symbole helfen, »Grundkonflikte zu bearbeiten« und »Grundambivalenzen« tragbar zu machen. (Scharfenberg/Kämpfer 1980). Solche »Grundkonflikte« oder »Grundambivalenzen« lassen sich etwa mit Hilfe der von Erikson beschriebenen Entwicklungsstufen identifizieren. Die polare Spannung zwischen Grundvertrauen und Grundmißtrauen, Autonomie und Scham/Zweifel, Initiative und Schuldgefühl usw., mit der Erikson die Krisen der Entwicklung bezeichnet, markiert so gesehen jeweils einen Erfahrungsbereich, dem bestimmte religiöse Symbole korrespondieren.

Angestrebt wird dabei eine Korrelation zwischen den *Erfahrungen* von Kindern und Jugendlichen und den *religiösen Symbolen,* deren konfliktbearbeitende Kraft an den entwicklungsbezogenen Erfahrungen aufgewiesen werden soll. Ziel ist, mit H.-J. Fraas gesprochen, »eine konkrete Biographiebegleitung, die die Phasen des Menschen in ihrer entwicklungsbedingten Abfolge bereits als theologische Themen zu begreifen sucht« (1983, S. 105).

Die Stufen des Lebenszyklus werden so zum Schlüssel, der den Eintritt in den Zirkel von Symbol und Erfahrung ermöglichen soll. Theologische Themen werden deshalb weniger nach ihrem inneren, systematisch-theologischen Zusammenhang als nach ihrem Bezug zu den Erfahrungen unterschiedlicher Lebensphasen geordnet, d.h. gemäß der Entsprechung zwischen theologischen und lebensgeschichtlichen Themen. Dabei wird nicht behauptet, daß sich theologische Aussagen in ihrem Bezug zu lebensgeschichtlichen Konflikten erschöpfen oder daß sie letztlich auf diese Konflikte, als auf ihren Grund, zurückgeführt werden könnten. Ein solches - reduktionistisches - Verständnis, das in religiösen Symbolen nichts anderes als den idealisierten Ausdruck menschlicher Konflikte sieht, ist auch in der Psychoanalyse überwunden. Gemeint ist vielmehr, daß lebensgeschichtliche Erfahrungen in die religiösen Symbole einfließen und sich in deutlich faßbarer Weise darin spiegeln. Unter dieser Voraussetzung bieten Symbole die Chance für eine erfahrungsbezogene religiöse Erziehung.

In den letzten Jahren haben nun eine Reihe von Autoren versucht, theologische Themen zu finden, die den Entwicklungsstufen Eriksons entsprechen. In Abb. 12 habe ich eine Auswahl der wichtigsten Vorschläge zusammengetragen. - Zumeist wird bei diesen Entsprechungen davon ausgegangen, daß die religiösen Symbole die von der Psychologie beschriebenen Krisen nicht nur aufnehmen und sie theologisch interpretieren, sondern daß sie auch weiterführende Impulse geben und so eine bestimmte Lösung der lebensgeschichtlichen Krisen anbahnen. Religiöse Symbole enthalten demnach »sowohl den Konflikt wie seine Bearbeitung« (Scharfenberg/Kämpfer 1980, S. 144). Oder, wie Fraas im Blick auf die frühkindliche Vertrauenskrise schreibt: »Das religiöse Symbol weist zurück auf die frühkindlichen Erlebniszusammenhänge, und es weist nach vorwärts, indem es diese Erlebniszusammenhänge auf ihren Ermöglichungsgrund hin transzendiert« (1983, S. 114).

Für die religiöse Entwicklung kommt es nun besonders auf die Frage an, wie Symbole im Kindes- und Jugendalter gebildet werden. Von der

Psychosoziale Krisen (nach E. Erikson)	religiöse Symbole
1 Grundvertrauen gegen Grundmißtrauen	das Numinose (Gott, Muttergottheiten) das (verlorene) Paradies und die Hoffnung auf das Reich Gottes
2 Autonomie gegen Scham u. Zweifel	Gut u. Böse, Gnade, Gehorsam u. Exodus, Symbole des Essens u. Trinkens
3 Initiative gegen Schuldgefühl	liebender u. strafender Vater Vatergottheit Sünde u. Erlösung, Umkehr
4 Werksinn gegen Minderwertigkeitsgefühl	Beruf(ung), Schöpfungsauftrag, Werke
5 Identität gegen Identitätskonfusion	Glaube, gemeinsame Überzeugungen, der (im Leiden) solidarische Gott, Entfremdung u. Erlösung
6 Intimität gegen Isolierung	Gemeinschaft, christologische Themen
7 Generativität gegen Stagnation	Schöpfung, Beruf(ung), Fürsorge für das Kommende
8 Integrität gegen Verzweiflung u. Ekel	das Heilige, die letzten Dinge

Abb. 12: Entsprechungen zwischen psychosozialen Krisen und religiösen Symbolen (Auswahl aus Gleason 1975; Scharfenberg 1978; Capps 1979, S. 114; Müller-Pozzi 1981; Wright 1982, S. 160; Fraas 1983, S. 107ff.; Biehl 1985, S. 54ff.)

Psychoanalyse her gibt darauf die Symboltheorie A. Lorenzers eine Antwort, die sich mit dem Entwicklungsschema Eriksons verbinden läßt. Nach Lorenzer stellen Symbole die geglückte Verbindung einer Handlungsform mit einem sprachlichen Ausdruck dar. Geglückt ist diese Verbindung dann, wenn die Handlungsform mit allen ihren affektiven Aspekten in den sprachlichen Ausdruck eingehen kann, d.h. wenn die das Handeln des Kindes begleitenden Affekte nicht von der Sprache ausgeschlossen und damit verdrängt werden. - Wenn diese Verbindung mißglückt, entstehen nicht Symbole, sondern einerseits von allen Affekten gereinigte und insofern »leere« Worte, die Lorenzer *Zeichen* nennt. Andererseits kommt es zu Handlungsformen, die von der Sprache und damit auch von der Reflexion ausgeschlossen sind. Ein solches, gleichsam »blindes« Handeln bezeichnet Lorenzer als *Klischee* (Lorenzer 1972).

Symbole sind demnach auf die frühkindlichen, im Handeln verorteten Erfahrungen als ihren bleibenden Grund angewiesen. Indem sie Erfahrungen erschließen und für die Selbstreflexion und für die Kommunikation mit anderen verfügbar machen, sichern sie die Handlungsfähigkeit des Menschen.

Der Symbolbegriff Lorenzers ist sehr weit gefaßt. Er schließt nicht nur religiöse Symbole ein, sondern die sprachlichen Symbole insgesamt. Für die Entwicklung der *religiösen* Symbole hat deshalb in den letzten Jahren zu Recht der Beitrag des Psychoanalytikers D. W. Winnicott größere Beachtung gefunden. Für Winnicott ist die Symbolbildung eng mit der in der frühen Kindheit zu leistenden Unterscheidung zwischen *Innen* und *Außen* verbunden. Zunächst gibt es eine solche Unterscheidung für das Kind noch nicht. Soweit sich überhaupt Aussagen über das frühe Erleben treffen lassen, ist eher von einer Ungeschiedenheit und einem Ineinanderfließen äußerer und innerer Eindrücke und Gefühle zu sprechen. Die Unterscheidung zwischen dem subjektiven Erleben und der äußeren Realität, für die zunächst vor allem die Mutter steht, wird nach Winnicotts Beobachtungen nicht direkt erreicht, sondern auf dem Umweg über einen dritten Bereich, der gleichsam eine Brücke zwischen Phantasie und Realität bildet. Diese Brückenfunktion komme etwa dem Stofftier oder der Schmusedecke zu, ohne die das Kind nicht schlafen kann. Ein solcher Gegenstand *gehört* im wörtlichen Sinne *zum Kind.* Er ist nicht einfach Teil der äußeren Welt, sondern nimmt eine Zwischenstellung zwischen dem Kind und der von ihm unterschiedenen Realität ein. Winnicott spricht von einem »Übergangsobjekt« und von dem »Zwischenraum« (oder »intermediären Erfahrungsbereich«), dem dieses Objekt angehört (Winnicott 1979). Dieser Zwischenraum gehe auch in der späteren Entwicklung nicht verloren, sondern finde seine Fortsetzung in der Phantasie, Kreativität und Religion des Kindes, Jugendlichen und Erwachsenen.

Für den religionspädagogischen Umgang mit Symbolen sind die beschriebenen psychoanalytischen Interpretationen zum Symbolverständnis und zur Symbolbildung sehr hilfreich. Sie tragen bei zu einer erfahrungsbezogenen Religionspädagogik. Bereits verwiesen habe ich allerdings auch auf die zentrale Schwierigkeit, daß - wie auch bei Abb. 12 deutlich wird - anspruchsvolle und voraussetzungsreiche theologische Themen lebensgeschichtlich sehr früh verortet werden. Man kann die Entsprechungen zwischen lebensgeschichtlichen Erfahrungen und religiösen Symbolen deshalb besonders für die Kindheit nicht so verstehen, als ob diese Symbole oder gar ihre theologische Deutung den Kindern nahegebracht werden sollten oder auch nur könnten. Vielmehr dienen diese Entsprechungen zunächst nur der Verständigung der Eltern und Erzieher, die daraus Aufschluß über die religiöse Dimension lebensgeschichtlicher Krisen gewinnen können und damit auch Orientierungen für eine angemessene religiöse Erziehung (Vermeidung von überzogenen Strafängsten, überhöhtem Leistungsdruck usw.).

Für die Auswahl von Themen gewinnen die Entsprechungen zwischen lebensgeschichtlicher Erfahrung und religiösen Symbolen ihre Bedeutung erst im Jugendalter. Hier kann und soll die religiöse Erziehung versuchen, die religiösen Symbole direkt und ausdrücklich mit der lebensgeschichtlichen Erfahrung zu verbinden.

Bei der Frage nach den lebensgeschichtlich früheren Entsprechungen ist allerdings das spätere Fortwirken auch der frühen Krisen mit zu bedenken. Nach Eriksons Auffassung können die von ihm beschriebenen Krisen ja auch im besten Falle nicht endgültig gelöst werden. Sie bestehen vielmehr fort als bleibende Spannung und als ein mehr oder weniger labiles Gleichgewicht, das immer wieder gestört sein kann. In-

sofern spielen die lebensgeschichtlich frühen Krisen auch im Jugend-
und Erwachsenenalter eine Rolle und können die religiösen Symbole
den Dienst einer Konfliktbearbeitung leisten. Die Symbole ermöglichen so gesehen eine Rückkehr zu diesen Krisen und zeigen zugleich einen Weg, auf dem die Krisen gemeistert werden können (sogenannte
Regression im Dienste des Ich).

Symbolfähigkeit und Symbolverständnis

Bei den bisher beschriebenen Ansätzen steht der Zirkel von Symbol
und Erfahrung im Vordergrund. Die Notwendigkeit, diesen Zirkel um
einen dritten Aspekt - den der *Symbolfähigkeit* und des *Symbolverständnisses* - zu erweitern, kann vielleicht am besten wieder die Äußerung eines Jugendlichen verdeutlichen:

»Ich glaube nicht an Gott weil es mir schwer fällt mir kein Bildnis von Gott machen zu dürfen. Auch der Widerspruch zwischen Bibel und der heutigen Wissenschaft die auf Beweisen beruht ist sehr groß. Der Gott in der Bibel müßte ja
ein Zauberer sein um aus Lehm Menschen zu formen und ihm Leben einhau-
chen zu können, Lehm ist totes Material. Ich glaube vielmehr daß sich einige
Menschen früher gefragt haben wie, und aus was ist die Erde entstanden, warum gibt es Menschen was war davor? Niemand kann es beantworten. Also er-
fanden sie einfach jemanden der dies ja natürlich mit seinen Händen geschaffen haben muß. Diese Idee machte man zu einer Religion um alles zu erklären
weil die Menschen eine Erklärung verlangen und an etwas glauben müssen«
(Schuster 1984, S. 63).

Eine Verbindung zwischen Erfahrung und Symbol kommt für diesen
Jugendlichen offenbar deshalb nicht zustande, weil er der symbolischen Aussage - daß der Mensch aus Lehm erschaffen wurde - nicht
mehr traut. Einerseits schwingt dabei noch ein wörtliches Verstehen
mit, das die symbolische Bedeutung des Lehms verfehlt. Andererseits
ist der Jugendliche sich der Fragen - nach dem Woher des Menschen -
bewußt, auf die das Symbol antwortet. Insofern »durchschaut« er das
Symbol: Er sieht durch das Symbol gleichsam hindurch auf die Erfah-
rungsgründe, auf die es bezogen ist. Aber das führt ihn nicht zu einer

Würdigung, sondern zu einer *Ablehnung* des Symbols: Es ist »erfunden« - es ist *nur* ein Symbol.

Der Weg bis zu dieser symbolkritischen Haltung, die auf die Symbole zugunsten objektiv nachprüfbarer Wirklichkeit verzichten möchte, ist weit. Wie J. Piaget gezeigt hat, läßt sich auch die Symbolfähigkeit bis in die frühe Kindheit zurückverfolgen (Piaget 1975b): Am Anfang stehen Nachahmung und Spiel; nur allmählich erwächst daraus die Fähigkeit, auch sprachliche Symbole mit komplexer Bedeutung zu verstehen.

Die am weitesten reichende Darstellung der Entwicklung der Symbolfähigkeit und des Symbolverständnisses hat dann - im Anschluß an J. Piaget und P. Ricoeur - J. Fowler vorgelegt. Die von Fowler beschriebenen *Stufen der »Symbolfunktion«,* wie er Symbolfähigkeit und Symbolverständnis zusammenfassend nennt (vgl. Abb. 10, Spalte G), möchte ich deshalb im folgenden nachzeichnen.

1. Das magisch-numinose Verstehen: Fowler beobachtet, daß in dieser frühen Zeit (Vorschulalter) Symbole von dem, was sie darstellen, noch nicht wirklich getrennt sind (Fowler 1978a). In magischer Weise sind die Symbole mit dem, wofür sie stehen, verbunden. Ein bildlich dargestelltes Tier kann deshalb ebenso Angst einjagen wie ein lebendiges Tier (Fowler 1991a, s. 146ff.). Allgemeiner ausgedrückt ist dies das Alter der *Phantasie,* in dem sich das Kind - ohne die Frage nach der Wirklichkeit zu stellen - auf Bilder, Vorstellungen, Märchen usw. einlassen und *in* ihnen sein kann. Dennoch setzt das Symbol auch hier schon, wie Piaget (1975b) bemerkt, »die Vorstellung eines abwesenden Objektes voraus«.

2. Das eindimensional-wörtliche Verstehen: Für dieses Verständnis gibt es nur *eine* Dimension: die der konkreten Erfahrung. Symbolische Aussagen werden nicht in ihrem Verweischarakter, d.h. als uneigentliche Rede, aufgefaßt, sondern als wörtlich zu nehmende Sprache. Das führt notwendig zu *mythologischen* Vorstellungen, denn wörtlich genommen können symbolische Begriffe wie Himmel, Hölle usw. nur mythologisch verstanden werden. Das macht verständlich, warum auf dieser zweiten Stufe ein anthropomorphes Gottesverständnis vorherrscht: Solange etwa biblische Aussagen über Gott wörtlich aufgefaßt werden, führen sie fast zwangsläufig zu einem solchen Verständnis.

3. Das mehrdimensional-symbolische Verstehen: Der Fortschritt dieser Stufe besteht darin, daß nun der Verweisungscharakter von Symbolen erkannt wird. Die Mehrsinnigkeit symbolischer Rede wird bewußt und die übertragene Bedeutung von symbolischen Aussagen wird verstanden. Bezeichnend ist aber, daß die Symbole noch als ebenso heilig angesehen werden wie das, wofür sie stehen: Die sinnstiftende Kraft wird in den Symbolen selbst gesehen, nicht in dem, worauf sie verweisen. Deshalb können auch keine anderen Symbole anerkannt werden als die von der Tradition vorgegebenen. Fowler vergleicht dies mit der Nationalflagge eines Landes: Wird diese Flagge beschmutzt, gilt dies als ein direkter Angriff und eine Beleidigung des Landes selbst.

Solange das Symbol selbst als heilig verstanden wird, gibt es auch noch keine Symbolkritik. Bestimmend ist die Tradition und die Lehre, die von der Kirche oder einer anderen religiösen Institution vertreten wird. Insofern ist das Symbolverständnis - wie auch die Stufe 3 insgesamt - konventionell. Sie orientiert sich am Gegebenen und daran, was die anderen glauben.

4. Das symbolkritische Verstehen[23]: Nun werden die Symbole von dem, was sie bedeuten, abgetrennt. Symbole werden in Vorstellungen übersetzt bzw. auf diese reduziert. Nicht mehr den Symbolen kommt sinnstiftende Kraft zu, sondern *nur* der Bedeutung, die sie - in der Wahrnehmung dieses Verständnisses - transportieren. Symbole werden nur dann noch anerkannt, wenn sie sich so übersetzen lassen, daß ihre Bedeutung in einem anderen Bezugssystem nachvollziehbar wird. Daraus ergibt sich die Tendenz zur *Entmythologisierung*.

Dies scheint die Stufe zu sein, auf der sich der eingangs zitierte Jugendliche befindet: Er »übersetzt« das Schöpfungssymbol in eine naturwissenschaftliche

---

[23] Dieser Begriff findet sich so bei Fowler nicht. Er trifft aber das Gemeinte (Entmythologisierung) am besten.

Sprache, prüft seinen Sinn im Rahmen eines naturwissenschaftlichen Bezugssystems und verwirft schließlich das Symbol, weil es sich in diesen Rahmen nicht fügt. Es bleibt dann nur die psychologische Deutung übrig: Die Menschen müssen halt etwas glauben.

Ähnliche Beobachtungen macht R. Fetz (1985) am Beispiel der Himmelssymbolik (»Gott *im Himmel*« usw.). Auch hier wird die symbolische Himmelsvorstellung in die naturwissenschaftliche Vorstellung vom Himmel als Kosmos eingetragen und schließlich aufgegeben, weil sie in diesem Rahmen keinen Sinn ergibt.

5. *Das nachkritische Verstehen:* Auf dieser Stufe wird das Symbol als nicht auf anderes reduzierbar angesehen. Symbole gelten als eigene, unersetzliche Form der Darstellung. Sinnstiftend ist nun beides - das Symbol und das, worauf es verweist. Zugleich wandelt sich die Selbstwahrnehmung: Das eigene Selbst wird nicht mehr (wie auf Stufe 4) als bloß rational angesehen, sondern als ein vielschichtiges Gefüge bewußter und unbewußter Zusammenhänge.

Die Wendung zu einem nachkritischen Verständnis bedeutet nicht eine Rückkehr zu einer vorkritischen Auffassung. Die symbolkritische Einsicht in die Begrenztheit von Symbolen bleibt erhalten. Das verhindert jedoch nicht eine Wiederaneignung von Symbolen, da nun deren Unersetzlichkeit bewußt ist. Diese Stufe entspricht der von P. Ricoeur (1971, S. 399) so genannten *»zweiten Naivität«,* d.h. der erneuten Zuwendung zu Symbolen, nachdem diese durch die Symbolkritik hindurchgegangen sind.

Fowler nennt auch noch eine *sechste Stufe des Symbolverstehens,* die jedoch keine klaren Konturen gewinnt und eher spekulativen Charakter besitzt. Deutlich ist, daß bei dieser Stufe eine noch weiterreichende Wiederaneignung der Symbole stattfinden würde als auf Stufe 5. Durch die Verbindung zwischen dem Selbst und der »letzten Umwelt«, die für Fowler die Stufe 6 insgesamt kennzeichnet, kommt es auch zu einer neuen, intensiveren Bedeutung der Symbole, die ihrerseits an dieser Verbindung teilhaben. Von daher gewinnen Symbole erneut eine absolute Bedeutung, ohne daß die Einsicht in ihre Begrenzung etwa auf eine religiöse Tradition verloren ginge (Fowler 1991a, S. 225ff.).

Zusammenfassend kann die Entwicklung der Symbolfähigkeit und des Symbolverständnisses so beschrieben werden: Auf eine frühe vor-sprachliche Zeit folgt das von der *Phantasie* (1) bestimmte Verständnis, dann das *eindimensional-wörtliche* (2) und das *mehrdimensional-sym-bolische* Verständnis (3), dem sich die Symbole erstmals in ihrer sym-bolischen Bedeutung wirklich erschließen. Damit ist zugleich der Weg zur *Symbolkritik* (4) geebnet, die im *nachkritischen* Verständnis (5) auf-gehoben werden kann.

Entscheidend ist nun, daß auch diese Stufen nicht als Reifungspro-dukt zu verstehen sind. Außer den ersten beiden Stufen, die nach Fow-lers Beobachtungen von jedermann durchlaufen werden, wird keine der Stufen mit Notwendigkeit erreicht (Fowler 1991a, S. 126). Es ist also durchaus möglich, daß selbst das eindimensional-wörtliche Verstehen das ganze Leben hindurch erhalten bleibt.

Diese Einsicht in die Unterschiede nicht nur der lebensgeschichtli-chen Erfahrung, sondern auch des Symbolverständnisses ist besonders im Blick auf Jugendliche von entscheidender Bedeutung. Es ist näm-lich damit zu rechnen, daß sich bei Jugendlichen ein breites Spektrum unterschiedlicher Verständnisformen findet: sowohl ein eindimensio-nal-wörtliches wie ein mehrdimensional-symbolisches Verständnis, aber auch – wie bei dem zitierten Jugendlichen – die Symbolkritik oder vielleicht schon Ansätze zu einem nachkritischen Verständnis. Es ge-nügt deshalb nicht, nur nach Entsprechungen zwischen religiösen Symbolen und lebensgeschichtlichen Themen zu suchen. Zu berück-sichtigen ist auch das jeweilige Symbolverständnis, das einen Zugang zu Symbolen eröffnen, aber auch verschließen kann.

Der Zirkel von Symbol, Erfahrung und Symbolverständnis

Welches Bild ergibt sich, wenn man beide Aspekte, den Zusammen-hang von Symbol und Erfahrung und die Entwicklung des Symbolver-ständnisses, zusammennimmt? – In Abb. 13 habe ich versucht, die Be-ziehungen zwischen lebensgeschichtlichen Themen, religiösen Symbo-len und dem jeweiligen Symbolverständnis darzustellen. An dieser Darstellung ist abzulesen, daß *eine* Form des Symbolverständnisses *mehrere* Erfahrungsbereiche übergreifen und daß *eine* Verständnisform im Fortgang der Lebensgeschichte mit *unterschiedlichen* Erfahrungen gefüllt werden kann. Das ergibt sich aus dem unterschiedlichen Charakter der beiden Entwicklungsaspekte: Kognitiv-strukturelle Stufen können für lange Zeit beibehalten und nur mit neuem Inhalt gefüllt werden. Eine neue Stufe wird nur erreicht, wenn entsprechende Erfahrungen gemacht werden. Psychosoziale Krisen dagegen sind vor allem altersbedingt: Sie treten auch dann auf, wenn die vorhergehenden Krisen nicht zu einer befriedigenden Lösung gekommen sind – allerdings mit der möglichen Folge einer Entwicklungsstörung.

Psychosoziale Krisen (nach E. Erikson)	religiöse Symbole	Stufen der Symbolfunktion (J. Fowler)
1 Grundvertrauen gegen Grundmißtrauen	das Numinose (Gott, Muttergottheiten) das (verlorene) Paradies und die Hoffnung auf das Reich Gottes	
2 Autonomie gegen Scham u. Zweifel	Gut u. Böse, Gnade, Gehorsam u. Exodus, Symbole des Essens u. Trinken	magisch-numinos
3 Initiative gegen Schuldgefühl	liebender u. strafender Vater Vatergottheit Sünde u. Erlösung, Umkehr	
4 Werksinn gegen Minderwertigkeitsgefühl	Beruf(ung), Schöpfungsauftrag, Werke	eindimensional-wörtlich
5 Identität gegen Identitätskonfusion	Glaube, gemeinsame Überzeugungen, der (im Leiden) solidarische Gott, Entfremdung u. Erlösung	mehrdimensional-symbolisch
6 Intimität gegen Isolierung	Gemeinschaft, christologische Themen	symbolkritisch
7 Generativität gegen Stagnation	Schöpfung, Beruf(ung), Fürsorge für das Kommende	nachkritisch
8 Integrität gegen Verzweiflung u. Ekel	das Heilige, die letzten Dinge	

Abb. 13: Psychosoziale Krisen und religiöse Symbole (= Abb. 12) in ihrem Verhältnis zur Entwicklung der Symbolfunktion (die nach unten offenen Klammern sollen andeuten, daß diese Stufen das ganze Leben erhalten bleiben können)

Der *Erfahrungsaspekt* und der *Verständnisaspekt* sind demnach zwar eng miteinander verbunden - sie fallen aber in der Entwicklung nicht einfach zusammen, sondern stehen in einem jeweils genauer zu bestimmenden Verhältnis zueinander. Für den religionspädagogischen Umgang mit Symbolen folgt daraus, daß sowohl der Erfahrungsaspekt wie der Verständnisaspekt berücksichtigt werden muß. Keiner dieser beiden Aspekte kann allein den Interessen und Lernbedürfnissen von Kindern und Jugendlichen gerecht werden. Eine Vermittlung von Symbol und Erfahrung kann nur gelingen, wenn diese Vermittlung auch dem jeweiligen Symbolverständnis entspricht. Eine nur am Symbolverständnis orientierte Vermittlung jedoch bliebe erfahrungsleer und lebensfern.

Der Zirkel von Erfahrung und Symbol, wie er im ersten Abschnitt dieses Kapitels beschrieben wurde, muß deshalb zu einer dreipoligen Struktur erweitert werden - zu einem Zirkel, der *Symbol, Erfahrung* und *Symbolverständnis* einschließt:

Das Verhältnis von Erfahrung und Symbol wird vom Symbolverständnis vermittelt. Das Symbolverständnis jedoch verändert sich selbst aufgrund von Erfahrungen, und diese Erfahrungen sind wiederum mit den Symbolen verbunden.

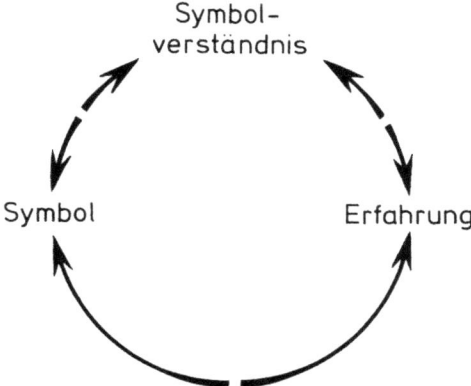

Abb. 14: Der Zirkel von Symbol, Erfahrung und Symbolverständnis als dreipolige Struktur

Für einen angemessenen *religionspädagogischen* Umgang mit Symbolen reicht allerdings auch die dreipolige Struktur von Symbol, Erfahrung und Symbolverständnis noch nicht aus, wenigstens solange der Erfahrungsaspekt nur psychoanalytisch und der Verständnisaspekt nur kognitiv-strukturell ausgefüllt wird. Denn was Symbole für Kinder und Jugendliche bedeuten, ist immer auch von dem in einer Gesellschaft vorherrschenden Umgang mit Symbolen abhängig. Das gilt zunächst für die Beziehung, die eine Gesellschaft zu religiösen Symbolen hat - ob sie sich selbst mit Hilfe religiöser Symbole, z.B. als »Heiliges Reich«, darstellt oder ob sie sich etwa als »moderne Gesellschaft« geradezu im Gegensatz zu einem religiösen Selbstverständnis sieht. Auch im zweiten Fall können die Symbole, mit denen sich die Gesellschaft darstellt, noch als religiös bezeichnet werden, aber nur noch im weiten (funktionalen) Sinne des Wortes.

Weiterhin ist wichtig, welche *anderen* Symbole - vor allem aus der Werbung und aus den Medien insgesamt - in einer Gesellschaft zu finden sind. Diese Symbole treten zum Teil in eine direkte Konkurrenz zu religiösen Symbolen, indem sie Orientierungen stützen, die den religiösen Symbolen widersprechen. Auch solche Symbole zielen auf menschliche Grunderfahrungen und -konflikte - auf Wünsche nach Sättigung, Geborgenheit, Ansehen usw.; sie suggerieren aber zumeist konsumorientierte Lösungen, deren Optimismus auf Dauer nicht trägt.

Die leitenden Symbole unserer Gesellschaft genauer zu untersuchen wäre ein lohnendes Unterfangen, das hier jedoch nicht weiter verfolgt werden kann. Deutlich geworden ist aber, daß die Bedeutung von Symbolen nicht nur als *entwicklungsbedingt,* sondern immer auch als *sozialisationsabhängig* anzusehen ist. Dennoch tragen die Theorien der Symbolentwicklung auch dazu bei, solche Sozialisationswirkungen genauer zu verstehen und Ansatzpunkte für eine religiöse Erziehung zur Symbolfähigkeit zu finden. Erneut bewährt sich hier ein *mehrperspektivischer* Zugang, der für Entwicklungs- *und* Sozialisationstheorien offen ist.

Ein solcher mehrperspektivischer Zugang schließt dann auch die Frage nach der theologischen Angemessenheit des Symbolverständnisses ein: Lassen sich die psychoanalytischen und kognitiv-strukturellen Theorien auch auf christliche Symbole anwenden? - Was die Anwendbarkeit der beschriebenen Symboltheorien auf biblische Texte betrifft, so wird heute die Bedeutung der psychoanalytischen Theorien weithin gesehen und anerkannt. Die zunehmende Verbreitung von Ansätzen einer tiefenpsychologischen Auslegung biblischer Texte zeigt das deutlich[24]. Auch wenn solche Ansätze zum Teil noch nicht ausgereift sind oder zu einer Psychologisierung der biblischen Texte neigen[25], sind die von ihnen eröffneten Möglichkeiten einer erfahrungsbezogenen Exegese kaum zu bestreiten.

Auch die kognitiv-strukturellen Theorien zum Symbolverständnis wurden schon, zumindest in vereinfachter Form, in den 60er Jahren von R. Goldman auf biblische Texte angewandt und haben dabei ihre Fruchtbarkeit erwiesen. Neuerdings wurde jedoch die theologische Angemessenheit eines kognitiv-strukturellen Zugangs zu biblischen Texten prinzipiell in Frage gestellt. Geht das rationalistische Verständnis, so wird gefragt, nicht an der symbolischen Qualität dieser Texte vorbei? Bedeutet es nicht eine Mißachtung der Einsicht, daß sich Symbole nicht ohne Verlust in eine andere, nichtsymbolische Sprache übersetzen lassen?

Solche Einwände treffen vor allem die Position Goldmans, dem es um ein entmythologisierendes Verständnis biblischer Texte ging. Weit weniger treffen sie das von Fowler vertretene Modell der Entwicklung der Symbolfähigkeit und des Symbolverständnisses: Bei Fowler ist das entmythologisierende Verständnis (Stufe 4) nur eine Durchgangsstation auf dem Weg zu der »zweiten Naivität«, in der er mit dem Religionsphilosophen P. Ricoeur das Ziel der Entwicklung sieht.

Wenn sich Fowler bei seinem kognitiv-strukturellen Entwicklungsmodell an Ricoeurs - auch theologisch einflußreiche - Religionsphilosophie und Hermeneutik anlehnen kann, dann liegt es nahe, daß auch das theologische Symbolverständnis eine Entwicklungsdimension be-

---

[24] S. z.B. das Themenheft »Bibelauslegung« des Evangelischen Erziehers (3/1983); mit kritischen Anfragen Roth 1986. - Grundlegende Beiträge enthalten die von Y. Spiegel (1972 und 1978) herausgegebenen Bände; zur kritischen Diskussion des Ansatzes von Drewermann vgl. Frey 1995.
[25] Von einer solchen *Psychologisierung* wird man bei M. Kassel (1980) sprechen müssen. Die psychoanalytische Auslegung geht hier an der Eigenart der interpretierten biblischen Texte völlig vorbei.

sitzt. Sehr deutlich ist diese Entwicklungsdimension bei P. Tillich, auf dessen Theologie sich Fowler immer wieder beruft. Tillich (1970, S. 147) unterscheidet zwischen einem *idolisierenden* und einem wahrhaft *symbolischen* Verständnis religiöser Symbole: Solange das Symbol noch selbst für das Heilige gehalten werde, handle es sich nicht um *Glauben,* sondern um *Götzendienst.* Ein wahrhaft symbolisches Verständnis dagegen hängt für Tillich davon ab, daß der Verweisungscharakter und die »Uneigentlichkeit« religiöser Symbole erkannt und berücksichtigt wird.

Den Übergang von einem idolisierenden zu einem wahrhaft symbolischen Verständnis versucht Fowler als Entwicklung vom eindimensional-wörtlichen zum mehrdimensional-symbolischen Verständnis psychologisch abzubilden. Zusammenfassend ist deshalb festzuhalten, daß Fowlers Entwicklungsmodell nicht nur aus psychologischen, sondern ebenso aus religionsphilosophischen und theologischen Überlegungen erwächst.

Weiterführende Hinweise

Zum theologischen und philosophischen Symbolverständnis sind besonders die Arbeiten P. Ricoeurs (1969; 1973) und E. Jüngels (1974b) wichtig. Das psychoanalytische Symbolverständnis erhielt in neuerer Zeit eine vielbeachtete Neuformulierung durch A. Lorenzer (*Das Konzil der Buchhalter.* Frankfurt a.M. 1981: vgl. auch seine im Literaturverzeichnis genannten früheren Arbeiten). Stärker an C. G. Jung orientiert sind die Darstellungen von M. Kassel (*Biblische Urbilder.* München 1980) und E. Drewermann (*Tiefenpsychologie und Exegese.* Bd. I. Olten/Freiburg i.B. 1984).

In der Religionspädagogik haben P. Biehl (1980; 1985; 1989; 1993) und H. Halbfas (1982) sich um eine »Symboldidaktik« bemüht. Auf den religionspädagogischen Zirkel von Symbol und Erfahrung verweist vor allem J. Scharfenberg (*Menschliche Reifung und christliche Symbole.* In: Concilium 14/1978). Eine der Lebensgeschichte (i.S. Eriksons) folgende Darstellung theologischer Themen geben M. Klessmann (*Identität und Glaube.* München/Mainz 1980) und J. Werbick (*Glaube im Kontext.* Zürich 1983). Auf die weiterführende Bedeutung, die theologischen Impulsen für die lebensgeschichtliche Entwicklung zukommen kann, verweisen besonders Preul (1980, S. 143ff., bes. 230ff.) und Schmidt (1984, S. 58ff.). Zur weiteren Diskussion vgl. das Themenheft »Symboldidaktik« (Der Evang. Erzieher 1/1994) sowie Dressler (1995).

Das kognitiv-strukturelle Symbolverständnis hat J. W. Fowler besonders in den Büchern »Life Maps« (1978, S. 42ff.) und »Stufen des Glaubens« (1991a, S. 136ff.) dargestellt. Hinzuweisen ist darüber hinaus auf die im Literaturverzeichnis genannten Beiträge von Goldman (1964), Murphy (1977), Howe (1978) und Nipkow (1986); die theologische Angemessenheit eines kognitiv-strukturellen Zugangs zu biblischen Texten wird von Slee (1983), McGrady (1983) und Greer (1983) in Frage gestellt. Eine allgemeine Einführung in Fragen der Sprach- und Bedeutungsentwicklung gibt G. Szagun (*Bedeutungsentwicklung beim Kind.* München u.a. 1983; *Sprachentwicklung beim Kind.* München u.a. ²1983). Von bes. Bedeutung sind die Untersuchungen zur Entwicklung des Glaubens- und Symbolverständnisses von A. Bucher (1990a, 1990b). Zu empirischen Fragen von Religionsunterricht und Symbolen bzw. Gleichnissen s. F. Schweitzer u.a.: *Religionsunterricht und Entwicklungspsychologie,* Gütersloh 1995.

Das Verhältnis zwischen psychosozialer und kognitiv-struktureller Entwicklung diskutiert L. Kohlberg (*Eine Neuinterpretation der Zusammenhänge zwischen der Moralentwicklung in der Kindheit und im Erwachsenenalter.* In: R. Döbert u.a., Hg.: *Entwicklung des Ichs.* Köln 1977).

8

Die Entwicklung des Gottesbildes

Ein zentrales Thema in der religiösen Entwicklung ist das Gottesbild. Zugleich ist es gerade bei diesem Thema besonders schwierig, etwas Verläßliches zu erfahren. Man kann Kinder kaum fragen, was sie unter Gott verstehen. Kindern - und nicht nur ihnen - fehlen die Worte, um auszudrücken, was Gott für sie bedeutet.

Allerdings läßt sich die Entwicklung des Gottesbildes als ein Aspekt der allgemeinen Symbolentwicklung auffassen, und tatsächlich gilt vieles, was dazu im letzten Kapitel gesagt wurde, auch hier. Aber das Gottesbild besitzt doch eine besondere Bedeutung, allein schon durch seine zentrale und übergeordnete Stellung in der Religion der Erwachsenen. Aber auch in der Religion der Kinder und Jugendlichen selbst scheint dem Gottesbild eine hervorragende Bedeutung zuzukommen. Darauf verweisen nicht nur die autobiographischen Berichte, die wie bei J. Richter, T. Moser und K. Ph. Moritz immer wieder um das Gottesbild kreisen, sondern auch die Äußerungen von Kindern und Jugendlichen, die beispielsweise R. Schuster (1984) oder D. Heller (1986) gesammelt haben. So ist es gerechtfertigt und notwendig, auf die Entwicklung des Gottesbildes in einem eigenen Kapitel einzugehen.

Zum Teil können wir dabei auf gesicherte Ergebnisse zurückgreifen und zum Teil ergibt sich daraus ein geschlossenes Bild. Vielfach sind es aber nur einzelne Aspekte oder Stränge in der Entwicklung, über die sich Genaueres sagen läßt. Anders als bei den Untersuchungen zum Glauben als Sinnorientierung (Fowler) oder des religiösen Urteils (Oser/Gmünder), bei denen es um sozialwissenschaftliche Konzepte geht, über die sich gesicherte, weil begrenzte Aussagen treffen lassen, hat das Wort »Gott« einen vielfachen Sitz im Leben. Über das theologische und religionswissenschaftliche Gottesverständnis sind zwar eindeutige Aussagen möglich. Das Wort »Gott« begegnet den Kindern und Jugendlichen aber auch im Alltag und in der Kultur im allgemeinen, ohne daß hier von einem eindeutigen Verständnis die Rede sein könnte. Im Blick auf die religiöse Entwicklung kann es darüber hinaus nicht um ein objektiv festliegendes Gottesverständnis gehen. Zu fragen ist vielmehr gerade nach den Formen des Gottesverständnisses, die von den Kindern und Jugendlichen – in der Auseinandersetzung mit den ihnen vorgegebenen Gottesbildern – selbst ausgebildet werden. Jeder Gottesbegriff, sei es der Theologie oder der Religionswissenschaft, kann am tatsächlichen Gottesverständnis der Kinder und Jugendlichen vorbeigehen. Zudem können Kinder und Jugendliche andere Begriffe im Sinne von Gott gebrauchen, wofür die bei Kindern manchmal anzutreffende Verwechslung von Gott und Jesus ein besonders deutliches Beispiel ist.

Dieser offeneren Situation entsprechend werde ich mich bei der Darstellung im folgenden nicht an die psychoanalytischen oder kognitiv-strukturellen Stufen der Entwicklung halten, sondern werde bewußt weit gefaßte Altersangaben zugrundelegen. Dabei ist allerdings zu bedenken, daß solche Altersangaben nur eine grobe Orientierung erlauben. Verschiebungen um mehrere Jahre nach vorn oder nach hinten sind ohne weiteres möglich. Auf die in den letzten Jahren verstärkt beachteten geschlechtsbezogenen Unterschiede im Gottesbild gehe ich in einem eigenen Abschnitt ein.

Frühe Kindheit: Der elterliche Gott

Wie ich in Kapitel 3 beschrieben habe, war es vor allem der überhöhte, strafende Vater der ödipalen Zeit (d.h. etwa zwischen dem 4. und 6. Lebensjahr), in dem die psychoanalytische Religionspsychologie S. Freuds den Ursprung sowie die erste und zugleich bleibende Gestalt des Gottesbildes zu finden meinte. Spätestens seit der Narzißmus-Diskussion ist diese Sicht auch in der Psychoanalyse überholt. Die Wurzeln der kindlichen Religiosität werden nun in der *allerfrühesten* Zeit der nachgeburtlichen Einheits- und Verschmelzungserfahrung gesehen. Das Gefühl des verläßlichen Geborgenseins, aber auch die Angst vor dem Verlassenwerden, die Allmachtsphantasien sowohl im Blick auf die Eltern wie auf das eigene Selbst, schließlich die im Zwischen-

217

raum von Subjektivität und äußerer Realität angesiedelten »Übergangsobjekte« (Winnicott) – das sind die Erfahrungen, Vorstellungen und Gefühle, in deren Umkreis auch das Gottesbild seine erste Gestalt gewinnt. Diese Gestalt bleibt noch unausgesprochen. Erst später, wenn das Kind auch von Gott spricht, kann man sehen, daß und wie solche frühen Erfahrungen in das Gottesbild eingegangen sind.

Mit Erikson läßt sich die Hauptaufgabe dieser frühen Zeit als Erwerb des *Grundvertrauens* bestimmen. Dieses Vertrauen ist eingelagert in die Beziehung zwischen Mutter und Kind, wobei sich diese Beziehung noch nicht als Beziehung zwischen zwei getrennten Personen verstehen läßt. Das Kind erfährt sich zunächst nicht als ein Selbst mit klaren Grenzen. Die Wahrnehmung der eigenen Grenzen sowie die Unterscheidung zwischen dem, worüber das Kind verfügen kann und was seinen Wünschen widersteht, sind vielmehr schon erste Meilensteine auf dem Weg der Entwicklung.

Die anfängliche Offenheit und die fließenden Grenzen des Selbst beschreibt die Psychoanalyse als »Verschmelzung«. Diese Verschmelzung besitzt vielfache religiöse Entsprechungen: das *Einssein* mit der Welt, die *Allmacht* sowohl der mütterlichen Person wie des eigenen Selbst, die *Geborgenheit* – all das sind auch religiöse Themen. Auf eine besonders naheliegende Parallele haben verschiedene Psychoanalytiker immer wieder aufmerksam gemacht: das *Angesicht der Mutter,* in dem sich das Kind selbst erkennen lernt und in dem es in elementarer Form erfährt, was Zuwendung, aber auch Abwendung bedeutet, und das *Angesicht Gottes,* um dessen »Leuchten« die Segensformel bittet: »Der Herr lasse sein Angesicht leuchten über dir . . .«

Aus den Erfahrungen dieser frühen Zeit erklären sich psychologisch gesehen die mütterlichen Züge im Gottesbild. Denn nicht nur sind es zumeist Mütter, die in dieser Zeit das Kind versorgen und mit ihm spielen, sondern das Versorgen und Versorgtwerden wird zumindest in unserem Kulturkreis ganz allgemein mit dem Mütterlichen verbunden. Ob man allerdings so weit gehen kann, daß alle Kinder zuerst ein Bild von Muttergottheiten ausprägen (vgl. Fraas 1983, S. 112), um dann zu einem Vatergott überzugehen, scheint mir angesichts der vorliegenden empirischen Belege unsicher. Als gesichert kann aber gelten, daß Züge *beider* Eltern in das Gottesbild des Kindes eingehen. Auch das ist nicht so zu verstehen, als würde das Bild der Eltern einfach in ein Gottesbild verwandelt. Die Verwandtschaft von Elternbild und Gottesbild zeigt sich vielmehr daran, daß Vorstellungen wie »unbedingte Liebe« oder »letzte Autorität« deutlich mit den Eltern und ebenso deutlich mit Gott verbunden werden. Das haben die inzwischen auch auf internationaler Ebene durchgeführten Befragungen der Forschungsgruppe um den belgischen Religionspsychologen A. Vergote vielfach nachgewiesen.

Die mütterlichen und väterlichen Züge, aus denen sich das Gottesbild der frühen Kindheit aufbaut, dürfen nicht idealisiert werden. Es ist keineswegs so, daß jedem Kind als gleichsam natürliches Erbe eine elementare Erfahrung der Geborgenheit und des Vertrauens geschenkt wäre. Auch die frühen Erfahrungen stehen in einer nicht aufzulösenden Spannung – zwischen Grund*vertrauen* und Grund*mißtrauen, Geborgenheit* und *Verlassenwerden, Wunscherfüllung* und *tiefer Enttäuschung*. Diese Spannung wird vielleicht am deutlichsten an den Größen- und Allmachtsphantasien, die das Kind ausbildet, wenn es sich allmählich aus der ersten Verschmelzung mit den elterlichen Bezugspersonen löst. Diese Phantasien müssen abgebaut werden, daran führt angesichts der begrenzten Möglichkeiten der Eltern und des Kindes selbst kein Weg vorbei. Ob diese Phantasien aber hart enttäuscht werden, so daß sie der Verdrängung anheimfallen und im Verborgenen weiterwirken, oder ob sie »schrittweise abgebaut« werden können, wie H. Kohut es für eine gesunde Entwicklung als unabdingbar betrachtet – das bleibt der Erziehung überlassen.

Psychologisch gesehen geht beides in das Gottesbild ein, das Gefühl der Geborgenheit wie das des Verlassenwerdens, ein entwicklungsgemäßes Selbst- und Elternbild wie fortbestehende Größenphantasien. Was das Kind aus dieser frühen Zeit mitbringt, ist deshalb ein Gemenge von Erfahrungen, in dem sich bleibend Positives und Negatives mischen. Es ist ein Gottesbild, in dem sich konzentriert, was den Menschen erfüllen und tragen, aber auch was ihn aushöhlen und in abgründige Angst versetzen kann.

Mittlere und späte Kindheit: Die Unterscheidung zwischen Gottesbild und Elternbild

Eine weitere und wichtige Etappe in der Entwicklung des Gottesbildes stellt dann die *Unterscheidung* zwischen Elternbild und Gottesbild dar. Oser/Gmünder sehen darin den Übergang zu Stufe 1 des religiösen Urteils: Auf dieser Stufe wird Gott erstmals als ein von den Eltern getrenntes Gegenüber angesehen und erfahren.

Dieses Gegenüber kann beschützend und freundlich sein - nachsichtig und liebevoll wie der »Vater des Schutzengels«, von dem J. Richter erzählt. Es kann aber auch bedrohlich und strafend sein - wie der unnachsichtige »Gott, der alles sieht«. Diese gegensätzlichen Erfahrungen sind dabei durchaus nicht auf unterschiedliche Personen verteilt, so als würde Gott vom einen Kind nur als beschützend und freundlich und von einem anderen nur als bedrohlich und strafend erfahren. Die Wahrheit, daß beide Erfahrungen sich mischen, trifft viel eher der sechsjährige Gerard, den D. Heller (1986, S. 43) zitiert: »Manchmal kommt mir Gott wirklich freundlich vor, aber manchmal auch böse.«

Diese gemischte Erfahrung entspricht auch der klassisch-psychoanalytischen Sicht dieser Zeit, wie sie Freud mit seiner Theorie des ödipalen Konflikts formuliert hat. Demnach spiegelt sich in der Gottesbeziehung die ambivalente Vaterbeziehung, die zwischen Zuneigung und Verehrung einerseits und Angst und Ablehnung andererseits schwankt und von beidem bestimmt wird.

Erst wenn die noch vorwiegend an den Eltern als konkreten Personen gewonnenen Gottesbilder zurücktreten, kommt, wie vor allem Fowler zeigen konnte, die Zeit der *anthropomorph-mythologischen Gottesvorstellungen.* Dem mythisch-wörtlichen Symbolverständnis entsprechend werden Himmel und Hölle nicht symbolisch aufgefaßt, sondern als Pole eines religiösen Weltbildes, in das Gott dann eingetragen wird. Typisch für diese Zeit ist die von Oser/Gmünder beschriebene Stufe 2 des »Wie Du mir, so ich Dir«, das nun das Gottesverständnis prägt. Daß auch dann eine sehr persönliche Gottesbeziehung möglich ist und Kinder sich die persönliche Zuwendung und Anerkennung Gottes wünschen, zeigt folgende Geschichte, die von der neunjährigen Carin erzählt wird (Heller 1986, S. 46):

»Es war einmal im Himmel . . . Gott wachte auf. Es war sein Geburtstag. Aber niemand wußte, daß es sein Geburtstag war, außer einem der Engel . . . Und dieser Engel holt all die anderen Engel zusammen, und als er aus der Dusche kommt, gibt es eine Überraschungsparty für ihn.«

Mit diesem Engel identifiziert sich die kleine Carin. Sie will dieser besondere Engel sein, der allein Gottes Geburtstag nicht vergißt. - Die Geschichte macht auch das zentrale Problem dieser Stufe sichtbar: Der kleine Engel muß sich die Liebe Gottes erst verdienen, muß »all die anderen Engel« übertreffen und sich hervortun. Ein religiöses Leistungs- und Konkurrenzprinzip zeichnet sich ab.

Schon in der späten Kindheit bahnt sich allerdings eine gewisse *Vergeistigung* des Gottesbildes an. Die anthropomorphen Gottesvorstellungen treten zurück und werden abgelöst von abstrakteren Symbolen: Gott als Geist.

Insgesamt läßt sich feststellen, daß in der mittleren und späten Kindheit die religiöse Praxis und Lehre, wie sie in der Umgebung des Kindes zu finden sind, stärker bewußt werden. Das entspricht der nunmehr vom kirchlichen und schulischen Unterricht bestimmten religiösen Sozialisation, ist aber auch für die religiöse Entwicklung bedeutsam. Denn nun stellt sich häufig zum ersten Male das Problem, wie das *eigene,* mit den Erfahrungen der Kindheit gefüllte Gottesbild mit dem in Kirche, Schule und Gesellschaft vorherrschenden, gleichsam *offiziellen* Gottesbild verbunden werden kann. Daß diese Verbindung nicht immer gelingt, zeigen sehr deutlich die von E. Robinson gesammelten Erfahrungsberichte. Robinson spricht vom »Kirchengott«, dem das Kind hier begegne. A.-M. Rizzuto schreibt: »Dies ist der entscheidende Moment für diejenigen, die ein katechetisches Interesse haben. Wenn man den Fortschritt eines einzelnen Kindes verstehen will, muß man etwas von dem privaten Gott wissen, den das Kind mitbringt. Kein Kind kommt zum ›Hause Gottes‹ ohne seinen Lieblingsgott unter dem Arm« (1979, S. 8). Die von J. Richter erlebte Konfrontation von Gott als »Vater des Schutzengels« mit dem »Gott der Schwester Lioba« ist dafür ein sprechendes Beispiel.

Jugendalter: Verinnerlichung, Verpersönlichung und Abstraktion des Gottesbildes

Unser Wissen über die Entwicklung des Gottesbildes im Jugendalter ist viel bruchstückhafter und ungesicherter, als das bei der Kindheit der Fall ist. Das erklärt sich zum Teil daraus, daß sich das Jugendalter, je nach sozialer Lage und geschichtlicher Situation, in sehr unterschiedlicher Form vollziehen kann, während in der Kindheit die Familie jedenfalls weithin bestimmend ist. Zum Teil ist der Mangel an Wissen über die Entwicklung des Gottesbildes im Jugendalter aber auch auf die - besonders von psychoanalytischen Autoren vertretene - Auffassung zurückzuführen, daß alle für das Gottesbild bedeutsamen Erfahrungen bereits in der Kindheit gemacht werden. Entsprechend wenig Aufmerksamkeit findet dann die Entwicklung im Jugendalter. Selbst eine Autorin wie A.-M. Rizzuto, nach deren Urteil sich das Gottesbild das ganze Leben lang in Entwicklung befindet, kann noch behaupten, daß in der Adoleszenz lediglich eine begriffliche Ausarbeitung der Gottesvorstellung erfolge. Diese Ausarbeitung füge jedoch der bereits bestehenden Gottesvorstellung »in emotionaler Hinsicht . . . nichts hinzu« (1979, S. 200).

Vertreter anderer psychologischer Schulen wie J.-P. Deconchy (1965) und P. Babin (1965) konnten mit Hilfe von Schülerbefragungen jedoch schon in den 60er Jahren belegen, daß auch im Jugendalter eine für das Gottesbild bedeutsame Entwicklung stattfindet. Diese Entwicklung läßt sich in einer allgemeinen Form vielleicht am besten als gleichzeitige *Verinnerlichung, Verpersönlichung* und *Abstraktion* des Gottesbildes bezeichnen. Den Übergang von den anthropomorph-mythologischen Vorstellungen der Kindheit bilden dabei, den Beobachtungen Deconchys zufolge, die Begriffe, die im Religionsunterricht gelernt werden und mit denen Gott dann beschrieben wird. Den nächsten Schritt stellt ein stärker persönlich bestimmtes Gottesbild dar, das entsprechend weniger von äußerlich übernommenen und angelernten Begriffen beeinflußt ist.

Im Anschluß an diese Untersuchungen verweist A. Vergote (1970, S. 376ff.) auf drei Quellen für die Entwicklung des Gottesbildes im Jugendalter:

- die Erfahrung von *Einsamkeit* und, darauf bezogen, die einer *Freundschaft* (u.a. mit Gott), die diese Einsamkeit durchbricht;
- die Neigung zur *Idealisierung* (Gott als Vorbild und Träger bewunderter Eigenschaften) und die Erfahrung von *Schuld* im Sinne des Versagens gegenüber sittlichen Idealen;
- *religiöse Zweifel* als Ausdruck der Suche nach eigener Freiheit und als Folge einer allgemeinen Vertrauenskrise.

Vergote versteht auch die religiösen Zweifel als vor allem »affektiv bestimmt«. Soweit damit eine enge Verbindung zwischen der kognitiven Orientierung und der Persönlichkeitsentwicklung im ganzen gemeint ist, wird man Vergote sicher zustimmen können. Darüber hinaus ist jedoch auch der Wandel der kognitiven Orientierungen selbst zu beachten. Deshalb wird man, stärker als Vergote, auch das *Abstraktwerden* des Gottesbildes betonen müssen.

Diesen Abstraktionsprozeß im Jugendalter kann man in besonders eindrücklicher Form an bildlichen Darstellungen zum Thema Gott ablesen. Die auf S. 210f. abgedruckten Bilder wurden einer von Boßmann/Sauer veröffentlichten Sammlung (1984) entnommen.[26] Das erste (Abb. 15) stammt von einem Grundschüler. Es zeigt den Versuch, moderne Vorstellungen vom Weltraum als Planetensystem mit religiösen Himmelsvorstellungen zusammenzuführen. Die Erde ist *in Gott* – Gott ist *im Weltraum-Himmel.* Gott hat menschliche Züge, mehr noch aber ist er ein Engelwesen.

Im Vergleich dazu zeigt das zweite Bild, das von einer 16jährigen Hauptschülerin stammt (Abb. 16), einen radikalen Perspektivenwechsel: Gott ist nun *im Menschen* und *in der Natur,* nicht mehr umgekehrt. Gott läßt sich auch nicht mehr direkt darstellen, sondern nur noch indirekt – durch die Darstellung von Mensch und Natur.

Das zweite Bild und seine Deutung verweisen auf den ungewissen Ausgang, der dem Abstraktionsprozeß zu eigen ist: Die Abstraktion kann nicht nur dazu führen, daß man Gott nicht mehr bildlich darstellen will, sondern auch dazu, daß man sich (einen) Gott überhaupt nicht

---

[26] Die dort zu findenden Deutungen der Bilder sind stärker an tiefenpsychologischen Aspekten orientiert.

mehr vorstellen kann. Die Welt ist dann nur noch Mensch und Natur, für Gott gibt es keinen Raum.

In unabhängig voneinander durchgeführten Studien kommen Vergote (1983), Nipkow (1986, 1987b) und Hutsebaut (1986) zu dem Ergebnis, daß für Jugendliche die Existenz Gottes vor allem mit dem Negativen in der Welt nicht leicht zu vereinbaren ist: »Bringt es was, wenn man an Gott glaubt und dann stirbt der Vater?« – so fragt etwa ein Be-

Abb. 15: gezeichnet von einem Grundschüler (aus Boßmann/Sauer 1984, S. 30)

rufsschüler (Schuster 1984, S. 91). Wenn es einen Gott gibt, wie kann er das zulassen? – Diese Frage, die eine Rechtfertigung Gottes angesichts einer schlechten Welt verlangt (sogenannte Theodizeefrage) und dann, wenn keine Antwort befriedigt, die Existenz Gottes überhaupt bestreitet, ist eng verwandt mit dem Verdacht, daß es sich bei der Gottesvorstellung nur um eine Fiktion handelt. Haben sich die Menschen einen

Abb. 16: gezeichnet von einer 16jährigen Hauptschülerin (aus Boßmann/Sauer 1984, S. 93)

Gott nur ausgedacht, ihren Wünschen entsprechend, oder gibt es Gott wirklich? - So überlegt nicht nur der Schüler, dessen symbolkritische Deutung der Schöpfungsgeschichte im letzten Kapitel zitiert wurde, sondern so denken auch viele andere Jugendliche. Hat die Welt überhaupt einen Sinn oder ist letztlich alles absurd? - Nipkow nennt dies die »*Enttäuschung über Gott als Schlüssel der Welterklärung*« (1986, S. 21).

Die Anfragen der Jugendlichen richten sich nicht nur direkt auf das Gottesbild: Fragt man sie, was sie mit dem Wort »Gott« verbinden, sprechen sie oft von der Kirche und üben Kritik an ihr. »Das mit der Kirche ist nur Geldmacherei und Verblödelung . . . Die Kirche sagt immer, daß sie den Armen helfen wollen, aber bis jetzt ist noch kein Beweis aufgetaucht, daß die Kirche den Armen geholfen hat« - so ein Berufsschüler (Schuster 1984, S. 87). Interessanterweise wird hier die Kirche nicht an von außen herangetragenen Normen gemessen, sondern an ihren eigenen Zielen. Gefragt wird, ob die Kirche sich überzeugend darstellt, ob sie glaubwürdig ist.

Diese Anfragen der Jugendlichen lassen sich vor dem Hintergrund der von Fowler und Oser/Gmünder beschriebenen Stufen deuten: Besonders der *individuierend-reflektierende Glaube* (Stufe 4 bei Fowler) mit seiner Symbolkritik und das *deistische religiöse Urteil* (Stufe 3 bei Oser/Gmünder), das zwischen Gott und Welt eine scharfe Grenze zieht, liegen nahe. Die Untersuchungen von Fowler und Oser/Gmünder erinnern jedoch auch daran, daß nicht alle Jugendlichen sich auf dieser Stufe befinden. Ein großer Teil der Jugendlichen steht noch auf der *konventionellen Stufe,* während manche Jugendliche schon zum *verbindenden Glauben* tendieren. Dementsprechend wird man auch für das Gottesbild einen unterschiedlichen Entwicklungsstand annehmen müssen: Nicht für alle Jugendlichen sind die mit dem Abstraktwerden des Gottesbildes verbundenen Schwierigkeiten gleichermaßen typisch.

Allerdings ist zu bedenken, daß die von den Jugendlichen formulierten Fragen nach Gottes Gerechtigkeit und Wirklichkeit sowie nach dem Sinn des Lebens angesichts erfahrener Sinnlosigkeit auch Fragen der Erwachsenen sind. Es sind nämlich Fragen des aufgeklärten Menschen, wie sie in der Neuzeit allgemein gestellt werden und in der modernen Gesellschaft weit verbreitet sind. Deshalb ist zu erwarten, daß

auch bei konventionell urteilenden Jugendlichen solche Fragen zu finden sind - sei es, daß sich diese Jugendlichen ihren gleichaltrigen
Freunden anpassen, oder sei es, daß sie ganz allgemein einem kulturellen Trend folgen.

Die kognitiv-strukturellen Entwicklungstheorien machen auch darauf aufmerksam, daß die traditionskritische Einstellung und die Trennung zwischen Gott und Welt nicht die letzte Stufe in der Entwicklung
des Gottesbildes darstellen müssen. Nach dieser Stufe kann es schon
im Jugendalter (wenn auch häufiger erst im Erwachsenenalter) zu einer neuen Verbindung von Gott und Welt kommen, wie sie Oser/
Gmünder mit ihren höheren Stufen zu beschreiben suchen. Der Abstraktionsprozeß der adoleszenten Entwicklung wird dabei nicht rück-
gängig gemacht. Vielmehr erlauben komplexere Vorstellungsweisen,
wie sie dem nachkritischen Symbolverständnis entsprechen, auch eine
erneute Zusammenschau und ein neues Ineinander von Gott und Welt.

Geschlechtsspezifische Aspekte

Immer häufiger wird die Frage aufgeworfen, ob beim Gottesbild nicht
zwischen einer männlichen und einer weiblichen Entwicklung unterschieden werden muß. Haben Mädchen ein anderes Gottesbild als
Jungen? Und wie sind die Unterschiede zwischen den Gottesbildern
ggf. zu beschreiben?

In Kapitel 6 haben wir bereits gesehen, daß die bislang vorliegenden
Untersuchungsergebnisse zur Entwicklung des Gottesbildes für auch
empirisch faßbare Unterschiede zwischen den Geschlechtern sprechen. Berichtet wird wiederholt von der Beobachtung, daß Mädchen
im Unterschied zu Jungen stärker die Beziehung und die persönliche
Nähe zu Gott betonen. Die sichere Geborgenheit bei Gott, so wird gesagt, steht für die Mädchen vielfach im Vordergrund.

Die Unterschiede im Gottesbild von Jungen und Mädchen werden
häufig auf den geschlechtsspezifischen Einfluß zurückgeführt, der von
den Mutter- und Vaterbildern auf das Gottesbild ausgeht. Besondere
Beachtung verdient hier die bereits erwähnte Untersuchung von D.
Heller (1986). Die von ihm befragten *Jungen* beschreiben eine Gottheit

227

mit »stark ausgeprägter rationaler und pragmatischer Ausrichtung auf das Leben der Menschen und der Welt insgesamt« (S. 57). Gott sei dabei allwissend. Seine Rationalität harmoniere mit der Wissenschaft, so daß Religion und Rationalität sich miteinander verbinden, und zwar auf Kosten eines gefühlsbetonten Verhältnisses zum Heiligen. – Für die Jungen sei Gott stets handelnd. Seine Ziele setzt er auf allen Ebenen durch. Zugleich bleibt Gott aber in der Ferne. Die Vorstellung, daß Gott weiblich sein könnte, mache den Jungen angst. Ihr Gottesbild sei männlich geprägt (S. 65).

Für die *Mädchen* hingegen, die Heller interviewt hat, steht Gott der Kunst und der Ästhetik nahe. Musik, Tanz und Kunst gehören für sie zu Gott. In der Vorstellung der Mädchen ist Gott eher passiv. Gott steht ihnen emotional nahe. Die Mädchen sehen die Beziehung zu Gott als eine Partnerbeziehung (S. 66ff.). – Auch für die Mädchen besitze das Gottesbild männliche Züge. Zugleich lasse sich aber eine Tendenz zu androgynen Vorstellungen beobachten, von denen die Mädchen selbst aber nur zögernd sprechen. Heller vermutet, daß beide Geschlechter zu androgynen Vorstellungen neigen, dies jedoch ambivalent erfahren (S. 73f.).

In seiner Interpretation von Kinderzeichnungen und Gesprächen arbeitet Heller heraus, daß die Unterschiede in den Gottesbildern von Mädchen und Jungen den unterschiedlichen Geschlechtsrollen entsprechen, wie sie den Kindern in Familie und Gesellschaft begegnen. Wenn die Jungen Gott als rational, aktiv handelnd, mächtig und fern beschreiben und wenn die Mädchen Gott stärker mit dem Ästhetischen verbinden, ihn als eher passiv, aber den Menschen nahe wahrnehmen, so komme in diesen Vorstellungen die Identifikation mit dem jeweiligen Elternteil sowie mit der entsprechenden Geschlechtsrolle zum Ausdruck. An diesem Punkt ist allerdings vor übereilten Folgerungen im Blick auf ein direktes Abbildverhältnis zu warnen: Auch bei den Gottesbildern ist zu berücksichtigen, daß Kinder ihre Vorstellungen aktiv konstruieren. So beobachtet auch Heller, daß bei den Gottesvorstellungen der Kinder nicht ohne weiteres auszumachen sei, wann die Kinder entsprechende Gottesbilder aus der Identifikation mit den Eltern und den von ihnen tatsächlich verkörperten Rollen heraus aufnehmen und wann sie mit dem Gottesbild ein Ideal entwerfen, dem die

Eltern ihrer Meinung nach entsprechen sollten. *Real erfahrene* und *ideal erhoffte oder erwünschte Züge* der Eltern gehen also ineinander über, wobei die in einer Gesellschaft wirksamen Rollenbilder beides mitbestimmen, die Realerfahrungen wie auch die Idealvorstellungen. Dazu kommt, daß sich das Gottesbild der Kinder offenbar nicht nur im Gegenüber zu nur einem Elternteil aufbaut, sondern daß mit einem Zusammenwirken mütterlicher und väterlicher Elemente gerechnet werden muß.

Schon in den 60er Jahren wurde beobachtet, daß das Gottesbild psychologisch nicht einfach durch Identifikation mit dem gleichgeschlechtlichen Elternteil erklärt werden kann. So wies in manchen Untersuchungen gerade das Gottesbild der Jungen weibliche Züge auf, während das der Mädchen männlich geprägt war (vgl. Godin/Hallez 1965, Deconchy 1968). Neuere psychologisch-empirische, aber auch psychoanalytische Untersuchungen sprechen durchweg für ein Zusammenwirken mütterlicher und väterlicher Elemente. Die in verschiedenen Ländern durchgeführten Untersuchungen stimmen darin überein, daß das Gottesbild so gut wie immer Aspekte beider Elternbilder in sich aufgenommen habe (Vergote/Tamayo 1981, Rizzuto 1979).

International vergleichende Befragungen verweisen an diesem Punkt auch auf einen Einfluß der jeweiligen religiösen Tradition (Vergote 1981). Im Rahmen der durch Familie und Gesellschaft geprägten Erfahrungen entfalten religiöse Traditionen demnach ihre Wirkung, indem sie die allgemeinen (Sozialisations-)Erfahrungen in je besonderer Weise deuten und akzentuieren. Vergote erklärt dies so, daß zwar jeweils *beide* Elternbilder in das Gottesbild eingehen, daß die religiöse Tradition dann aber bei der *unterschiedlichen Gewichtung* der verschiedenen (u.a. männlichen und weiblichen) Elemente zum Tragen komme (S. 210).

Solche Befunde ändern nichts an dem Zusammenhang zwischen dem Gottesbild und den gesellschaftlich wirksamen Rollenvorstellungen. Sie machen jedoch deutlich, daß die religiöse Sozialisation nicht in einer simplen Verbindung »Mädchen-Mutter-weibliches Gottesbild« oder »Junge-Vater-männliches Gottesbild« aufgeht.

Der Zusammenhang zwischen Elternbild und Gottesbild muß nach dem Gesagten in mindestens vierfacher Hinsicht gelesen werden. Dabei bezeichnet jede dieser vier Hinsichten auch eine religionspädagogische Herausforderung:

- Erstens erwächst das Gottesbild aus einer *Identifikation* mit den Eltern.
- Zweitens steht diese Identifikation von Anfang an im Zusammenhang des *dynamischen Beziehungsgeflechtes* der Familie, so daß sich männliche und weibliche, mütterliche und väterliche Züge in einem je individuell bestimmten Verhältnis mischen.
- Drittens spielen für das Gottesbild nicht nur die tatsächlich erfahrenen Eltern eine Rolle, sondern auch die *Elternideale* sowie die realen und idealen Rollenzuweisungen in Kultur und Gesellschaft.
- Viertens werden die Erfahrungen ihrerseits mitbestimmt von *religiösen Traditionen* und von deren Gottesvorstellungen.

Veränderungen in nur einer dieser vier Hinsichten sind demnach noch nicht als hinreichende Bedingung für einen Wandel des Gottesbildes einzuschätzen. Ein Wandel der Rollenverteilung in einem einzelnen Elternhaus kann deshalb nur in dem Sinne als Voraussetzung für eine Veränderung des Gottesbildes gelten, daß dieser Wandel im Rahmen des beschriebenen Bedingungsgefüges begrenzte Folgen zeitigen wird. Auch in Familien mit eher partnerschaftlicher Rollenverteilung bleiben anders ausgerichtete kulturelle Einflüsse wirksam. Darauf verweisen wiederum die Ergebnisse Vergotes: Seinen Daten (aus den 70er Jahren) zufolge hat der gesellschaftliche Wandel des Vaterbildes das symbolische Bild des Vaters (bislang) nicht wirklich zu erschüttern vermocht; der Wandel des Vaterbildes mache es den Vätern jedoch schwer, dem symbolischen Bild noch zu entsprechen (Vergote 1981, S. 197).

Bei neueren Untersuchungen zu von Kindern gezeichneten Gottesbildern hat die Frage nach weiblichen Gottesbildern ebenfalls Beachtung gefunden. In einer in Österreich und der Schweiz durchgeführten Studie des Religionspädagogen A. Bucher (1994) folgte etwa jedes siebte Mädchen im Alter von 7 bis 8 Jahren bei seinem Bild einer weiblichen Gottesvorstellung. In einer ähnlichen deutschen Untersuchung von H. Hanisch (1996), an der Kinder und Jugendliche im Alter zwischen 7 und 16 Jahren beteiligt waren, zeichneten nur 3 % der Kinder

(6,5 % der Mädchen, aber kein Junge) »Gott als Frau« (S. 39). Entsprechende Darstellungen stammen vor allem von Mädchen im Grundschulalter, kaum hingegen von Jugendlichen. Auch bei nicht religiös Erzogenen in Ostdeutschland kommt Hanisch zu ähnlichen Ergebnissen (S. 134), so daß die Zurückhaltung bei weiblichen Gottesbildern (»Gott als Frau«) jedenfalls nicht direkt mit dem Einfluß religiöser Erziehung erklärt werden kann.

Einen ersten Einblick in die Art und Weise, wie Jugendliche selbst die Frage nach weiblichen Gottesbildern sehen, gibt unsere Tübinger Untersuchung zum Religionsunterricht (Schweitzer u.a. 1995). In dieser Studie war zu beobachten, daß die Schülerinnen und Schüler in der Adoleszenz beginnen, ihre Gottesvorstellungen auch unter dem Aspekt der Geschlechtsspezifität ausdrücklich zu reflektieren. In einer Religionsstunde fragt etwa eine Schülerin in Klasse 10: »Gott stellt man sich ja als Vater vor irgendwie . . ., aber ich hab' schon letztes Mal gefragt: Warum kann Gott keine Frau sein? Warum soll das ein Mann sein?« – Eine andere Schülerin findet dies freilich falsch. Sie verweist darauf, daß wir doch das »Vaterunser« beten und dann »Vater unser« sagen und nicht »Mutter unser«. Der Lehrer bittet um weitere Stellungnahmen. Eine dritte Schülerin sagt, daß ihr dies »eigentlich ziemlich egal« sei. Auf Nachfrage des Lehrers erläutert sie dies so, daß sie »so oder so« nicht oder jedenfalls »nicht so extrem« glaube. Man müsse »ja nicht« an eine »bestimmte Person glauben« – man glaube doch »an den Glauben«. – Im weiteren Gesprächsverlauf wird dann deutlich, daß den meisten Schülerinnen die Abgrenzung von Gott als »altem Mann mit Bart« wichtiger ist als die Frage, ob Gott nun als Mann oder als Frau vorzustellen sei. Offenbar mischen sich hier Aspekte der geschlechtsspezifischen religiösen Entwicklung mit dem die Geschlechter übergreifenden Abschied vom Kinderglauben (S. 138f.).

Zusammenfassend ist festzuhalten, daß die bislang verfügbaren Befunde auf Unterschiede in der Entwicklung des Gottesbildes bei Jungen und Mädchen verweisen und daß Jugendliche heute auch selbst entsprechende Fragen aufwerfen. Der Forschungsstand läßt es aber noch kaum zu, in verallgemeinernder Weise eine typische Entwicklung von Mädchen oder Jungen zu beschreiben oder gar weitergehend zu erklären. So ist am Ende noch einmal festzuhalten, daß die vorliegenden Befunde uns sensibel machen sollten für unterschiedliche Entwicklungen bei Jungen und Mädchen, daß sie aber noch keine Grundlage für festliegende Erwartungen sein können. Besonders bei den religionspädagogischen Konsequenzen ist dies zu bedenken.

Religionspädagogische Konsequenzen

In der beschriebenen Entwicklung des Gottesbildes im Kindes- und Jugendalter zeichnen sich vier kritische Zeiten ab, die für das Gottesbild offenbar besonders bedeutsam sind:

- die *frühkindliche Erfahrung der Eltern* im Zusammenhang narzißtischer Allmachts- und Größenphantasien, elementarer Vertrauensbildung und erstem Erkanntsein durch andere;
- die *ödipale Verinnerlichung der elterlichen Gebote und Verbote* (Über-Ich-Bildung) als Grundlage moralischen Handelns sowie die bewußte *Unterscheidung* zwischen Elternbild und Gottesbild;
- die Begegnung des *privaten,* in der frühen Kindheit ausgebildeten Gottesbildes mit dem *offiziellen* Gottesbild in Schule und Kirche;
- die *Verpersönlichung, Verinnerlichung* und das *Abstraktwerden* des Gottesbildes im Jugendalter.

Diese Zeiten bedürfen einer besonderen pädagogischen Aufmerksamkeit. Denn an allen diesen Punkten besteht die Gefahr, daß ein lähmendes und bedrohliches Gottesbild entsteht oder daß die religiöse Erziehung an den Erfahrungen, Vorstellungen und Fragen der Kinder und Jugendlichen vorbeigeht. Im ersten Fall bleibt das Gottesbild in einer verfehlten Entwicklungsform der Kindheit stecken – die Entwicklung ist dann unterbrochen. Im zweiten Fall geht das Gottesbild für die religiöse Erziehung verloren, weil die religiöse Erziehung die Vorstellungen der Kinder und Jugendlichen nicht aufzunehmen vermag. In beiden Fällen ist nicht damit zu rechnen, daß eine altersangemessene Gottesvorstellung ausgebildet werden kann.

Für ein solches, altersangemessenes Gottesverständnis kommt es auf eine entwicklungsbezogene religiöse Erziehung an. Das gilt, wenn auch in unterschiedlicher Weise, sowohl für die religiöse Erziehung im Elternhaus wie für den Unterricht in Schule und Kirche. Aus der beschriebenen Entwicklung des Gottesbildes ergibt sich, daß die religiöse Erziehung zunächst ganz mit der Erziehung im allgemeinen zusammenfällt. Anders gesagt bedeutet dies, daß sich das religionspädagogische Interesse besonders in der frühen Kindheit auf die Erziehung im ganzen richten muß. Wenn die frühkindlichen Erfahrungen mit den Eltern in das Gottesbild eingehen, muß der Religionspädagogik daran gelegen sein, daß diese Erfahrungen den Entwicklungsbedürfnissen des Kindes entsprechen. Traumatische Enttäuschungen zu vermeiden und einen schrittweisen Abbau der kindlichen Allmachts- und Größenphantasien zu ermöglichen liegt nicht nur im Interesse der Erziehung im allgemeinen, sondern auch und besonders in dem der religiösen Erziehung. Ebenso stellen übertriebene Schuldgefühle, wie sie in der ödipalen Zeit entstehen können, sowohl ein allgemeinpädagogisches wie ein religionspädagogisches Problem dar.

Eine weitere Folgerung betrifft den Unterricht in Schule und Kirche. Eine Verknüpfung des privaten Gottesbildes, wie es aus den Kindheitserfahrungen in der Familie erwächst, und des in der religiösen Tradition verkörperten Gottesbildes kann nur gelingen, wenn die Kinder und Jugendlichen mit ihren Erfahrungen, Vorstellungen und Fragen zum Zuge kommen. Dies ist offenbar nicht ohne weiteres gewährleistet. Zum Beispiel berichtet der amerikanische Psychologe D. Heller, wie Kinder, wenn sie nach Gott gefragt werden, häufig erst zurückfragen, ob sie sagen dürfen, was sie selbst denken. Die Kinder sind sich offenbar nicht sicher, ob sie nur wiederholen sollen, was sie gelernt haben, oder ob ihre eigenen Vorstellungen und Gedanken auch ein Recht darauf besitzen, gehört und ernstgenommen zu werden.

Wie schmerzlich eine Zurückweisung hier wirken kann, zeigt folgende Erinnerung, die wiederum aus dem Bericht von J. Richter (1985, S. 11) stammt:

»Im Religionsunterricht bei Vikar Wittkamp lernten wir die zehn Gebote auswendig. Wir mußten ein Religionsheft führen. Vikar Wittkamp diktierte das erste Gebot; unsere Hausaufgabe war, ein Bild dazu zu malen. Ich erinnere mich, daß ich einen roten Gott malte mit einem violetten Bart, der saß auf einer rosa Wolke. Unten auf der Erde standen Menschen, die hatten links auf der

Brust ein rotes Herz. *Du sollst den Herrn deinen Gott lieben von ganzem Herzen und ganzer Seele und mit deinem ganzen Denken.* Als Vikar Wittkamp das Bild sah, wurde er wütend. Das sei kein Gott, das sei ein Teufel, und wie ich es wagen könne, so ein Bild zu malen. Ich versuchte ihm zu erklären, daß Gott doch rot sein müsse, weil das die Farbe der Liebe sei. Aber Vikar Wittkamp winkte ab, machte mich mit einer Handbewegung stumm und schrieb *noch einmal* unter meine Zeichnung. Claudia Kettelhaak grinste, ich trat ihr unter der Bank vors Schienbein.«

Der Bericht von J. Richter verweist auf die Frage, wie sich das in der religiösen Entwicklung ausgeformte Gottesbild zum christlichen Gottesverständnis verhält. Hier ist zunächst festzuhalten, daß es dem christlichen Verständnis nicht um Gott an sich oder um eine abstrakte Gottesvorstellung als solche geht, sondern um den Gott, von dessen Identifikation mit Jesu Leben und Handeln die Bibel berichtet. Für eine religiöse Erziehung im Sinne des christlichen Glaubens kommt es deshalb auf ein Gottesbild an, das diesem Verständnis gerecht wird: Gott als dem, dessen Göttlichkeit an der Menschlichkeit Jesu offenbar wird und dessen Heiligkeit sich in der Zuwendung zum Heillosen ausdrückt.[27]

Dieses Gottesverständnis ergibt sich nicht einfach aus der religiösen Entwicklung. Es ist inhaltlich bestimmter als die Vorstellungen, die - offenbar unabhängig von der jeweiligen religiösen Erziehung - ganz allgemein in der religiösen Entwicklung auftreten. Solche Vorstellungen, die über die verschiedenen Konfessionen und Religionen hinweg zu finden sind, schließen etwa die *Mächtigkeit* Gottes und seine *Allgegenwart* ein oder auch die *(Ehr)Furcht,* mit der Gott zu begegnen ist. Sie enthalten aber nicht die *Menschlichkeit* Gottes oder die *Zuwendung zum Heillosen,* die für das christliche Gottesverständnis entscheidend sind. Es ist eher ein philosophisches Gottesverständnis, das sich aus der religiösen Entwicklung ergibt - ein christlich-theologisches Gottesverständnis dagegen ist nur von einer religiösen Erziehung zu erwarten, die der religiösen Entwicklung inhaltlich bestimmte Impulse zu geben vermag.

---

[27] Diese abgekürzte Formulierung verweist auf zwei zentrale christliche Lehrstücke: die Trinitätslehre und die Rechtfertigungslehre. - Vgl. dazu Moltmann 1972, Jüngel 1977.

Das ist nun aber nicht so zu verstehen, als wären die in der religiösen Entwicklung ausgebildeten Gottesbilder für die christliche Erziehung bedeutungslos. Auch eine inhaltlich bestimmte Gottesvorstellung läßt sich nicht unabhängig vom Entwicklungsstand und von den jeweiligen Vorstellungen und Erfahrungen der Kinder und Jugendlichen vermitteln. Insofern muß sich auch eine vom christlichen Gottesverständnis herkommende und auf ein solches Verständnis ausgerichtete Erziehung stets auf die Vorstellungen beziehen, die in der religiösen Entwicklung ausgebildet werden. Sie geht aber in der Aufnahme und Pflege dieser Vorstellungen nicht auf, sondern führt sie weiter und gibt ihnen einen neuen Sinn.

Daß die religiöse Erziehung sich auf die religiöse Entwicklung beziehen muß, stellt allerdings nicht nur eine äußere Notwendigkeit dar. Es geht nicht nur um eine Anpassung an die begrenzten Verstehensmöglichkeiten von Kindern und Jugendlichen. Trotz der festgestellten Unterschiede zwischen dem christlichen Gottesverständnis und den Vorstellungen, die in der religiösen Entwicklung ganz allgemein auftreten, gibt es doch auch bedeutsame Entsprechungen und infolgedessen auch Anknüpfungspunkte für die religiöse Erziehung. Das gilt schon für die Erfahrung unbedingter Annahme, die im kindlichen Vertrauen liegt und in der ein christliches Gottesverständnis aufscheinen kann. Auch wenn dieses Verständnis erst später bewußt eingeholt wird, bildet diese Erfahrung doch einen Anknüpfungspunkt für die religiöse Erziehung.

Im Blick auf das Grundvertrauen wird das in der Religionspädagogik heute weithin anerkannt. Weniger gesehen wird dagegen, daß auch die von Jugendlichen aufgeworfenen Fragen im Blick auf die Gerechtigkeit und Wirklichkeit Gottes einen theologisch bedeutsamen Anknüpfungspunkt darstellen und einen implizit theologischen Gehalt besitzen. Was den Jugendlichen fragwürdig wird, ist im Grunde eine Allmacht Gottes, deren Hilfe sich der Gläubige durch richtiges Verhalten versichern kann. Angesichts eigener Erfahrungen der Sinnlosigkeit, des Scheiterns und des Verlusts anderer Menschen erkennen sie darin zu Recht den Wunsch und die Illusion des Menschen, der sich versorgt und beschützt sehen möchte. Sie erkennen, daß die Vorstellung eines Wunsch- oder Illusionsgottes nicht trägt. Diese Einsicht kann theologisch nur unterstrichen werden: Auch das christliche Gottesverständnis wendet sich gegen solche Illusionen. Allerdings läßt es das christliche Gottesverständnis bei einer nur negativen Kritik nicht bewenden. Jenseits dieser Kritik verweist es auf ein Gottesverständnis, das die menschliche Erfahrung des Leidens einschließt und sie in das Gottesbild aufnimmt. Insofern könnte der »gekreuzigte Gott« (J. Moltmann) gerade im Jugendalter und angesichts der aufbrechenden Theodizeefrage bedeutsam werden.

Weiterführende Hinweise

Als wichtigste Untersuchung zur Bedeutung früher Erfahrungen für das Gottesbild sind zu nennen: J. Scharfenberg: *Narzißmus, Identität und Religion*. In: Psyche 27/1973; *Einige Probleme religiöser Sozialisation im Lichte neuerer Entwicklungen der Psychoanalyse*. In: Wege zum Menschen 26/1974; A.-M. Rizzuto: *The Birth of the Living God*. Chicago/London 1979; H. Müller-Pozzi: *Gott – Erbe des verlorenen Paradieses*. In: Wege zum Menschen 33/1981; J. McDargh (1983), W. Meissner (1984); als allgemeine religionspsychologische Weiterführung der Psychologie der Objektbeziehungen vgl. Finn/Gartner (1992), Jones (1991). Aus der religionspädagogischen Literatur: H.-G. Heimbrock: *Phantasie und christlicher Glaube*. München/Mainz 1977; H.-J. Fraas: *Glaube und Identität*. Göttingen 1983, S. 105ff.; K. E. Nipkow: *Grundfragen der Religionspädagogik*. Bd. 3. Gütersloh 1982, S. 57ff.; »Dämonische Gottesbilder« als Folge der Erziehung beschreibt Frielingsdorf (1992).

Zur Entwicklung in der mittleren und späten Kindheit vgl. J. W. Fowler (1991a, S. 136ff.); D. Heller: *The Children's God*. Chicago/London 1986; R. A. Haunz (1978); Hanisch (1996). Auf den Konflikt zwischen dem privaten und dem offiziellen Gottesbild und auf die religionspädagogischen Konsequenzen macht K. E. Nipkow (1986, S. 9f.) aufmerksam. Für die Praxis empfehlenswert sind die Darstellungen von Hull (1997), Biesinger (1994) und Merz (1994). Eine anregende Einführung bietet auch Coles (1992).

Die Entwicklung des Gottesbildes im Jugendalter beschreiben A. Vergote (*Religionspsychologie*. Olten/Freiburg 1970, S. 374ff.), K. E. Nipkow (*Erwachsenwerden ohne Gott?* München 1987) und G. Leyh (*Mit der Jugend von Gott sprechen*. Stuttgart u.a. 1994). Weitere Hinweise bei F. Schweitzer (*Die Suche nach eigenem Glauben*. Gütersloh 1996). Einen allgemeinen Überblick gibt auch K.-P. Jörns (*Die neuen Gesichter Gottes*. München 1997).

Die Bedeutung des kindlichen Grundvertrauens als Anknüpfungspunkt für die religiöse Erziehung betonen beispielsweise Fraas (1983, S. 107ff.) und Grom (1981, S. 61ff.). Auf den theologischen Gehalt der Fragen Jugendlicher verweist Nipkow (s.o. 1987).

Zur Entwicklung des Gottesbildes von Mädchen und Frauen ist die wichtigste Literatur bereits im Text genannt. Noch einmal eigens hervorgehoben seien die Darstellungen von Tamminen (1993), Heller (1986) und Hess (1997). Zur religionspädagogischen Literatur vgl. die Hinweise am Ende von Kap. 6.

9

Religiöse Entwicklung und christlicher Glaube

Schon in den vorausgehenden Kapiteln habe ich versucht, neben den sozialwissenschaftlichen Theorien auch die theologische Sicht der religiösen Entwicklung mit zu berücksichtigen. Eine theologische Deutung der religiösen Entwicklung wurde jedoch noch nicht im Zusammenhang dargestellt. Das soll jetzt nachgeholt werden. Dabei ist es hilfreich, zwei Ebenen der Fragestellung von vornherein zu unterscheiden: Zum einen geht es im folgenden um das Verhältnis von religiöser Entwicklung und christlichem Glauben, zum anderen um eine theologische Würdigung der sozialwissenschaftlichen Theorien der religiösen Entwicklung. Der erste Fragenkreis betrifft die *Gegenstandsebene,* d.h. die religiöse Entwicklung der Kinder und Jugendlichen selbst. Der zweite Fragenkreis zielt auf die *Deutung* dieser Entwicklung durch verschiedene wissenschaftliche Disziplinen und damit auf die *Theorieebene.*

Die Theologie kommt also auf zweierlei Weise ins Spiel: Sie bezieht sich einerseits auf die Sinnentwürfe, die in der Lebenspraxis bestimmend sind, und deutet diese Entwürfe im Lichte der theologischen Anthropologie als des ihr eigenen Blickwinkels. Andererseits bietet sich die Theologie mit ihren Deutungen als Gesprächspartner für die sozialwissenschaftlichen Theorien der religiösen Entwicklung an. Dabei ist von vornherein zu erwarten, daß theologische und sozialwissenschaftliche Deutungen der religiösen Entwicklung - gemäß des unterschiedlichen Blickwinkels - jeweils anders ausfallen. Eine vollständige Übereinstimmung anzustreben wäre nicht sinnvoll. Gerade in der Unterschiedlichkeit theologischer und sozialwissenschaftlicher Deutungen liegen Möglichkeiten der wechselseitigen Anregung und Korrektur, die es zu nutzen gilt.

Ich beginne mit der Frage nach dem Verhältnis zwischen *religiöser Entwicklung und christlichem Glauben.* Dabei ist dann auch zu klären, ob diese Entwicklung als eine Entwicklung *zum* Glauben verstanden werden kann oder ob eher von einer Entwicklung oder Lebensgeschichte *des* Glaubens zu sprechen ist. In einem zweiten Schritt versuche ich, die sozialwissenschaftlichen und theologischen Deutungen der religiösen Entwicklung miteinander ins Gespräch zu bringen. Dabei konzentriere ich mich auf die Frage nach der *Entwicklungsnorm,* da diese Frage sowohl für die religiöse Erziehung wie für eine theologische Würdigung besonders auch der kognitiv-strukturellen Theorien von zentraler Bedeutung ist.

Glaube und Religion

Im allgemeinen hat sich die Theologie nicht auf die Frage nach der religiösen Entwicklung von Kindern und Jugendlichen eingelassen. Statt dessen bezieht sich die Theologie mit ihren Deutungen auf Religion im allgemeinen, d.h. ohne den jeweiligen Entwicklungsstand gesondert zu berücksichtigen. Diese Deutungen, die den Menschen und seine Religion als solche in den Blick nehmen, lassen sich jedoch auch auf die religiöse Entwicklung übertragen. Für die Theologie liegt darin zugleich die Chance einer erfahrungsbezogenen Konkretion ihrer allgemein-anthropologischen Aussagen.

Das Thema »Glaube und Religion«, zu dem so gesehen die theologische Frage nach der religiösen Entwicklung gleichsam als Unterthema gehört, hat eine lange Vorgeschichte, auf die ich hier nur hinweisen kann.[28] Im vorliegenden Zusammenhang greifen wir zunächst die besonders seit der dialektischen Theologie verbreitete kritische Unterscheidung zwischen Religion und christlichem Glauben auf. Diese Unterscheidung hat lange Zeit einer Berücksichtigung der religiösen Entwicklung in Religionspädagogik und Theologie entgegengewirkt. Im folgenden soll sie freilich in anderem Sinne gebraucht werden - nicht einfach als Abwertung von Religion gegenüber dem Glauben, sondern

---

[28] Einen Überblick zur geschichtlichen Entwicklung und zur neueren theologischen und sozialwissenschaftlichen Diskussion dieses Themas gibt Rössler 1986, S. 65ff.; vgl. 1976.

als Möglichkeit, die Unterschiede zwischen sozialwissenschaftlichen und theologischen Deutungen zum Ausdruck zu bringen. Überhaupt bringt es die Situation der modernen, weithin säkularen Gesellschaft mit sich, daß nun stärker, als es in der theologischen Tradition üblich war, auf die *enge Verbindung* von Religion und Glaube hingewiesen werden muß. Angesichts einer weitreichenden Ausblendung religiöser Fragen gewinnt die Pflege und Unterstützung von Religion als einer Dimension des menschlichen Lebens auch für die Theologie an Bedeutung.

Während der christliche Glaube für die sozialwissenschaftlichen Ansätze unter den allgemeinen Religionsbegriff fällt und keine gesonderte Berücksichtigung erfährt, bildet die Unterscheidung zwischen Glaube und Religion geradezu den Ausgangspunkt für eine theologische Deutung. Theologisch entscheidend ist dabei allerdings nicht die oft irreführende Frage, ob der christliche Glaube als Religion zu bezeichnen ist oder nicht. Das ist letztlich eine Definitionsfrage. Entscheidend ist vielmehr die inhaltliche Bestimmung des Glaubens als etwas, was der Mensch selbst nicht herstellen oder sich verschaffen kann, d.h. als Geschenk.[29] Der Glaube ist Vertrauen in dem Sinne, daß er ein Sich-Einlassen und Sich-Verlassen bedeutet. Er ist nicht ein Vertrauen, für das das Ich die Grundlage erst schaffen müßte oder auch nur könnte. - Will man dies in die heute viel benutzte Begrifflichkeit von Sinn und Sinnlosigkeit übersetzen, so läßt sich der Sinn, der aus dem Glauben kommt, nicht schaffen, setzen oder machen, sondern nur finden, empfangen und erfahren.

Der so bestimmte Sinn des Glaubens als Geschenk ist theologisch streng von solchen Sinnkonstruktionen zu unterscheiden, in denen der Mensch seine »letzte Umwelt« (Fowler) selbst zu bestimmen sucht. Gemeint ist damit das menschliche Bedürfnis nach Sicherheit und Bestimmtheit, das sich nicht nur auf die Natur und auf andere Menschen richtet, sondern auch auf das Leben im ganzen. Eine solche Religion ist

---

[29] Im *Kleinen Katechismus* schreibt M. Luther: »Ich gläube, daß ich nicht aus eigener Vernunft noch Kraft an Jesum Christ, meinen Herrn, gläuben oder zu ihm kommen kann, sondern der heilige Geist hat mich durchs Evangelion berufen ...« (1976, S. 511f.).

so gesehen nur der letzte und am weitesten greifende Versuch im Streben nach Selbst- und Weltbeherrschung: letzter Sinn, den der Mensch
der Welt und dem Leben geben will. Demgegenüber ist mit der theologischen Anthropologie festzuhalten, daß sich der Mensch letzten Sinn
nicht zu geben vermag und daß er, wo er es dennoch versucht, seine
Menschlichkeit verliert und das Leben verdinglicht. In der Überan-
strengung, die in einer vom Menschen selbst aufrechtzuerhaltenden
Sinngebung immer liegt, verliert sich der Mensch, anstatt sich, wie er
meint, zu finden.

Die Gegensätzlichkeit selbstgeschaffenen und geschenkten Sinnes
nötigt also zur Unterscheidung zwischen einer so verstandenen Religion und dem Glauben. Diese Unterscheidung bedeutet aber nicht, daß
Religion und Glaube füreinander bedeutungslos wären. Vielmehr bezieht sich der Glaube gerade auf die Religion, indem er den Menschen
von der Überlastung eigener Sinnsuche und eigenen Sinnschaffens befreien will. Umgekehrt droht aus dem Glauben als Geschenk immer
wieder in dem Sinne Religion zu werden, daß sich der Mensch diesen
Glauben nicht schenken läßt, sondern selbst über ihn verfügen will.
Die Unterscheidung zwischen Religion und Glaube erhält ihren Sinn
deshalb nicht in einer Trennung, sondern im engen - kritischen - Bezug
beider aufeinander.

Das Verhältnis des Glaubens zur Religion läßt sich auch so ausdrük-
ken, daß in diesem Verhältnis ein wichtiger Erfahrungsbezug des
Glaubens liegt. Der Glaube ist nicht eine abstrakte Erfahrung, die zu
den anderen Erfahrungen des Menschen hinzutritt. Er ist, wie E. Jüngel und G. Ebeling sich ausdrücken, eine *»Erfahrung mit der Erfahrung«.* Er vollzieht sich demnach an diesen Erfahrungen und bleibt auf
sie bezogen. Er ist zugleich als diejenige Erfahrung bestimmt, aufgrund
welcher *alle* Erfahrungen in einem neuen Licht erscheinen. Der Glaube geht nicht in der Lebenserfahrung auf, sondern überschreitet sie
und gibt ihr einen neuen Sinn. Anders ausgedrückt gibt der Glaube
Antwort auf die Frage nach Sinn - er antwortet aber anders, als gefragt
wird. Deshalb läßt sich auch von einer *Dialektik* von Glaube und Religion sprechen.

Beziehen wir nun diese allgemeinen Überlegungen zum Verhältnis
von Glaube und Religion auf die religiöse Entwicklung, so wiederholt

und konkretisiert sich die beschriebene Dialektik auf jeder Entwicklungsstufe. Jede Entwicklungsstufe enthält eine eigene Form der Sinnsuche und Sinngebung und somit auch die ihr eigenen Formen der Selbstüberlastung in der Aufrechterhaltung der jeweiligen Sinnkonstruktion. Auch hier gilt deshalb, daß der Glaube streng von allen Sinnkonstruktionen, wie sie in der religiösen Entwicklung ausgebildet werden, zu *unterscheiden* ist und daß er zugleich aufs engste auf diese Sinnkonstruktionen *bezogen* bleibt.

Dieser Zusammenhang läßt sich an den von Fowler beschriebenen Stufen des Glaubens beispielhaft verdeutlichen. Fowler selbst sieht in seinem Modell zwar eine sozialwissenschaftliche, aber keine theologische Unterscheidung zwischen Religion und Glaube in dem hier gemeinten Sinne vor. Das entspricht seinem *psychologischen* Ansatz, der nicht auf *theologischen* Unterscheidungen aufbaut.[30] Will man nun die Dialektik von Religion und Glaube in das Modell Fowlers einzeichnen, so kommt es zunächst darauf an, den Glauben im christlichen Sinne nicht mit dem von Fowler beschriebenen Ziel der Entwicklung, d.h. mit Stufe 6, zu verwechseln. Denn nach dem Verständnis der christlichen Theologie ist der Glaube als Geschenk weder beschränkt auf einen erst spät im Leben zu erreichenden Entwicklungsstand noch ist er jemals so zu erreichen, wie das bei einer Entwicklungsstufe der Fall ist. Vielmehr bleibt die Dialektik von Glaube und Religion das ganze Leben lang bestehen.[31]
Wenn nun die Spannung zwischen Glaube und Religion oder zwischen geschenktem und erfahrenem Sinn einerseits und selbstkonstruiertem und -aufrechterhaltenem Sinn andererseits das ganze Leben lang bestehen bleibt, so muß sich diese Spannung, auf Fowlers Modell bezogen, auf jeder der Entwicklungsstufen in neuer Form

---

[30] Zum Teil hält Fowler die theologischen und psychologischen Perspektiven allerdings nicht konsequent genug auseinander.
[31] Dies ist der Sinn des *simul iustus et peccator* (Gerechter und Sünder zugleich) als der zentralen Formulierung aus M. Luthers Rechtfertigungslehre; zur Beziehung zwischen der Rechtfertigungslehre Luthers und der Entwicklungstheorie Fowlers vgl. Nipkow 1983, bes. S. 165ff.

wiederholen. Sie muß sich *wiederholen,* weil es sich um einen lebenslangen Prozeß handelt, der sich nicht abschließen läßt. Sie nimmt jedoch in dem Maße *neue* Formen an, als sich die religiösen Sinnkonstruktionen von Stufe zu Stufe wandeln.

Damit ist auch deutlich, wie das Verhältnis zwischen religiöser Entwicklung und christlichem Glauben genauer zu fassen ist: Nach dem Gesagten läßt sich die religiöse Entwicklung nicht als eine Entwicklung *zum* Glauben verstehen - das widerspräche dem Geschenkcharakter des Glaubens, der eine Abhängigkeit des Glaubens von einer - als Voraussetzung des Glaubens verstandenen - psychischen oder sozialen Entwicklung ausschließt. Wohl aber kann von einer Entwicklung oder Lebensgeschichte *des* Glaubens gesprochen werden: Wenn der Glaube als »Erfahrung mit der Erfahrung« bestimmt ist, dann muß der lebensgeschichtliche Wandel der Erfahrungen auch einen Wandel des Glaubens mit sich bringen.

Diese Einschätzung trifft sich mit Überlegungen Fowlers zum Verhältnis von religiöser Entwicklung und Bekehrungserfahrungen. Demnach muß eine Bekehrung als eine bewußt erfahrene und vollzogene religiöse Neuorientierung oder, christlich formuliert, als ein Zum-Glauben-Kommen keineswegs auch einen Übergang zu einer neuen Entwicklungsstufe bedeuten. Bekehrungen können mit einem solchen Übergang verbunden sein; sie können sich aber ebenso innerhalb einer Stufe vollziehen. Daraus läßt sich schließen, daß sich die Dialektik von Glaube und Religion nicht im Sinne eines Stufenfortschritts auflösen läßt, sondern daß sie innerhalb der einzelnen Stufen angesiedelt ist.

Die von der kritischen Unterscheidung zwischen Glaube und Religion ausgehende theologische Deutung der religiösen Entwicklung entspricht vor allem der reformatorischen Unterscheidung zwischen Gesetz und Evangelium sowie dem Anliegen der dialektischen Theologie, den christlichen Glauben nicht in einer selbstmächtigen Kulturreligion aufgehen zu lassen. - Wie schon deutlich geworden ist, hat diese Sicht auch heute nicht an Bedeutung verloren: Die Unterscheidung zwischen selbstgeschaffenem und geschenktem Sinn ist grundlegend für eine theologische Deutung der religiösen Entwicklung. Verändert hat sich jedoch - zumindest in vieler Hinsicht - die gesellschaftliche und pädagogische Situation, auf die sich die theologische Deutung beziehen muß. In beiden Fällen, sowohl in der Reformationszeit wie beim Kulturprotestantismus, bezog sich die theologische Deutung auf eine Gesellschaft, die sich selbst in hohem Maße religiös verstand. Strittig war dann vor allem, *wie* das religiöse Selbstverständnis aussehen oder, im Blick auf die Religionspädagogik, *wie* religiös erzogen werden sollte. Das religiöse Selbstverständnis und die religiöse Erziehung als solche aber standen kaum zur Debatte. Demgegenüber ist die heutige Situation viel stärker säkular bestimmt. Heute geht es weithin nicht mehr zuerst um die Frage, *wie* religiös erzogen, sondern vielmehr darum, *ob* überhaupt (noch) religiös erzogen werden soll.

Für die technische Rationalität, die die moderne Gesellschaft weithin bestimmt, rücken beide, Glaube und Religion, ohne Unterschied in den Hintergrund. Man kann zwar auch diese Rationalität als eine Form von säkularer Religion verstehen. Aber das Problem, daß diese Rationalität von vielen als Ablösung oder sogar Überwindung der Religion gesehen wird, bleibt doch bestehen. Deshalb ist die theologische Deutung mit einer im Vergleich zu Reformation und dialektischer Theologie veränderten Problemstellung konfrontiert: Heute droht nicht mehr so sehr eine religiöse Selbstmächtigkeit des Menschen, sondern die Reduktion des Menschen auf seine technisch-rationalen Fähigkeiten und Fertigkeiten. Fragen einer letzten Orientierung oder eines unbedingten Sinns wird dann kein Raum mehr gegeben. Solche Fragen werden verdrängt zugunsten eines nurmehr in technischer Hinsicht produktiven Alltags.

Wo sich die gesellschaftliche Situation so darstellt, kommt es auch theologisch zuerst darauf an, dieser Reduktion des Menschen entgegenzuwirken und die religiöse Dimension von Entwicklung und Erziehung offenzuhalten. Im Anschluß an G. Ebelings (1979, S. 137ff.) Ausführungen zum Verhältnis von »Glaube und Religion« läßt sich die veränderte Problemstellung so beschreiben: Während die kritische Unterscheidung zwischen christlichem Glauben und Religion diesen Glauben als »religiöse Religionskritik« und als »Kriterium der Religion« zur Geltung bringt, kommt nun in der säkularen Gesellschaft »Religion als Lebensbedingung des Glaubens« in den Blick. Denn ohne Religion könne auch der Glaube nicht zur Darstellung kommen.

244

Interessanterweise ist genau dies auch das Anliegen der neueren Theorien der religiösen Entwicklung: Die religiöse Dimension von Entwicklung und Erziehung soll offen bleiben. Diese Theorien wenden sich gegen die in den Sozialwissenschaften heute verbreiteten Entwicklungsmodelle, die nur an einer Entwicklung der technischen Rationalität interessiert sind oder, wenn sie auch die soziale und moralische Entwicklung einschließen, die religiöse Entwicklung auf die frühen Stufen der Kindheit begrenzen und sie dann durch eine autonom gewordene kommunikative Rationalität ablösen wollen. In der Ablehnung einer solchen, rationalistisch verengten Sicht berühren sich die theologischen und sozialwissenschaftlichen Deutungen der religiösen Entwicklung, auf deren Verhältnis nun noch genauer einzugehen ist.

Das Ziel der Entwicklung

Das Verhältnis zwischen theologischen und sozialwissenschaftlichen Deutungen der religiösen Entwicklung war lange Zeit durch scharfe Kritik, Ablehnung oder fehlende Kenntnisnahme bestimmt. Das gilt besonders im Blick auf die Psychoanalyse, die ihre Auffassung der religiösen Entwicklung zunächst nur als Religionskritik formulierte und vertrat. Die Abwehr, mit der von seiten der Theologie darauf weithin reagiert wurde, ließ ein offenes Gespräch zwischen Theologie und Psychologie nicht zu. Die Folge war eine theologisch nicht reflektierte Religionspsychologie einerseits und eine, psychologisch gesehen, erfahrungsarme Theologie andererseits. - Glücklicherweise kann diese - für beide Seiten unfruchtbare - Situation heute als überwunden gelten. Sowohl Psychoanalytiker wie Theologen haben in den letzten Jahren ihre Offenheit für die jeweils andere Perspektive betont und sich für einen »Dialog zwischen Theologie und Psychologie« ausgesprochen. Allerdings wird ein solcher Dialog bislang vor allem mit der Psychoanalyse geführt. Die kognitiv-strukturelle Psychologie, die heute als zweite große Forschungsrichtung zur religiösen Entwicklung anzusehen ist, wurde als Gesprächspartner für Theologie und Religionspädagogik noch kaum wahrgenommen. Im folgenden greife ich deshalb mit dem Problem der Entwicklungsnorm eine Frage auf, die nicht nur für die religiöse Erziehung von entscheidender Bedeutung ist, sondern die auch das Gespräch und die Auseinandersetzung mit der kognitiv-strukturellen Psychologie vorantreiben kann.

Nach den Überlegungen zum Verhältnis von Religion und Glaube, wie sie im letzten Abschnitt vorgetragen wurden, ist deutlich, daß der christliche Glaube gleichsam quer zur religiösen Entwicklung liegt. Dieser Glaube ist nicht der Endpunkt, auf den hin sich die religiöse Entwicklung bewegt, sondern er ist die auf jeder Stufe neu und anders erfahrene Wendung vom eigenen Ich und von eigener Sinngebung zu dem Sinn, der nur gefunden, empfangen und erfahren werden kann. Die erste Folgerung, die sich aus dem christlichen Glaubensverständnis ergibt, ist deshalb die Relativierung aller Entwicklungsnormen durch eine tieferliegende »Erfahrung mit der Erfahrung«. Diese Relativierung findet ihren vielleicht deutlichsten Ausdruck in der *theologischen Sicht des Kindes,* die allen religiösen Normen widerspricht. Kinder sind als Kinder angenommen, ganz unabhängig von den Fähigkeiten, die sie ausgebildet haben. Das zeigen die Perikopen, die Jesu Umgang mit Kindern beschreiben, aufs deutlichste. Ganz gegen das Verständnis seiner Zeit und weithin auch gegen heutige Auffassungen kann Jesus die Kinder geradezu als Vorbild darstellen:

»Und sie brachten Kinder zu ihm, daß er sie anrührte. Die Jünger aber fuhren die an, die sie trugen. Da es aber Jesus sah, ward er unwillig und sprach zu ihnen: Lasset die Kinder zu mir kommen und wehret ihnen nicht; denn solcher ist das Reich Gottes. Wahrlich, ich sage euch: Wer das Reich Gottes nicht empfängt wie ein Kind, der wird nicht hineinkommen« (Mk 10,13–15).

Gottes Zuwendung hängt demnach gerade nicht von der Entwicklung und vom Verdienst des Menschen ab.

Aus diesen Texten jedoch schließen zu wollen, daß allein die unmündigen Kinder dem christlichen Glauben entsprechen, hieße allerdings, sowohl das Kindsein zu romantisieren und zu idealisieren wie an der tatsächlichen Auffassung der theologischen Anthropologie vorbeizugehen. Neben der bedingungslosen Zuwendung zu den Kindern, die tatsächlich ein Grunddatum für die christliche Sicht des Kindes sein muß und kann, steht das Ziel des mündigen Christen, der versteht, was er glaubt, und der weiß, an was sich nicht zu glauben lohnt:

»Dadurch soll der Leib Christi erbaut werden, bis daß wir alle hinankommen zur Einheit des Glaubens und der Erkenntnis des Sohnes Gottes, zur Reife des Mannesalters, zum vollen Maß der Fülle Christi. Auf daß wir nicht mehr unmündig seien und uns bewegen und umhertreiben lassen von jeglichem Wind der Lehre durch Bosheit der Menschen und Täuscherei, womit sie uns beschleichen und uns verführen« (Eph 4,12-14).

Als zweite Konsequenz, die sich aus dem christlichen Glaubensverständnis ergibt, ist demnach das Ziel der *Mündigkeit* zu verstehen.[32] Diese Mündigkeit schließt zum einen die fortschreitende Erkenntnis des Glaubens ein und insofern die Selbständigkeit in der Beurteilung religiöser Fragen. Zum anderen erhält diese Mündigkeit ihre inhaltliche Bestimmung aus den ethischen Entsprechungen zum christlichen Glauben in der Lebensgestaltung.

Die Frage, wie eine solche Lebensgestaltung genauer auszusehen hätte, bedürfte einer ins einzelne gehenden ethischen Erörterung. Ich muß mich hier auf den Hinweis auf zwei grundlegende Ziele der christlichen Ethik beschränken, die weithin unbestritten sind: *Freiheit* und *Versöhnung,* die als sich wechselseitig bestimmende Aspekte den individuellen und sozialen Pol christlicher Ethik bezeichnen.[33] Gemeint ist also weder eine nur individuelle Freiheit noch eine Versöhnung, die auf Kosten der Freiheit ginge, sondern eine mit anderen geteilte Freiheit und eine Versöhnung, die auf Freiheit basiert. - Für die religiöse Entwicklung ergibt sich daraus, daß sie an der Freiheit des Menschen zu bemessen ist und deshalb nicht unnötig von psychischer oder sozialer Unfreiheit belastet werden darf. Darüber hinaus entspricht die Entwicklung nur dann der Versöhnungserfahrung des Glaubens, wenn sie an Liebe und Gemeinschaft orientiert ist.

---

[32] Das Ziel der religiösen Mündigkeit hat schon Fr. Schleiermacher (1850, bes. S. 395f.) hervorgehoben. Vgl. dazu Schweitzer 1987a,c.
[33] Vgl. etwa die Darstellung Rendtorffs (1980, S. 31ff.), bei dem »Freiheit« und »Versöhnung« (bei Rendtorff: *»Das Gegebensein des Lebens«* und *»Das Geben des Lebens«)* zwei der drei Grundelemente der Ethik bezeichnen.

Mündigkeit in Freiheit und in der Versöhnung mit Mensch und, wie man heute ausdrücklich betonen muß, Natur - das ist zusammengefaßt die Norm der Entwicklung, die aus dem christlichen Glaubensverständnis erwächst. Wie verhält sich diese Norm zum Entwicklungsverständnis der sozialwissenschaftlichen Ansätze, wie sie in den vorausliegenden Kapiteln beschrieben wurden?

Im weitesten Sinne läßt sich die von den sozialwissenschaftlichen Theorien zugrundegelegte Norm der Entwicklung als *persönliche Autonomie* bestimmen, die mit einer *kommunikativen Ethik* verbunden wird. Die Entwicklung soll zur Selbstbestimmung und Selbstverwirklichung des einzelnen und zur gleichberechtigten Anerkennung aller führen. Dies soll eine kommunikative Ethik insofern ermöglichen, als diese Ethik von der gleichberechtigten Selbstbestimmung aller Menschen ausgeht und Normen grundsätzlich von der Zustimmung aller Beteiligten abhängig macht.

Soweit persönliche Autonomie und eine kommunikative Ethik das Ziel der Entwicklung bilden, kann von einer zumindest teilweisen Übereinstimmung oder Konvergenz der sozialwissenschaftlichen und der theologischen Normen gesprochen werden. Persönliche Autonomie und kommunikative Ethik lassen sich als philosophisch-ethische Entsprechungen zu der theologisch geforderten Mündigkeit in Freiheit und Versöhnung mit Mensch und Natur verstehen. Diese Übereinstimmung ist insofern nicht überraschend, als die Sozialwissenschaften mit ihrem Entwicklungsverständnis in einer philosophischen Tradition stehen, die ihrerseits auf christlich-abendländischem Boden entstanden ist. Es gibt deshalb nicht nur inhaltliche Übereinstimmungen zwischen der theologischen und sozialwissenschaftlichen Deutung der religiösen Entwicklung, sondern auch einen geschichtlichen Zusammenhang, der beide miteinander verbindet.[34]

Dennoch sind von seiten der Theologie auch *Vorbehalte* gegen die sozialwissenschaftliche Deutung der religiösen Entwicklung anzumelden. Das gilt zunächst für die besonders von den kognitiv-strukturellen

---

[34] Zur Frage der »Konvergenz« s. Nipkow 1975a, S. 173ff. Den Hinweis auf den geschichtlichen Zusammenhang der psychologischen Entwicklungstheorien mit der christlichen Ethik verdanke ich einem unveröffentlichten Vortrag von K. E. Nipkow.

Theorien vertretene *hierarchische* Sicht der Entwicklung. Entwicklung bedeutet in dieser Sicht immer eine Steigerung von Fähigkeiten und einen Gewinn von Möglichkeiten des Handelns. Das Kind erscheint dann leicht als nur unfähig, und die Kindheit im ganzen wird zur Vorstufe des »eigentlichen« Lebens degradiert. Demgegenüber ist mit der theologischen Anthropologie die eigene Würde und der eigene Wert jeder Lebenszeit und also auch der Kindheit zu betonen. Das schließt nicht aus, daß die Entwicklung in bestimmter Hinsicht einen Gewinn bedeuten kann – es nötigt aber zu der Frage, ob Erwachsenwerden *nur* als Gewinn und Steigerung der Handlungsmöglichkeiten zu verstehen ist. Hier ist W. Neidhart zuzustimmen, wenn er gegen Fowler einwendet, »daß das Überschreiten einer Grenze zwischen zwei Lebensphasen immer auch einen Verlust bedeutet« (1986, S. 132).

Ein zweiter, eng damit verbundener Einwand richtet sich gegen die *Idealisierung der höheren Stufen.* Zwar behaupten auch die sozialwissenschaftlichen Entwicklungstheorien keine Perfektion des Menschen, sondern nur eine vollständige Ausbildung bestimmter Dimensionen der Entwicklung. Gegen eine Ideologie der menschlichen Perfektion sind sie damit aber doch nicht genügend abgegrenzt. Von der theologischen Anthropologie wäre hier zu lernen, daß die Würde des menschlichen Lebens nicht in einer letztlich unerreichbaren Perfektion liegen kann, sondern in seiner realen Gestalt als verbesserungsfähiges und verbesserungsbedürftiges, letztlich aber immer fragmentarisches Leben.

Ein dritter Einwand bezieht sich auf den *Individualismus,* dem die Theorien der religiösen Entwicklung in ihrem Religionsverständnis weithin verhaftet sind. Zwar gewinnen diese Theorien ihre Entwicklungsnorm aus einer kommunikativen Ethik, die einer entschieden sozialen Auffassung des Menschen folgt. Aber Religion kommt zumeist nur als Religion des *einzelnen* in den Blick. Demgegenüber ist an der gemeinschafts- und gemeindebezogenen Form von Religion als dem Ziel der Entwicklung festzuhalten. Nach christlichem Verständnis lassen sich Glaube und Gemeinde nicht trennen.

Schließlich ist noch einmal an das Verhältnis von Rationalität und Religiosität zu erinnern, auf das ich bei den kognitiv-strukturellen Theorien bereits ausführlicher eingegangen bin. Die persönliche Auto-

nomie und die kommunikative Ethik, an der sich die Entwicklungstheorien orientieren, setzen im sozialwissenschaftlichen Verständnis
weithin eine Form der Rationalität voraus, die als Ablösung und Weiterführung religiöser Deutungssysteme verstanden wird. Rationalität
tritt in dieser Sicht an die Stelle von Religion. Dieses rationalistische
Entwicklungsverständnis wollen die Theorien der religiösen Entwicklung zwar erweitern. Sie bleiben diesem Verständnis zum Teil aber
auch selbst noch verhaftet. Deshalb müssen die Theorien der religiösen Entwicklung immer daraufhin befragt werden, ob ihr Entwicklungsverständnis der Religion tatsächlich Raum gibt oder ob es auf eine Auflösung von Religion in der Rationalität hinausläuft.

Bei den Anfragen, die von seiten der Theologie an das sozialwissenschaftliche Entwicklungsverständnis zu richten sind, handelt es sich
interessanterweise nicht um einen prinzipiellen Konflikt zwischen einer theologischen und einer sozialwissenschaftlichen oder pädagogischen Deutung der religiösen Entwicklung. Alle diese Anfragen lassen
sich nämlich auch mit pädagogischen und sozialwissenschaftlichen
Argumenten begründen. Deshalb ist davon auszugehen, daß die theologischen Anfragen auch für eine sozialwissenschaftliche Deutung der
religiösen Entwicklung fruchtbar gemacht werden können.

Weiterführende Hinweise

Zum theologischen Verständnis des Glaubens vgl. G. Ebeling (*Das Wesen
des christlichen Glaubens.* Gütersloh ⁴1977), P. Tillich (*Wesen und Wandel
des Glaubens.* In: Ders.: *Offenbarung und Glaube.* Stuttgart 1970) und, mit
stärker biblischer Orientierung, H.-J. Hermisson / E. Lohse (*Glauben.*
Stuttgart u.a. 1978). Die Bestimmung des Glaubens als »Erfahrung mit der
Erfahrung« findet sich bei Jüngel (1972, S. 8; 1977, S. 40, 225) und Ebeling
(1975, S. 25); zur religionspädagogischen Aufnahme vgl. Nipkow (1982, S.
215ff.). Gegen eine Vernachlässigung von Religion plädiert u.a. Marsch
(1973).

Eine kritische Auseinandersetzung mit dem Sinnbegriff bieten G. Sauter (*Was heißt: nach Sinn fragen?* München 1982) und, im Blick auf die kognitiv-strukturelle Psychologie, K. E. Nipkow (*Grundfragen der Religions-*

pädagogik. Bd. 3. Gütersloh 1982, S. 47ff.); vgl. zu dieser Frage auch die grundlegenden Ausführungen von Tillich (1977, bes. S. 75).

Die Bedeutung der Säkularität für das Selbstverständnis der modernen Gesellschaft hat besonders T. Rendtorff (*Gesellschaft ohne Religion?* München 1975) untersucht.

Zur theologischen Sicht des Menschen vgl. J. Moltmann (*Mensch. Christliche Anthropologie in den Konflikten der Gegenwart.* Stuttgart/Berlin 1971) und E. Jüngel (*Der Gott entsprechende Mensch.* In: H.-G. Gadamer / P. Vogler, Hg.: *Philosophische Anthropologie. Neue Anthropologie.* Bd. 6. Stuttgart/München 1974). Auf die Frage nach den ethischen Konsequenzen für die Lebensgestaltung geht O. Bayer (*Aus Glauben leben. Über Rechtfertigung und Heiligung.* Stuttgart 1984) ein. Eine gut lesbare Darstellung der theologischen Sicht des Kindes findet sich bei H.-R. Weber (*Jesus und die Kinder.* Hamburg 1980).

Den Dialog zwischen Theologie und Psychoanalyse dokumentieren die von P. Homans (*The Dialogue between Theology and Psychology.* Chicago/London 1968) und E. Nase / J. Scharfenberg (*Psychoanalyse und Religion.* Darmstadt 1977) herausgegebenen Bände. Grundsätzliche Überlegungen und ein Vermittlungsmodell für die Deutung der religiösen Entwicklung finden sich bei R. Preul (*Religion - Bildung - Sozialisation.* Gütersloh 1980, S. 155ff.).

Zum Dialog mit der kognitiv-strukturellen Psychologie, der erst in den letzten Jahren in Gang gekommen ist, vgl. K. E. Nipkow (*Grundfragen der Religionspädagogik.* Bd. 3. Gütersloh 1982; *Wachstum des Glaubens - Stufen des Glaubens.* In: *Reformation und Praktische Theologie. Festschrift hg. v. H. M. Müller und D. Rössler.* Göttingen 1983; *Lebensgeschichte und religiöse Lebenslinie.* In: Jahrbuch der Religionspädagogik 1987), darüber hinaus Schweitzer (1982; 1985b; 1988; 1992), Fraas/Heimbrock (1986, dazu Schweitzer 1987b) sowie Moran (1983). Aufschlußreich sind hier auch die Ausführungen Fowlers (1981a, S. 269ff.; 1984a, S. 138ff.) zur Frage religiöser Bekehrungen.

Ein Entwicklungsverständnis, das von Autonomie und kommunikativer Ethik als den Normen der Entwicklung ausgeht, findet sich vor allem bei J. Habermas (*Theorie des kommunikativen Handelns.* Bd. 2. Frankfurt a.M. 1981); vgl. Oser 1988.

10

Religiöse Entwicklung und Erziehung

Bei den Überlegungen der bisherigen Kapitel habe ich mehr oder weniger unausgesprochen vorausgesetzt, daß die Berücksichtigung der religiösen Entwicklung zu einer angemessenen religiösen Erziehung beitragen kann. Diese Voraussetzung versteht sich aber nicht von selbst. Deshalb ist es notwendig, nun genauer nach dem Verhältnis zwischen religiöser Entwicklung und Erziehung zu fragen.

Zunächst möchte ich versuchen, die Notwendigkeit einer entwicklungsbezogenen religiösen Erziehung zu begründen, indem ich zusammenfassend die Probleme einer entwicklungsstörenden und entwicklungsverfehlenden Erziehung aufzeige. Die religiöse Erziehung soll dem lebensgeschichtlichen Wandel im Kindes- und Jugendalter gerecht werden. Die Aufgaben der Erziehung sind aber nicht einfach an den Stufen der individuellen Entwicklung abzulesen. In einem zweiten Schritt möchte ich deshalb das hier vertretene Verständnis von entwicklungsbezogener Erziehung gegen Auffassungen abgrenzen, die mit L. Kohlberg »Entwicklung als Ziel der Erziehung« ansehen. Solche Auffassungen betonen zwar zu Recht das enge Verhältnis, das zwischen Entwicklung und Erziehung bestehen muß. Übergangen werden jedoch der gesellschaftliche und geschichtliche Zusammenhang, in dem die religiöse Erziehung steht, sowie die theologischen Bezüge, in deren Horizont sich die Aufgaben der religiösen Erziehung bestimmen. Die Aufgaben einer entwicklungsbezogenen Erziehung, wie sie hier verstanden wird, sollen dann in einem dritten Schritt beschrieben werden.

Die Notwendigkeit einer entwicklungsbezogenen Erziehung

Wie bedeutsam die Berücksichtigung der religiösen Entwicklung für die religiöse Erziehung ist, läßt sich wiederum an den autobiographischen Berichten ablesen. Weithin herrscht in diesen Berichten ein klagender und sogar anklagender Ton vor: der eigenen Entwicklung wurde kein Raum gegeben, religiöse Erziehung war vielfach nur als ein mechanisches Eintrichtern kaum verständlicher Inhalte zu erfahren, die religiöse Erziehung ging an den Verstehensmöglichkeiten des Kindes vorbei. An noch verletzendere Erfahrungen erinnert die wiederkehrende Rede vom »Gott, der alles sieht«: Strafängste, die dem Kind – mit Hilfe einer entsprechenden Gottesvorstellung – eingejagt werden.

Nun zeigen freilich sowohl die psychoanalytischen wie die kognitiv-strukturellen Theorien der religiösen Entwicklung, daß nicht alle Konflikte einfach auf eine verfehlte Erziehung zurückzuführen sind. Die religiöse Entwicklung der Kinder und Jugendlichen ist in sich selbst krisenhaft und enthält das Risiko fehlgehender Entwicklung. Dennoch ist nicht zu übersehen, daß die religiöse Erziehung vielfach an den entwicklungsbedingten Möglichkeiten und Interessen der Kinder und Jugendlichen vorbeigeht und daß die Entwicklung durch eine verfehlte Erziehung gestört werden kann.

Von *entwicklungsstörenden* Formen der religiösen Erziehung wird man sprechen müssen, wenn Kinder und Jugendliche durch Überforderung, Enttäuschung, Drohung oder Strafe in ihrer Entwicklung so eingeschränkt werden, daß der Fortgang dieser Entwicklung behindert oder überhaupt in Frage gestellt wird. – Entwicklungsstörende Formen der Erziehung wirken sich offenbar am nachhaltigsten in der Kindheit aus. Kinder sind offener und deshalb auch verletzlicher als Jugendliche oder Erwachsene. Die Drohung mit dem »Gott, der alles sieht« und dessen Zuwendung mit Wohlverhalten verdient werden muß, kann für Kinder so belastend sein, daß sie Religion nur noch als Strafe und Einschränkung erleben. Vielfach bleibt dann – wie bei Jutta Richter oder Tilman Moser – auch später nur das Gefühl, sich von Religion und Kirche distanzieren zu müssen, weil sonst die eigene Freiheit immer in Frage steht.

Neben den entwicklungsstörenden gibt es *entwicklungsverfehlende* Formen der religiösen Erziehung, die zwar weniger traumatisch erfahren werden, die sich aber dennoch negativ auf die religiöse Entwicklung auswirken. Bei einer entwicklungsverfehlenden Form der religiösen Erziehung wird die Entwicklung nicht direkt gestört, sie wird nicht umgebogen oder in falsche Bahnen gelenkt; es fehlen aber die Erfahrungen, Anregungen und Impulse, die für den Fortgang der religiösen Entwicklung nötig sind. In beispielhafter Weise ist dies dort der Fall, wo auf kindliche Vorstellungen und Verstehensweisen nicht eingegangen wird, wo also Kindern nur die Religion der Erwachsenen angeboten und in äußerlicher Form (mechanisches Auswendiglernen, unverständliche Inhalte usw.) nahegebracht wird.

Allerdings wird heute im Kindergarten und in der Grundschule vielfach versucht, zu einem alters- und entwicklungsgemäßen Angebot zu kommen. Ein spielerischer Umgang und erzählende Darbietungsformen sind dort zu Recht zu einem festen Bestandteil der religiösen Erziehung geworden. Von größerer Bedeutung ist dagegen auch heute noch das Problem einer entwicklungsverfehlenden Erziehung im Jugendalter. Zwar hat auch hier der Unterricht in Schule und Kirche deutlich Fortschritte in Richtung auf ein entwicklungsgemäßes Angebot gemacht[35], aber die im Jugendalter aufbrechenden Fragen und Zweifel scheinen noch immer nicht genügend wahrgenommen zu werden. Die Theorien der religiösen Entwicklung machen sehr deutlich, daß die religiöse Erziehung im Jugendalter nur dann erfolgreich sein kann, wenn sie zunächst und vor allem auch radikale und provokative Anfragen und Zweifel offen zuläßt, ohne den Glauben der Jugendlichen oder ihre Zugehörigkeit zur Kirche in Frage zu stellen. Es muß für Jugendliche deutlich sein, daß sie nicht vor der Alternative stehen, entweder ihre Fragen und Zweifel zu verschweigen und zur Kirche zu gehören oder ihre Gefühle und Gedanken offen auszudrücken und nicht mehr dazuzugehören.

Damit ist nicht gemeint, daß sich die religiöse Erziehung im Jugendalter im Nachdenken und in der Diskussion über theologische und philosophische Fragen erschöpfen sollte. Handlungs- und erfahrungsbezogene Formen der Erziehung und des Lernens verlieren auch in dieser Zeit nicht an Bedeutung. Daneben aber bedarf es, wie etwa die Überlegungen zum »Bildungsdilemma der Kirche« zeigen, auch einer nachhaltigen Bemühung um eine intellektuelle Bearbeitung religions- und kirchenkritischer Fragen.

---

[35] Z.B. mit dem problemorientierten Religionsunterricht oder der Schülerorientierung.

Das Extrem einer entwicklungsverfehlenden Erziehung, die die religiöse Entwicklung ohne die erforderliche Anregung läßt, kann schließlich im vollständigen Ausfall der religiösen Erziehung gesehen werden. Dabei ist vor allem an eine – heute noch weithin hypothetische – Situation zu denken, in der eine ausdrücklich religiöse Erziehung nicht mehr stattfindet und Religion sowohl in der Familie wie in Schule und Gesellschaft durch säkulare Orientierungen verdrängt wird. Von den sozialwissenschaftlichen Theorien der religiösen Entwicklung, wie ich sie beschrieben habe, läßt sich nicht auf die Notwendigkeit einer *bestimmten* religiösen Erziehung – etwa im Sinne des Christentums – schließen. Diese Theorien machen aber deutlich, daß auch die religiöse Dimension zur menschlichen Entwicklung gehört, daß sie einen wesentlichen Bestandteil dieser Entwicklung bildet und wie alle anderen Entwicklungsdimensionen der Pflege und Unterstützung durch die Erziehung bedarf. Deshalb ist auch eine Begrenzung der religiösen Erziehung auf das Jugendalter, wie sie etwa J.-J. Rousseau vorschwebte, nicht sinnvoll.

Alle drei Fehlformen der religiösen Erziehung, die ich nun beschrieben habe, bleiben hinter der Aufgabe zurück, Kinder und Jugendliche in ihrer religiösen Entwicklung so zu unterstützen, daß sie eine alters- und entwicklungsgemäße Religiosität ausbilden können. Das belegt die Notwendigkeit einer entwicklungsbezogenen religiösen Erziehung. Es läßt sich daraus jedoch nicht schließen, daß Entwicklung auch als *Ziel* der Erziehung anzusehen oder daß der Entwicklungsbezug *allein* entscheidend ist. Bevor ich auf die Aufgaben einer entwicklungsbezogenen religiösen Erziehung weiter eingehe, möchte ich mich deshalb zunächst mit der in der Pädagogik und Psychologie anzutreffenden Auffassung von »Entwicklung als Ziel der Erziehung« auseinandersetzen, die Oser/Gmünder auch auf die religiöse Erziehung übertragen wollen (Gmünder 1979, Oser/Gmünder 1984, S. 259ff.).

Entwicklung als Ziel der Erziehung?

In einer Darstellung, die zu einer klassischen Äußerung der an der kognitiv-strukturellen Psychologie orientierten Pädagogik geworden ist, haben L. Kohlberg und R. Mayer (1972) die Auffassung von »*Entwicklung als Ziel der Erziehung*« zu begründen versucht. Kohlberg/Mayer geht es dabei um die Kritik und Abwehr zweier Auffassungen von Erziehung, die sie - zu Recht - für unzulänglich halten: Die erste, die sie als »*romantische*« *Auffassung* bezeichnen, fordert eine Erziehung, die sich ganz der Reifung von Kindern und Jugendlichen anpaßt. Erziehung beschränkt sich dann darauf, dieser Reifung - als der Entfaltung angeborener Anlagen - nachzugehen und sie nicht zu stören. Die zweite Auffassung, die Kohlberg/Mayer »*kulturelle Übertragung*« nennen, bildet das andere Extrem zur romantischen Auffassung: Erziehung wird hier nur als Übertragung festliegender kultureller Inhalte auf die nächste Generation verstanden. - Im ersten Fall vermag die Erziehung *nichts* angesichts von Anlage und Reifung, im zweiten Falle dagegen *alles,* weil auf das Kind und seine Entwicklung keine Rücksicht genommen wird.

Mit der Formel »Entwicklung als Ziel der Erziehung« versuchen Kohlberg/Mayer, solche einseitigen Auffassungen von Erziehung zu überwinden. Ihnen geht es um eine Erziehung, die die Entwicklung des Kindes berücksichtigt, ohne deshalb den Einfluß und die Bedeutung der Umwelt zu leugnen. Die Richtschnur für eine solche Erziehung finden sie in den Gesetzen, die der Entwicklung selbst innewohnen. Um sich gemäß dieser Gesetze zu vollziehen, bedürfe die Entwicklung der Anregung durch die Umwelt - damit grenzen sich Kohlberg/Mayer gegen das romantische Erziehungsverständnis ab. Die Erziehung soll aber auch nicht, wie bei der »kulturellen Übertragung«, willkürlich von außen gesetzten Zielen folgen, sondern soll sich nach den Zielen richten, die in der Entwicklung selbst enthalten sind.

Soweit »Entwicklung als Ziel der Erziehung« bedeutet, daß weder der kindlichen Entwicklung Gewalt angetan noch die Erziehung nur in Abhängigkeit von innerer Reifung gesehen werden soll, ist Kohlberg/Mayer sicher zuzustimmen. Mit dieser Forderung steht auch die hier vertretene entwicklungsbezogene Erziehung in Einklang. Die Berücksichtigung der Entwicklung ist eine notwendige Bedingung für eine solche Erziehung. Zu fragen ist jedoch, ob diese Bedingung auch hinreichend ist. - Wenn ich im folgenden zu begründen suche, daß die Aufgaben der Erziehung nicht einfach an den Entwicklungsstufen abzulesen sind, so geht es mir darum, den Entwicklungsbezug als eine notwendige, keineswegs aber hinreichende Bedingung zu verstehen. Die Formel von »Entwicklung als Ziel der Erziehung« kann nur in einem eingeschränkten Sinne gelten.

Verschiedene Autoren haben darauf hingewiesen, daß die religiöse Erziehung in der modernen Gesellschaft von drei Zusammenhängen bedingt wird und daß auch ihre Aufgaben von diesen Zusammenhängen her zu bestimmen sind: Religiöse Erziehung steht, erstens, im Zusammenhang der *Kirche;* sie steht, zweitens, im Zusammenhang der *religiösen Entwicklung des Individuums* und, drittens, im Zusammenhang der *Gesellschaft.* Es ist dabei gerade für die moderne Gesellschaft bezeichnend, daß diese drei Zusammenhänge nicht in eins fallen. Kirche, Individuum und Gesellschaft bilden auch im Blick auf ihr Verhältnis zur Religion sich zwar überschneidende, aber keineswegs identische Sphären. Weder ist das Individuum an die Auffassungen von Religion gebunden, die von der Kirche vertreten werden oder in der Gesellschaft vorherrschen, noch gibt es in der modernen Gesellschaft eine einheitliche und von der Kirche bestimmte Religion.[36]

Für ein angemessenes Verständnis der religiösen Erziehung und ihrer Aufgaben kommt es darauf an, alle drei Zusammenhänge jeweils für sich und in ihrem Verhältnis zueinander im Blick zu haben. In ausführlicher Weise konnte ich dies hier nur für die religiöse Entwicklung leisten. Ich habe jedoch immer wieder auf den gesellschaftlichen und kirchlichen Rahmen hingewiesen, in dem sich diese Entwicklung vollzieht (siehe besonders Kapitel 5). Darüber hinaus habe ich zu zeigen versucht, welchen Beitrag auch die Theologie zur Klärung des Erziehungs- und Entwicklungsverständnisses zu leisten vermag (siehe besonders Kapitel 9).

Das von den sozialwissenschaftlichen Theorien vertretene Entwicklungsverständnis verhilft also nur zur Klärung des individuellen Zusammenhangs und muß deshalb durch andere Perspektiven ergänzt werden. Die Auffassung von »Entwicklung als Ziel der Erziehung« legt

---

[36] Die Ausdifferenzierung kirchlicher, gesellschaftlicher und individueller Religiosität ist in der Religionssoziologie mehrfach beschrieben worden (vgl. u.a. Berger 1973, Luckmann 1963, mit anderen Akzenten Luhmann 1977).

demgegenüber eine Engführung des Erziehungsverständnisses auf die individuelle Entwicklung nahe und verzichtet auf eine theologisch-inhaltliche Reflexion der Erziehungsziele zugunsten einer nur formalen, sozialwissenschaftlichen und religionsphilosophischen Begründung. Eine solche Engführung übergeht die geschichtlichen und gesellschaftlichen Voraussetzungen, unter denen die individuelle Entwicklung erst ihre heutige Gestalt gewinnen konnte. Darüber hinaus begibt sie sich der inhaltlichen Bestimmungen, die sie von der Theologie gewinnen könnte.

Eine zweite Grenze der Auffassung von »Entwicklung als Ziel der Erziehung« liegt darin, daß sie Erziehung nur als Hilfe zum *Fortschritt* verstehen will. Ein solches Verständnis bleibt jedenfalls für die religiöse Erziehung unzureichend. Zwar muß auch der religiösen Erziehung an einem Fortschritt im Sinne der religiösen Mündigkeit gelegen sein. Daneben aber stehen als ebenso wichtige Aufgaben die religiöse Verarbeitung des geschichtlichen und lebensgeschichtlichen *Wandels* der Erfahrungen sowie die Aufrechterhaltung einer, wie ich es nennen möchte, religiösen *Kontinuität* über die Entwicklungsstufen hinweg.[37]

Ich spreche vom geschichtlichen und lebensgeschichtlichen »Wandel«, um deutlich zu machen, daß die Erfahrungen von Kindern und Jugendlichen sowohl aus ihrer eigenen Lebensgeschichte heraus wie durch die gesellschaftlichen Einflüsse ständig Veränderungen unterliegen, die sich nicht einfach als Fortschritt deuten lassen. Vielmehr handelt es sich um Veränderungen, die aus den mit jeder Entwicklungsstufe neu entstehenden Interessen und Bedürfnissen erwachsen sowie aus den wechselnden Beziehungen zu Personen und gesellschaftlichen Institutionen. In diesem Wandel der Erfahrungen liegt für die religiöse Erziehung die Notwendigkeit, immer wieder neue situationsangemessene Deutungen anzubieten, weil sonst die religiöse hinter der allgemeinen Entwicklung zurückbleibt.

Die Aufgabe, den geschichtlichen und lebensgeschichtlichen Wandel der Erfahrungen religiös zu verarbeiten, verweist jedoch, trotz der veränderlichen Form, in der sie sich stellt, auf eine Kontinuität: Der re-

---

[37] Die drei Aspekte von *Fortschritt, Kontinuität* und *Wandel* habe ich am Beispiel der religiösen Sprache in der Erziehung weiter herausgearbeitet (vgl. Schweitzer 1987).

ligiösen Erziehung muß es immer um die Kontinuität der Religiosität über die Entwicklungsstufen hinweg gehen. Ein Grundanliegen der religiösen Erziehung besteht in der Aufrechterhaltung des Interesses an Religion und der Offenheit für religiöse Fragen. Dieses Interesse und diese Offenheit sollen erhalten bleiben und nicht durch andere, etwa nur technisch-rationale Orientierungen abgelöst werden.

Die Kontinuität der Religiosität über die Entwicklungsstufen hinweg entspricht theologisch gesehen der sich auf jeder Entwicklungsstufe wiederholenden Dialektik von Glaube und Religion, wie sie im letzten Kapitel beschrieben wurde. Die Aufgabe der religiösen Erziehung liegt hier in der - angesichts neuer Erfahrungen und sich wandelnder Sinnkonstruktionen - immer wieder zu leistenden Unterscheidung zwischen selbstgeschaffenem und geschenktem Sinn. Auch diese Aufgabe bleibt auf die religiöse Entwicklung bezogen - das Ziel der religiösen Erziehung liegt jedoch nicht in dieser Entwicklung selbst, sondern in der theologisch angemessenen Aufnahme und Verarbeitung der religiösen Sinnkonstruktionen, die in der Entwicklung ausgebildet werden.

An dieser Stelle ist an einen bereits mehrfach angesprochenen Einwand gegen das Verständnis von Erziehung als Hilfe zum Fortschritt zu erinnern: Die theologische Sicht der Kindheit als einer Lebenszeit von eigener Würde und eigenem Wert widerspricht einer Auffassung, die Erziehung einseitig von der Zukunft und vom Erwachsenen her bestimmt. Zwar will auch Kohlberg eine solche Einseitigkeit vermeiden, aber in der Formel von »Entwicklung als Ziel der Erziehung« liegt doch die Gefahr einer nur am Fortschritt zu höheren Stufen ausgerichteten Erziehung.

Ein ausgewogenes Verständnis der religiösen Erziehung läßt sich demgegenüber nur in Form einer doppelten Aufgabe bestimmen: Die Religion des Kindes muß als die ihm angemessene Form anerkannt und zugelassen, das Kind aber zugleich auf seinem Weg zu religiöser Mündigkeit begleitet und vorangebracht werden. Nur wenn beide Seiten dieser Aufgabe gleichermaßen berücksichtigt werden, bleibt der spannungsvolle Zusammenhang zwischen Gegenwart und Zukunft des Kindes erhalten.

Die Grundaufgabe einer entwicklungsbezogenen religiösen Erziehung läßt sich als *Begleitung* der Entwicklung oder, wie K. E. Nipkow formuliert, als »*Lebensbegleitung*« beschreiben. Der Begriff »Begleitung« betont einerseits die Eigenständigkeit, die der Entwicklung gegenüber der Erziehung zukommt. Wie alle Entwicklungsprozesse wird auch die religiöse Entwicklung nicht von der Erziehung hervorgebracht und kann von dieser auch nicht beliebig geformt werden. Die Entwicklung vollzieht sich jedoch – und das ist der zweite Aspekt, den der Begriff der Begleitung einschließt – auch nicht von selbst oder unabhängig von der Umwelt, in der Kinder und Jugendliche aufwachsen. Die religiöse Entwicklung ist als ein umfassender Lernprozeß zu verstehen, in den das bewußte erzieherische Handeln ebenso einfließt wie die Erfahrungen, die Kinder und Jugendliche in einer Gesellschaft machen. – Schließlich bedeutet Begleitung – und insofern unterscheidet sie sich von der Auffassung von »Entwicklung als Ziel der Erziehung« –, daß es nicht nur auf den Fortschritt zu höheren Stufen ankommt, sondern auch darauf, gleichsam mit Kindern und Jugendlichen auf ihrem Entwicklungsstand und bei ihren Fragen und Bedürfnissen zu verweilen. Wenn jede Lebenszeit in ihrem eigenen Wert anerkannt werden und wenn keine Zeit des Lebens hinter einer anderen, vermeintlich besseren zurückstehen soll, dann muß auch ein solches Verweilen als wesentlicher Bestandteil von Erziehung angesehen werden.[38]

Das übergreifende Problem, um dessen Lösung sich eine entwicklungsbezogene Erziehung zu bemühen hat, liegt in der produktiven Verbindung lebensgeschichtlicher Erfahrungen und religiöser Lernprozesse. Es geht, mit R. Englert gesprochen, um die »*Pünktlichkeit*« religiöser Lernangebote.[39] Damit ist gemeint, daß Lernangebote lebensgeschichtlich gesehen *zu früh* oder *zu spät* kommen können. Im ersten Fall liegt das Angebotene noch nicht im Horizont der Kinder und Ju-

---

[38] Eine solche Bestimmung des Verhältnisses von Zukunft und Gegenwart in der Erziehung ist schon bei Fr. Schleiermacher (1966, S. 45ff.) zu finden.

[39] Englert (1985, S. 2) spricht auch von der »Kairologie« im Sinne einer »gezielten glaubensgeschichtlichen Placierung religionspädagogischer Lernimpulse«.

gendlichen und kann ihr Interesse nicht finden. Im zweiten Fall bleibt
es hinter dem lebensgeschichtlichen Fragehorizont zurück und kann
für ihr Leben keine Bedeutung gewinnen. In beiden Fällen kommt eine
produktive Verbindung lebensgeschichtlicher Erfahrungen und religiöser Lernprozesse nicht zustande.

Wichtige Hinweise auf die Pünktlichkeit religiöser Lernprozesse liegen in dem für die Entwicklung der Symbolfähigkeit herausgearbeite-
ten Zirkel von Symbol, Erfahrung und Symbolverstehen. Religiöse
Symbole können demnach für religiöse Lernprozesse dann bedeutsam
werden, wenn sie an lebensgeschichtliche Erfahrungen anknüpfen
und wenn ihre Präsentation das jeweilige Symbolverständnis berücksichtigt. Verallgemeinert bedeutet dies für religiöse Lernprozesse, die
sich ja weithin mit Hilfe von Symbolen vollziehen, daß ihre »Pünktlichkeit« sowohl von der Erfahrungs- wie von der Verstehenskomponente
her zu bestimmen ist.

Diese Forderung gilt auch und besonders für den Religionsunterricht. Die Inhalte des Religionsunterrichts müssen so erschlossen werden, daß sie in den sich lebensgeschichtlich entwickelnden Horizont
des Verstehens treten.[40]

Verstehen vollzieht sich stets in Form eines Zirkels: als wechselseitige Klärung von Gegenstand und Vorverständnis. Für die Religionspädagogik muß dieser Zirkel nun auf die religiöse Entwicklung bezogen werden. Die Stufen der religiösen Entwicklung lassen sich dabei als
Hinweise auf das Vorverständnis der Schüler auffassen. Je nach Entwicklungsstufe begegnen die Schüler einem Text oder einem Thema
mit anderen Voraussetzungen, und erst wenn sich Text oder Thema
für diese Voraussetzungen erschließen, wird ein Verstehen und Lernen möglich.

Das Ziel einer entwicklungsbezogenen Didaktik des Religionsunterrichts, wie man es nennen könnte, läge dabei nicht allein in der Anpassung des Lernangebots an den jeweiligen Verstehens- und Interessen-
horizont der Schüler. Die Anpassung ist nur die eine Seite. Die andere
Seite ergibt sich aus der Notwendigkeit, den jeweiligen Horizont der

---

[40] Diesem Anliegen dient besonders der Versuch einer »Elementarisierung« religiöser
Lerninhalte (vgl. bes. Nipkow 1982, S. 185ff.).

Schüler zu öffnen und zu erweitern, um sie vor der Stagnation auf einem bestimmten Entwicklungsstand zu bewahren. Aber auch solche Impulse müssen auf den Entwicklungsstand abgestimmt sein und bedürfen deshalb der entwicklungsbezogenen Reflexion.

An dieser Stelle ist jedoch auch vor einem Mißverständnis und einem verfehlten Gebrauch der Entwicklungstheorien zu warnen.[41] Entwicklungsstufen, wie sie von den Theorien der religiösen Entwicklung beschrieben werden, haben immer wieder eine Versuchung dargestellt, sie als Lehr- und Lernplan zu benutzen. In dieser Absicht hat schon im 19. Jahrhundert die von J. F. Herbart ausgehende Tradition der Herbartianer versucht, einen umfassenden Kulturstufenlehrplan zu erstellen: Die individuelle Entwicklung und die kulturelle Entwicklung der Menschheit sollten in diesem Lehrplan so miteinander verknüpft werden, daß von Schuljahr zu Schuljahr und von Unterrichtsstunde zu Unterrichtsstunde ein entwicklungsgemäßes Fortschreiten vollzogen wird. Ein solcher Lehrplan beruht nicht nur auf höchst fragwürdigen Annahmen über die Parallelität individueller und gesellschaftlicher Entwicklung. Er kann auch nur zur Verschulung der Entwicklung führen. Dieser Lehrplan setzt voraus, daß sich die Entwicklung der Kinder und Jugendlichen so geordnet und in zeitlich so festliegender Form vollzieht, daß sie in einem Lehrplan abgebildet werden kann. Damit wird aber eine zentrale Einsicht aller Theorien der religiösen Entwicklung übergangen: die Bindung der religiösen Entwicklung an die nichtplanbaren Erfahrungen der Lebensgeschichte.

Zwischen der *Verschulung der Entwicklung* und einer *entwicklungsbezogenen Erziehung* verläuft eine feine, aber doch entscheidende Grenzlinie. Diese Grenze wird überschritten, wenn die Entwicklungsstufen bei der Erziehung als ein festliegendes Erwartungsmuster zugrundegelegt und wenn die tatsächlichen Erfahrungen der Kinder und Jugendlichen diesem Muster eingepaßt werden. Die Entwicklungsstufen können für die Erziehung nur einen allgemeinen Erwartungshorizont bilden: Sie sind zu verstehen als Deutungshilfe, d.h. als eine empirisch abgestützte Orientierung, mit deren Hilfe sich die Erziehung ge-

---

[41] Mit dieser Warnung versuche ich, den Anfragen, wie sie in dem von Fraas/Heimbrock (1986) herausgegebenen Band formuliert werden, gerecht zu werden.

nauer auf die Entwicklung der Kinder und Jugendlichen einstellen kann. Entwicklungsstufen dürfen aber nicht zu einer Norm werden, die darüber bestimmt, welche Erfahrungen zu welcher Zeit zulässig sind.

Die Berücksichtigung der religiösen Entwicklung soll und kann der Erziehung zu einer lebendigeren Form verhelfen, die für die Kinder und Jugendlichen mit ihren besonderen Fragen, Interessen und Bedürfnissen offen ist. Sie soll und darf nicht dazu führen, daß sich die religiöse Erziehung gegenüber den stets individuellen Erfahrungen der Lebensgeschichte verschließt.

Weiterführende Hinweise

Zur Frage einer entwicklungsangemessenen Erziehung äußern sich, auch in kritischer Auseinandersetzung mit entwicklungsverfehlenden Formen der religiösen Erziehung, R. Preul (*Religion - Bildung - Sozialisation.* Gütersloh 1980), N. Mette (*Voraussetzungen christlicher Elementarerziehung.* Düsseldorf 1983) und B. Grom (*Religionspädagogische Psychologie des Kleinkind-, Schul- und Jugendalters.* Düsseldorf/Göttingen 1981). Die Schwierigkeiten, die Jugendliche mit Religion und Kirche haben, werden von K. E. Nipkow (*Erwachsenwerden ohne Gott?* München 1987) plastisch herausgearbeitet. Einen stärker repräsentativen Überblick, der sich auf Befragungsergebnisse stützt, vermittelt die Untersuchung A. Feiges (*Erfahrungen mit Kirche.* Hannover ²1982).

In der Frage, was die Theorien der religiösen Entwicklung zum Verständnis der religiösen Erziehung im ganzen beitragen können, folge ich vor allem K. E. Nipkow (*Lebensgeschichte und religiöse Lebenslinie.* In: Jahrbuch der Religionspädagogik 1987), der sich seinerseits auf Rössler (1986) beruft. Eine ähnliche Einschätzung geben Englert (1985) und Fraas (1983).

Die gewachsene Bedeutung erfahrungsbezogenen Lernens in der Schule wird in den von F. Schweitzer / H. Thiersch (*Jugendzeit - Schulzeit.* Weinheim/Basel 1983) und P. Fauser u.a. (*Lernen mit Kopf und Hand.* Weinheim/Basel 1983) herausgegebenen Bänden dargestellt. Um eine Verbindung lebensgeschichtlicher Erfahrung und religiöser Lernprozesse bemühen sich vor allem R. Englert (*Glaubensgeschichte und Bildungsprozeß.* München 1985), H.-J. Fraas (*Glaube und Identität.* Göttingen 1983, S. 105ff.), H.-G. Heimbrock (*Lern-Wege religiöser Erziehung.* Göttingen 1984) und J. Scharfenberg (*Menschliche Reifung und christliche Symbole.* In: Concilium 14/1978).

Die Bedeutung des hermeneutischen Zirkels für den Religionsunterricht und seine Didaktik habe ich am Beispiel des moralischen Lernens weiter verdeutlicht (*Moralisches Lernen - Überlegungen zur didaktischen Erschließung moralischer Inhalte.* In: EvErz 38/1986). Eine ähnliche Sicht wird auch von H. Schmidt vertreten (*Religionsdidaktik.* Bd. 2. Stuttgart u.a. 1984). Mit dem verfehlten Versuch, die religiöse Entwicklung in einen Lehr- und Lernplan umzudeuten, setze ich mich in meinem Aufsatz »Die Religion des Kindes« (1988) auseinander.

Literatur

Adam, G. / Schweitzer, F. (Hg.): Ethisch erziehen in der Schule. Göttingen 1996.

Aden, L. / Benner, D. G. / Ellens, J. H. (Hg.): Christian Perspectives on Human Development. Grand Rapids 1992.

Anderson, S. R. / Hopkins, P.: The Feminine Face of God. The Unfolding of the Sacred in Women. New York u.a. 1991.

Anker, E. / Heizer, M. (Hg.): Funkenflug aus dem Elfenbeinturm. Erfahrungen beim Glaubenlernen. Thaur u.a. 1993.

Arndt, M. (Hg.): Religiöse Sozialisation. Stuttgart u.a. 1975.

Astley, J. / Francis, L. (Hg.): Christian Perspectives on Faith Development. Leominster 1992.

Baacke, D. / Schulze, Th. (Hg.): Aus Geschichten lernen. Zur Einübung pädagogischen Verstehens. München 1979.

Baacke, D. / Schulze, Th. (Hg.): Pädagogische Biographieforschung. Orientierungen, Probleme, Beispiele. Weinheim/Basel 1985.

Babin, P.: The Idea of God. Its Evolution between the Ages of 11 and 19. In: Godin, A. (Hg.): From Religious Experience to a Religious Attitude. Chicago (Loyola University Press) 1965, S. 183-198.

Baltes, P. B. / Sowarka, D.: Entwicklungspsychologie und Entwicklungsbegriff. In: Silbereisen, R. K. / Montada, L. (Hg.): Entwicklungspsychologie. Ein Handbuch in Schlüsselbegriffen. München u.a. 1983, S. 11-20.

Bayer, O.: Aus Glauben leben. Über Rechtfertigung und Heiligung. Stuttgart 1984.

Becker, S. / Nord, I. (Hg.): Religiöse Sozialisation von Mädchen und Frauen. Stuttgart u.a. 1995.

Belenky, M. F. u.a.: Das andere Denken. Persönlichkeit, Moral und Intellekt der Frau. Frankfurt a.M. / New York ²1991.

Berger, P. L.: Zur Dialektik von Religion und Gesellschaft. Elemente einer soziologischen Theorie. Frankfurt a.M. 1973.

Berger, P. L. / Berger, B. / Kellner, H.: Das Unbehagen in der Modernität. Frankfurt a.M./ New York 1975.

»Bibelauslegung«. Der Evangelische Erzieher Heft 3, 1983.

Biehl, P.: Erfahrungsbezug und Symbolverständnis. Überlegungen zum Vermittlungsproblem in der Religionspädagogik. In: ders. / Baudler, G.: Erfahrung - Symbol - Glaube. Grundfragen des Religionsunterrichts. (Religionspädagogik heute. Bd. 2.) Frankfurt a.M. 1980, S. 37-122.

Biehl, P.: Symbol und Metapher. Auf dem Wege zu einer religionspädagogischen Theorie religiöser Sprache. In: Jahrbuch der Religionspädagogik 1 (1985), S. 28-64.

Biehl, P.: Symbole geben zu lernen. Einführung in die Symboldidaktik anhand der Symbole Hand, Haus und Weg. Neukirchen-Vluyn 1989.

Biehl, P.: Symbole geben zu lernen II. Zum Beispiel: Brot, Wasser und Kreuz. Beiträge zur Symbol- und Sakramentendidaktik. Neukirchen-Vluyn 1993.

Biesinger, A.: Kinder nicht um Gott betrügen. Anstiftungen für Mütter und Väter. Freiburg u.a. 1994.

Bittner, G.: Zur psychoanalytischen Dimension biographischer Erzählungen. In: Baakke/Schulze 1979, S. 120-128.

Blasi, A.: Bridging Moral Cognition and Moral Action: A Critical Review of the Literature. In: Psychological Bulletin 88 (1980), S. 1-45.

Blos, P.: Adoleszenz. Eine psychoanalytische Interpretation. Stuttgart 1973.

Böhme, B. (Hg.): Ist Gott grausam? Eine Stellungnahme zu Tilmann Mosers »Gottesvergiftung«. Stuttgart 1977.

Bohne, G.: Die religiöse Entwicklung der Jugend in der Reifezeit. Aufgrund autobiographischer Zeugnisse. Leipzig 1922.

Bossmann, D. / Sauer, G. (Hg.): Wann wird der Teufel in Ketten gelegt? Kinder und Jugendliche stellen Fragen an Gott. Lahr/München 1984.

Brachel, H. U. v. / Fetz, R. L. / Oser, F.: Glaube als Transformationsprozeß. In: Diakonia 14 (1983), S. 34-43.

Brenner, Ch.: Grundzüge der Psychoanalyse. Frankfurt a.M. [8]1972.

Brocher, T.: Wenn Kinder trauern. Reinbek bei Hamburg 1985.

Bronfenbrenner, U.: Wie wirksam ist kompensatorische Erziehung? Frankfurt a.M. 1982.

Bucher, A.: Symbol-Symbolbildung-Symbolerziehung. Philosophische und entwicklungspsychologische Grundlagen. St. Ottilien 1990. (a)

Bucher, A. A.: Gleichnisse verstehen lernen. Strukturgenetische Untersuchungen zur Rezeption synoptischer Parabeln. Freiburg/Schweiz 1990. (b)

Bucher, A. A.: Alter Gott zu neuen Kindern? Neuer Gott von alten Kindern? Was sich 343 Kinder unter Gott vorstellen. In: Merz 1994, S. 79-100.

Bucher, A. A. / Reich, K. H. (Hg.): Entwicklung von Religiosität. Grundlagen-Theorieprobleme-Praktische Anwendung. Freiburg/Schweiz 1989.

Bühler, Ch.: Das Seelenleben des Jugendlichen. Versuch einer Analyse und Theorie der psychischen Pubertät. Frankfurt a.M. 1975.

Bukow, W.-D.: Religiöse Sozialisation. In: Jahrbuch der Religionspädagogik 2 (1986), S. 41-67.

Capps, D.: Pastoral Care: A Thematic Approach. Philadelphia (Westminster Press) 1979.

Cardinal, M.: Schattenmund. Roman einer Analyse. Reinbek bei Hamburg 1979.

Chamberlain, G. L.: Faith Development and Campus Ministry. In: Religious Education 74 (1979), S. 314-324.

Chamberlain, G. L.: Faith as Knowing: A Study of the Epistemology in Faith Development Theory. In: Iliff Review 38 (1981), N. 2, S. 3-14.

Chodorow, N.: Das Erbe der Mütter. Psychoanalyse und Soziologie der Geschlechter. München 1985.

Colby, A. / Kohlberg, L.: Das moralische Urteil: Der kognitionszentrierte entwicklungspsychologische Ansatz. In: Steiner, G. (Hg.): Die Psychologie des 20. Jahrhunderts. Bd. VII.: Piaget und die Folgen. Zürich 1978, S. 348-366.

Coles, R.: Erik H. Erikson: The Growth of his Work. Boston/Toronto (Atlantic/Little, Brown) 1970.

Coles, R.: Wird Gott naß, wenn es regnet? Die religiöse Bilderwelt der Kinder. Hamburg 1992.

266

Comenius-Institut (Hg.): Religion in der Lebensgeschichte. Interpretative Zugänge am Beispiel der Margret E. Gütersloh 1993.

Conn, W. E.: Affectivity in Kohlberg and Fowler. In: Religious Education 76 (1981), S. 33-48.

Cornwall, M.: Faith Development of Men and Women over the Life Span. In: Bahr, S. J. / Peterson, E. T. (Hg.): Aging and the Family. Lexington, M.A. 1989, S. 115-139.

Csanyi, D. A.: Faith Development and the Age of Readiness for the Bible. In: Religious Education 77 (1982), S. 518-524.

Deconchy, J.-P.: The Idea of God: Its Emergence between 7 and 16 years. In: Godin, A. (Hg.): From Religious Experience to a Religious Attitude. Chicago (Loyola University Press) 1965, S. 97-108.

Deconchy, J.-P.: God and the Parental Images. The Masculine and the Feminine in Religious free Associations. In: Godin, A. (Hg.): From Cry to Word. Contributions towards a Psychology of Prayer. Brüssel 1968, S. 85-94.

Döbert, R.: Religiöse Erfahrung und Religionsbegriff. In: Religionspädagogische Beiträge 14 (1984), S. 98-118.

Drehsen, V.: Das Bildungsdilemma der Volkskirche – das kirchliche Dilemma des Religionsunterrichts. In: ders. / Flothow, M.: Religionsunterricht im Spannungsfeld von Kirche und Gesellschaft heute. Arbeitshilfe für den ev. Religionsunterricht an Gymnasien Themenfolge 88, 1989, S. 3-45.

Dressler, B. (Hg.): Symbole und Metaphern. Beiträge zu einer kritischen Bestandsaufnahme der Symboldidaktik. Loccum: RPI 1995.

Drewermann, E.: Tiefenpsychologie und Exegese. Bd. I: Die Wahrheit der Formen. Traum, Mythos, Märchen, Sage und Legende. Olten/Freiburg i.B. 1984.

Dykstra, C. / Parks, S. (Hg.): Faith Development and Fowler. Birmingham, Al. 1986.

Ebeling, G.: Die Klage über das Erfahrungsdefizit in der Theologie als Frage nach ihrer Sache. In: ders.: Wort und Glaube. Bd. III: Beiträge zur Fundamentaltheologie, Soteriologie und Ekklesiologie. Tübingen 1975, S. 3-28.

Ebeling, G.: Das Wesen des christlichen Glaubens. Gütersloh [4]1977.

Ebeling, G.: Dogmatik des christlichen Glaubens. Bd. I: Prolegomena, Teil I: Der Glaube an Gott den Schöpfer der Welt. Tübingen 1979 ([2]1982).

Ebert, K.: Theorien zur Entwicklung des religiösen Bewußtseins. Überlegungen zu einer religionspsychologischen Sozialisationstheorie. In: EvErz 33 (1981), S. 456-467.

Eiben, J.: Kirche und Religion – Säkularisierung als sozialistisches Erbe? In: Jugendwerk der Deutschen Shell (Hg.): Jugend '92. Lebenslagen, Orientierungen und Entwicklungsperspektiven im vereinigten Deutschland. Bd. 2. Opladen 1992, S. 91-104.

Eid, V. / Elsässer, A. / Hunold, G. W. (Hg.): Moralische Kompetenz. Chancen der Moralpädagogik in einer pluralen Lebenswelt. Mainz 1995.

Elkind, D.: The Child's Reality: Three Developmental Themes. Hillsdale, N.Y. (Lawrence Erlbaum) 1978.

Engelhardt, K. / Loewenich, H. v. / Steinacker, P. (Hg.): Fremde Heimat Kirche. Die dritte EKD-Erhebung über Kirchenmitgliedschaft. Gütersloh 1997.

Englert, R.: Glaubensgeschichte und Bildungsprozeß. Versuch einer religionspädagogischen Kairologie. München 1985.

Erikson, E. H.: Wholeness and Totality - A Psychiatric Contribution. In: Friedrich, C. J. (Hg.): Totalitarianism. Proceedings of a Conference held at the American Academy of Arts and Sciences. Cambridge, Mass. (Harvard University Press) 1954, S. 157-171.

Erikson, E. H.: Ontogeny of Ritualization in Man. In: Philosophical Transactions of the Royal Society of London. Series B, 251 (1966), S. 337-349. (a)

Erikson, E. H.: Einsicht und Verantwortung. Die Rolle des Ethischen in der Psychoanalyse. Stuttgart 1966. (b)

Erikson, E. H.: Life Cycle. In: International Encyclopedia of the Social Sciences. Bd. 9, 1968, S. 286-292. (a)

Erikson, E. H.: Identity, Psychosocial. In: International Encyclopedia of the Social Sciences. Bd. 7, 1968, S. 61-65. (b)

Erikson, E. H.: Kindheit und Gesellschaft. Stuttgart ⁴1971.

Erikson, E. H.: Identität und Lebenszyklus. Drei Aufsätze. Frankfurt 1974.

Erikson, E. H.: Der junge Mann Luther. Eine psychoanalytische und historische Studie. Frankfurt a.M. 1975.

Erikson, E. H.: Lebensgeschichte und historischer Augenblick. Frankfurt a.M. 1977.

Erikson, E. H.: Kinderspiel und politische Phantasie. Stufen in der Ritualisierung der Realität. Frankfurt a.M. 1978.

Erikson, E. H.: Jugend und Krise. Die Psychodynamik im sozialen Wandel. Stuttgart 1981.

Erikson, E. H.: Der vollständige Lebenszyklus. Frankfurt a.M. 1988.

Fauser, P. / Fintelmann, K. J. / Flitner, A. (Hg.): Lernen mit Kopf und Hand. Berichte und Anstöße zum praktischen Lernen in der Schule. (Forum Bildungsreform.) Weinheim/Basel 1983.

Feige, A.: Erfahrungen mit Kirche. Daten und Analysen einer empirischen Untersuchung über Beziehungen und Einstellungen junger Erwachsener zur Kirche. Hannover ²1982.

Fetz, R. L.: Die Himmelssymbolik in Menschheitsgeschichte und individueller Entwicklung. Ein Beitrag zu einer genetischen Semiologie. In: Zur Entstehung von Symbolen. Akten des 2. Symposions der Gesellschaft für Symbolforschung, Bern 1984. Hg. von A. Zweig. (Schriften zur Symbolforschung. Bd. 2.) Bern u.a. 1985, S. 111-150.

Fetz, R. L. / Oser, F.: Weltbildentwicklung, moralisches und religiöses Urteil. In: Edelstein, W. / Nunner-Winkler, G. (Hg.): Zur Bestimmung der Moral. Philosophische und sozialwissenschaftliche Beiträge zur Moralforschung. (Beiträge zur Soziogenese der Handlungsfähigkeit.) Frankfurt a.M. 1986, S. 442-468.

Fetz, R. L. / Reich, H. / Valentin, P.: Weltbildentwicklung und Gottesvorstellung. Eine strukturgenetische Untersuchung bei Kindern und Jugendlichen. In: Schmitz 1992, S. 101-130.

Finn, M. / Gartner, J. (Hg.): Object Relations Theory and Religion. Westport/London 1992.

Fowler, J. W.: Toward a Developmental Perspective on Faith. In: Religious Education 69 (1974), S. 207-219. (a)

Fowler, J. W.: To See the Kingdom. The Theological Vision of H. Richard Niebuhr. Nashville, Tenn. (Abingdon) 1974. (b)

Fowler, J. W.: Faith Development Theory and the Aims of Religious Socialization. In: Durka, G. / Smith, J. (Hg.): Emerging Issues in Religious Education. New York (Paulist Press) 1976, S. 187-211. (a)

Fowler, J. W.: Stages in Faith. The Structural-Developmental Approach. In: Hennessy 1976, S. 173-211. (b)

Fowler, J. W.: Life/Faith Patterns: Structures of Trust and Loyalty. In: Ders. / Keen, S.: Life Maps: Conversations on the Journey of Fiath. Ed. J. Berryman. Waco, Texas (Word Books) 1978, S. 14-101. (a)

Fowler, J. W.: Crossing Boundaries: A Dialogue (zusammen mit S. Keen). In: Ders. / Keen, S.: Life Maps: Conversations on the Journey of Faith. Ed. J. Berryman. Waco, Texas (Word Books) 1978, S. 130-164. (b)

Fowler, J. W.: Future Christians and Church Education. In: Moltmann, J. u.a.: Hope for the Church. Nashville, Tenn. (Abingdon) 1979, S. 93-111.

Fowler, J. W.: Moral Stages and the Development of Faith. In: Munsey, B. (Hg.): Moral Development, Moral Education, and Kohlberg. Basic Issues in Philosophy, Psychology, Religion and Education. Birmingham, Alabama (Religious Education Press) 1980, S. 130-160. (a)

Fowler, J. W.: Faith and the Structuring of Meaning. In: Brusselmans, Ch. / O'Donohoe, J. A. (Hg.): Toward Moral and Religious Maturity. The First International Conference on Moral and Religious Development. Morristown, N. J. (Silver Burdett) 1980, S. 51-85. (b)

Fowler, J. W.: Stages of Faith. The Psychology of Human Development and the Quest for Meaning. San Francisco (Harper u. Row) 1981. (a)

Fowler, J. W.: Black Theologies of Liberation: A Structural-Developmental Analysis. In: Mahan, B. / Richesin, L. D. (Hg.): The Challenge of Liberation Theology. Maryknoll, N.Y. (Orbis) 1981, S. 69-90. (b)

Fowler, J. W.: Theologie und Psychologie in der Erforschung der Glaubensentwicklung. In: Concilium 18 (1982), S. 444-447. (a)

Fowler, J. W.: Reflections on Loder's »The Transforming Moment«. In: Religious Education 77 (1982), S. 140-148. (b)

Fowler, J. W.: Practical Theology and the Shaping of Christian Lives. In: Browning, D. S. (Hg.): Practical Theology - Church and World. The Emerging Field in Theology. San Francisco (Harper u. Row) 1983, S. 148-166.

Fowler, J. W.: Becoming Adult, Becoming Christian. Adult Development and Christian Faith. San Francisco (Harper u. Row) 1984. (a)

Fowler, J. W.: Pluralism, Particularity and Paideia. In: Journal of Law and Religion 2 (1984), S. 263-307. (b)

Fowler, J. W.: Eine stufenweise geschehende Einführung in den Glauben. In: Concilium 20 (1984), S. 309-315. (c)

Fowler, J. W.: Practical Theology and Theological Education: Some Models and Questions. In: Theology Today 42 (1985), N. 1, S. 43-58.

Fowler, J. W.: Dialogue Toward a Future in Faith Development Studies. In: Dykstra/Parks 1986, S. 275-301.

Fowler, J. W.: The Enlightenment and Faith Development Theory. In: Journal of Empirical Theology 1 (1988), S. 29-42. (a)

Fowler, J. W.: Die Berufung der Theorie der Glaubensentwicklung: Richtungen und Modifikationen seit 1981. In: Nipkow/Fowler 1988, S. 29-47. (b)

Fowler, J. W.: Glaubensentwicklung. Perspektiven für Seelsorge und kirchliche Bildungsarbeit. München 1989.

Fowler, J. W.: Stufen des Glaubens. Die Psychologie der menschlichen Entwicklung und die Suche nach Sinn. Gütersloh 1991. (a)

Fowler, J. W.: Weaving the New Creation. Stages of Faith and the Public Church. San Francisco 1991. (b)

Fowler, J. W.: Faithful Change. The Personal and Public Challenges of Postmodern Life. Nashville 1996.

Fowler, J. W./Jarvis, D./Moseley, R. M.: Manual for Faith Development Research. Atlanta: Emory University 1986.

Fowler, J. W. / Lovin, R. W.: Trajectories in Faith. Five Life Stories. Nashville, Tenn. (Abingdon) 1980.

Fraas, H.-J.: Rel. Erziehung und Sozialisation im Kindesalter. Göttingen 1973 (^{3}1978).

Fraas, H.-J.: Glaube und Identität. Grundlegung einer Didaktik religiöser Lernprozesse. Göttingen 1983.

Fraas, H.-J.: Identität und die Symbole des Glaubens. In: EvErz 38 (1986), S. 286-289.

Fraas, H.-J.: Die Religiosität des Menschen. Ein Grundriß der Religionspsychologie. Göttingen 1990.

Fraas, H.-J. / Heimbrock, H.-G. (Hg.): Religiöse Erziehung und Glaubensentwicklung. Zur Auseinandersetzung mit der kognitiven Psychologie. Erträge der 3. Internationalen Arbeitstagung »Religionspädagogik und Religionspsychologie«. Göttingen 1986.

Freud, S.: Studienausgabe. Hg. von A. Mitscherlich u.a. Frankfurt a.M. 1969ff.

Freud, S.: Die Traumdeutung (1900). In: Freud 1969, Bd. II.

Freud, S.: Drei Abhandlungen zur Sexualtheorie (1905). In: Freud 1969, Bd. V, S. 37-146.

Freud, S.: Zwangshandlungen und Religionsübungen (1907). In: Freud 1969, Bd. VII, S. 11-22.

Freud, S.: Totem und Tabu (Einige Übereinstimmungen im Seelenleben der Wilden und der Neurotiker) (1912-13). In: Freud 1969, Bd. IX, S. 287-444.

Freud, S.: Zur Einführung des Narzißmus (1914). In: Freud 1969, Bd. III, S. 37-68.

Freud, S.: Das Unbewußte (1915). In: Freud 1969, Bd. III, S. 119-174.

Freud, S.: Vorlesungen zur Einführung in die Psychoanalyse (1916-17). In: Freud 1969, Bd. I, S. 34-447.

Freud, S.: Das Ich und das Es (1923). In: Freud 1969, Bd. III, S. 273-330.

Freud, S.: Die Zukunft einer Illusion (1927). In: Freud 1969, Bd. IX, S. 135-190.

Freud, S.: Das Unbehagen in der Kultur (1930). In: Freud 1969, Bd. IX, S. 191-270.

Freud, S.: Neue Folge der Vorlesungen zur Einführung in die Psychoanalyse (1933). In: Freud 1969, Bd. I, S. 448-610.

Freud, S.: Der Mann Moses und die monotheistische Religion: Drei Abhandlungen (1939). In: Freud 1969, Bd. IX, S. 455-584.

Frey, J.: Eugen Drewermann und die biblische Exegese. Eine methodisch-kritische Analyse. Tübingen 1995.

Frielingsdorf, K.: Dämonische Gottesbilder. Ihre Entstehung, Entlarvung und Überwindung. Mainz 1992.

Frisch, F. / Hetzer, H.: Die religiöse Entwicklung des Jugendlichen (aufgrund von Tagebüchern). In: Archiv für die gesamte Psychologie 62 (1928), H. 3/4, S. 409-442.

Fuchs, W.: Konfessionelle Milieus und Religiosität. In: Jugendliche und Erwachsene '85. Generationen im Vergleich. Bd. 1: Biographien, Orientierungsmuster, Perspektiven. Hg. vom Jugendwerk der Deutschen Shell. Leverkusen 1985, S. 265-304.

Furth, H. G.: Intelligenz und Erkennen. Die Grundlagen der genetischen Erkenntnistheorie Piagets. Frankfurt a.M. 1976.

Gilligan, C.: Themen der weiblichen und der männlichen Entwicklung in der Adoleszenz. In: Schweitzer/Thiersch 1983, S. 94-121.

Gilligan, C.: Die andere Stimme. Lebenskonflikte und Moral der Frau. München/Zürich 1984.

Gleason, J. J.: Growing Up to God. Eight Steps in Religious Development. Nashville, Tenn. (Abingdon) 1975.

Gmünder, P.: Entwicklung als Ziel der religiösen Erziehung. In: Kat. Blätter 8 (1979), S. 629-634.

Godin, A. / Hallez, M.: Parental Images and Divine Paternity. In: Godin, A. (Hg.): From Religious Experience to a Religious Attitude. Chicago 1965, S. 65-96.

Goldman, R.: Religious Thinking from Childhood to Adolescence. London (Routledge u. Kegan Paul) 1964.

Greer, J. E.: A Critical Study of ›Thinking about the Bible‹. In: B.J.R.E. 5 (Summer 1983), N. 3, S. 113-125.

Grözinger, A. /Luther, H. (Hg.): Religion und Biographie. Perspektiven zur gelebten Religion. München 1987.

Grom, B.: Religionspädagogische Psychologie des Kleinkind-, Schul- und Jugendalters. Düsseldorf/Göttingen 1981.

Grom, B.: Religionspsychologie. München/Göttingen 1992.

Habermas, J.: Erkenntnis und Interesse. Mit einem neuen Nachwort. Frankfurt a.M. 1973.

Habermas, J.: Theorie des kommunikativen Handelns. 2 Bde. Frankfurt a.M. 1981.

Häsing, H. / Stubenrauch, H. / Ziehe, Th. (Hg.): Narziß. Ein neuer Sozialisationstypus? Bensheim 1979.

Halbfas, H.: Das dritte Auge. Religionsdidaktische Anstöße. (Schriften zur Religionspädagogik. Bd. 1.) Düsseldorf 1982.

Hanisch, H.: Die zeichnerische Entwicklung des Gottesbildes bei Kindern und Jugendlichen. Eine empirische Vergleichsuntersuchung mit religiös und nicht-religiös Erzogenen im Alter von 7-16 Jahren. Stuttgart/Leipzig 1996.

Hanselmann, J. /Hild, H. /Lohse, E. (Hg.): Was wird aus der Kirche? Ergebnisse der zweiten EKD-Umfrage über Kirchenmitgliedschaft. Gütersloh 1984.

Hartmann, H.: Ich-Psychologie. Studien zur psychoanalytischen Theorie. Stuttgart 1972.

Haunz, R. A.: Development of Some Models of God and Suggested Relationships to James Fowler's Stages of Faith Development. In: Religious Education 73 (1978), S. 640-655.

Heimbrock, H.-G.: Phantasie und christlicher Glaube. Zum Dialog zwischen Theologie und Psychoanalyse. (Gesellschaft und Theologie; Praxis der Kirche. N. 22.) München/Mainz 1977.

Heimbrock, H.-G.: Psychologische Konzepte in der Religionspädagogik. In: EvErz 33 (1981), S. 468-479.

Heimbrock, H.-G.: Lern-Wege religiöser Erziehung. Historische, systematische und praktische Orientierung für eine Theorie des religiösen Lernens. Göttingen 1984.

Heimbrock, H.-G.: Entwicklung und Erziehung. Zum Forschungsstand der pädagogischen Religionspsychologie. In: Jahrbuch der Religionspädagogik 1 (1985), S. 67-85.

Heimbrock, H.-G.: Intellektuelle Problembewältigung oder verstehendes Erschließen? In: Fraas/Heimbrock 1986, S. 137-152.

Heller, D.: The Children's God. Chicago/London (University of Chicago Press) 1986.

Hemminger, H.: Kindheit als Schicksal? Die Frage nach den Langzeitfolgen frühkindlicher seelischer Verletzungen. Reinbek bei Hamburg 1982.

Hennessy, J. E.: Reaction to Fowler. In: Hennessy 1976, S. 218-223.

Hennessy, Th. C. (Hg.): Values and Moral Development. New York u.a. (Paulist Press) 1976.

Hermisson, H.-J. / Lohse, E.: Glauben. Stuttgart u.a. 1978.

Hess, C. L.: Caretakers of Our Common House. Women's Development in Communities of Faith. Nashville 1997.

Hetzer, H.: Selbständige Bemühungen kleiner Kinder, Gott zu begreifen. In: EvErz 23 (1971), S. 137-148.

Heywood, D.: Piaget and Faith Development: A True Marriage of Minds? In: B.J.R.E. 8 (Spring 1986), N. 2, S. 72-78.

Hild, H.: Wie stabil ist die Kirche? Bestand und Erneuerung. Ergebnisse einer Meinungsbefragung. Gelnhausen/Berlin 1974.

Hofmann, B. F.: Kognitionspsychologische Stufentheorien und religiöses Lernen. Zur (korrelations-)didaktischen Bedeutung der Entwicklungstheorien von J. Piaget, L. Kohlberg und F. Oser / P. Gmünder. Freiburg u.a. 1991.

Homans, P. (Hg.): The Dialogue between Theology and Psychology. Chicago/London (University of Chicago Press) 1968.

Homans, P.: The Signifiance of Erikson's Psychology for Modern Understanding of Religion. In: ders. (Hg.): Child hood and Self hood. Essays on Tradition, Religion, and Modernity in the Psychology of Erik H. Erikson, Lewisburg (Bucknell Univ. Press) 1978, S. 231-263.

Horster, D. (Hg.): Weibliche Moral - ein Mythos? Frankfurt a.M. 1998.

Howe, L. T.: Religious Understanding from A Piagetian Perspective. In: Religious Education 73 (1978), S. 569-581.

Hull, J. M.: Wie Kinder über Gott reden. Ein Ratgeber für Eltern und Erziehende. Gütersloh 1997.

Hurrelmann, K.: Das Modell des produktiv realitätverarbeitenden Subjekts in der Sozialisationsforschung. In: Zeitschrift für Sozialisationsforschung und Erziehungssoziologie 3 (1983), S. 91-104.

Hurrelmann, K. / Ulich, D. (Hg.): Handbuch der Sozialisationsforschung. Weinheim/Basel ²1982. (a) (Neues Handbuch der Sozialisationsforschung. Weinheim/Basel 1991.)

Hurrelmann, K. / Ulich, D.: Einführung. In: dies. 1982, S. 7-14. (b)

Hutsebaut, D.: Die Rolle der Bezugspersonen bei der Vermittlung von Glauben. In: Fraas/Heimbrock 1986, S. 63-81.

Hyde, K. E.: Religion in Childhood and Adolescence. A Comprehensive Review of the Research. Birmingham, Al. 1990.

Ivy, St. S.: Review on: Stages of Faith: The Psychology of Human Development and the Quest for Meaning. In: Journal of Pastoral Care 36 (1982), S. 265-274. (a)

Jacobi-Dittrich, J. / Kelle, H.: »Erziehung jenseits patriarchaler Leitbilder?« Probleme einer feministischen Erziehungswissenschaft. In: Feministische Studien 6 (1988), S. 70-87.

Jörns, K. P.: Die neuen Gesichter Gottes. Was die Menschen heute wirklich glauben. München 1997.

Jones, J. W.: Contemporary Psychoanalysis and Religion. Transference and Transcendence. New Haven/London 1991.

Jüngel, E.: Metaphorische Wahrheit. Erwägungen zur theologischen Relevanz der Metapher als Beitrag zur Hermeneutik einer narrativen Theologie. In: Ricoeur, P. / Jüngel, E.: Metapher, Zur Hermeneutik religiöser Sprache. (Ev. Theologie, Sonderheft.) München 1974, S. 71-122. (b)

Jüngel, E.: Unterwegs zur Sache. Theologische Bemerkungen. (Beiträge zur Evangelischen Theologie.) München 1972.

Jüngel, E.: Der Gott entsprechende Mensch. In: Gadamer, H.-G. / Vogler, P. (Hg.): Philosophische Anthropologie. Teil 1. (Neue Anthropologie. Bd. 6.) Stuttgart/München 1974, S. 341-372.

Jüngel, E.: Gott als Geheimnis der Welt. Zur Begründung der Theologie des Gekreuzigten im Streit zwischen Theismus und Atheismus. Tübingen 1977 ([5]1986).

Jugendwerk der Deutschen Shell (Hg.): Jugendliche und Erwachsene '85: Generationen im Vergleich. 5 Bde. Leverkusen 1985.

Kamper, D. (Hg.): Sozialisationstheorie. Freiburg u.a. 1974.

Kassel, M.: Biblische Urbilder. Tiefenpsychologische Auslegung nach C. G. Jung. München 1980.

Keen, S.: Body/Faith: Trust, Dissolution and Grace. In: Fowler, J. W. / Keen, S.: Life Maps: Conversations on the Journey of Faith. Ed. J. Berryman. Waco, Texas (Word Books) 1978, S. 102-129.

Kegan, R.: Die Entwicklungsstufen des Selbst. Fortschritte und Krisen im menschlichen Leben. München 1986.

Keller, G.: Der grüne Heinrich. Roman. Zweite Fassung. (Goldmann-Klassiker), München o.J.

Kernberg, O. F.: Borderline-Störungen und pathologischer Narzißmus. Frankfurt a.M. 1978.

Kierkegaard, S.: Einübung im Christentum. In: ders.: Werkausgabe. Bd. 2. Düsseldorf/Köln 1971, S. 5-308.

Klappenecker, G.: Glaubensentwicklung und Lebensgeschichte. Eine Auseinandersetzung mit der Ethik James W. Fowlers, zugleich ein Beitrag zur Rezeption von H. Richard Niebuhr, Lawrence Kohlberg und Erik H. Erikson. Stuttgart u.a. 1998.

Klein, S.: Theologie und empirische Biographieforschung. Methodische Zugänge zur Lebens- und Glaubensgeschichte und ihre Bedeutung für eine erfahrungsbezogene Theologie. Stuttgart u.a. 1994.

Klessmann, M.: Identität und Glaube. Zum Verhältnis von psychischer Struktur und Glaube. (Gesellschaft und Theologie; Praxis der Kirche. N. 33.) München/Mainz 1980.

Klosinski, G. (Hg.): Religion als Chance oder Risiko. Entwicklungsfördernde und entwicklungshemmende Aspekte religiöser Erziehung. Bern u.a. 1994.

Kohlberg, L.: Zur kognitiven Entwicklung des Kindes. Drei Aufsätze. Frankfurt a.M. 1974. (a)

Kohlberg, L.: Stufe und Sequenz: Sozialisation unter dem Aspekt der kognitiven Entwicklung. In: ders. 1974a, S. 7-255. (b)

Kohlberg, L.: Analyse der Geschlechtsrollen - Konzepte und Attitüden bei Kindern unter dem Aspekt der kognitiven Entwicklung. In: ders. 1974a, S. 334-471. (c)

Kohlberg, L.: Eine Neuinterpretation der Zusammenhänge zwischen der Moralentwicklung in der Kindheit und im Erwachsenenalter. In: Döbert, R. / Habermas, J. / Nunner-Winkler, G. (Hg.): Entwicklung des Ichs. (Neue Wissenschaftliche Bibliothek. Bd. 90.) Köln 1977, S. 225-252.

Kohlberg, L.: Kognitive Entwicklung und moralische Erziehung. In: Mauermann, L. / Weber, E. (Hg.): Der Erziehungsauftrag der Schule. Beiträge zur Theorie und Praxis moralischer Erziehung unter besonderer Berücksichtigung der Wertorientierung im Unterricht. Donauwörth 1978 (²1981), S. 107-117.

Kohlberg, L.: Essays in Moral Development. Vol. 1: The Philosophy of Moral Development. San Francisco (Harper u. Row) 1981.

Kohlberg, L.: Essays in Moral Development. Vol. 2: The Psychology of Moral Development. San Francisco (Harper u. Row) 1984.

Kohlberg, L.: Die Psychologie der Moralentwicklung. Frankfurt a.M. 1995.

Kohlberg, L. / Mayer, R.: Development as the Aim of Education. In: Harvard Educational Review 42 (1972), S. 449-496.

Kohut, H.: Die Zukunft der Psychoanalyse. Aufsätze zu allgemeinen Themen und zur Psychologie des Selbst. Frankfurt a.M. 1975.

Kohut, H.: Narzißmus. Eine Theorie der psychoanalytischen Behandlung narzißtischer Persönlichkeitsstörungen. Frankfurt a.M. 1976.

Kohut, H.: Die Heilung des Selbst. Frankfurt a.M. 1979.

Kraul, M. / Lüth, C. (Hg.): Erziehung der Menschen-Geschlechter. Studien zur Religion, Sozialisation und Bildung in Europa seit der Aufklärung. Weinheim 1996.

Krüger, H.-H. / Marotzki, W. (Hg.): Erziehungswissenschaftliche Biographieforschung. Opladen 1995.

Küng, H.: Existiert Gott? Antwort auf die Gottesfrage der Neuzeit. München 1978.

Kupky, O.: Die religiöse Entwicklung von Jugendlichen, dargestellt aufgrund ihrer literarischen Erzeugnisse. In: Archiv für die gesamte Psychologie 49 (1924), H. 1/2, S. 1-88.

Lange, E.: Sprachschule für die Freiheit. Bildung als Problem und Funktion der Kirche. Hg. von R. Schloz. München/Gelnhausen 1980.

Langeveld, M. J.: Das Kind und der Glaube. Einige Vorfragen zu einer Religions-Pädagogik. Braunschweig u.a. 1959.

Lans, J. v. d.: Kritische Bemerkungen zu Fowlers Modell der Glaubensentwicklung. In: Fraas/Heimbrock 1986, S. 103-119.

Lasch, Ch.: Das Zeitalter des Narzißmus. München 1980.

Leyh, G.: Mit der Jugend von Gott sprechen. Gottesbilder kirchlich orientierter Jugendlicher im Horizont korrelativer Theologie. Stuttgart u.a. 1994.

274

Loder, J. E.: Reflections on Fowler's »Stages of Faith«. In: Religious Education 77 (1982), S. 133-139.

Lorenzer, A.: Kritik des psychoanalytischen Symbolbegriffs. Frankfurt a.m. 1970.

Lorenzer, A.: Zur Begründung einer materialistischen Sozialisationstheorie. Frankfurt a.M. 1972.

Lorenzer, A.: Sprachzerstörung und Rekonstruktion. Vorarbeiten zu einer Metatheorie der Psychoanalyse. Frankfurt a.M. 1973.

Lorenzer, A.: Das Konzil der Buchhalter. Die Zerstörung der Sinnlichkeit. Eine Religionskritik. Frankfurt a.M. 1981.

Luckmann, Th.: Das Problem der Religion in der modernen Gesellschaft: Institution, Person und Weltanschauung. Freiburg 1963.

Lück, W. / Schweitzer, F.: Religiöse Bildung Erwachsener. Stuttgart u.a. 1999.

Luhmann, N.: Funktion der Religion. Frankfurt a.M. 1977.

Lukatis, I.: Frauen und Männer als Kirchenmitglieder. In: Matthes 1990, S. 119-148.

Luther, H.: Identität und Fragment - Praktisch-theologische Überlegungen zur Unabschließbarkeit von Bildungsprozessen. In: Theologia Practica 20 (1985), S. 317-338.

Luther, M.: Der kleine Katechismus. In: Die Bekenntnisschriften der evangelisch-lutherischen Kirche. Göttingen [7]1976, S. 501-544.

Luther, M.: Der große Katechismus. In: Die Bekenntnisschriften der evangelisch-lutherischen Kirche. Göttingen [7]1976, S. 545-738.

Marsch, W.-D. (Hg.): Plädoyers in Sachen Religion. Gütersloh 1973.

Matthes, J.: Volkskirchliche Amtshandlungen, Lebenszyklus und Lebensgeschichte. Überlegungen zur Struktur volkskirchlichen Teilnahmeverhaltens. In: ders. (Hg.): Erneuerung der Kirche. Stabilität als Chance? Konsequenzen aus einer Umfrage. Gelnhausen/Berlin 1975, S. 83-112.

Matthes, J. (Hg.): Kirchenmitgliedschaft im Wandel. Untersuchungen zur Realität der Volkskirche. Beiträge zur zweiten EKD-Umfrage »Was wird aus der Kirche?«. Gütersloh 1990.

McBride, A.: Reaction to Fowler. In: Hennessy 1976, S. 211-218.

McDargh, J.: Psychoanalytic Object Relations Theory and the Study of Religion. Lanham u.a. (University Press of America) 1983.

McGrady, A. G.: Teaching the Bible: Research from a Piagetian Perspective. In: B.J.R.E. 5 (Summer 1983), N. 3, S. 126-133.

Meerwein, Fr.: Neuere Überlegungen zur psychoanalytischen Religionspsychologie (1971). In: Nase/Scharfenberg 1977a, S. 343-369.

Meissner, W.: Psychoanalysis and Religious Experience. New Haven/London (Yale University Press) 1984.

Meng, W.: Narzißmus und christliche Religion. Selbstliebe-Nächstenliebe-Gottesliebe. Zürich 1997.

Merz, V. (Hg.): Alter Gott für neue Kinder? Das traditionelle Gottesbild und die nachwachsende Generation. Freiburg/Schweiz 1994.

Mette, N.: Voraussetzungen christlicher Elementarerziehung. Vorbereitende Studien zu einer Religionspädagogik des Kleinkindalters. Düsseldorf 1983.

Miehle, A.: Die kindliche Religiosität. (Veröffentlichungen der Akademie Gemeinnütziger Wissenschaften zu Erfurt. Abt. f. Erziehungswissenschaft und Jugendkunde. N. 11.) Erfurt 1928.

Miller, H.: Human Development: Making Webs or Pyramids. In: Giltner, F. N. (Hg.): Women's Issues in Religious Education. Birmingham, Alabama (Religious Education Press) 1985, S. 149-172.

Minder, R.: Glaube, Skepsis und Rationalität. Dargestellt aufgrund der autobiographischen Schriften von Karl Philipp Moritz. Frankfurt a.M. 1973.

Moltmann, J.: Mensch. Christliche Anthropologie in den Konflikten der Gegenwart. (Themen der Theologie. Bd. 11.) Stuttgart/Berlin 1971 (GTB ²1983).

Moltmann, J.: Der gekreuzigte Gott. Das Kreuz Christi als Grund und Kritik christlicher Theologie. München 1972 (⁴1981).

Montada, L.: Themen, Traditionen, Trends. In: Oerter, R. / Montada, L. (Hg.): Entwicklungspsychologie. Ein Lehrbuch. München u.a. 1982, S. 3-90.

Moran, G.: Religious Education Development. Images for the Future. Minneapolis, Minn. (Winston) 1983.

Morgenthaler, Ch.: Sozialisation und Religion. Gütersloh 1976.

Moritz, K. Ph.: Anton Reiser. In: ders.: Werke in zwei Bänden. Berlin/Weimar 1981.

Moser, T.: Gottesvergiftung. Frankfurt a.M. 1976.

Müller, A.: Überlegungen zum Verhältnis von Religion und Kontingenz. In: Bucher/Reich 1989, S. 35-50.

Müller-Pozzi, H.: Psychologie des Glaubens. Versuch einer Verhältnisbestimmung von Theologie und Psychologie. München/Mainz 1975.

Müller-Pozzi, H.: Gott - Erbe des verlorenen Paradieses. Ursprung und Wesen der Gottesidee im Lichte psychoanalytischer Konzepte. In: Wege zum Menschen 33 (1981), S. 190-203.

Murphy, R.: Does Children's Understanding of Parables Develop in Stages? In: Learning for Living 16 (Summer 1977), N. 4, S. 168-172.

Nagl-Docekal, H. / Pauer-Studer, H. (Hg.): Jenseits der Geschlechtermoral. Beiträge zur feministischen Ethik. Frankfurt a.M. 1993.

Nase, E. / Scharfenberg, J. (Hg.): Psychoanalyse und Religion. (Wege der Forschung. Bd. 275.) Darmstadt 1977. (a)

Nase, E. / Scharfenberg, J.: Psychoanalyse und Religion. Einführung. In: Nase/Scharfenberg 1977a, S. 1-24. (b)

Neidhart, W.: Die Glaubensstufen von James W. Fowler und die Bedürfnislage des Religionspädagogen. In: Fraas/Heimbrock 1986, S. 120-133.

Neill, A. S.: Theorie und Praxis der antiautoritären Erziehung. Das Beispiel Summerhill. Reinbek bei Hamburg 1969.

Nipkow, K.E.: Grundfragen der Religionspädagogik. Bd. 1: Gesellschaftliche Herausforderungen und theoretische Ausgangspunkte. Gütersloh 1975. (a)

Nipkow, K. E.: Grundfragen der Religionspädagogik. Bd. 2: Das pädagogische Handeln der Kirche. Gütersloh 1975. (b)

Nipkow, K. E.: Grundfragen der Religionspädagogik. Bd. 3: Gemeinsam leben und glauben lernen. Gütersloh 1982.

Nipkow, K. E.: Wachstum des Glaubens - Stufen des Glaubens. Zu James W. Fowlers Konzept der Strukturstufen des Glaubens auf reformatorischem Hintergrund. In: Reformation und Praktische Theologie. Festschrift für Werner Jetter zum 70. Geburtstag. Hg. von H. M. Müller und D. Rössler. Göttingen 1983, S. 161-189.

Nipkow, K.E.: Erwachsenwerden ohne Gott? Gotteserfahrung im Lebenslauf. In: Birkacher Beiträge 3 (1986), S. 7-42.

Nipkow, K. E.: Lebensgeschichte und religiöse Lebenslinie. Zur Bedeutung der Dimension des Lebenslaufs in Praktischer Theologie und Religionspädagogik. In: Jahrbuch der Religionspädagogik 3 (1987), 3-35. (a)

Nipkow, K. E.: Erwachsenwerden ohne Gott? Gotteserfahrung im Lebenslauf. (Kaiser-Traktate) München 1987. (b)

Nipkow, K. E. / Schweitzer, F. / Fowler, J. W. (Hg.): Glaubensentwicklung und Erziehung. Gütersloh 1988.

Nunner-Winkler, G. (Hg.): Weibliche Moral. Die Kontroverse um eine geschlechtsspezifische Ethik. Frankfurt a.M. / New York 1991.

Oerter, R.: Moderne Entwicklungspsychologie. Donauwörth [15]1975.

Olivier, C.: Jokastes Kinder. Die Psyche der Frau im Schatten der Mutter. München [7]1991.

Oser, Fr.: Stages of Religious Judgement. In: Brusselmans, Ch. / O'Donohoe, J. A. (Hg.): Toward Moral and Religious Maturity. The First International Conference on Moral and Religious Development. Morristown, N. J. (Silver Burdett) 1980, S. 277-315.

Oser, Fr.: Zu allgemein die Allgemeinbildung, zu moralisch die Moralerziehung? In: Zeitschrift für Pädagogik 32 (1986), S. 489-502.

Oser, Fr.: Wieviel Religion braucht der Mensch? Erziehung und Entwicklung zur religiösen Autonomie. Unter praktischer Mithilfe von K. Furrer. Gütersloh 1988.

Oser, Fr.: Die Entstehung Gottes im Kinde. Zum Aufbau der Gottesbeziehung in den ersten Schuljahren. Zürich 1992.

Oser, Fr. / Gmünder, P.: Der Mensch - Stufen seiner religiösen Entwicklung. Ein strukturgenetischer Ansatz. Zürich/Köln 1984.

Oser, Fr. / Gmünder, P. / Fritzsche, U.: Stufen des religiösen Urteils. In: Wege zum Menschen 32 (1980), S. 386-398.

Oser, Fr. / Reich, K. H. (Hg.): Eingebettet ins Menschsein: Beispiel Religion. Aktuelle psychologische Studien zur Entwicklung von Religiosität. Lengerich u.a. 1996.

Pahnke, D.: Geschlechtsspezifische religiöse Sozialisation im Spiegel weiblicher Autobiographien. In: Sparn 1990, S. 256-267.

Pannenberg, W.: Anthropologie in theologischer Perspektive. Göttingen 1983.

Parks, Sh.: Young Adult Faith Development: Teaching is the Context of Theological Education. In: Religious Education 77 (1982), S. 657-672.

Parks, Sh.: The Critical Years. The Young Adult Search for a Faith to Live By. New York u.a. (Harper u. Row) 1986.

»Persönlichkeitsentwicklung«. Zeitschrift für Sozialisationsforschung und Erziehungssoziologie. Heft 1, 1986.

Piaget, J.: Das moralische Urteil beim Kinde. Frankfurt a.M. 1973.

Piaget, J.: Psychologie der Intelligenz. Olten/Freiburg i.B. [6]1974.

Piaget, J.: Der Aufbau der Wirklichkeit beim Kinde. (Gesammelte Werke. Bd. 2.) Stuttgart 1975. (a)

Piaget, J.: Nachahmung, Spiel und Traum. Die Entwicklung der Symbolfunktion beim Kinde. (Gesammelte Werke. Bd. 5). Stuttgart 1975. (b)

Piaget, J.: Autobiographie. In: Jean Piaget – Werk und Wirkung. München 1976. (a)

Piaget, J.: Probleme der Entwicklungspsychologie. Kleine Schriften. Frankfurt a.M. 1976. (b)

Piaget, J.: Das Weltbild des Kindes. Frankfurt a.M. u.a. 1980.

Piaget, J. / Inhelder, B.: Die Psychologie des Kindes. Frankfurt a.M. 1977.

Pissarek-Hudelist, H.: Feministische Theologie und Religionspädagogik. In: Jahrbuch der Religionspädagogik 6 (1990), S. 153-173.

Pithan, A.: Religionsbücher geschlechtsspezifisch betrachtet. In: Der Ev. Erzieher 45 (1993), S. 421-435.

Preul, R.: Religion – Bildung – Sozialisation. Studien zur Grundlegung einer religions-pädagogischen Bildungstheorie. Gütersloh 1980.

Pruyser, P. W.: The Minister as Diagnostician. Personal Problems in Pastoral Perspective. Philadelphia (Westminster Press) 1976.

Psychoanalytisches Seminar Zürich (Hg.): Die neuen Narzißmustheorien: zurück ins Paradies? Frankfurt a.M. 1981.

Pulaski, M. A. S.: Piaget. Eine Einführung in seine Theorien und sein Werk. Frankfurt a.M. 1978.

Rauh, H.: Entwicklung des Denkens. In: Funk-Kolleg Pädagogische Psychologie. Bd. 1. Hg. von F. E. Weinert u.a. Frankfurt a.M. 1974, S. 211-250.

Reich, K. H.: Religiöse und naturwissenschaftliche Weltbilder. Entwicklung einer komplementären Betrachtungsweise in der Adoleszenz. In: Unterrichtswissenschaft 1987, S. 332-343.

Reich, K. H. / Schröder, A.: Komplementäres Denken im Religionsunterricht. Ein Werkstattbericht über ein Unterrichtsprojekt zum Thema »Schöpfung« und »Jesus Christus«. Loccumer Pelikan Sonderheft Nr. 3. RPI-Loccum 1995.

Rendtorff, Tr.: Gesellschaft ohne Religion? Theologische Aspekte einer sozialtheoretischen Kontroverse (Luhmann/Habermas). München 1975.

Rendtorff, Tr.: Ethik. Grundelemente, Methodologie und Konkretionen einer ethischen Theologie. Bd. 1. (Theologische Wissenschaft. Bd. 13, 1.) Stuttgart u.a. 1980.

Review Symposium. Horizons 9 (1982), S. 104-126.

Richter, H. E.: Der Gotteskomplex. Die Geburt und die Krise des Glaubens an die Allmacht des Menschen. Reinbek bei Hamburg 1979.

Richter, J.: Himmel, Hölle, Fegefeuer. Versuch einer Befreiung. Reinbek bei Hamburg 1985.

Ricoeur, P.: Die Interpretation. Ein Versuch über Freud. Frankfurt a.M. 1969.

Ricoeur, P.: Symbolik des Bösen. Phänomenologie der Schuld II. Freiburg/München 1971.

Rizzuto, A.-M.: Freud, God, the Devil and the Theory of Object Representation. In: International Review of Psycho-Analysis 31 (1976), S. 165-180.

Rizzuto, A.-M.: The Birth of the Living God. A Psychoanalytic Study. Chicago/London (University of Chicago Press) 1979.

Roazen, P.: Erik H. Erikson: The Power and Limits of a Vision. New York (Free Press) 1976.

Robinson, E.: The Original Vision. A Study of the Religious Experience of Childhood (1977). New York (Seabury Press) 1983.

Rössler, D.: Die Vernunft der Religion. München 1976.

Rössler, D.: Grundriß der Praktischen Theologie. Berlin/New York 1986.

Roloff, E.: Vom religiösen Leben der Kinder. In: Archiv für Religionspsychologie 2/3 (1921), S. 190-197.

Roth, G.: Tiefenpsychologische Interpretation historischer Texte. In: EvErz 38 (1986), S. 148-167.

Rousseau, J.-J.: Emil oder Über die Erziehung. Paderborn u.a. ⁵1981.

Sauter, G.: Was heißt: nach Sinn fragen? Eine theologisch-philosophische Orientierung. (Kaiser-Traktate) München 1982.

Schaffer, H. R.: Sozialisation und Lernen in den ersten Lebensjahren. In: Zeitschrift für Pädagogik 28 (1982), S. 193-202.

Scharfenberg, J.: Sigmund Freud und seine Religionskritik als Herausforderung für den christlichen Glauben. Göttingen 1968 (⁴1976).

Scharfenberg, J.: Narzißmus, Identität und Religion. In: Psyche 27 (1973), S. 949-966.

Scharfenberg, J.: Einige Probleme religiöser Sozialisation im Lichte neuerer Entwicklungen der Psychoanalyse. In: Wege zum Menschen 26 (1974), S. 343-352.

Scharfenberg, J.: Menschliche Reifung und christliche Symbole. In: Concilium 14 (1978), S. 86-92.

Scharfenberg, J. / Kämpfer, H.: Mit Symbolen leben. Soziologische, psychologische und religiöse Konfliktbearbeitung. Olten/Freiburg i.B. 1980.

Scherf, D. (Hg.): Der liebe Gott sieht alles. Erfahrungen mit religiöser Sozialisation. Frankfurt a.M. 1984.

Schleiermacher, Fr.: Die Praktische Theologie nach den Grundsätzen der evangelischen Kirche im Zusammenhange dargestellt. Aus Schleiermachers handschriftlichem Nachlasse und nachgeschriebenen Vorlesungen hg. von J. Frerichs. (Sämtl. Werke. 1. Abt. Bd. 13.) Berlin 1850.

Schleiermacher, Fr.: Pädagogische Schriften. Bd. 1: Die Vorlesungen aus dem Jahre 1826. Hg. von E. Weniger, unter Mitwirkung von Th. Schulze. Düsseldorf/München ²1966.

Schloz, R.: Das Bildungsdilemma der Kirche. In: Matthes 1990, S. 215-230.

Schmidt, H.: Religionsdidaktik. Ziele, Inhalte und Methoden religiöser Erziehung in Schule und Unterricht. Bd. 2: Der Unterricht in Klasse 1-13. (Theologische Wissenschaft. Bd. 16, 2.) Stuttgart u.a. 1984.

Schmidtchen, G.: Was den Deutschen heilig ist. Religiöse und politische Strömungen in der Bundesrepublik Deutschland. München 1979.

Schmitz, E. (Hg.): Religionspsychologie. Eine Bestandsaufnahme des gegenwärtigen Forschungsstandes. Göttingen u.a. 1992.

Schneider-Flume, G.: Die Identität des Sünders. Eine Auseinandersetzung theologischer Anthropologie mit dem Konzept der psychosozialen Identität Erik H. Eriksons. Göttingen 1985.

Schöll, A.: Zwischen religiöser Revolte und frommer Anpassung. Die Rolle der Religion in der Adoleszenzkrise. Gütersloh 1992.

Schulze, Th.: Autobiographie und Lebensgeschichte. In: Baacke/Schulze 1979, S. 51-98.

Schuster, R. (Hg.): Was sie glauben. Texte von Jugendlichen. Stuttgart 1984.

Schwab, U.: Familienreligiosität. Religiöse Traditionen im Prozeß der Generationen. Stuttgart u.a. 1995.

Schweitzer, Fr.: Moral, Verantwortung und Ich-Entwicklung. Neue Beiträge zur moralischen Entwicklung: Carol Gilligan, William Perry, Robert Kegan. In: Zeitschrift für Pädagogik 26 (1980), S. 931-942.

Schweitzer, Fr.: Moralische Entwicklung und Religion. Die erste internationale Konferenz zur moralischen und religiösen Entwicklung. In: Wege zum Menschen 34 (1982), S. 102-108.

Schweitzer, Fr.: Identität und Erziehung. Was kann der Identitätsbegriff für die Pädagogik leisten? Weinheim/Basel 1985. (a)

Schweitzer, Fr.: Religion und Entwicklung. Bemerkungen zur kognitiv-strukturellen Religionspsychologie. In: Wege zum Menschen 37 (1985), S. 316-325. (b)

Schweitzer, Fr.: Identität - Ein Leitbegriff der Pädagogik? In: Loccumer Protokolle 58 (1985), S. 119-135. (c)

Schweitzer, Fr.: Soziales Verstehen und moralisches Urteil - Kognitive Entwicklungstheorien und ihre pädagogische Bedeutung. In: Sozialwissenschaftliche Literaturrundschau 9 (1986), H. 12, S. 5-19. (a)

Schweitzer, Fr.: Identität als »Rahmen« - Identität als Problem. Anfragen an Hans-Jürgen Fraas. In: EvErz 38 (1986), S. 384-387. (b)

Schweitzer, Fr.: Moralisches Lernen - Überlegungen zur didaktischen Erschließung moralischer Inhalte. In: EvErz 38 (1986), S. 420-434. (c)

Schweitzer, Fr.: Besprechung von Fraas/Heimbrock 1986. In: EvErz 38 (1986), 611-613. (d)

Schweitzer, Fr.: Progress, Continuity and Change: Three Approaches to the Language Problem in Religious Education. In: B.J.R.E. (Spring 1987). (Erw. dt. Fassung in: EvErz 42, 1990, 277-292)

Schweitzer, Fr.: Die Religion des Kindes. Perspektiven aus der Geschichte der Religionspädagogik. In: Nipkow, K.E. u.a. (Hg.): Glaubensentwicklung und Erziehung. Gütersloh 1988, 253-269.

Schweitzer, Fr.: Die Religion des Kindes. Zur Problemgeschichte einer religionspädagogischen Grundfrage. Gütersloh 1992.

Schweitzer, Fr.: Die Suche nach eigenem Glauben. Einführung in die Religionspädagogik des Jugendalters. Gütersloh 1996.

Schweitzer, Fr. / Nipkow, K. E. / Faust-Siehl, G. / Krupka, B.: Religionsunterricht und Entwicklungspsychologie. Elementarisierung in der Praxis. Gütersloh 1995.

Schweitzer, Fr. / Thiersch, H. (Hg.): Jugendzeit - Schulzeit. Von den Schwierigkeiten, die Jugendliche und Schule miteinander haben. (Forum Bildungsreform.) Weinheim/Basel 1983.

Selman, R. L.: Die Entwicklung des sozialen Verstehens. Entwicklungspsychologie und klinische Untersuchungen. (Beiträge zur Soziogenese der Handlungsfähigkeit.) Frankfurt a.M. 1984.

Slee, N.: Parable teaching: Exploring new worlds. In: B.J.R.E. 5 (Summer 1983) N. 3, S. 134-146.

Slee, N.: Geschlechtsspezifische Fragen im Religionsunterricht. In: Der Ev. Erzieher 45 (1993), S. 401-411.

Smith, M.: Developments in Faith. A Critical Approach to the Work of James Fowler. In: The Month 16 (1983), N. 7, S. 222-225.

Smith, M.: Answers to Some Questions about Faith Development. In: B.J.R.E. 8 (Spring 1986), N. 2, S. 79-83.

Sommer, R.: Lebensgeschichte und gelebte Religion von Frauen. Eine qualitativ-empirische Studie über den Zusammenhang von biographischer Struktur und religiöser Orientierung. Stuttgart u.a. 1998.

Sparn, W. (Hg.): Wer schreibt meine Lebensgeschichte? Biographie, Autobiographie, Hagiographie und ihre Entstehungszusammenhänge. Gütersloh 1990.

Spiegel, Y.: Psychoanalytische Interpretation biblischer Texte. München 1972.

Spiegel, Y.: Doppeldeutlich. Tiefendimensionen biblischer Texte. München 1978.

Starbuck, E. D.: Religions-Psychologie. Empirische Entwicklungsstudie religiösen Bewußtseins. (Philosophisch-soziologische Bücherei. Bd. 14.) Leipzig o.J. (1909).

Stoodt, D.: Religiöse Sozialisation und emanzipiertes Ich. In: Dahm, K.-W. / Luhmann, N. / Stoodt, D.: Religion - System und Sozialisation. Neuwied 1972, S. 189-237.

Stoodt, D.: Einführung in das Studium der evangelischen Religionspädagogik. Göttingen 1980.

Strommen, M. P. (Hg.): Research on Religious Development. A Comprehensive Handbook. New York 1971.

Szagun, G.: Bedeutungsentwicklung beim Kind. Wie Kinder Wörter entdecken. München u.a. 1983. (a)

Szagun, G.: Sprachentwicklung beim Kind. Eine Einführung. München u.a. ²1983. (b)

Sziegaud-Roos, W.: Religiöse Vorstellungen von Jugendlichen. In: Jugendwerk der Deutschen Shell 1985, Bd. 4, S. 334-386.

Tamminen, K.: Religiöse Entwicklung in Kindheit und Jugend. Frankfurt a.M. u.a. 1993.

Thaidigsmann, E.: Identitätsverlangen und Widerspruch. Kreuzestheologie bei Luther, Hegel und Barth. (Gesellschaft und Theologie. Fundamentaltheologische Studien. Bd. 8.) München/Mainz 1983.

Tillich, P.: Wesen und Wandel des Glaubens. In: ders.: Offenbarung und Glaube. Schriften zur Theologie. Bd. 2. (Gesammelte Werke, Bd. 8.), Stuttgart 1970, S. 111-198.

Tillich, P.: Systematische Theologie. 3 Bde. Stuttgart ⁵1977.

Tillich, P.: Das religiöse Symbol. In: ders.: Die Frage nach dem Unbedingten. Schriften zur Religionsphilosophie. (Gesammelte Werke. Bd. 5), Stuttgart ²1978, S. 196-212.

Vergote, A.: Religionspsychologie. Olten/Freiburg i.B. 1970.

Vergote, A.: Overview and Theoretical Perspective. In: ders. / Tamayo 1981, S. 185-225.

Vergote, A.: Religion, Incroyance. Etude psychologique. Brüssel (T. Margada) 1983.

Vergote, A. / Tamayo, A. (Hg.): The Parental Figures and the Representation of God. A Psychological and Cross-Cultural Study. (Religion and Society. N. 21.) The Hague/Paris/New York (Mouton) 1981.

Vierzig, S.: Frauen und Männer: Geschlechtsrollenidentität und religiöse Sozialisation - Was sich an religiösen Autobiographien beobachten läßt. In: Grözinger/Luther 1987, S. 163-173.

Wagner-Rau, U.: Zwischen Vaterwelt und Feminismus. Eine Studie zur pastoralen Identität von Frauen. Gütersloh 1992.

Wallwork, E.: Morality, Religion and Kohlberg's Theory. In: Munsey, B. (Hg.): Moral Development, Moral Education, and Kohlberg. Basic Issues in Philosophy, Psychology, Religion, and Education. Birmingham, Alabama (Religious Education Press) 1980, S. 269-297.

Weber, H.-R.: Jesus und die Kinder. Hamburg 1980.

Webster, D. H.: James Fowler's Theory of Faith Development. In: B.J.R.E. 7 (Autumn 1984), N. 1, S. 14-18.

Werbick, J.: Glaube im Kontext. Prolegomena und Skizzen zu einer elementaren Theologie. Zürich 1983.

Wieczerkowski, W. / Oeveste, H. z. (Hg.): Lehrbuch der Entwicklungspsychologie. Bd. 1. Düsseldorf 1982.

Winnicott, D. W.: Vom Spiel zur Kreativität. Stuttgart ²1979.

Wohlrab-Sahr, M. (Hg.): Biographie und Religion. Zwischen Ritual und Selbstsuche. Frankfurt a.M. / New York 1995.

Wright, J. E.: Erikson: Identity and Religion. New York (Seabury Press) 1982.

Ziehe, Th.: Pubertät und Narzißmus. Sind Jugendliche entpolitisiert? Frankfurt a.M./ Köln 1975.

Zorn, Fr.: Mars. München ⁸1977.

Personenregister

284

Sachregister

287